大型自行式液压载重车

理论基础卷

赵静一　著

化学工业出版社

·北京·

内 容 简 介

《大型自行式液压载重车 理论基础卷》主要阐述大型自行式液压载重车的关键技术理论基础知识，如机电液一体化、节能、可靠性及安全性等。全书结合实例介绍了不同应用领域相关大型液压载重车的国内外发展现状、分类特点、相关关键技术和设计理论，内容涵盖大型自行式液压载重车的车身结构设计、驱动系统设计、安全控制、仿真与试验、故障诊断和信息化、可靠性设计、悬挂系统设计、转向系统设计、模块化设计、节能设计等。

本书还就大型工程运输车创新设计理论，多车联合作业高精度协调控制技术，大型工程运载装备安全性和可靠性理论，现代液压元件与系统轻量化设计理论与技术，应用于高铁公路桥梁建设急需的运架提成套设备、海外跨海大桥的运架提成套设备、高速公路快速换桥施工装备等居世界领先水平的产品，进行了介绍。

本书内容新颖、系统、实用，适合液压工程技术人员使用，也可作为工科高校机械、车辆工程相关专业本科生和研究生的参考用书。

图书在版编目（CIP）数据

大型自行式液压载重车. 理论基础卷/赵静一著. —北京：化学工业出版社，2021.3
ISBN 978-7-122-38097-5

Ⅰ.①大… Ⅱ.①赵… Ⅲ.①重型载重汽车 Ⅳ.①U469.2

中国版本图书馆 CIP 数据核字（2020）第 243682 号

责任编辑：黄　滢　　　　　　　　　　　文字编辑：袁　宁　陈小滔
责任校对：赵懿桐　　　　　　　　　　　装帧设计：王晓宇

出版发行：化学工业出版社（北京市东城区青年湖南街 13 号　邮政编码 100011）
印　　装：大厂聚鑫印刷有限责任公司
787mm×1092mm　1/16　印张 24¾　字数 612 千字　2021 年 4 月北京第 1 版第 1 次印刷

购书咨询：010-64518888　　　　　　　　售后服务：010-64518899
网　　址：http://www.cip.com.cn
凡购买本书，如有缺损质量问题，本社销售中心负责调换。

定　　价：168.00 元　　　　　　　　　　　　　　　　　　版权所有　违者必究

序　　一

伴随科学技术和经济社会的飞速发展，在桥梁架设、港口物流、船舶制造、钢铁冶金、航空航天、军事装备等众多领域的基础设施、重大装备的建设过程中出现的复杂环境、复杂工况、超大动载是传统工艺和装备所不能胜任的。大型自行式液压载重车应运而生，拓展了工程机械中大型工程运输车辆的产品型式和功能范围，形成由简单的挂车运输型式到具有超大重量、超大尺寸设备或构件的场地和道路专用大型运输车辆，且具备联合作业和施工的功能。

20 世纪末，赵静一教授的研究团队是国内最早进入这一研究领域的研究人员，针对国家高铁、大型桥梁、造船和特大型重载装置与设备的运输等重大工程，发挥团队在流体传动与控制领域的科研优势，面向行业对大型液压载重车的技术需求，开展了关键技术的创新设计和可靠性研究，极大地保障了相关设备的可靠服役。他们和国内多家企业展开密切的产学研合作，开发了国内第一台 900 吨运梁车、架桥机和系列超低巷道重载分体式运输车，研制了船厂用载重车等几十项具有自主知识产权的大型工程运输车辆的产品，填补了我国大型特种运输车辆领域的多项空白。

2010 年，国内外还没有专门著作指导大型自行式液压载重车的设计、制造、安装、调试和维护等工作，赵静一教授的《大型自行式液压载重车》（以下简称"该书"）出版，获得了国家科学技术学术著作出版基金的资助。当时我作为首批读者阅读了该书，全书结构清晰、内容丰富、重点突出，全面介绍了大型自行式液压载重车及其相关衍生产品的关键技术、机电液一体化、节能设计、可靠性和安全性等方面的理论研究以及工程实践应用，为本领域的科研、生产企业和应用单位从事大型自行式液压载重车研究、开发、使用、维护、维修工作的专业人员提供借鉴，字里行间展示出赵静一教授和他的科研团队在该领域的深耕细作。

如今，距离该书出版已经过去十年，十年间赵静一教授和他的研究团队在大型自行式液压载重车的研究方向上持续发力，又陆续完成了系列装备技术的研发，形成了系统化的设计制造方法与技术，在与国内外同类车型的各项技术参数的比较中，从最初的跟踪消化，到近几年的并驾齐驱，在一些特殊领域，具有自主知识产权的创新产品，则处于国际先进水平，在某些方面已经达到国际领先水平。服务 C919 中机身、火箭箭筒、核电装备、地铁车厢等航空、国防、民用装备的快速运输，应用于南水北调中线、杭州湾跨海大桥、北京三元桥换桥、平潭海峡公铁两用大桥、京津城际高铁、郑州四环特大立体交通等重大工程的建设中，取得了显著的经济和社会效益。在这一过程中，赵静一教授团队、秦皇岛天业通联和郑州新大方更是在桥梁架设装备这一分支方向的自主研发中走在了世界前列，2010 年研发的 1000

吨高铁架桥机在韩国应用，是中国高铁施工装备迈出国门的第一单；2015年，完胜德国DEAL、意大利IDEN及英国DORMAN LONG等公司，中标完成科威特海湾大桥世界最大1700吨和1800吨成套架桥装备。在千吨级以上的整孔桥梁装备中处于技术垄断地位，占据了全球大型桥梁装备市场80%以上的份额，这是非常令人骄傲的成绩。

2020年12月，赵静一教授又送来了他的新书稿《大型自行式液压载重车 理论基础卷》和《大型自行式液压载重车 工程应用卷》，邀请我给他作序。我非常高兴，并第一时间阅读了全稿。

赵静一教授在新书稿中，结合十几年来在相关领域的工程实践，就大型工程运输车创新设计理论、多车联合作业高精度协调控制技术、大型工程运载装备安全性和可靠性理论、现代液压元件与系统轻量化设计理论与智能控制技术，以及应用于高铁公路桥梁建设急需的信息化及智能化的运架提成套设备、跨海大桥的运架提成套设备、高速公路快速换桥施工装备等居世界领先水平的产品，进行了较为全面系统的介绍，对设计开发和工程应用均有指导作用，兼具理论价值和实践意义。相信新书的出版，会促进这一行业的技术进步。

我与赵静一教授已经有三十多年的合作，我们合著的《土压平衡盾构电液控制技术》获得了第四届中国出版政府奖（图书奖）。赵静一教授能够在总结和提炼自己科研成果的基础上，将从实践中积累的创新理论与技术奉献出来，著书育人，正是响应中国共产党第十九届中央委员会第五次全体会议提出的"面向世界科技前沿、面向经济主战场、面向国家重大需求、面向人民生命健康，深入实施科教兴国战略、人才强国战略、创新驱动发展战略，完善国家创新体系，加快建设科技强国"号召，面向后疫情时代的国际国内严峻形势，处在全面建设社会主义现代化国家新征程的历史节点，迎接挑战，在新时代作出新贡献，服务国家重大需求。我想，这也是赵静一教授撰写新书的初衷吧。

中国工程院院士
浙江大学教授

序 二

工程机械是土石方工程、流动起重装卸工程、人货升降输送工程和各种建筑工程综合机械化施工以及同上述相关的工业生产过程的机械化作业所需机械设备的统称。

工程机械应用范围极广，特别是交通运输基础设施、能源领域工程、原材料领域工程、农林基础设施、水利工程、城市工程、环境保护工程和国防工程领域中的主要施工装备。大型自行式液压载重车属于近几十年发展起来的工程机械学科领域，作为使用液压驱动、液压转向、液压悬挂及液压提升装置，针对大尺寸、大结构、大负载构件或设备的特种运输和施工车辆，在高速铁路、高速公路、大型桥梁、船舶制造、钢铁冶金、城市建设、大件物流等各类重大工程施工建设中均有广泛应用，在一些特殊场合具有不可替代性。

赵静一教授于2010年出版的著作《大型自行式液压载重车》是这一工程机械领域里第一部全面系统介绍大型液压载重车的设计理论与工程技术并推动了行业技术进步的精品著作。他结合自己科研团队二十多年"产学研用"协同攻关的上百项科研实践，介绍了大型特种工程运输施工装备机电液系统创新设计，大型工程运输车辆联合作业液压系统群协调控制理论与可靠性的研究工作，总结了具有独立知识产权，处于国际领先地位的理论和实践成果。该书出版后，受到了行业内工程技术人员的广泛好评，在许多高校相关专业成为研究生教材和本科生课程参考书。

如今，赵静一教授又补充了近十年与国家行业内相关企业的合作，将理论成果转换成生产力，推动了产学研合作，创造了巨大的经济效益和良好的社会效益，取得了良好的工业转化效果和有关成果，撰写完成了全新的书稿——《大型自行式液压载重车 理论基础卷》和《大型自行式液压载重车 工程应用卷》，这是赵静一教授科研团队开展技术研发、产学研合作、工程实践过程中深厚积累的著作。《大型自行式液压载重车 理论基础卷》全面介绍了大型自行式液压载重车及其衍生产品的关键技术、机电液一体化与节能、可靠性及安全性方面的理论研究成果，可以为相关设计人员、操作人员、维护人员等从业者掌握大型自行式液压载重车的核心技术方法提供帮助；《大型自行式液压载重车 工程应用卷》结合与相关企业产学研合作开展的工程项目，针对特定工程领域介绍相关大型液压载重车典型机种的结构与工作原理、常用性能指标、选用原则、维护保养等方面的设计特点和应用实例，可为相关工程项目技术方案的确定、施工过程管理等方面提供借鉴。

正是因为赵静一教授科研团队与国内相关装备制造企业密切结合，成为有特色的产学研用共同体，面向国家重大工程，不断在大型工程运输车辆和大型特种运载装备领域的持续发力、精耕细作，才取得了不胜枚举的成果。陆续研发完成 900 吨至 2700 吨提梁机、运梁车、单/双导梁架桥机、隧道内外通用架桥机及运架一体机、超低巷道重载运输车、大型精密装备快速运输车等国内外领先的技术装备，用于杭州湾跨海公路大桥、胶州湾跨海铁路桥、平潭海峡公铁两用大桥、京津城际高铁、北京三元桥与西关环岛不断交施工、郑州四环特大立体交通、南水北调渡槽运架、科威特海湾大桥、神华煤矿以及 C919 与运 20 等国产大飞机机身和长征火箭箭筒等国内外重点工程，取得了显著的经济和社会效益，为国家多个民用、国防领域发展做出了重要贡献。2012 年中国工程机械学会委托赵静一教授筹备成立特种车辆分会，经过中国科协和民政部的审批，中国工程机械学会特大型工程运输车辆分会于 2014 年正式成立，赵静一教授任理事长，分会秘书处挂靠在燕山大学。几年间，赵静一教授除了教学和科研之外，奔走于各工程运输车辆的生产企业、研究院所，广泛联络产业链的上下游单位，在为行业谋发展进步的过程中花费了大量精力，也取得了许多喜人的成果：每年一度的特大型工程运输车辆分会年会吸引了大量产业从业人员参加参与学会工作、共谋行业技术进步与国内外市场拓展；这期间还主编完成了国家出版基金项目、"十二五"国家重点图书出版规划项目《工程机械手册——隧道机械》的出版。

  2020 年，我国全面建成小康社会、实现第一个百年奋斗目标；2021 年，工程机械行业正在开启实现第二个百年奋斗目标新征程。今日之中国，正站在实现"两个一百年"奋斗目标的历史交汇点上，作为一名国家培养出的研究人员，在为国家的飞速发展感到骄傲的同时，还应感受到身上的责任重大，从大国到强国的路，需要我们立足当前、着眼未来，充分发挥研究人员的主观能动性，为科技强国之路贡献自己的力量！赵静一教授的新书便是一个很好的榜样。

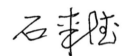

中国工程机械学会理事长
同济大学教授、博士生导师

前　言

十几年前，大型液压载重车关键技术被国外垄断，装备依赖进口，造价高，交货期长，维修差。必须自主创新研制，建立自主知识产权。随着国家重大工程和重点项目的快速发展，笔者带领燕山大学科研团队，作为国内最早进入此研究领域的产学研协同创新团队，面向国家重大工程项目的特殊要求，历时15年，经过研究—设计—制造—应用—产业化攻关，依托团队机电液系统理论和技术创新成果，建立大型工程运输车辆数字化的可靠性设计平台，解决了引进产品载重车设计开发理论、电液驱动系统、多车协调控制、可靠性设计等存在的低可靠、难协调等问题；完善了国产新产品研发的加工、制造、安装和调试阶段的工艺规范和质量管理体系；开发了具有自主知识产权的巷道大型设备的分体式快速搬运车、大型精密设备快速运输车、高速公路快速换桥施工的联合作业的驼桥车、千吨级跨海大桥运架提成套架桥施工装备等大型工程运输车辆及其配套装备关键技术；形成了自主设计制造能力并实现产业化，产品走向世界。

2010年10月，笔者将相关技术和经验总结提炼后在化学工业出版社出版了国内第一部全面介绍大型液压载重车设计理论与工程技术车的专著——《大型自行式液压载重车》（以下简称"该书"）。该书获得了2009年度"国家科学技术学术著作出版基金"的资助，出版后受到了从事大型自行式液压载重车研究、设计、生产、制造、使用、维护和再制造领域的相关科研工作者、技术人员及学生的广泛关注和好评。先后荣获2012年度"中国石油和化学工业联合会优秀图书奖"一等奖、2014年度"中国机械工业科学技术奖"三等奖。

该书在大型工程运载施工装备这一工程机械崭新领域里，推动了行业的技术进步，培养了受企业行业欢迎的技术人员。由于该书具有实用性、新颖性和简约性等诸多鲜明特点，因此在许多高校相关专业，成为研究生教材和本科生课程参考书。

考虑到该书出版至今已超过10年，在此期间，大型自行式液压载重车的相关理论和技术也在不断更新和进步；此外，广大读者在使用该书过程中，也提出了许多宝贵的意见和建议。因此，笔者在该书基础上，进一步编写了《大型自行式液压载重车 理论基础卷》和《大型自行式液压载重车 工程应用卷》。在这两本书中主要增加了作者科研团队2010年以来主持和参与所完成的国家863重点项目（2010AA044401）、国家自然科学基金项目（51175448、51405424、51675461、11673040）、教育部和河北省基金等项目及与国内数十家企业委托合作项目的研究成果，引用了笔者部分学生的相关博士学位论文和硕士学位论文，另外还参考了一些国内外企业的最新产品相关资料。并就大型工程运输车创新设计理论，多车联合作业高精度协调控制技术，大型工程运载装备安全性和可靠性理论，现代液压元件与系统轻量化设计理论与技术，应用于高铁公路桥梁建设急需的运架提成套设备、海外跨海大桥的运架提成套设备、高速公路快速换桥施工装备等居世界领先水平的产品，进行了介绍。

本书为《大型自行式液压载重车 理论基础卷》，主要结合实例介绍不同应用领域相关大型液压载重车的国内外发展现状、分类特点、相关关键技术和设计理论。

感谢笔者所在单位燕山大学，为科研团队提供了良好的工作平台；感谢多年一起攻关的同事们，共同开拓了具有自主知识产权的新型液压载重车核心技术工程机械新领域；感谢团队近二十年来毕业的姚成玉、王智勇、孙炳玉、李侃、程斐、曾辉、陈逢雷、刘雅俊、李鹏飞、黄子斋、郭锐、王昕煜、张春辉、康绍鹏、杨成刚、覃艳明和蔡伟等博士研究生及上百名硕士研究生在完成相关研究课题时付出的辛勤劳动，是他们富有聪明才智的努力，才创造了一系列辉煌成果。

感谢浙江大学、哈尔滨工业大学、吉林大学、北京航空航天大学、同济大学、石家庄铁道大学、上海交通大学、北京理工大学、浙江工业大学、大连理工大学、太原理工大学的专家学者们，大家共同建立了大型液压载重车的关键技术交流平台。

感谢十多年来的产学研用合作伙伴，秦皇岛天业通联重工科技有限公司、郑州新大方重工科技有限公司、湖北三江航天万山特种车辆有限公司、江苏天明特种车辆有限公司、江苏海鹏特种车辆有限公司、北京百善重工科技有限公司、北京优益重工有限公司、北京华德液压工业集团有限责任公司和博世力士乐（中国）有限公司等四十余家企业在技术交流和推广方面作出的重大贡献，为燕山大学科研团队的博士和硕士研究生提供了坚实的科研平台和良好的工作条件，推动了我国大型特种运载装备和工程运输车辆制造业的科技进步，缩小与国外先进水平的差距，促进行业共同发展，发明、设计和制造出满足复杂条件和恶劣工况需求的大型液压载重车，不仅广泛满足国内市场，还远销海外地区，占领了国际市场。目前基于大型工程运输车创新设计理论研发设计的多种产品均达到国际先进水平，部分达到国际领先水平。

感谢中国工程机械学会对大型液压载重车这一崭新工程机械领域的关注和支持，委托燕山大学牵头创立了特大型工程运输车辆分会，为国内外的学者、企业家提供了学术交流和促进产学研用技术进步的联系纽带。

感谢中国工程院院士、中国工程机械学会副理事长、浙江大学杨华勇教授和中国工程机械学会理事长、同济大学石来德教授在百忙之中为本书的出版作序。

感谢笔者所在燕山大学团队的郭锐副教授、王昕煜博士、康绍鹏博士、杨成刚博士、蔡伟博士、王建军博士、李文雷博士，以及硕士生刘昊轩、秦亚璐、卢子帅、侯家兵、赵晨、王柏岚、蔺级申、李志博、唐海鸥、关畅等在本书图表和电子文档方面所做的工作。

不同的环境条件、不同的应用领域、不同的结构尺寸，需要不同的施工工法，对大型液压载重车的多样性提出要求，需要根据工程要求定制。基于各种原因本书不能面面俱到，不能解决大型液压载重车设计和选用的所有问题，但希望可以为读者提供解决问题的思路。

由于笔者水平有限，书中难免有不足之处，望广大读者进一步提出宝贵意见和建议。

赵静一
抗击新型冠状病毒肺炎时写于燕山大学校园

目 录

第一章 绪论 ·· 001
  第一节 自行式液压载重车概述 ··· 001
  第二节 液压载重车主要应用领域 ·· 007
  第三节 液压载重车发展现状 ·· 022
  第四节 自行式液压载重车发展面临的主要问题 ··· 030

第二章 自行式液压载重车技术特点与关键技术 ··· 033
  第一节 液压载重车的技术特点 ··· 033
  第二节 大型液压载重车的关键技术 ··· 045
  第三节 液压载重车的技术发展趋势 ··· 054

第三章 自行式液压载重车车身结构设计 ·· 057
  第一节 液压载重车车身结构的基本要求 ·· 057
  第二节 液压载重车的整体结构设计 ··· 058
  第三节 模块车整体结构设计 ·· 063
  第四节 挂车结构设计及强度和刚度分析 ·· 071

第四章 自行式液压载重车液压驱动系统设计 ·· 081
  第一节 液压载重车的液压驱动系统设计要求 ·· 081
  第二节 自行式框架车液压驱动系统设计 ·· 092
  第三节 闭式液压驱动系统参数匹配分析 ·· 097
  第四节 闭式液压驱动系统伺服超驰控制的实现 ··· 103
  第五节 模块式运输车行走驱动系统设计 ·· 112

第五章 自行式液压载重车转向系统设计 ·· 120
  第一节 液压载重车的液压转向系统设计要求 ·· 120
  第二节 液压载重运输车转向系统分析 ··· 129
  第三节 自行式液压载重车多车并车转向控制技术 ·· 141
  第四节 模块车转向系统设计 ·· 153

第六章　自行式液压载重车悬挂系统设计 ································ 159

    第一节　液压载重车液压悬挂系统技术特点 ···························· 159
    第二节　悬挂系统方案 ·· 165
    第三节　自行式框架车悬挂升降电液同步驱动控制 ···················· 171

第七章　自行式液压载重车制动系统设计 ································ 182

    第一节　液压载重车的制动系统 ··· 182
    第二节　湿式与盘式组成的混合全液压制动系统 ······················ 186
    第三节　制动系统实验及分析 ··· 194
    第四节　制动系统改进方案 ·· 200

第八章　自行式液压载重车的模块化设计 ································ 206

    第一节　液压载重车模块划分 ··· 206
    第二节　液压模块载重车发展状况 ·· 210
    第三节　自行式液压载重车型谱及主要技术参数 ······················ 214
    第四节　4000t模块式动力平板运输车方案 ······························· 217

第九章　自行式液压载重车安全控制 ······································ 228

    第一节　负载重心允许装载区域的确定 ··································· 228
    第二节　液压载重车调平控制 ··· 234
    第三节　调平安全控制策略的对比与选取 ································ 241
    第四节　悬架液压系统的顺应性描述及其评价指标 ··················· 244
    第五节　自行式液压载重车安全监测系统 ································ 248

第十章　自行式液压载重车的节能设计 ··································· 255

    第一节　发动机与液压系统功率匹配节能 ································ 255
    第二节　液压载重车全局功率匹配节能 ··································· 264
    第三节　减轻液压载重车自重节能 ·· 266
    第四节　智能化趋势下微小型液压元件和EHA ························· 279

第十一章　液压载重车电液控制系统仿真与试验 ······················· 289

    第一节　液压驱动系统仿真 ·· 289
    第二节　液压转向系统仿真 ·· 299
    第三节　转向系统协调控制试验研究 ······································ 305
    第四节　相关试验的基础与类型 ··· 307
    第五节　可定制多类液压元件并行可靠性试验 ························· 309

第十二章　自行式液压载重车可靠性设计 ································ 316

    第一节　大型自行式液压载重车液压系统的可靠性研究 ············ 316

第二节　液压载重车可靠性分析与研究 ……………………………………… 321
　　第三节　液压载重车液压悬挂可靠性测定试验 ………………………………… 329
　　第四节　液压载重车电液悬挂系统的模糊可靠性分析 ………………………… 342

第十三章　自行式液压载重车故障诊断与信息化 …………………………… 348

　　第一节　故障诊断概述 …………………………………………………………… 348
　　第二节　故障诊断模型和任务分解策略 ………………………………………… 354
　　第三节　载重车电液控制系统故障分析及建模 ………………………………… 356
　　第四节　载重车电液系统故障定位策略研究 …………………………………… 360
　　第五节　载重车远程故障监测与诊断系统 ……………………………………… 367
　　第六节　载重车新一代信息技术的应用 ………………………………………… 374

参考文献 …………………………………………………………………………… 378

第一章

绪　　论

第一节　自行式液压载重车概述

21世纪初，国内外大型工程建设项目剧增，各类重型装备及大型构件的运输及施工任务需求随之越来越多，常规铁路和公路运输难以满足使用要求，各行业无奈引进部分大型工程运输车辆。作为大型工程运输车辆需求大国，我国市场占全球60%，但关键技术长期被国外垄断，装备依赖进口，造价高，交货期长，维修、维护费用高。与普通货运车辆相比，除作为一种轮胎式道路和场地运输大型特种装备的交通工具外，它还具有自主作业或多种装备协同作业或施工的能力，特别是在大型高速铁路公路桥梁、跨海大桥和隧道井下特殊环境和复杂工况的施工中具有多重优势，使其成为工程机械的一个崭新领域，在军事、建筑、路桥、造船、冶金以及石油化工等各个领域里发挥着不可替代的重要作用。

一、自行式液压载重车

与大型工程机械和常规载重平板挂车不同，大型自行式液压载重车，也称液压动力平板运输车或自驱式液压平板车，或者称为重型平板车，通常是指额定载重在35t以上，具有液压驱动、液压悬挂、液压转向、液压顶升和液压提升装置的大型专用多轴线、多悬挂、多轮驱动道路运输、场地施工车辆。与轨道式运输机械相比，其采用总线控制，可多车联合作业。具有超重载荷移动搬运、机动灵活、自行驶、高稳定性以及高通过性等优异性能。

大型工程运输车辆按照工作形式可分为单车、多车组合、模块化三种形式。可以适应特殊环境、特殊要求、特殊领域对结构尺寸大、负载质量大、形状差异大的装备或设备的场地或道路运输。具有驱动功率大、转向模式多、负载变化多和联合作业多的工作特点。为了叙述方便，在后面的章节里简称液压载重车。

1. 单车工作方式

一般情况下液压载重车按照驱动方式可分为牵引式液压全挂车，如图1-1；牵引式液压半挂车，如图1-2；自行式或自驱动式液压载重车，通常又称为动力平板车，如图1-3。

（1）牵引式液压挂车的特点和应用

挂车本身不具有动力系统，必须由牵引汽车牵引提供动力。挂车可分为半挂车和全挂车，全挂车是指牵引车只提供动力，完全由挂车本身的载货平台承载货物重量；而半挂车除了载货平台承载货物外，牵引车也承担部分的承载功能。

全挂车对大型装备的运输具有一定的优势，但也存在一些明显的不足，例如需要在牵引

图 1-1　牵引式液压全挂车

图 1-2　牵引式液压半挂车

图 1-3　自行式液压载重车（自驱动式液压载重车）

车上额外增加一定配重，以增加牵引车轮胎的附着力；全挂车必须通过牵引杆与牵引车连接，增加了整车的总体长度。

半挂牵引车起到组合式半挂车前支撑的作用，不仅提高了牵引车的附着质量，而且缩短了整车长度，使挂车更具灵活性和整体性，同时充分利用了牵引车的牵引力。

模块式液压组合半挂车在进行大型装备运输方面除了具有组合全挂车的特点外，还同时具有普通半挂车的优点，多作为超长、超重物件专用运输车，其关键技术主要包括连接平台的设计、转向系统设计、悬挂系统设计，有些车还带有后端爬梯的设计及液压绞盘的设计。连接平台不仅要满足设计所要求的强度和刚度，还要尽量质量最小、有效载荷最大化，根据货物要求，还有可伸缩设计和多层设计；液压转向系统的设计既要使车辆能够实现全轮转向，又要尽量减小车辆的转弯半径，同时还要最大程度实现车轮的纯滚动以降低轮胎的磨损程度；液压悬挂系统是模块式液压组合半挂车的主要支撑装置，既要能实现整车高度的可调，又要能在恶劣工况下行驶时起到很好的减振作用；后端爬梯和液压绞盘的设计要确保大型装备的顺利装卸。

牵引式液压挂车的类型及应用见图 1-4 至图 1-8。

（2）自行式液压载重车特点和应用

大型自行式液压载重车已实现了全液压驱动和计算机控制，形成适应超大型物件运输与安装的组合式液压载重车，以及各种各样的满足不同要求的自行式液压载重车，如造船厂的

图 1-4　后轴升降伸缩式重型液压挂车

图 1-5　半挂车对超长货物的运输

图 1-6　模块式液压组合半挂车对超重货物的运输

图 1-7　超低货台液压全挂车

图 1-8　模块式液压组合半挂车进行发电机转子的运输

船体运输车、钢厂的材料运输车、高速铁路桥梁和跨海大桥架设用的预应力混凝土箱梁运输车等。通常,生产厂家根据最终用户的要求进行设计制造,为用户制造出技术先进、性能可靠的现代化全液压自行式液压载重车。

自行式液压载重车,按照半轴载荷可分为重系列(如图1-9)和轻系列(如图1-10)。通常将半轴载荷为16t的称为轻系列载重车,半轴载荷为32t的称为重系列载重车。其中单车按照车体结构又可分为一体式(图1-11)和分体式(图1-12)。

图1-9 重系列液压载重车

图1-10 轻系列液压载重车

图1-11 一体式320t重系列液压载重运输车

图1-12 分体式巷道连采机快速运输车

2. 多车组合和模块化工作方式

当运输物件的体积过大、形状不规则或重量超过单台液压载重车的承载能力时,为保证该物件的安全运输,可将多台液压载重车纵向拼接或横向拼接并用,这就要求多个液压载重车保持同步,由此产生了自行式液压载重车的多车联合作业和模块化工作方式。如图1-13是两纵列模块车和四台模块车联合作业,图1-14是科威特多哈跨海大桥施工的850t提梁机×2台+425t运梁车×4台联合作业,图1-15和图1-16是多车联合作业的工作模式。

图 1-13　矿山设备和石化设备工程用液压载重车

图 1-14　科威特多哈跨海大桥施工的 850t 提梁机×2 台+425t 运梁车×4 台联合作业

图 1-15　船厂用组合液压载重车

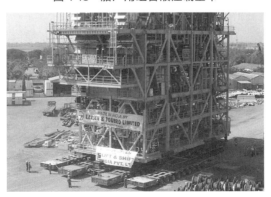

图 1-16　模块化液压载重车

二、以液压载重车为基础派生的自行式工程机械

自行式液压载重车衍生品一般可分为轮胎式起重机械和特殊用途自行式工程机械两大类。其中轮胎式起重机械包括提梁机、运架一体机、门式吊、码头集装箱吊运车等；特殊用途自行式工程机械一般常见的有钢渣车、高空作业车、飞机牵引车、正面吊等。

随着经济的发展，人们对大型自行式液压载重车的功能需求也逐渐多样化。为了满足不同的工作需要，人们在液压载重车的基础上研发出了多种多样用途广泛的自行式液压工程机械，如高空作业车、抱罐车、提梁机、正面吊、运架一体机等，这些基于液压载重车原理基础产生的自行式工程机械统称为液压载重车衍生产品，如图 1-17。

(a) 提梁机

(b) 正面吊

(c) 抱罐车

(d) 高空作业车

(e) 运架一体机

图 1-17 自行式液压载重车部分衍生产品

第二节 液压载重车主要应用领域

随着我国经济建设的飞速发展，在军事、桥梁、机械、造船、冶金以及石油化工等各个领域，大型工程建设越来越多，重型设备及重型结构的运输安装任务急剧增加，如造船厂船体运输安装、高速铁路预制梁的运输、跨海大桥桥梁施工以及海上石油平台的运输安装等。尤其是近年来我国路桥工程走出国门，千吨级桥梁成套运载施工装备发展迅速，在国际竞争中占据了很大的优势，对重型运输机械的需求量增大，大型动力平板车作为一种运输此类设备与构件的装备显示出越来越大的作用。从目前国内外经济建设的发展趋势来看，地下隧道、井下巷道、城市轻轨、地下管廊、输气管道、火箭运输、国防装备等领域对大型液压载重车（动力平板车）的需求将逐年上升，而且对载重量的要求也不断提高。随着科学技术的进步，平板车的运输能力及技术含量在不断升级。平板车的发展使得大型设备与构件的运输与安装更加快捷、安全，也带动了经济的不断发展。因此，大型自行式液压载重车及其衍生产品，作为一种轮胎式道路和场地运输大型特种装备的交通工具，越来越受到重视，应用领域也越来越多，成为国家重大工程的国之重器。

一、液压载重车应用领域

随着高速铁路、钢铁、造船等行业的新工艺、先进施工方法的不断涌现，人们对大型钢结构件、整体桥梁部件、整台大型机械、移动仓库、火车头乃至其他领域中的航天飞机、舰艇等超大型货物的运输需求越来越大，大型液压载重车的应用领域也越来越多。

1. 港口物流液压载重车（平板车）

重型液压载重车在驱动、升降、转向等重要部分中对液压技术的采用使其满足各种重型及大型货物的运输及各种超高、超大型构件的安装。由于其运载平台为平板平台形式，故简称为"平板车"。当运输对象为体积超大的物体，单个平板车无法实现运输时，可以将多个平板车进行拼接，拼接的平板车之间通过协调配合，完成一个单独的超大型平板车的功能（图 1-18、图 1-19）。

图 1-18 大型核电站设备转运

图 1-19 国外码头三层轿运车

2. 高速铁路桥梁预制箱梁运输车（运梁车）

高速铁路桥梁预制箱梁运梁车是重型平板运输车的一种特殊形式，是铁路客运专线施工建设以及物流运输行业中的重要运输工具。运梁车主要用来完成繁重、复杂和危险的混凝土预制箱梁运输任务，需要在高温、高寒、多尘、潮湿等野外现场环境下工作，它是连接铁路客运专线施工设备架桥机和提梁机之间的纽带，有时还要负责架桥机的驮运任务，在铁路客运专线建设中起到不可替代的作用。如图 1-20 中，是燕山大学与秦皇岛通联重工合作研发的高速铁路运梁车。

(a)

(b)

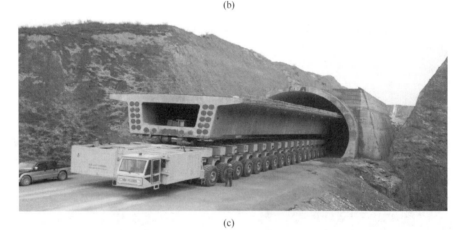

(c)

图 1-20　900t 运梁车

3. 船厂用自行式液压载重车

目前船厂用平板车品种比较多，而且可以实现拼车作业。可以完成船身拼接、场内移位、船坞下水，以及超大型装备的陆海-海陆转运（图 1-21 至图 1-24）。

4. 煤矿大型连采设备巷道快速运输车

随着当代采煤技术的发展，煤矿采掘设备在上下井及搬家倒面时需要快速完成搬运工作，以提高工作效率。目前，国内大型煤矿大多数煤机上下井及搬家倒面时均为通过电源车为其提供能源，来爬行至新的综采工作面。大多数煤机自身行走速度有限，效率非常低，并

图 1-21　船厂 600t 动力平板车

图 1-22　500t 游艇吊机

图 1-23　船厂用模块化液压载重车

图 1-24　万山特车在武船造船基地运载 5200t 整船

且严重影响机器的工作寿命。煤矿设备运输车主要用于煤机的上下井运输。图 1-25 为燕山大学与连云港天明集团共同开发的巷道分体式煤矿设备运输车，其独创的单车分体结构，主要是为了适应煤矿井下巷道和特殊隧道工程使用。目前已经研发了四代产品，载重量 80~150t，井下空载 20km/h，重载 5km/h，转弯半径小于 7m。解决了井下大型采煤设备及巷道特种装备等安全快速运输的世界性难题。

5. 钢厂框架车

随着钢铁工业的发展，无论从载重量还是工作便捷与高效率等方面，对运送成品、坯料、钢包以及钢渣等特重物件运输车的要求日益提高。与拖挂式平板运输车相比，自行式平

(a) 分体式煤矿连采机运输车

(b) 分体式煤矿液压支架运输车

图 1-25 煤矿设备运输车

板框架车因其机动灵活、位置精度高、运输周期短、费用低、可配合料篮完成转运作业、占用场地小、工作效率高等显著优点而受到用户的青睐。按照驾驶室的位置可以分为驾驶室下置式和驾驶室上置式（图 1-26）。

图 1-26 钢厂框架车

6. 石油化工天然气管道工程中液压载重车

石油化工和天然气工程的整体大型塔罐、整体车间的搬运，超长大直径天然气管道加工后从车间运抵施工现场，液压载重车已经成为运输主力，应用广泛（图 1-27、图 1-28）。

7. 航空航天火箭、飞机部件运输车

航空航天的火箭和飞机整体或部件的运输现在都采用了大型液压载重车。图 1-29 为燕山大学与江苏海鹏为中国商飞研发的大型客机 C919 中机身快速运输车，图 1-30 是为西飞研制的 Y-8、Y-20 飞机机头部件快速运输车，图 1-31 是秦皇岛天业通联重工科技有限公司研制的长征火箭箭筒运输车。

图 1-27　2×380t 液压平板车联合作业

图 1-28　万山特车并车运输 2236t 化工罐体

图 1-29　大型客机 C919 中机身快速运输车

图 1-30　为西飞研制的 Y-8、Y-20 飞机机头部件快速运输车

图 1-31　长征火箭箭筒运输车

8. 风电核电领域液压载重车

（1）风电部件运输车

风力发电机组的桨叶、机身都需要大型液压载重车运输，特别是桨叶运输车，为了道路的通过性，除了液压独立转向系统外，往往设计成可伸缩的车身，在空载时减少对道路的占有率。图1-32为超长货物-风电桨叶运输车，图1-33为核电模块自动翻转运输车。

图1-32　超长货物-风电桨叶运输车

图1-33　核电模块自动翻转运输车

（2）轮胎式风电起重机

专用起重机，用于山地、丘陵地带风电吊装，适应道路最大坡度30%，也用于地面条件恶劣，除坑洼、湿滑外还有大角度倾斜的状况。加上设备重心高，对下车稳定、安全行走提出很高的要求。坡度超过20%时，负载上坡基本需要全驱，不能采用传统制动系统，静液压制动存在一定安全风险，需要缓速系统，解决下坡安全问题，使设备重载下坡如履平地。

针对由于路面不平频繁切换自由轮影响行驶速度问题，采取优化液压及电控系统提高响应速度，将打滑对速度影响降到最低。针对大角度倾斜问题，采取增加平衡控制，行进中调整车架平衡，减少停机调整平衡时间，提高行驶速度。如图1-34所示。

(a)

(b)

图1-34　轮胎式风电起重机

9. 城市立交桥不断交换桥施工中液压载重车（驮桥车）

以液压载重车"SPMT"工法为核心的城市桥梁快速施工技术，将传统的以月计的交通中断时间缩短至以小时计，大大降低了对交通环境的影响。该工法的核心设备——驮运架一体液压载重车，是燕山大学笔者所在团队与北京百善重工在结合实际需求和实际的工况环境下重新设计开发的。与国外桥梁快速施工所使用的设备相比，调整和增加了很多功能用以解决现场的实际问题。从特种专用设备上讲，是国内首创、国际领先。下面是两台 1000t 驮桥车联合作业在北京京藏高速西关环岛不断交换桥工程中拆旧桥、换新桥，见图 1-35 和图 1-36；图 1-37 是驮桥车在北京三元桥换桥施工中的场景。

图 1-35　驮桥车旧桥顶升驮运现场

图 1-36　驮桥车新桥顶升驮运现场

图 1-37　两台 1000t 驮桥车在北京三元桥整体置换施工

10. 隧道工程液压载重车

隧道运输车，主要用于隧道车管片、箱涵以及物料、人员的运输。隧道运输环境有其特殊性，因为隧道内道路狭窄，是唯一物流通道，车速直接决定工程的施工速度，自行式液压载重车可以减少车身长度，采用独立悬挂和独立转向，满足转向响应速度和角度的要求，车速可以达到 25km/h。隧道车使用环境封闭，氧气含量不足，另外隧道内湿度大灰尘大，地面湿滑，冷热交替，对整车及配套元器件都提出了特殊要求，需要解决车辆对恶劣环境的适应问题，以及路面湿滑以及坡度大的问题（图 1-38）。

图 1-38　隧道盾构施工时的管片运输车

11. 南水北调工程渡槽运输施工液压载重车

渡槽作为调水工程的重要建筑物，迫切需要突破以大流量、大过流断面、大跨度为特征的超大型薄壁预应力混凝土渡槽设计及其以机械化施工装备技术为核心的技术瓶颈。郑州新大方发明研制了世界上首台套1200t超大型U形断面预应力混凝土渡槽预制以及提槽、运槽、架槽成套装备，突破了单跨千吨级U形薄壁渡槽整体预制、吊运及安装施工技术难题（图1-39）。

图1-39　单跨千吨级U形薄壁渡槽提运架成套设备

12. 城市古建筑移位工程中液压载重车

城市建设中古建筑保护往往通过移位实现，采用液压载重车的工艺后，大大提高了施工效率，缩短工期，降低成本。

以海南英迪格滨海酒店迁移工程为例，英迪格滨海酒店迁移项目位于海南省文昌市龙楼镇彩虹大道南侧，该平移工程迁移建筑为地上二层，地上建筑为原来的精品酒店，建筑结构为钢筋混凝土框架结构，迁移建筑物建筑面积为$6300m^2$，檐口高度8.0m，上部结构荷载约14000t。通过连廊将建筑物切割为7块进行分块迁移，迁移水平距离为720m，迁移竖向距离为6.0m。采用SPMT全转向平板车（最大SPMT 4纵列36轴）将建筑物迁移至新建地下室顶板，迁移过程中对地下室顶板产生较大的点荷载为1100kN，面荷载为$150kN/m^2$。本次的迁移工作在体积、重量、迁移长度、技术含量等方面都属于国内首创（图1-40）。

图1-40　海南英迪格滨海酒店迁移工程

13. 跨海大桥的提运架成套桥梁施工装备

在全球范围内跨海大桥项目越来越多，且随着我国国民经济的迅速发展，国内跨海大桥项目亦将不断增加，这必将促进大跨度预制简支箱梁施工工艺及配套装备新技术发展，促进大跨度预制简支箱梁提运架施工装备进一步推广应用。

（1）杭州湾跨海大桥和韩国仁川大桥

在2005年前后建设的中国杭州湾大桥以及韩国仁川大桥，均采用了整孔预制架设的施工工法完成双幅混凝土桥梁的施工，其最大预制混凝土箱梁达 50m 跨、1400t，同时也是世界范围内首次将架桥机的施工能力突破 50m、1000t（图 1-41）。

图 1-41　杭州湾大桥和韩国仁川大桥 50m 跨 1400t 箱梁施工运梁车与架桥机

港珠澳大桥的施工以大跨距钢梁节段拼装工艺，驳船运输，以浮吊和桥面吊机施工为主。

（2）科威特海湾大桥

中国在大型跨海大桥的建设和装备制造上已经稳居世界前列，特别是参与了两座科威特海湾大桥的建设：一桥是从科威特首都科威特城出发，跨越科威特海湾至苏比亚地区的苏比亚海湾大桥；二桥是科威特-多哈海湾大桥。两座跨海大桥的施工装备分别由郑州新大方重工科技有限公司和秦皇岛天业通联重工科技有限公司在国际市场夺标（图 1-42、图 1-43）。

图 1-42　科威特海湾一桥 1800t 成套架桥装备

图 1-43　科威特海湾二桥 1700t/60m 跨度、双幅、变幅、变跨式轮胎式运梁车

一桥参与设备竞标的公司有德国 DEAL、意大利 IDEN、挪威 NRS、英国 DORMAN LONG 等。郑州新大方在韩国现代国际招标中以技术第一名胜出，为该项目提供以下全套

预制吊装设备：2×900t 轮胎吊 2 套，分别位于预制场和码头；1800t 路基运梁车 1 台，完成箱梁从预制场到码头的运输；1800t 架桥机、1800t 桥面运梁车各 1 台；1100t 栈桥吊 1 台，位于南岛，将驳船运输箱梁提升到南岛上的桥面运梁车。

我国秦皇岛天业通联公司针对二桥的施工方案、施工技术和施工装备需求，通过国际投标取得了为二桥（科威特-多哈海湾大桥）工程建设研究、开发、提供一套 1700t 级的超大型"架、运、提"成套装备与技术的资格。主要任务是解决该大桥最大 60m 跨度双幅、变幅、变跨、小曲线箱形 PC 梁整幅预制、整幅装车、整幅桥上运输、整幅桥上架设的海湾大桥建设施工难题。提供 1700t/60m 跨度、双幅、变幅、变跨式架桥机一套，1700t/60m 跨度、双幅、变幅、变跨式轮胎式运梁车一套，1700t/60m 箱形 PC 梁提梁机一套。

科威特海湾大桥设计采用 60m 跨、1700~1800t 双幅预制混凝土箱梁，施工工法采用架桥机施工，这预示我国企业再一次刷新架桥机施工的新纪录，成功挑战千吨级全套预制架设施工装备的研制与施工，使大型桥梁运架提成套施工设备处于国际领先地位。

科威特海湾大桥工程中的成功应用，刷新了大型桥梁整孔预制架设施工的世界纪录，将我国大型桥梁施工提、运、架成套装备的自主研发水平提升到了新的高度，对提高工程的建设质量及加快建设步伐具有深远的历史意义。同时使我国这一领域的装备制造业达到国际一流水平，也为该类设备的出口创汇开辟了新途径。

（3）加拿大跨海大桥桥墩运输车

加拿大跨海桥梁预制桥墩运输装备：车辆载重，1000t；轴线数量，5 轴线。如图 1-44 所示。

图 1-44 通联产 1000t 预制桥墩运输车

二、液压载重车衍生产品应用领域

下面就一些常见衍生产品及其型谱进行介绍。

1. 高空作业领域的高空作业车

高空作业车能悬伸作业、跨越一定的障碍或在一处升降，可进行多点作业；平台载重量大，可供两人或多人同时作业并可搭载一定的设备；升降平台移动性好，转移场地方便；外形美观，适于室内外作业和存放。适用于车站、码头、商场、体育场馆、小区物业、厂矿车间等大范围作业。高空作业车大体有折叠臂、伸缩臂、混合臂、自行式四个系列。图 1-45 是海鹏 ZQG 系列自驱动高空作业车，表 1-1 为其型谱。

图 1-45 海鹏 ZQG 高空作业车

表 1-1 海鹏 ZQG 高空作业车型谱

技术参数		JHP21	JHP26	JHP28
工作平台	最大工作高度/m	21	26	28
	额定载荷/kg	300	250	250
	台底高度/m	19.3	24.3	26.3
	摆动角度/(°)	左右 90	左右 90	左右 90
	外形尺寸/m	0.9×2.4×1.1	0.9×2.4×1.1	0.9×2.4×1.1
主臂	变幅角度/(°)	-13～75	-13～75	-5～75
	最大工作半径/m	16	20	22
	回转角度	360°全回转	360°全回转	360°全回转
飞臂	变幅角度/(°)	—	—	-60～70
行驶速度	行驶速度(慢)/(km/h)	1	1	1
	行驶速度(快)/(km/h)	4.5	4.5	4.5
	最大爬坡度/%	30	30	30
	轮胎/in	38×16-20	38×16-20	38×16-20
发动机	制造商	东风康明斯	东风康明斯	东风康明斯
	功率/kW	60	60	60
	电源/V	24	24	24
	燃油箱容量/L	120	120	120
车身尺寸	总长/mm	8800	11300	12500
	总宽/mm	2490	2700	2700
	总高/mm	2750	2950	2950
	轴距/mm	2600	3050	3050
	轮距/mm	2090	2300	2300
	尾摆/mm	1000	1600	1600
	总质量/kg	14500	16000	17500

注：1in=25.4mm。

图 1-46 为特雷克斯公司的高空作业车，表 1-2 为其型谱。

图 1-46 自行式直臂型高空作业车

表 1-2 自行式直臂型高空作业车型谱

产品	最大工作高度/m	最大水平延伸/m	承载能力/kg
S-100/105	30～32	22.86～24.38	227～340
S-120/125	36.58～38.15	22.86～24.38	227～340
S-40/45	12.2～13.7	9.65～11.18	227
S-60/65	18.3～19.8	15.48～17.1	227
S-80/85	24.38～25.9	22.07～23.60	227～340

2. 钢铁冶金行业的液压载重车衍生产品

冶金行业是一个原料、产品运输密集型的行业，采用冶金起重机配合大型专用特种运输车辆进行无轨运输可以很好地解决钢铁工业车间内材料复杂多变、钢铁温度极高、成品体积超大等运输问题。

(1) 抱罐车

抱罐车是为冶金钢渣运输量身定做的产品，它的载重能力、长度和宽度是根据用户的渣罐尺寸、容积和现场操作环境而定。抱罐车的载重能力可从 25t 至 150t。

抱罐车的特点是不需其他吊重设备，使用车辆本身的倾翻大臂便能进行抱罐和翻罐的动作，可从地面上或小台上把罐抱到抱罐车上，可作 180°倾翻渣罐，减少作业人数和工具设备的数量，性能高、可靠性高和操作安全性高，操作简易、效率高。

抱罐车有如下类型：

① 整体式　如图 1-47，整体式抱罐车的优点：整体式设计，车身长度和宽度较紧凑；由于设计紧凑，所以行走和操作的灵活性较高；整车的保护性能很好，安全性高；倾翻角度可达 180°。

② 铰接式　如图 1-48，铰接式抱罐车的优点：整车的保护性较好，安全性较高；驾驶员有良好视野，操作较舒适；倾翻角度可达 180°。

图 1-47　整体式抱罐车

图 1-48　铰接式抱罐车

③ U 形框架式　如图 1-49，U 形框架式抱罐车的优点：整车的高度较低，所以重心也较低；由于重心低，所以操作时稳定性较高；适合对操作环境高度有要求的地方，如厂房进出口和抱罐高度低的地方；整车结构简单；维修保养容易。

天业通联重工抱罐车见图 1-50。

表 1-3 为燕山大学与海鹏共同开发生产的钢渣车的型谱。

图 1-49 U 形框架式抱罐车

图 1-50 天业通联重工抱罐车

表 1-3 上海海鹏抱罐车型谱

型号	长度/mm	宽度/mm	高度/mm	载重/t	速度(空/满载)/(km/h)	爬坡度/(°)
SHHP-BG35				35	35/15	8
SHHP-BG40				40	35/15	8
SHHP-BG50	按客户要求或实际情况而定			50	35/15	8
SHHP-BG60				60	35/15	8
SHHP-BG80				80	35/15	8
SHHP-BG100				100	35/15	8

（2）铁水车

TZG 型铁水包运输半挂车是为适应钢厂内铁水包转运研发的新型半挂车，本型号运输车由前后两个车架组成（半挂车外形结构如图 1-51 所示）。前车架与牵引车连接，后车架放

图 1-51 牵引式铁水车

置铁水包。前车架与后车架通过销轴铰接，通过销轴传递牵引力和制动力。

运输车采用前后两组轮轴，三点支承形式，前轴轮组可随牵引车转向进行转动，其特点为车辆总长小、转弯半径小、各轮轴受力均匀、轮胎磨损小，加载于牵引车上的负荷小，与牵引车连接接口为标准通用型接口，可适用于多种牵引车。

江苏海鹏特种车辆有限公司与燕山大学开发了大吨位（260t）的自行式全液压驱动铁水车，在工作时对场地要求低，转向灵活，运输平稳，安全可靠（图1-52）。

图1-52　自行式全液压驱动铁水车

3. 码头集装箱吊运车

集装箱正面吊（图1-53、图1-54）由工程机械底盘、伸缩臂架、集装箱吊具三部分组成。底盘有发动机、动力换挡变速箱、前桥、后桥、转向系统、驾驶室、车架、配重、车轮等部件；伸缩臂架有伸缩油缸、俯仰油缸、臂架等部件；集装箱吊具有旋转机构、上架、连接架、底架、伸缩架、伸缩油缸、防摇油缸、侧移油缸、旋锁油缸等部件。

图1-53　通联正面吊　　　　　　　图1-54　尼科正面吊

具体的用处：

① 将集卡上面的集装箱卸下来；
② 将集装箱在集装箱堆场堆高；
③ 抓取集装箱，移动到想要的地方；
④ 将集装箱从堆场装上车。

正面吊具有机动灵活、收箱速度快的特点。

4. 高速铁路大型提梁机

桥梁是在公路、铁路、城市和农村道路建设中，为了跨越各种障碍，并承受车辆和人群载荷所修建的人工承重建筑物。随着我国经济的高速发展，在现代化的桥梁施工中，很多机械设备特别是一些桥梁工程的专用设备，已经代替了以往的手工操作，极大地提高了工作效率，缩短了工期。我国从 1998 年开始，逐步建设速度达到 200km/h 的高速铁路，这种高速铁路的出现，对桥梁建设的配套的大型工程设备提出了新的要求。如图 1-55，为燕山大学与通联重工合作研发的一款 900t 双导梁提梁机。由于提梁机不但具有起吊桥梁的功能，而且具有托运桥梁的轮胎式行走能力，因此，提梁机是重型运输设备和大型起重设备的结合体，是一种新型的移动式重型起重运输设备。

图 1-55　高速铁路大型提梁机

5. 运架一体机

运架一体机是集提梁机、运梁车与架桥机三者于一体的吊梁、运梁、架梁多功能液压载重车衍生品，与三者分开的架桥工程机械相比较，其具有以下优缺点：

① 其走行转向系统是该机非常重要的部分，其功能繁多，结构复杂，组装、调整难度大；
② 它的技术含量高、工艺流程先进、机械作业效率高；
③ 它可以一次性铺设跨区间无缝线路，能够先架梁后铺轨，且不破坏路基。

尤其针对我国铁路建设大量采用箱形梁、工期紧、架梁难度大的新形势，各施工单位引进和自行研制了多种高铁桥梁施工运架一体机，取得了很好的效果。图 1-56、图 1-57 为运架一体机现场图片。石家庄铁道大学与天业通联重工研发了新型运架一体机，解决了产品实时监控、故障诊断等问题，提高了产品安全性，提高了运梁车的转向控制性能，实现了提梁机同步、防滑、协调转向等多项功能，见图 1-58。

图 1-56　中铁运架一体机架桥

图 1-57　运架一体机运梁

6. 飞机牵引车

经常乘坐民航飞机出行的人都会注意到，当乘客登机完毕飞机舱门关闭后，由一辆牵引车把飞机推离登机廊桥或停机坪，直接把飞机拖到滑行道、起飞线，之后牵引车离开，飞机才开始启动发动机、加速、起飞、升空。由于飞机本身的发动机，特别是喷气式发动机是按照每小时几百、上千千米的高速飞行条件而设计的，当飞机在地面上以 30~40km/h，甚至

图 1-58　TLJ 900t 运架一体机

低至几千米每小时速度移动时，它们的能量利用率非常低，相比用牵引车移动同样距离的油耗要高出几十甚至上百倍。从成本核算角度讲，使用牵引车要划算得多。飞机牵引车是一种机场新型地面保障设备，它用以牵引飞机在停机坪、滑行道、起飞线、飞机机库以及维修车间范围内移动，即能牵引飞机又能顶推飞机，还可以运送机组人员及配件。

液压飞机牵引车一般分为有杆式和无杆式两种，图 1-59 是中国国产的飞机牵引车照片。

大型载重车的应用领域广泛，限于篇幅，除上述介绍的一部分，会在后面各章再介绍一些，但可能挂一漏万，请读者见谅。

(a) 有杆式飞机牵引车

(b) 无杆式飞机牵引车

图 1-59　飞机牵引车

第三节　液压载重车发展现状

一、液压载重车国外发展现状

国外早在 20 世纪 30 年代开始研制自行式液压载重车，经过几十年的研究，随着设备大型化、整体化的运输，液压载重车也在向大型化、大吨位发展，并采用模块化组合方式，实现更大吨位的运输。目前的液压载重车已实现了高度自动化、全液压、计算机控制，不仅有适应超大型物件运输及安装的组合式液压载重车，还有满足不同要求的各种各样的液压载重车，如造船厂的船体运输车、钢厂的材料运输车、交通建设桥梁架设用的预应力混凝土箱梁运输车等。

目前国外自行式液压载重车的生产厂家大部分集中在欧洲，主要有德国的 KAMAG、

SCHEUERLE、GOLDHOFER、KIROW，法国的 Nicolas 和意大利的 NICOLA、COMETTO 等。他们根据最终用户的要求进行设计制造，为用户制造出技术先进、性能可靠的现代化全液压自行式液压载重车，如图1-60所示。表1-4至表1-7为国外公司生产的自行式液压载重车型谱。

(a) 我国北海船厂从德国进口的KAMAG液压载重车

(b) SCHEUERLE航天用液压载重车

图 1-60　国外自行式液压载重车

表 1-4　SCHEUERLE SPMT（MODULE TRANSPORTER）系列载重车型谱

轴线	4	6	14	20	30	40	48
吨位/t	160	240	560	800	1200	1600	1920

表 1-5　KAMAG 产品型谱

型号	1402S	1403S	1404S	1405S	1406S	1407S	1408S
吨位/t	103	157	216	270	328	386	440
型号	1409S	1410S	1411S	1412S	1406/2S	1407/2S	1408/2S
吨位/t	496	550	600	653	643	756	864
型号	1409/2S	1410/2S	1411/2S	1412/2S	U1602	U1603	U1604
吨位/t	974	1088	1204	1316	38	58	78
型号	U1605	U1606	U1607	U1608	U1609	U1610	U1506
吨位/t	97	118	136	156	175	195	170
型号	U1507	U1508	U1509	U1510			
吨位/t	195	225	250	280			

表 1-6　法国 Nicolas、意大利 COMETTO 产品型谱

公司	产品型号及吨位						
Nicolas	型号	SFD3	SFD4	SFD5	SFDBI		SFDM
	吨位/t	46.6	58.5	69.5	56	78	89	80
	型号	MDL	MDEL	MDE	MDEF	—	—	—
	吨位/t	19.5	20	34	24	—	—	—
COMETTO	型号	5LINE	6LINE	7LINE	10LINE	41MS	61MS	4+6MS
	吨位/t	220	277	321	1000	121.5	183	183

表 1-7　日本各公司产品型谱

公司	产品型号及吨位							
Shinko	型号	PD-30	PDE-30	PDE-40	PB-80	PDE-80	PDE-120	PDE-150	PDE-200
	吨位/t	30	30	40	80	80	120	150	200
TCM	型号	P50	P110	P130	P160	P200	P400	P600	P750
	吨位/t	50	110	130	160	200	400	600	750

液压载重车生产企业还根据最终用户的特殊要求进行设计制造，为客户研制开发出针对性更强的全液压自行式液压载重车，使液压载重车在结构形式和功能上得到更大的延伸，部分衍生产品如图1-61所示。

(a) KIROW钢厂用抱罐车　　　　　　(b) KAMAG飞机牵引车

图1-61　全液压自行式液压载重车衍生产品

目前，液压载重车的最大载荷已经超过1000t，如KAMAG公司单台液压载重车的吨位已超过1300t，有12个轮轴、192个轮胎，车体长32m、宽10m。这些液压载重车配有电子装置，来探测负荷的重量和位置，其中的关键技术是可自由编程的电子转向系统，通过不同的程序可以实现任意角度转向（如横行、中心回转、摆头摆尾等）。几台液压载重车可以组合构成一个大的运输平台，或者将几台液压载重车不用任何机械连接独立运输整体负载，这种情况下，可编程电子控制转向系统能够控制相互组合的几台液压载重车同步转向。如SCHEUERLE公司的产品在大型工程上应用较多，其特点为模块化组合应用，采用拼接方式模块化组合后，最大吨位达到12500t，如图1-62所示。

图1-62　全液压自行式液压载重车组合模式

在国外，液压载重车的公司还有日本的神钢电机（Shinko）、日本车辆（NipponSharyo）和TCM，南非Randburg，其系列产品也在全球造船、钢铁和物流行业得到广泛应用。

随着铁路技术的发展，高速铁路建设使铁路施工工艺发生巨大的变化，面向高速铁路高架桥建设的液压载重车也应运而生，如意大利NICOLA公司、德国KIROW公司专门为高速铁路建设研制开发了各种形式的液压载重车，在高速铁路建设中发挥了重要作用。

随着科学技术的不断发展，特别是20世纪90年代以来，随着计算机技术的迅猛发展，大量先进技术被应用到重型平板运输车，如工业机器人技术、CAN总线通信技术、蓝牙通信技术、线控技术和网络控制技术等。新技术在汽车工业上的发展和成熟应用，也带动了它在液压载重车上的应用，如自动运输遥控技术、实时监控技术、远程人机作业界面、集成电子控制系统、智能化GPS导航技术和智能控制策略及控制软件等。液压载重车生产企业为了提高产品的质量和竞争力，开始注重高新技术的运用，这些高新技术的应用极大地提高了液压载重车的使用寿命、可靠性、可维修性、精密性、兼容性和易操作性等,使液压载重车的发展呈现出了前所未有的面貌。

二、液压载重车国内发展现状

我国在20世纪80年代开始了液压载重车的研究与制造工作。最初由上海电力环保设备总厂与意大利NICOLA公司合作开发液压载重车,由于受到市场需求的限制,上海电力环保设备总厂最初产品以重型液压载重车为主,如图1-63所示,主要用来进行电厂、船厂以及石化大型设备的公路运输。

图1-63 重型液压载重车

1998年,秦沈客运专线开工建设,上海电力环保设备总厂与郑州大方桥梁机械有限公司(现在为郑州新大方重工科技有限公司)合作研制开发了450t液压载重车,这也是当时国产载重最大的液压载重车,如图1-64所示。表1-8为郑州新大方产品型谱。

图1-64 郑州新大方450t液压载重车

表1-8 郑州新大方公司产品型谱

公司	产品型号及吨位					
新大方	型号	DCY100	DCY150	DCY200	DCY250	DCY325	DCY385
	吨位/t	100	150	200	250	325	385
	型号	DCY440	DCY496	DCY550	DCY600	DCY800	DCY900
	吨位/t	440	496	550	600	800	900

随着国民经济的发展,国内市场对自行式液压载重车的需求也日益增加,一些高等院校、研究单位和生产企业抓住机遇,适时进入这一领域。如同济大学、北京航空航天大学、燕山大学、西南交通大学、石家庄铁道大学、长安大学等高校与相关企业合作,在消化吸收国外先进技术的同时,分别研制了各种型号规格的自行式液压载重车产品,出现了一批新的

液压载重车制造实体，如郑州新大方重工科技有限公司、秦皇岛天业通联重工科技有限公司、苏州大方特种车股份有限公司、湖北三江航天万山特种车辆有限公司、江苏天明特种车辆有限公司、江苏海鹏特种车辆有限公司、上海海鹏特种车辆有限公司等。

目前，由于国内大型自行式液压载重车生产企业的崛起，在高校和科研部门的紧密配合下自主研发了多种系列、多种规格的大型自行式液压载重车及其衍生产品，已成功投放市场，替代了国外进口产品，为国家和企业节省了大量外汇和投资成本，填补了我国特种运输车辆领域多项空白，提高了我国大型特种运输装备领域的技术水平。如图1-65，为燕山大学和秦皇岛天业通联重工合作开发的当时国内最早应用于高速铁路建设的TLC900t运梁车。

图1-65　通联TLC900t运梁车

图1-66为燕山大学和江苏海鹏特种车辆有限公司合作的船厂用自行式液压载重车，表1-9、表1-10为海鹏船厂用液压载重车型谱。

(a) JHP100ZXPA1 100t载重车

(b) JHP270ZXPB1 250t载重车

图1-66　船厂用自行式液压载重车

表 1-9　江苏海鹏特种车辆有限公司船厂用 16t 自行式液压载重车型谱

使用 16t 负载悬挂的平板车的技术资料						
		2 轴线	3 轴线	4 轴线	5 轴线	6 轴线
额定载重/t		50	75	100	125	150
自重/t		15	23	28	35	48
空载/满负载最高速度/(km/h)		12/5				
爬坡能力/%		6				
横向坡度/%		2				
轮胎数量/只		16	24	32	40	48
负载平台高度参数	最低高度/mm	1400				
	行走高度/mm	1700				
	最高高度/mm	2000				
	轴负载补偿/mm	±300				
负载平台长度/mm		8000	11000	12000	13000	14800
负载平台宽度/mm		5000~5500				
外转弯半径/mm		4850	5700	6040	7060	7900

表 1-10　江苏海鹏船厂用 32t 自行式液压载重车型谱

使用 32t 负载悬挂的平板车的技术资料										
		2 轴线	3 轴线	4 轴线	5 轴线	6 轴线	7 轴线	8 轴线	9 轴线	10 轴线
额定载重/t		100	150	200	270	320	380	430	500	600
自重/t		28	39	42	55	62	70	85	100	110
空载/满负载最高速度/(km/h)		10/5								
爬坡能力/%		6								
横向坡度/%		2								
轮胎数量/只		16	24	32	40	48	56	64	72	80
负载平台高度参数	最低高度/mm	1600								
	行走高度/mm	1950								
	最高高度/mm	2300								
	轴负载补偿	±350								
负载平台长度/mm		10000	11100	13400	16100	18400	20700	23000	25300	27600
负载平台宽度/mm		5000~5500								
外转弯半径/mm		5700	5700	7200	8500	9600	10700	11830	12950	14080

此外，还有很多国内企业也开始自行研制液压载重车，尤其是船厂用液压载重车的研制，主要有郑州新大方重工科技有限公司、秦皇岛天业通联重工科技有限公司、湖北三江航天万山特种车辆有限公司和江苏海鹏特种车辆有限公司等企业，其产品已经占有很大的市场份额，除应用到船厂以外，还广泛应用于钢厂、桥梁建设、隧道工程以及物流等行业。国内相关企业还有上海电力修造总厂、上海港机重工有限公司、中铁工程设计院、北京万桥兴业机械有限公司、长沙凯瑞重工机械有限公司等多家单位，所研制的大型施工设备整体性能接

近国外同类产品水平。液压载重车的发展使得大型设备与构件的运输与安装更加快捷、安全，目前中国制造的液压载重车已逐步走向国际市场。

随着国民经济发展的需要，我国的铁路建设正快速地向高速方向发展，在已开工和拟建的各条铁路客运专线中桥梁占60%以上，绝大部分采用大型双线单箱梁，原有的施工设备已不能满足要求。为适应铁路客运专线建设的要求，各种有针对性的大型施工设备被先后研制并广泛应用于施工现场。西南交通大学开发研制出了专用的桥梁施工中大吨位轮胎式液压载重车，轮胎数量超过100个，采用MC+MSR微处理器的控制系统，通过HD速度传感器，采集信息完成速差转向，同时应用了PLC技术实现梁的装载工况。北京航空航天大学应用先进控制技术，实现了两台450t提梁机协同作业的同步控制问题。

燕山大学参考国外国内先进技术，并结合自身的科研优势，与天业通联、郑州新大方、江苏海鹏、北京百善重工和江苏天明装备几家企业合作研制适应不同环境、不同条件、不同要求的多种类、多用途自行式液压载重车，设计开发出液压驱动系统与发动机进行功率匹配的电液比例功率匹配控制系统，解决了发动机易出现过载熄火的问题，并达到了节能的目的；设计开发出液压载重车电子LUDV转向控制系统，解决了液压载重车在特殊情况下转向同步性差的问题，较好地克服了传统负荷传感系统在液压泵饱和流量下执行机构同步性差的缺陷；对液压载重车液压驱动系统涉及的多轮驱动差速、差力以及防滑控制问题，液压转向系统中多轮独立转向执行机构协调控制，液压悬挂系统对液压载重车重载工况稳定性影响，整车升降控制和悬挂液压软管防爆裂等问题进行了研究分析。

随着科学技术的进步，重型液压载重车的运输能力及技术含量都在不断升级，为满足工程施工的需要，重型液压载重车进行新的技术革新势在必行。我国对重型液压载重车的智能控制和维护技术研究虽然比国外晚，但通过10余年"产学研用"协同攻关，无论是大型液压载重车，还是相关衍生产品和大型工程运载施工装备的研发、制造、实验、使用和维护都取得了长足的进步，特别是在千吨级大型桥梁施工装备多车联合作业及协同控制、多参数智能测控、重载大惯量多构型箱梁架设装备设计与控制等领域取得重大突破与创新，研制出1000t至2700t提、运、架全系列国内外首台套千吨级架桥装备，成功解决大型跨海大桥施工高精度、高效率架设的世界性难题，促进了大型液压载重车行业的技术进步。国内厂家从跟踪国外设计思路，到依靠科研、开发、生产、市场各个环节共同努力，通过消化引进、自主开发，对重型液压载重车进行创新设计，目前在特大型桥梁架设运载施工装备方面已经超越了国外企业，产品占领国际市场，科威特海湾大桥的世界最大的1700~1800t成套架桥装备就是例证。

大型液压载重车的应用领域也不断拓展，从工程装备，延伸到大型国事活动中。2019年的国庆70周年庆典时，天安门广场上巨型观礼台如同魔术表演一般出现、精准拼装、变形、快速消失，能走、会变！5小时进场搭建完成，3小时变身联欢活动大舞台，3小时完成撤场（图1-67）。

2019年9月30日上午，天安门广场上还空空荡荡，10月1日天一亮，一个东西向长超170m、南北向纵深超130m、最高处达6.5m、需要迈58级台阶才能登顶的巨型观礼台，出现在广场上！观众可以站在2层楼高的地方俯瞰阅兵仪式和群众游行。见证奇迹的时刻才刚刚开始。国庆当晚8时，联欢晚会登场，白天还整整齐齐安装在观礼台上的2.7万多个座椅消失了，观礼台中间30m的甬道填满了，变身成华丽的舞台。10月2日早上再看广场，一个巨大的祝福祖国花篮绽放，观礼台又神秘消失了（图1-68）！

图 1-67 2019 国庆阅兵式天安门临时观礼台

图 1-68 液压载重车在天安门完成临时观礼台和晚会舞台的搭建与转换

承接运输转场天安门临时观礼台任务的是湖北三江航天万山特种车辆有限公司,他们利用 40 台大型液压载重车完成。该公司解放思想,借助、调动一切资源,采取"生产+租赁"

模式，一边加紧为观礼台项目定制生产 20 台平板车，另一边赶往全国各地协调，将已售出的 24 个动力头和 230 轴线模块车租回进行改造、升级。体现了我国在大型液压载重车制造领域拥有深厚技术实力和创新能力。

第四节　自行式液压载重车发展面临的主要问题

进入 21 世纪，国内外重大工程和重点项目建设发展迅速，在国防装备、路桥建设、机械装备、航空航天、船舶建造、钢铁冶金以及石油化工等各个领域，大型工程建设越来越多，重型设备及重型结构的运输安装任务急剧增加。大型自行式液压载重车作为一种运输此类设备与构件的装备，特别是与其他大型装备组合而成的成套运载施工装备，更显示出越来越大的作用。

一、国外液压载重车发展存在的问题

随着我国制造业企业的技术进步，大型液压载重车领域对国际市场的冲击越来越大，许多产品已经替代了进口产品，国内国际市场占有率越来越高，进口设备越来越少，20 世纪进口的大型液压载重车等工程机械装备许多已经淘汰或面临待修状态。

进口液压载重车的引进，对国内大型液压载重车的技术发展是一个促进，为中国了解世界先进水平提供了较高的平台，开拓了大型液压载重车这一工程机械的新领域。国外产品虽然质量好、经久耐用，但其人工费用高昂，价格昂贵，发生故障以后的保养维修费用高。同时国外的产品还有一个特点就是更新换代快，致使现有产品零部件出现损坏后无法更换，即使更换也需要一些麻烦的手续，因此保养和维修不方便，维修周期也长，影响了生产效率的提高。

随着全球经济共同体的推进，我国大型机械装备的出口，对国外的企业市场影响比较大，经常出现企业的破产、重组，特别是一些规模较小的大型液压载重车生产企业，由于生产周期长，产量低，在国际重大工程招标时也不得不与中国企业合作，采用中国制造的大型液压载重车等装备。

二、国内液压载重车存在的问题

进入 21 世纪，国内液压载重车的研究与制造水平已经从相对落后，引进消化、简单理论分析阶段，发展到拥有自主知识产权的大型自行式液压载重车设计、制造能力，实现大型液压载重车的理论研究、设计制造、应用和产业化跨越性发展，针对国家重大建设工程需求，陆续研发面向多个工程领域的多种大型工程运输车辆及施工装备，以独特的技术发明，形成具有自主知识产权的大型工程运输车辆协同控制关键技术。来自实践的机电液创新技术理论是大型工程运输车辆中国创造的核心和灵魂。实现我国大型工程运输车辆"从配角到主流，从低端到高端，从跟随到领先"的历史性突破。目前国内液压载重车存在的主要问题包括如下几个方面：

第一，由于关键核心零部件严重依赖进口，具有自主知识产权核心技术的产品少，"克隆"产品比较多，虽然新产品开发和老产品更新速度加快，但是借鉴国际先进产品进行技术移植或重新"克隆"的较多，虽然改变了机型，但其核心技术、关键零部件自主开发的少，给液压载重车的生产、保养和维修造成了极大的不方便，严重制约了我国液压载重车的发展。

第二，整机产品可靠性和寿命尚落后于国际水平，产品可靠性和大修期寿命是我国液压载重车缺乏国际竞争力的主要问题，液压载重车部分生产企业制造水平不高，数控技术、新材料、新工艺应用不广泛，产品质量、使用寿命和可靠性还有待进一步提高。

第三，对于国内外生产市场的良好培养做得不够，盲目低价竞标，导致产品经费短缺，无法采用国际先进技术，质量无法保证。同时，许多企业科研手段落后，不注重研发，缺乏对知识产权的尊重，存在盗版行为，破坏了市场的良好发展。

三、目前国内液压载重车亟待解决的问题

目前工程机械行业转型升级进入攻坚期，新时代对于高质量、绿色环保发展提出的要求更严，标准也更高。推进工程机械制造业加速向数字化、网络化、智能化、节能高效、高可靠性、结构轻量化方向发展，培育国内外产品市场，推动共建"一带一路"，坚定不移实施"走出去"战略，推动行业发展的质量变革、效率变革、动力变革成为首要目标。以《中国制造2025》为指导，在有效防范行业发展风险的基础上，努力完成向世界工程机械强国迈进的阶段性任务，为实现中国制造业的"三个转变"做出贡献。

我国国内目前对于液压载重车的需求日益增大，因此生产液压载重车的厂家也在日益增多，与此同时，国外液压载重车商家在关键技术上都对我国保密，而且国内生产厂商各自为营进行生产，彼此间缺少经验技术等方面的交流，加之我国国内的基础工业水平不高，核心基础件与精密机械加工能力与国外相比较也具有一定的差距，同时现代设计理念也需要进一步加强。今后要真正实现大型液压载重车的中国创造和智造，取得世界领先的行业进步，迫切需要解决大型液压载重车设计研发中的主要问题：

第一，加强标准化研究：用户需求各不相同，各企业规范和设计标准不一样，所设计的系统和关键零部件不一样；单件小批量设计与生产，价格昂贵、生产周期及交货时间长，无法满足维护和备件的需要，需深入开展关键核心零部件及系统失效机理、寿命评估及可靠性研究。

第二，加强绿色化研究：深入开展自行式全液压载重车绿色环保节能设计的系统理论研究，特别是加强电液控制系统的节能设计、优化设计、安全设计、可靠性设计和再制造等方面理论与试验研究工作，工作介质向安全清洁无污染方向发展；提高加工精度，减少泄露；结合电子、计算机、网络转变控制方式；故障自动检测，实现在线状态监测与故障检测。

第三，加强智能化研究：缩小与普通车辆和工程机械相比较，载重车的机电液一体化、智能控制、功率匹配、能耗及可靠性指标的差距，加强数字化元件、网络化系统和智能化控制的实际意义上的应用；大数据、云处理以及人工智能等科学技术对于实现设备智能化起到至关重要的作用，通过在机电液系统群协同控制的基础上，完善监测与检测系统，对大量监测数据进行特征辨识与处理，对系统群进行状态监测与评估，实现在线健康评估、故障预警与寿命预测。

第四，加强国产化研究：主机厂与基础件生产厂及高等院校、科研院所应进一步加强合作，研究国内主机厂对大型工程运载施工装备国内外市场良好发展的应对措施，以及国内外生产销售企业对核心零部件国产化及市场的应对策略，支持关键核心零部件、液压元件的国产化问题，同时，实现主机降低成本，基础件提高质量、扩大市场，实现中国制造占领国际

市场。

  第五，加强市场化研究：建立产业联盟，加强各个生产厂商之间的交流、协调与协商，尊重知识产权，结束目前各自为营、非正常竞标的局面，培育良好的国内外市场，以一流的产品质量，稳定国内市场，开拓国际市场。

第二章

自行式液压载重车技术特点与关键技术

大型液压载重车在我国仅有三十年的发展历史，属于工程机械的崭新领域。大型工程运输车辆及桥梁运载施工装备与国家重大工程建设项目密切相关，关键技术长期被国外垄断，自 20 世纪 90 年代以来，大型自行式液压载重车产品向多样化、大型化、节能化、轻量化、系列化方向发展，竞争力不断提高。突出的技术特点是机电液一体化的体现，机械设计制造及自动化、液压传动与控制、计算机与电子信息工程等学科的先进理论和前沿技术是决定大型液压载重车等大型工程机械性能和质量提高的关键技术，也是大型液压载重车等工程机械向高速化、高可靠性、机电一体化、长寿命、高效率、节能化、舒适化、小型化等方向发展的不可缺少重要手段。

第一节 液压载重车的技术特点

改革开放以来，我国国民经济快速发展，特别是进入 21 世纪以来，国家投入大量人力物力财力进行基础设施建设。造船、建筑、桥梁、高铁以及电力等各个行业都有了跨越式的发展，随之而来的就是巨型、不可拆卸货物的搬运问题。由于普通载货汽车存在载重量小、功率小、搬运装卸不方便等缺点，无法满足工程需要。大吨位、多轴线、可拼接的自行式载重车由于其车身长、载重量大等特点在架桥、高铁、造船等行业正发挥着越来越重要的作用。

一、多样化、大型化

1. 多样化

随着国民经济不断增长，我国公路运输物流业也在不断发展，从以前单一模式逐渐转向复合式发展。运输物流业的不断发展就要求运输车辆特别是大型工程运输车辆不仅能满足运输货物的需求，更要做到多样化、节能化和规模化。

（1）挂车的多样化

半挂车和全挂车需要牵引车作为动力头来引导，但半挂车区别于全挂车的地方在于，半挂车的承载部位除了挂车本身之外牵引车也承担部分的载重。根据运输货物的不同可以将半挂车分为多个不同种类，例如自卸式半挂车用于矿石、建筑物料等散装货物的运输；重型低平板半挂车主要用于装载超重超大型物件的运输；鹅颈式半挂车主要用于公路设备、大件罐体、电站设备等大型物件的运输。半挂车与载重汽车相比更具经济性，能够提高 40% 的运输效率，降低35%的成本，下降25%的油耗。

如今货物种类愈加丰富，客户要求和运输条件限制愈加增多，因此单一机械结构的半挂车已经不能满足超大超重等异形物件的运输要求，重型液压半挂车随之而生。重型液压半挂车不仅具有与普通半挂车一样的机械结构，更将液压系统融入其中，使之具有液压升降、转向等功能，这就让重型液压半挂车具有承载力大、转向精度高、操作简便等优点。如今重型液压半挂车在异形货物运输中的作用和地位愈加明显，因此有必要对其进行设计和分析，使之具有更加广泛的应用，对我国公路运输物流业的发展起到促进作用。针对客户要求设计出一种车架可伸缩的、具有液压转向和升降功能的凹式重型液压半挂车。

目前我国半挂车已形成产业化，在市面上常见的是自卸式半挂车、重型低平板半挂车、厢式半挂车、罐式半挂车等。虽然半挂车数量在不断攀升，但其所占市场份额仍然不高。物流业的迅速发展势必会对运输类车辆产生新的刺激，也会应运而生一些特殊的半挂车来满足不同的需求。

半挂车依靠运输成本低、效率高、适应性强的优点得到了广泛的应用，除此之外还具有周转速度快的特点。对于超重、超长等特殊货物的运输更是体现了其灵活性，这是常规货车无法比拟的。图 2-1 所示为多轴线组合半挂车，可根据客户需要运输 40~15000t 以上货物；图 2-2 所示为凹式半挂车，车架具有可伸缩功能，可以运输 10~16m 长的罐状货物。

图 2-1　多轴线组合半挂车　　　　　　　图 2-2　凹式半挂车

用于运输类和作业类的半挂车具有经济性好、轻量化、方便快捷、灵活多变等特点，承担着港口运输、内陆货运等任务。在欧美、澳大利亚等发达国家和地区随处可见多样化和个性化的半挂车，这些半挂车不仅给人耳目一新的感觉，更给国内设计者提供了开阔的思路。在发达国家的公路运输网络系统中，半挂车运输量占总运输量的 70%~80%。随着全球物流业的迅速扩张，半挂车所占的市场份额会更加猛烈地增长并对运输业发展起到促进作用。图 2-3 所示为固定鹅颈低平板半挂车，图 2-4 所示为 SMS 混凝土搅拌运输半挂车。

图 2-3　固定鹅颈低平板半挂车

图 2-4　SMS 混凝土搅拌运输半挂车

北美半挂车通常是铰接式车头或牵引车和半挂车的组合，结构相对简单。平板挂车材质分为铝合金钢材和复合材料，前者面世较早，有广泛应用，后者出现较晚，因此应用范围也较小。集装箱运输车具有方便、安全、灵活的特点，不仅有通用标准化的产品，也有具有特殊用途的个性产品。现场搅拌混凝土运输半挂车具有节约原材料的特点，不会产生预拌混凝土搅拌车的离析现象。此外它可以根据订货量的多少随时工作，不用提前预订以至于支付额外的费用，更具经济性。此种搅拌车可以进行头身分离，混凝土半挂车闲置时车头可以进行其他工作，提高了利用率。腹卸式自卸半挂车不但可以将原材料运输至施工现场，而且可以直接将路基材料进行现场倾卸，减少工人工作劳动强度，提高筑路效率。

欧洲半挂车具有小而精的特点，把轻量化、灵活化、标准化发挥到极致，设计人员不仅完成零部件的通用化、标准化，更通过设计专属化、个性化零部件来提高产品性能和竞争力。欧洲路面较窄，因此平板半挂车多采用整轴转盘转向式，运输高密度货物。

欧洲低平板半挂车既有普通货台又有特殊结构货台，不仅具有上述欧洲挂车特点，其扩展性也极佳。集装箱运输半挂车与北美相比更是种类繁多，伸缩式车架、固定式车架、拆装式车架等应有尽有。在进行桥梁检修时通常需要将维修人员送至桥下，普通车无法完成此类工作，桥梁维修半挂车应运而生。欧洲地域的特色半挂车为混凝土板运输半挂车，车架为外独立框架，车轮安装在框架两侧，有独立液压悬挂，内部装载作业，混凝土板通过专用托盘装运。澳大利亚半挂车做工精细，整体结构特点趋于中间位置，最主要特点是应用范围广。半挂车自带牵引座，可以形成多节挂车组。

（2）模块车的多样化

与常规载重平板挂车不同，自行式模块轴线运输车简称为模块车，其载重量通常在 50t 以上，采用闭式泵带动马达减速器的驱动方式，转向方式通常为液压缸助力转向。模块车为多轴线、多悬挂、多轮驱动的运输车辆，主要用在码头、船厂、架桥和高铁等专用场地。具有机动性强、无需牵引、自行驶、载重量大、拼接方式多样化等优点。图 2-5 为湖北万山公

图 2-5　湖北万山公司的十轴线模块车

司生产的十轴线模块运输车。

图2-6为模块车的拼车使用。船厂需要搬运的船体，码头需要搬运的货物等物件，其形状大多不规则，体积或重量通常都很大，单辆模块车难以满足运输的需要，为保证物件的顺利运输，可将多辆模块车进行横向或纵向拼车使用，可以满足多样化的要求。

图2-6 三辆模块车的拼车

2. 大型化

针对特定工程进行有针对性的总体设计，装备技术与施工工法相融合，才能发挥运输装备的最大功效，从可靠性、安全、节能的角度对大型液压载重车进行系统优化理论设计，运用现代优化设计方法对大型运载平台（如大型精密装备快速运输车、运梁车、矿用平板动力运输车等）电液系统可靠性性能进行改善，通过大型化提高产品质量和市场竞争力。

（1）液压载重车单体的大型化

随着社会的发展、重大工程的出现、施工工艺的创新，大型构件也越来越多，20世纪几十吨、上百吨的设备就被认为是大负载，而现在，动辄就是上千吨或上万吨且体积庞大的需运输的构件或设备，只能通过运载施工装备的大型化来实现。国内特车企业研制生产的民用重型平板运输车已达五大系列50多个品种，单车载重吨位涵盖35t至1000t级（图2-7、图2-8）。

图2-7 万山1000t"巨无霸"运抵外高桥交付使用

图2-8 通联为加拿大研发的1000t桥墩运输车

（2）联合作业的大型化

道路桥梁对于经济发展起着重要的支撑作用。随着人们生活水平的提高，人们和社会对桥梁建设提出了更高的要求。桥梁施工技术在全球范围内处于蓬勃发展期，反映到桥梁技术参数上来，这种要求主要体现于自身减重和加大跨度，而在众多桥梁类型中，大跨径简支箱梁逐渐成为世界各国桥梁结构的主要形式。

近年来世界范围内大量的跨海、连岛桥梁项目逐渐增多，对于跨海、连岛桥梁建设，一般具有截面尺寸大、吨位大、跨度大、工程所处地形及地质条件复杂等特点，采用传统的满堂支架施工工法已很难满足工程要求。

科威特海湾大桥（图 2-9、图 2-10）集中体现了此发展趋势，其跨度达 60m、重量达 1800t，跨度和重量双双创下了世界范围内简支箱梁的新纪录，远超杭州湾大桥、韩国仁川大桥（1400t）和港珠澳大桥（1600t）。该技术的成功应用，刷新了该工法在世界范围内预制简支箱梁的跨度和吨位纪录，将我国千吨级大型箱梁提、运、架配套装备的自主研发水平提升到了新的高度。它不仅可以节约大量的人力、物力及财力，而且使得工程质量容易控制、安全可靠；同时缩短了施工周期，提高了作业效率；也利于提高施工管理水平，具有很好的经济效益、社会效益和环境效益。

图 2-9　科威特海湾大桥二桥（多哈大桥）1700t 运梁车

图 2-10　科威特海湾大桥一桥 1800t 架桥机与运梁车联合作业

二、定制化、协同化

由于大型液压载重车应用领域广泛，不同的应用领域的工作要求不一样，如运载不同结构、不同体积、不同重量的装备，就要准备不同的解决方案，是单车运输，还是联合作业等。车身的几何元素、装载能力和控制方式都不是一成不变的，而是多样化的，已经生产出的现有产品通常难以满足要求，生产厂家要按客户要求进行定制化设计和生产。

1. 定制化

应用于城市高架、轻轨、大型跨江海桥梁施工的多种成套大型架桥机主要依靠提梁机、运梁车和架桥机协同作业进行整跨混凝土预制箱梁的架设工作。不同场合对设备要求不同，均需要定制完成。提梁机负责梁场提梁，运梁车负责梁场取梁和运送混凝土预制箱梁到架桥机位置，运梁车喂梁后，架桥机开始架梁。架梁完毕，架桥机简单拆解，可通过运梁车运送到下一个架梁区段，或通过运梁车驮运通过隧道（图2-11）。

图2-11 中国苏通长江大桥预制节段箱梁拼装工艺运梁车

大型电缆盘、海底油气软管卷盘的搬运中转，利用线盘专用车可以不用其他辅助设备，可以按要求定制设计，见图2-12。不同的火箭、导弹系统也需要定制不同的特种运输车，如图2-13所示。

图2-12 线盘专用车

图2-13 火箭发射车

2. 协同化

在许多场合，联合作业需要不同类型的液压载重车产品协同配合工作，互相之间，要通过协调控制技术实现协同化联合作业。

2019年8月4日，广州南沙区龙穴岛黄埔文冲造船厂。深中通道海底沉管隧道第二节钢壳管节（E2），长165m、宽46m、高10.6m，重达1.2万吨，将转运至江岸边的"黄船030"号。整条隧道由32个这样的"大家伙"连接而成。湖北三江航天万山特种车辆有限公司（简称万山特车）研发生产的28台自行式模块运输车主担本次搬运。只见模块车自由组合、步调一致，钻入支架下方托起"大家伙"，从船厂平稳驶出，抵达"黄船030"号，"大家伙"稳稳地坐在了船体的支架上，整个运输时间在3个小时左右（图2-14）。

图2-14 万山模块车协同作业的大件运输

三、模块化、系列化

模块化、系列化是液压载重车的发展趋势。要适应液压载重车随承载吨位、外形尺寸、功能要求及使用场合的变化，模块化、系列化设计是解决问题的最佳途径。对悬挂、转向机构、动力系统、驾驶室和微电控制系统等部件实现模块化设计，不仅可以提高各部件的可靠性，还可以降低液压载重车的生产成本和维护费用。模块化不但可以使液压载重车实现拼接（横向、纵向）组成特大型液压载重车，而且使液压载重车便于运输、拆卸，满足不同吨位和形状的大件货物或不规则货物的运输和装卸。

1. 模块化

运输物件的体积过大、形状不规则或重量超过单台液压载重车的承载能力时，为保证该物件的安全运输，可将多台液压载重车纵向或横向拼接并用，这就要求多个液压载重车保持同步作业，如图 2-15，为模块化液压载重车单车，其工作组合如图 2-16。

(a)   (b)

图 2-15 模块化单车液压载重车

图 2-16 模块化组合液压载重车

液压载重车的组合拼接，既可以通过机械刚性连接，也可以通过一个控制器控制多台液压载重车实现液压载重车的软连接。机械刚性连接采用机械方式实现同步，而采用软连接方式则需要每台液压载重车的控制精度较高，通过传感器检测各车的位置变化，采用控制器控制所有液压载重车协同工作。目前国内普遍采用机械刚性连接方式组合拼接，软连接方式还有待进一步研究。

这里我们简单介绍一下基于 CAN 总线的软连接的模块化液压载重车正常工作所需要满足的一些条件，图 2-17 为液压载重车模块化化组合应用示意图。

多台载重车的发动机型号相同，车轮轮径相同，驱动泵排量相同，驱动液压马达相同，减速比相同。

多台车同时受控于任意一台车的任意一个驾驶室，当选定某一个驾驶室时，其他车的驾驶室被取消控制功能。

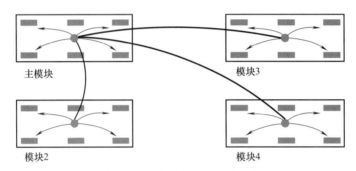

图 2-17　模块化组合应用示意图

每台车要按规定速度行驶，同时每台车的发动机转速需要同步控制，转向角度需要同步控制，车的高度调整需要同步控制，转向时每台车的行驶速度按照不同的转弯半径进行协调控制。

车与车之间只有数据线连接，没有其他刚性连接。

每台车在空车时候可以独立驾驶，需要并车时，根据工件的大小，调整车的位置，装载工件，然后测量车与车之间的距离，将这些数据按照驾驶室的显示器提供的提示部分输入显示器，以适应工件的不同尺寸。

通过模块化我们可以分别以多种轴线为整体做成各种单个模块，在每个模块的前后左右两侧均配置有便于拼装用的机械、液压、压缩空气及电气接口，可以根据需要进行纵向串联式或者横向并联式拼装组合，以达到对各种不规则形状和不同吨位货物的运输的要求。

2. 系列化

系列化是液压载重车发展的重要趋势。当今国外著名液压载重车生产厂家在逐步实现其产品系列化进程，形成了从微型到特大型不同规格的产品系列。同时产品更新换代的周期也明显缩短。

自行式模块轴线运输车是在挂式或半挂式普通轴线车的基础上，随着液压技术的发展而发展起来的。国外对轴线车的研究开始于 20 世纪 30 年代，目前轴线车在向大吨位、大型化、超多轴线发展，并且采用模块化的组合方式，可以很好地满足形状不规则、大吨位货物的运输需要。模块车的国外生产厂家目前有法国的 Nicolas（尼古拉斯），意大利的 COMETTO、NICOLA，德国的 GOLDHOFER（歌德浩夫）、KIROW、KAMAG、SCHEUERLE 等。图 2-18 所示为国外公司生产的超多轴线模块运输车。

国外特种车辆生产公司由于涉足模块车领域时间更长，技术更加完善，零部件性能相对更好等原因，产品的可靠性更高，使用寿命更长，性能更好，尤其是在轴线多、载重量大的情况下优势更加明显。但也存在交货时间长、价格昂贵、售后服务跟不上、配件更换不方便等缺点。除此之外，国外模块车的电子化程度较高，很多检测系统和电气设备有了故障后用户往往自行解决不了，只能依靠国外服务人员上门维修，这就导致了维修费用昂贵，维修周期长，有时候还会延误工期。

图 2-18　国外公司生产的超多轴线模块运输车

受广阔市场空间的影响，20 世纪末 21 世纪初国内兴起了很多液压载重车等特种车辆的生产厂家，主要有郑州新大方、秦皇岛天业通联、湖北万山以及江苏海鹏等。其中大部分是从仿制国外的产品开始，后来有了自主知识产权的国产化模块车，但单轴线载重量较国外低，属于轻型板系列。随着我国基础设施的大规模建设，货物的吨位在不断提高，国内厂家纷纷开始研制重型板系列。全国模块车市场，已经研发生产了 20 多种模块车产品，湖北万山公司开发的重型板系列产品单轴线承载量达到了 60t，性能与德国 GOLDHOFER 公司 THP/SL 系列相当。图 2-19 为万山特车为船厂研制的自行式液压模块车，图 2-20 为秦皇岛天业通联公司生产的模块车。

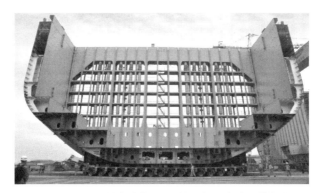

图 2-19　万山特车为船厂研制的自行式液压模块车

图 2-20　秦皇岛天业通联生产的模块车

四、节能化、轻量化

1. 节能化

面对经济性和环境保护问题,节能成为工程机械发展越来越重要的课题。液压载重车等大型工程机械节能主要包括液压系统的节能和从发动机到液压系统的全局功率匹配两方面内容。如果机型相同,装机功率大就意味着总排放量大,不仅浪费能量而且尾气排放也增大。这是我国工程机械存在的问题,必须通过全面推广现有的节能液压元件和系统、减小元件的重量和尺寸、提高功率密度、改进液压传动元件和智能控制系统加以解决。

(1) 液压系统的节能

液压系统的节能最基本的技术为负载敏感技术以及抗流量饱和节能高效同步操作系统(LUDV),即根据负载的变化需要改变系统压力和流量。对于使用多路阀的液压系统的节能新亮点是所谓的"负流量控制"。它是通过在多路阀中位回油通道上设置流量检测元件,并将此流量信号引至具有负流量控制功能的变量泵,以改变泵的排量,最终达到控制旁路回油流量为一个较小的恒定值,达到减少旁路损失的目的。

此外,采用双泵-双阀结构的液压系统,控制阀实现串并联油路组合,获得较好的操作性,使得两泵能充分利用发动机的能量。

有些工程机械执行机构与液压源距离远而引起的长管道问题,使得无法采用现有负载敏感技术。即使采用非负载敏感式定量泵加电液比例多路阀的控制方式,位于定量泵与电液比例多路阀之间的长管道,仍然会导致作业机构动作滞后或者作业精度差等问题。对此,工程技术人员提出了相应的管道优化设计理论以及电液混合负载敏感系统的解决方案,针对阀控系统提出了用于判断能否忽略其管道效应的理论判据。

(2) 发动机与液压系统的功率匹配

发动机与液压系统的功率匹配控制包括局部负载时的模式切换控制和基于发动机转速敏感的全局功率匹配控制。

局部负载时的模式切换控制系统在环境改变时会主动改变发动机的转速和功率,按照多种模式(如强调工作量重要性模式、强调油耗和噪声模式、强调工作精度模式等)工作,微机同时控制发动机和液压泵,微机根据操纵手柄的指令和工作模式的要求,控制调节器和液压泵的排量。

基于发动机转速敏感的全局功率匹配控制是将发动机、液压泵、控制阀及并行作业的液压执行元件作为一个整体来考虑。如为了达到某一作业速度,可以通过改变液压泵排量、液压阀开度、液压马达排量,还可以通过改变发动机油门大小,进而改变发动机转速来实现。通过工程机械全局功率匹配,实现从发动机到液压功率的高效率转化,液压泵可以在保证发动机不熄火的前提下最大限度地吸收发动机的功率。

过去主要是考虑如何实现其功能要求,满足其性能指标,而对系统的节能问题没有引起足够的重视,往往采取以消耗动力的方式来换取较好的工作性能,导致大量能量浪费。液压载重车的无功能耗非常大,这不仅浪费了大量能源,而且由于这些耗费的能量转化为热量,又恶化了系统工况。为了降低系统的"热负荷",又不得不采取散热措施,再次消耗动力,增加成本,陷入恶性循环。虽然液压载重车的节能问题逐步得到了重视,取得了一些成果,但是还不够完善,液压载重车的节能还有大量的工作需要我们去深入研究。

(3) 采用混合动力系统

系统高效节能的设计，如果从减少发动机排放考虑，驱动系统可以采用电机驱动，或选用电控高性能长寿命节能型发动机。通常在保证正常工作的前提下，采用混合动力即电池组与充电内燃机合作驱动是目前环保型机械最常见的方案。

2. 轻量化

近年来，国内外模块车生产厂家在以前基础上不断探索研究，采用了一些新的技术，使模块车的自重更低，性能更好，市场竞争力更强，也是节能化的一个重要方面。

(1) 更高的轴线承载能力

GOLDHOFER 公司的产品在高轴线承载技术方面取得突破，使轴线的承载能力得到了很大提高。GOLDHOFER 公司 PST/ES-E 系列产品单轴线承载能力达到了每轴线 50t。

他们的产品如液压缸、悬挂、防爆阀、大吨位承载桥及轮胎等关键部件性能好，车辆结构强度高，液压系统性能好。

(2) 先进的车架制造工艺

德国的 SCHEUERLE 公司在车架轻量化的研究方面取得了进展，其车架采用了工装分段组焊和加工技术，刚性大、强度高、重量轻。

(3) 微小型液压元件和集成单元

采用数字化和轻量化液压单元，特别是航空航天微小型液压元件的功率密度大的液压系统如电液作动器的应用，对大型液压载重车及其他大型工程机械的轻量化和节能化会有革命性的变革。

五、信息化、安全化

大型液压载重车机械特征是功率大、机重大、机械重要度大和单机价值大。"四大"带来的问题是控制到执行的跨尺度、大延迟和大惯量问题，多动力、多执行部件的耦合和协同控制管理问题，含人及局部智能部件在内信息物理系统的增强智能控管，多方位作业信息的感知困难问题，和大型复杂机电一体化装备如何利用网络化监测数据实现高效可靠运行问题。

1. 信息化

在现有能量高效利用技术架构下，应利用信息化技术进一步实现能量高效利用和优化机械动力供给体系。动力供给体系拓扑优化——发动机、泵、作业机构动力供给体系评价及优化，动力协同管理。

将能量回收、混合动力和各机构用能分配通过信息互联进行综合管理，实现能量的存用协调和全局协同，及时对用能方案进行评价和调整，提高机械能效特性。设计合适的状态特征量提取方法，建立评价指标与状态特征量之间的映射。可以分别用 FCE-AHP 法和可拓集合法建立性能退化特征函数，进行故障预示。

采用 CAN-BUS 液压载重车控制和无线数据网与 Internet 结合的网络监控系统，建立循环作业强度的时间序列模型和健康指数模型，通过大数据方法挖掘运行统计特性，采用可拓集合建立性能退化评价函数和健康指数模型实现健康管理。

大型液压载重车要实现信息化，首先使机械的每个动力与执行机构实现数字化控制和网络化综合，主要被控状态量可以通过传感器网络监测；其次设计网络化控管节点、人机交互节点和调试开发环境；再者开发高效适用的智能控制与管理软件，实现线控、数控、网联

（现场总线）、智能化。

信息化管理体系见图 2-21。

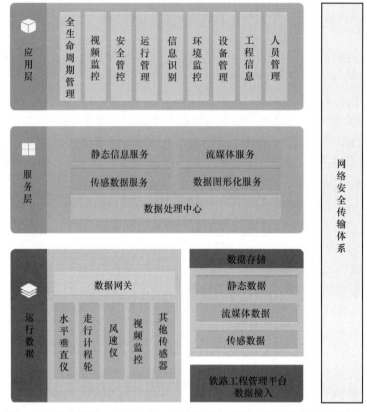

图 2-21　状态监测、远程控制、健康管理与高效可靠服役的信息化管理

2. 安全化

液压载重车机载计算机可根据各种传感器的检测信号，结合专家知识库对机器的运行状态进行评估，预测可能出现的故障；在出现故障时发出故障信息，指导驾驶员查找和排除故障。安全化随着网络技术的发展，实现多专家与多系统的共同诊断，一种有效的解决途径就是建立基于网络的远程故障诊断与监测系统。网络化的远程设备故障诊断系统中储存了多种设备的故障诊断知识和经验，可响应不同监测现场用户的使用要求，不同的监测现场可以与同一个诊断中心建立联系，使得用户的使用频率很高。这样一来可以避免系统的重复开发和维护，显著降低了成本。

基于网络的液压载重车故障诊断与监测系统是安全化的必由之路，可以直接提高企业设备管理和维护水平，对提高企业效益和产品竞争力具有巨大作用。通常可采用下列方法：

① 如增加防撞雷达系统，能在行驶中对前方障碍物进行检测并减速停车（可选）；

② 故障诊断系统，整机液压系统的各种压力数据，油温数据、吸油、压油及回油堵塞的数据，发动机的水温、油压、转速、小时计等，总线数据，编码器数据，控制器的总线状态等可实时进行显示及故障报警，并设计了故障报警列表，能及时查看当前的故障及历史故障；

③ 整机采用移动车辆专用控制器及 HMI，整机 CAN-BUS 通信。

第二节 大型液压载重车的关键技术

从上节大型液压载重车的技术特点可以看出,大型液压载重车的制造技术与传统的货运车的制造技术还是有很大区别的。首先在数量上,它是按照用户的要求定制化设计和生产,基本上是单件研发和小批量生产,不可能形成大规模生产线的生产形式;再就是特殊场合、复杂环境和极端条件下的作业要求,使设计、制造和使用都与普通货车和施工装备不同,形成机电液一体化与信息化的紧密结合的新型技术复合体;为了实现大型载重车的相关技术特点,完成其特殊使命,关键技术研究是"多快好省"地进行大型液压载重车设计的充分必要条件。

一、车身设计制造技术

大型液压载重车由于其运载平台为平板平台形式,故简称为"平板车"。当运输对象为体积超大的物体,单个平板车无法实现运输时,可以将多个平板车进行拼接,拼接的平板车之间通过协调配合,完成一个单独的超大型平板车的功能。液压载重车的车身要承受超大负载,其设计融合了传统大型汽车设计技术、大吨位起重机制造技术和大型桥梁施工装备设计制造技术。特别是大型液压载重车车架设计制造技术,已经从单纯的对国外产品的测绘、仿制,对安全系数肆意放大,增加车重和功率,发展到利用国产材料创新设计,从安全性、轻量化着手,合理设计车身结构。生产企业也建立了大型载重车数字化的设计平台,利用计算机辅助设计(CAD)可以对车身结构、管路布置等优化设计,提供了可靠性设计方法。

1. 车架结构设计

车架的结构因液压载重车的任务或工作要求不同而不同,如造船厂的船体运输车、钢厂的材料运输车、高速铁路桥梁架设用的预应力混凝土箱梁运输车、大型设备物流运输车等,有整体钢结构、分体铰接结构、模块化拼装钢结构和特殊用途的异形钢结构。

车架根据其结构可分为平板式、阶梯式、凹梁式(或桥式)三种结构。根据运输过程中公路对车辆高度的要求,为了保证运输车辆能顺利通过涵洞,采用凹梁式结构车架。采用此种结构可以有效地降低整车的质心高度,提高了行驶的稳定性。

由于车辆行驶过程中会面临复杂路况(如颠簸路面、坡道路面、减速带等)以及急刹车和急转弯等工况,这都会对所运输的设备造成振动和冲击,甚至会对其造成严重的损害。因此,实际应用中要求车辆具有很好的减振缓冲性能,使设备在横向、纵向和垂直方向受到的振动加速度满足其规定范围,保证设备在长途、高速运输过程的各种工况中安全。

2. 材料选取

车架材料使用的是型号为Q345B的钢材(表2-1)。它是低合金钢[$w(C)<0.2\%$],综合性能好,低温性能好,冷冲压性能、焊接性能和可切削性能好。

车架大量采用一体化集成技术,选用屈服强度可达685MPa的高强度焊接钢板材料。半封闭式的车架结构增大了其强度和刚度。制造方面采用工装分段组焊技术,确保了车架精度。

表2-1 车架材料属性

材料	弹性模量/Pa	泊松比	密度/(kg/m^3)	屈服极限/MPa	抗拉强度/MPa
Q345B	2.1×10^{11}	0.29	7.85×10^3	345	600

3. 计算机辅助设计技术（CAD）

随着各种先进技术在大型工程机械中的广泛应用，液压系统及装置将越来越复杂，并且在工程机械总成本中所占比重越来越大。常规设计方法设计周期长，而且很难保证液压系统的性能，计算机辅助技术在产品设计后续分析等方面起着举足轻重的作用。

（1）车架有限元分析

有限元方法是随着近几十年来计算机技术的迅猛发展而发展起来的一种现代数值计算方法，将弹性力学作为计算基础，利用泛函极值或加权残值原理求解方程，通过数值离散技术实现。它的技术载体是有限元分析软件，ANSYS就是一种基于电子计算机平台的通过有限元理论来处理实际问题的一款软件。

计算机技术的迅速发展，使得有限元方法在结构设计上得到了广泛的应用，尤其是车辆车身结构的设计更是广泛地采用有限元设计方法。刚度、强度、稳定性等车辆结构衡量指标可以应用有限元技术来设计和校核，大大提高了设计进度和正确性。

在液压载重车车架中，对可靠度要求高的重要部件需要承重时刚度、结构强度、稳定性等一系列理论数据，有限元方法现在是得到以上数据的首选方法。在对车架的动态分析过程中，模态分析是重要内容之一，有限元分析技术可以在计算机上动态地显示设备在工作中的振动、动态响应等，为模态分析的研究提供方便。

（2）液压系统仿真技术

随着各种控制理论的日益成熟、控制算法和相关科学的不断发展，液压仿真软件逐渐成为液压技术人员分析液压系统的有力工具。通过建立元件或者系统的数学模型来进行液压元件或系统的仿真，将试验结果与仿真结果进行对比可以验证仿真的正确性，为以后设计人员设计类似元件或系统时提供依据。仿真软件的调试确定了系统各个元件和性能的参数范围，有效减少了现场调试安装时间，还可以确定元件各个结构参数对系统动态性能的影响，从而确定最佳的匹配关系。

目前在液压系统仿真领域，主要有 Hopsan、ADAMS/Hydraulic、EASY5、DSHplus、20Sim、MATLAB/Simulink 及 AMESim 等仿真软件。可以将这些软件分为三类：①基于单信号端口的仿真软件，如 EASY5、MATLAB/Simulink；②基于复合端口的仿真软件，如 Hopsan、ADAMS/Hydraulic；③基于功率键合图的仿真软件，如 AMESim。

液压系统仿真技术可以预测电液控制系统性能，减少设计时间，对电液控制系统进行整体分析和评估。重型平板运输车液压系统在整车操控系统中占很大的比重，性能优劣对整车性能有很大的影响。而传统的台架试验和样机的现场试验所需的周期很长，消耗人力和物力非常大，液压系统仿真技术可以部分解决这方面的问题，是台架试验和现场试验的有效补充。

二、液压传动技术

大型自行式液压载重车的驱动系统采用的是以液压传动为主的传动技术，在一些衍生产品中，有的采用电传动技术，如某些型号大型矿山车，驱动采用内燃机发电机组合带动电动机方式，其他的悬挂系统、翻斗系统仍采用液压传动技术。纯电动机驱动的工程机械需要按最大载荷需求配置电动机，造成装机功率过大，同时受电动机功率密度的制约，电动机的体积也较大，受安装空间的限制，不适用于大型和重载的机械。有的采用液力传动技术，如某些型号的抱罐车的驱动系统，但是其他如动臂系统、抱罐系统和转向系统，仍采用液压传动技术。采用全液压控制系统：行走系统采用液压闭合式系统，转向系统采用负荷传感控制系统。

为了解决重载运行工况中，发动机容易熄火的问题，已经设计开发出了液压驱动系统与发动机的功率匹配的电液控制系统，进一步实现了载重运输车的节能研究。针对载重车在某些特殊情况下的转向同步性差的情况，通过参考国外的先进技术，将电子智能化控制技术巧妙地运用在了大型载重车的液压传动系统中，开发并研制了电子转向控制系统（LUDV），成功解决了传统的负荷传感系统的变量泵饱和时，执行机构同步性差的弊端。对驱动系统中涉及的多轮驱动差速、差力以及防滑控制的问题，液压悬挂系统对载重车运行稳定性的问题，整车升降控制以及转向系统中多轮独立转向机构协调控制的平顺性都做了深入的研究。

1. 液压驱动技术

载重运输车一般都是采用的闭式驱动，主要是因为闭式液压系统具有如下优点：控制方便灵活、布局方便以及保护能力强，还可以实现自动分流，很好地解决多轮载重运输车的同步问题。

液压驱动系统的关键技术主要包含功率极限载荷控制，全局功率匹配技术，发动机与液压系统、机械系统之间的参数匹配，二次调节技术，差力差速控制等技术。液压载重车的驱动系统通常以下面两种为主。

（1）闭式容积调速驱动系统

闭式液压系统是液压传动的一种形式，适用于外负载惯性大且换向频繁的机构，特别是结构要求特别紧凑的大型工程机械的驱动系统。闭式液压系统是由液压泵和液压马达组成的容积调速系统，通过调节液压泵或者液压马达的排量来调节马达的转速或转矩。如果采用变量液压泵和变量液压马达传动，则系统完全可以实现无级调速。闭式液压系统的特点有功率密度高、布局方便、过载保护能力强和控制方式灵活等。

闭式驱动系统有一个缺点：当某个马达所驱动车轮的附着力不够时，该车轮会出现打滑现象，轻微时，机器卸载后可驶出打滑区域；严重时，车辆无法脱离泥沼或坑陷而发生"陷车"。

液压载重车驱动系统的关键技术包括液压系统与机械系统的参数匹配、差力控制及差速控制、全局功率匹配、功率极限载荷控制等。液压载重车利用闭式系统自动分流特点可以较好地解决运输车的差速问题。解决差力问题的方法有许多种，如采用限流阀、分流阀、旁通阀或改变变量马达排量等。如果发动机因过载失速，则控制压力降低，马达排量增大，使发动机不会因为过载而熄火；同样，减少泵的排量使发动机能够正常工作，从而实现极限载荷的控制。

（2）电液比例技术

电液比例控制系统，由电子放大及校正单元、电液比例控制单元（含机械转换器在内的比例阀、电液比例变量泵及变量马达）、动力执行单元及动力源、工程负载及信号检测反馈处理单元所组成。系统可通过设置液压（压力和流量）和机械参数中间变量检测反馈闭环或动力执行单元输出参数检测反馈闭环，来改善其稳态控制精度和动态品质。信号处理单元可采用模拟电子电路、数字式微处理芯片或微机来实现。数字式集成电路在精度、可靠性、稳定性等项均占优势，其成本也越来越低廉，故应用日益广泛。液压载重车电液比例控制系统由驱动控制系统、转向控制系统、调平控制系统和支腿悬挂控制系统组成。

通常采用电液负载敏感比例控制即负荷传感（Load-sensing——LS）系统，负荷传感通过检测负载压力、流量和功率变化信号，向液压系统进行反馈，实现节能控制、流量与调速控制和恒功率控制等。液压载重车液压控制系统要求较高的动态响应能力和可控性，故变量泵负荷传感敏感比例控制系统在液压载重车上的应用前景将十分广泛。液压载重车全局功率匹配是通过压力传感器检测液压系统的负载信号，通过转速传感器检测发动机的工作状态，控制器根据检测到的信号分别控制液压泵和马达，构成电液比例功率匹配控制系统实现的。

电液比例控制系统的主要特点有：

① 可明显地简化液压系统，实现复杂程序控制，降低费用，提高了可靠性，可在电控制器中预设斜坡函数，实现精确而无冲击的加速或减速，不但改善了控制过程品质，还可缩短工作循环时间；

② 利用电信号便于实现远距离控制或遥控，将阀布置在最合适的位置，提高主机的设计柔性；

③ 利用反馈提高控制精度或实现特定的控制目标；

④ 能按比例控制液流的流量、压力，从而对执行器件实现方向、速度和力的连续控制，并易实现无级调速。

2. 液压转向技术

（1）载重车转向模式

大型自行式液压载重车转向系统的结构和一般工程机械的转向系统结构完全不同，它既不同于一般的机械式转向器又不是采用一般的梯形连杆机构，而是每个车轮都由一个液压缸推拉进行独立转向，各个车轮之间在机械上不存在任何约束。载重车结构尺寸很大，但在工作过程中负荷很大，在提梁机和架桥机进行配合时要求操作灵活。为减小载重车的转弯半径，载重车应该具有八字转向模式。

大型自行式液压载重车采用独立转向，每个悬挂都由独立的液压缸控制其转向。为了满足不同工况，液压载重车需要实现多种转向模式，如直行、斜行、横行、摆头摆尾转向和中心回转等。转向过程中要求每个轮组按照预定的角度回转，否则在行驶过程中会出现车轮卡滞现象，造成液压载重车无法行走。转向系统的基本控制思路是主控节点首先采集操控信号，识别转向模式（直行、横行、斜行、中心回转、摆头摆尾等），然后根据已建立的整车轮系转向运动学模型和方向盘输入的角度，解析出各轮系的期望转角，通过CAN总线接收最新的实际轮系转角，采用分段PID控制算法求解各转向缸的控制量输出，并向各I/O节点发送相应的输出指令，从而控制转向油缸带动转向轮组转动，这一控制过程不断循环，直至各轮组转到期望转角或工作状态发生变化。液压载重车转向控制的关键在于多种转向模式的实现及实时转向时车轮的协同控制。

（2）转向结构的优化设计软件

国内研究开发了针对多轴线模块运输车转向结构的优化设计软件。利用此软件进行不同轴距、不同轴线、不同拼车方式下的转向机构设计分析，使得模块车在转向时实际转向角度与理想转向角度差值尽可能小，从而使转向机构设计更合理，更科学。模块车以轴线为单位，由多个动力车组自由拼接、联动作业，可同步前进、倒退、原地转向、水平移动，能轻松运输千吨级货物。

3. 液压悬挂技术

为保证在不平整路面行驶的稳定性，在每个悬挂安装液压缸减振平衡系统，其原理类似于油气弹簧悬挂。各个液压缸进行连通，能根据路面情况自动调整液压缸的伸缩量，保证各轮胎接地比压相同，避免某一轮胎超载。

液压载重车的调平及升降控制属于液压载重车的基本功能。通过悬挂液压缸的同步起升或下降，可实现整车平起平降，同时可以利用悬挂液压缸来实现传力和减振功能，并且各个悬挂通过油路相连，可以适应路面的不平度和坡度，实现载荷均衡。液压悬挂的采用，除了提供整车升降和调平的功能外，更重要的是液压缸的伸缩补偿功能保证了运行过程中轮组均匀负载，以适应路面不平的情况，维持运行的安全可靠。在车辆运行时，所有悬挂液压油缸油路相互连通并且构成一个封闭的液压系统，如图 2-22，使车辆在不平路面上行驶时，通过油缸的伸缩运动以适应凹凸不平的路面，使每一个悬挂承载均匀，这样就在很大程度上增强了载重车的通过性。

图 2-22 载重车在不平路面上行驶

如果悬挂液压软管出现破裂，同一支撑组的悬挂缸就会因失去背压而不受控制地加速下落，在液压载重车重载的情况下可能造成因轮胎的过载而爆胎，严重的可造成液压载重车失去稳定支撑点而倾覆。因此在对悬挂液压软管及接头提出较高性能要求的同时，还要对液压软管破裂增加安全措施，一般通过在悬挂液压系统中增加一个软管防爆阀来实现。

4. 参数匹配技术

(1) 液压元件压力和转速极限的参数匹配

液压载重车中液压元件工作压力和转速参数的合理选用与匹配可以保证元件具有期望的工作寿命与可靠性，元件工作能力被充分利用而不产生浪费，从而降低成本，同时有较大的传动效率，即达到高效、高可靠性、低成本。后续的几章从理论上分析了元件的使用条件和压力、转速参数对工作寿命和传动效率的影响，进一步阐述了液压载重车设计中如何进行压力和转速参数的选择和匹配。

(2) 发动机与液压传动装置的参数匹配

如同机械传动和液力传动装置一样，当发动机与液压泵、液压马达组成一个传动系统后，该系统的综合性能不仅受发动机、液压泵、液压马达各个元件性能的影响，而且还受到各个部件性能参数之间是否合理匹配的制约。各个部分之间是相互联系和相互制约的，系统整体的性能与各个部分的工作是否协调有着密切的关系，因此，在系统整体参数之间存在着相互匹配是否合理的问题，只有正确地处理好各个部分之间的参数关系，保证它们之间的合理匹配，才能充分发挥各个部件本身的性能，从而使系统总体获得较高的技术经济指标，而不会产生经济、功率、能源等方面的浪费，达到节能的目的。因此，一般的系统必须能够很好地解决如下问题：液压泵与马达性能参数的匹配，液压泵与发动机参数的匹配。具体有关的匹配原则在本书后续几章会详细阐述。

5. 液压集成技术

在液压系统设计过程中，模块轴线运输车辆大量采用了模块化设计技术。如将液压源控制、升降控制和转向手动/遥控控制等功能集成在液压控制箱中，将四通阀和截止阀集成在一个液压阀块上等。这样既减少了安装空间，又使整个结构看着简洁、美观，同时操作更加方便、快捷。

目前，集成液压元件、小型液压动力单元、电液作动器（EHA）发展促进了液压技术的发展。

EHA电液作动器（Electro-Hydraulic Actuator）提供功率强大的、可靠的直线或旋转运动动力；电机、泵、油箱、液压缸一体化，其集成了常规功能的液压元件——电机，双向泵，特殊设计的阀组、油箱和双作用液压缸或液压马达，其特征是功率密度大、重量轻、噪声低和体积小；系统简化，大大减少安装时间；功率密度大、大功率输出、小空间需求；更快的、持之以恒的驱动速度；坚固，消除潜在泄漏点；在多种恶劣工况下运行良好；更长久的使用寿命；减少液压油的需求量；减少零件数目和库存量；更低的安装成本和生命周期成本；定制产品，易与客户设备集成；无需经验、快速替换，避免了长时间停车；保养要求大幅降低。

近年来大吨位、大体积的物件需求量急增，为推动国内大物件的运输，必须紧随世界前沿技术，在液压系统、零部件及加工工艺上不断创新，突破关键技术，增强市场竞争力，最终才能实现产品完全自主化，从而取代进口设备。

6. 自动控制与驾驶技术

根据施工要求，对液压载重车的驾驶提出了各种要求，可以遥控操作、自动驾驶，如框架车场地自动化运输、大型运梁车过隧道自动驾驶、多车联合作业的主从技术，与卫星、网络的结合，实现工作条件下的精确技术和协同作业。

（1）自动辅助驾驶系统

在运梁车前后各设置一部摄像头，在地面画出白色标志线。摄像头采集数据后传送给驾驶室的辅助计算机，一方面在驾驶室的显示器上显示画面，以帮助驾驶员直观观察；另一方面由辅助计算机进行图像处理，分析得出运梁车的行驶路线偏差，以数值形式传送给整车控制系统并在液晶显示器上显示。

如果选择人工驾驶，则控制系统根据该偏差数据，给出正常行驶或告警信息，由驾驶员采取相应措施。当偏差超过一定值时，车辆会自动减速甚至锁闭。

若选择自动驾驶功能时，系统可以将分析得到的行驶路线偏差转换成控制指令，通过对驱动、转向等工作的实时调节，控制车辆在预定的路线上行驶。在已经启动自动辅助驾驶的情况下，驾驶员随时可以终止自动驾驶。

（2）遥控操作系统

运梁车在正常行车工况下驾驶员在驾驶室内操作，但是在与架桥机对位、狭窄路况以及装卸混凝土箱梁等场合，为了保障驾驶员人身安全，或者为了便于更精确地控制车辆，驾驶员可以离开驾驶室，在安全、便于观察和操作的位置对车辆进行遥控。遥控操作系统的接收端与电气控制系统直接通过I/O触点连接，遥控器发出遥控指令直接作用到运梁车的电气控制系统上，可以实现车辆的前进、后退、转向、制动、点动等操作，遥控操作的实时性好。当遥控器超出控制距离或遥控控制系统出现故障时，控制器会发出声音和灯光报警。

(3) 定位与防撞系统

运梁车前端安装了激光测距仪,可以精确地测量前方目标的距离,以便和架桥机实现精确对接,并能实现提前减速和制动控制,避免因误动作而与架桥机发生碰撞。运梁车前后和两侧安装了测距雷达,构成了一个完整的防撞体系,提供了进一步的安全防护保障。

液压载重车的数字化液压系统可以实现精确位置控制、精确转向控制、巡航速度控制、精确轨迹控制、高频响高精度、智能转向系统和转场高速行驶时的主动减振控制,依靠的就是自动运输遥控技术、实时监控技术、远程人机作业界面、集成电子控制系统、智能化GPS导航技术和智能控制策略及控制软件等先进技术。

三、现场总线技术与协调控制技术

液压载重车电气控制系统采用现场总线(CAN-BUS)的控制技术,所有的电气控制均由一套基于现场总线(CAN-BUS)的PLC控制系统来实现,保证整车运行动作的协调可靠。

1. 现场总线技术

现场总线是应用于生产现场、在微机化测量控制设备之间实现双向串行多节点数字通信的系统,也被称为开放式、数字化、多点通信的底层网络。它是一种用于现场仪表与控制系统和控制室之间的全分散、全数字化、智能、双向、多站点、开放式的通信网络,如图2-23。它建立在开放系统互联(OSI)参考模型上,是一种面向工业控制网络的通信标准。在工业测控系统中,采用现场总线技术实现数据传输,是提高工业现场实时效率的有效途径。

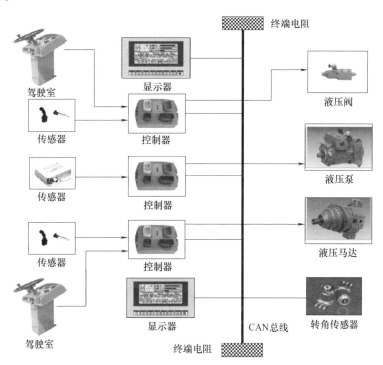

图2-23 液压载重车现场总线示意图

现场总线具有以下技术特点:

① 系统的开放性 开放系统是指通信协议公开,各厂家的设备之间可进行互联并实现

信息交换，现场总线开发者就是要致力于建立统一的工厂底层网络的开放系统。

② 互可操作性和互用性　这里的互可操作性，是指实现互联设备间、系统间的信息传送与沟通，可实行点对点、一点对多点的数字通信。而互用性则意味着不同生产厂家的性能类似的设备可进行互换而实现互用。

③ 现场设备的智能化与功能自治性　它将传感测量、补偿计算、工程量处理与控制等功能分散到现场设备中完成，即可完成自动控制的基本功能，并可随时诊断设备的运行状态。

④ 系统结构的高度分散性　由于现场设备本身已可完成自动控制的基本功能，使得现场总线已构成一种新的全分布式控制系统的体系结构。从根本上改变了现有DCS集中与分散相结合的集散控制系统体系，提高了可靠性。

⑤ 对现场环境的适应性　工作在现场设备前端，作为工厂网络底层的现场总线，是专为在现场环境工作而设计的，它可支持双绞线、同轴电缆、光缆、射频、红外线、电力线等，具有较强的抗干扰能力，能采用二线制实现送电与通信，并可满足本质安全防爆要求等。

目前液压载重车电气控制系统已逐渐发展成为CAN总线通信、模块化控制方式。若干个执行或动力元件配置一个控制器，各种控制信号和仪表信号通过多芯电缆直接输入控制器，然后由控制器与主控制器通过CAN总线传递信号，由主控制器的中心计算机进行处理后，通过数模转换或数字开关，直接送到末端控制、调节或执行装置。

2. 协调控制技术（拼车技术）

拼车技术具备承载力检测控制、转向协同控制、驱动防超速（防打滑）等功能。

模块车在运输超大型物件时有可能一辆车无法单独完成任务，这时多辆车的拼接使用显得十分必要。国内厂家经过不断探索研究，逐渐掌握了模块车的拼接技术，产品不仅能实现硬拼接，还能实现软拼接。软拼接时，各模块车都有自身一套控制系统，可实现自身转向协调同步功能。模块之间利用CAN总线信号进行相互通信，实现不同模块之间行驶和转向的协调同步。通信时，一个模块作为主单元，其他模块接收来自主单元的驱动、转向等命令。

目前，可以实现拼车的车辆有电子液压复合多模式转向模块车和机械拉杆转向模块车。两种车自身、相互之间都可以实现拼接。

（1）单车多通道协调电液比例控制

多通道协调电液比例控制系统在航天、航空、航海等许多行业都有十分重要的用途。该系统一般由电液比例作动器、系统监控管理计算机（上位机）、多通道协调控制机（下位机）、电液比例放大器、液压源及其检测控制机和应变测试子系统组成。

如液压载重车的液压系统，当液压载重车在行进中，由于载荷和路面变化，以及转向运动，各个轮胎所受的力也不是恒定的，是随时变化的，所以，闭式系统同时对多个液压马达和液压缸进行供油，而供油流量可能都不相同，这就要求LS将这些信息反馈给微电控制系统时，微电控制系统能够反馈到液压系统，使其能够协调各个通道流量，以达到执行机构的同步性、稳定性以及其他动、静特性，以及使系统满足机动性、可靠性和安全性等要求。

（2）多车协同控制技术

同步作业如图2-24。液压载重车的组合拼接既可以通过机械刚性连接，也可以通过一个控制器控制多台液压载重车实现液压载重车的软连接。机械刚性连接采用机械方式实现同步，而采用软连接方式则需要每台液压载重车的控制精度较高，通过传感器检测各车的位置变化，采用控制器控制所有液压载重车协同工作。目前国内普遍采用机械刚性连接方式组合拼接，软连接方式还有待进一步研究。

图 2-24　多车协同载重

四、故障诊断与可靠性技术

1. 常规故障诊断

液压载重车安装有多种液压和电气传感器，实时监控系统运行情况，在某一子系统出现故障时给出警告提示，根据面板报警灯、报警提示音及屏幕文字提示可以及时判断系统故障，为操作人员及时排除故障提供可靠依据。主要故障模式如下：

① 转向不到位将给出故障报警和提示，转角误差达到一定值时将自动停车；

② 驱动轮转速异常将给出故障报警和提示，误差达到一定值时将自动停车；

③ 承载状态实时监测和显示，当出现偏载时将给出报警和提示，偏载量达到一定值时将自动停车；

④ 车体水平度状态实时监测和显示，当出现严重偏斜时将给出报警，偏斜量达到一定值时将自动停车；

⑤ 在遥控系统传输故障情况下自动停车；

⑥ 发动机及液压系统故障时给出明确的故障提示，故障级别达到停车要求时自动停车。

2. 远程实时故障诊断

液压载重车主要工作在恶劣的野外条件下，引发故障的因素和出现故障的机会也比较多，而这些系统出现故障，因为处理不及时，会导致巨大的经济损失及严重的安全后果。基于上述原因，研究并实现快速、准确、高效的远程实时故障诊断控制系统是非常必要的。

3. 使用油液在线检测技术

利用油液在线或离线健康检测是实现液压载重车健康控制的重要手段，液压油要保证：合适的黏度，良好的黏温特性，良好的润滑性（抗磨性），良好的抗氧化性，良好的抗剪切性，良好的防锈和防腐蚀性，良好的抗泡沫性和空气释放性，良好的抗乳化性和水解安定性及对密封材料的适应性。

油液清洁度差会引起液压元件损坏、系统运行异常，直至液压载重车刚度降低、性能异常、泄漏量大。油液的性能、质量、寿命决定了设备的使用可靠性和使用寿命。

第三节　液压载重车的技术发展趋势

近年来，液压载重车融合现代微电子技术、仪器与控制技术和信息技术，向智能化方向发展。随着国家加快工程机械电子信息应用技术研究及产业化开发的进程，各种机电一体化技术产品将被装备到工程机械上，以实现工程机械作业的高效率、高质量、低成本，改善操作者的舒适性和安全性。如互联网＋时代大型液压载重车液压系统的动力控制（混合动力、功率匹配和再生）、逻辑控制（大型DCS系统、新型总线技术）、运动控制（速度、位置和加速度三环控制）、运动合成（解耦控制、最佳空间轨迹控制）、信息控制（GPS、人机互动、数据云技术）和健康控制（油液污染、吸空、压力峰值）。

一、环保与再制造

1. 环保技术

液压载重车在施工作业中，会对环境产生化学和物理的污染，如发动机向大气排放大量烟雾、液压系统外泄漏和噪声等。液压载重车环保首先应选用低公害发动机，目前欧、美发达国家和地区正在通过采用一系列新的技术手段、措施或应用新型的环保燃料来进一步降低排放，减小噪声，努力适应排放法规标准。降低整机振动和噪声，是产品设计中最受关注的焦点问题之一。

保持液压系统的清洁，不但可以延长换油间隔时间，减少对周边作业环境的污染，而且能减少液压元件故障与磨损，延长常用液压元件的使用寿命。防止液压系统的渗漏对周围环境的污染，最有效的措施是液压管路采用耐腐蚀、防老化、具备优良密封性能的优质管路。

系统高效节能的设计，如果从减少发动机排放考虑，驱动系统可以采用电机驱动，或选用电控高性能长寿命节能型发动机。通常在保证正常工作的前提下，采用混合动力即电池组与充电内燃机合作驱动是目前环保型机械最常见的方案。

系统可靠性设计，运用高可靠性的成熟技术和借用经市场考验后的成熟系列零部件，可延长各关键系统或零件的使用寿命，减少更换次数，减轻对周围环境的破坏与污染。

2. 再制造技术

科技部发布的《国家中长期科学和技术发展规划纲要（2006—2020年）》中，再制造及全生命中后期管理成为制造领域的优先发展主题和关键技术之一。液压载重车在通用性上比较差，需要根据客户的要求进行设计和制造，属于定制产品，再加上现场的施工条件恶劣，在完成一个项目之后基本不会被再次使用，这就对资源造成了极大的浪费。随着液压载重车市场规模的不断扩张以及废旧液压载重车的数量越来越多，对液压载重车进行再制造，一方面可以满足市场的需求，另一方面还可以为企业降低成本，为国家节约大量的资源。对运梁车进行再制造的研究，有以下四点意义。

（1）再制造能够充分提取废旧产品的附加值

对废旧液压载重车进行再制造是对废旧液压载重车附加值进行提取的最有效的措施，是创造出新的价值的最有效的途径。

（2）满足工程建设，降低企业经济成本

液压载重车通常是定制产品，为特定的项目进行专门设计和研制，而且液压载重车上有很多零部件是由制造公司自己设计和制造，属于非标件。再制造的过程中，如果需要更换这部分零部件，通过购买的方式进行更换很难实现。通过再制造工程对这部分零件进行恢复性再制造，不但能够满足工程建设的需要，还能最大程度地降低企业的经济成本。

(3) 探索液压载重车以及其他大型特种设备的再制造方法

运用先进的再制造技术，并且将再制造方面的高科技手段和传统的液压传动技术相结合，积极探索液压载重车再制造的方法。

(4) 资源环境效益明显

对废旧液压载重车进行再制造能够体现很高的绿色度，再制造液压载重车可以为我们国家减少环境污染，节约大量的资源，资源环境效益明显。

当前在大型液压载重车的设计上，对再制造的研究已经起步，积累了大量前期工程数据。在产品的服役至报废阶段，要考虑产品的全生命周期信息跟踪。在产品的报废阶段，要考虑产品的非破坏性拆解、低排放式物理清洗，提升企业竞争力，实现环境、经济和社会效益协调。

二、数字化、网络化、智能化

通过采用高级控制策略，可以解决液压载重车运动的稳定性问题，减少启动和停止时的振动。液压载重车传统驾驶室中的仪表盘正迅速被电子监视仪表取代，并逐步由单一参数显示方式向智能化信息显示终端过渡，从而大大改善了人机交互界面。和信息技术结合的液压载重车将更多地依赖传感器来监视作业状况，通过各种复杂模型、决策支持软件和高精度的执行器，来按时、定位完成相应的任务和过程优化。液压载重车智能控制技术还包括无人自动驾驶和遥控操作等内容。尽管目前液压载重车的液压-机械系统的智能化还处于初级阶段，却已对设备的性能与质量产生了重要影响。采用相关的智能化控制，液压载重车的控制质量将得到显著改善。

未来液压技术的定位是：继续在工程机械和冶金机械这两大领域站稳脚跟，积极向新兴的产业推进，液压技术与液压产品的发展趋势如下：

① 工作介质向安全清洁无污染方向发展；
② 提高加工精度，减少泄漏；
③ 结合电子、计算机、网络转变控制方式；
④ 故障自动检测，实现在线状态监测与故障检测。

三、大型装备及施工技术新趋势与新关注

1. 安全化

大型精密装备和大型路桥架设具有价格高、尺寸大、质量大、抗振要求高及应力变形要求高等特点，要保证其长途高速运输和施工过程中的安全性。恶性重大伤亡事故关乎生命、社会，影响企业市场、存亡。要从装备、技术、管理等多方面实现可靠性管理。专用车辆液压控制系统通常根据车辆的现场功能和工况要求进行针对性设计，运输车安全可靠的结构设计，是保证车辆正常行驶和所运输装备安全到达目的地的根本性安全指标，只有在保证车辆结构安全的前提下，对车辆的平顺性、操控性、动力性、节能以及轻量化等进一步研究才具有实际意义。

2. 社会化

通过行业学会、协会，组建跨界跨领域、物联网的大型液压载重车政产学研用的联盟，协同共享发展，产学研密切协作，培育国内外市场的良好环境。通过综合解决方案、全过程咨询、技术咨询，对企业、技术、大型装备的发展论证，使企业与社会化、专业化结合。

3. 智能化

通过数字化技术的发展，通过5G网络的实现，可以充分发挥BIM、大数据、机器人、立体可视、VI方案先行的优势。如利用北斗定位填补我国大型工程机械电液元件和系统作业轨迹控制空白。

主机对外部环境的感知与智能化操作：单机无人化智能操作控制技术，基于网络的单机或机群集成施工控制与智能化管理技术。

主机内部性能工况感知与自主控制：系统智能化自主控制与健康管理（远程智能化监控、检测、预报、故障诊断与维护），牵引和调平等功能性控制系统智能化。

4. 人性化

关注从业者的工作环境，提高复杂环境下操作人员的舒适性和安全性，实现绿色环保、节能低碳、低排放、环境友好、生态文明、高效率、低成本，提高产品竞争力。

第三章
自行式液压载重车车身结构设计

自行式液压载重车属于重型行走工程机械，具有超长超宽、质量大、惯性矩大、轴线多的特点，车身结构的性能直接决定了载重车在工作过程中的操作品质、稳定性和安全性。

第一节 液压载重车车身结构的基本要求

自行式液压载重车是一种多轴线、多悬架、多轮驱动轮胎式非公路车辆，主要车身结构由主体车架、液压悬挂系统、驱动桥、从动桥、连杆转向机构、驾驶室及动力、液压、制动、微电系统等部件组成。车架是主要承载部位，车身承受的载荷或各个承载部件都直接或间接地作用到车架上，设计和计算都是按均匀载荷工况来考虑的。装载时，载荷的重心位置必须在规定警戒线内放置，重量不可超过所规定的最大承载能力。按照不同车型、不同工况，车身设计也有所不同。

一、平板车的车身结构基本要求

平板载重运输车是船厂、码头和钢厂等重装备生产企业内部使用的有效转场运输工具。其载重量大，结构刚度、强度要求高，载重运输车车架在整个设计成本中占了很大的比重。车身与底盘悬挂钢架结构由高强度钢焊接而成，在承重额定载荷的作用或者一定的冲击作用下，要求要有较为充分的强度指标和承载能力，所以要求车架结构设计绝对安全可靠。

平板车并车组合时，设定一台车为主车，则其他车辆为从车，主车驾驶室可以控制并车组协同运行。平板车可以通过机械刚性连接实现硬连接，即每个模块车的前后左右均配置有便于拼接的机械接口。

自行式模块轴线运输车是在普通牵引平板车的基础上，随着液压技术的发展而出现的一种自行式、可装卸的高端产品。这种轴线运输车不需要牵引车牵引，可以实现自行驶功能。它主要由两部分组成：动力模块单元（PPU）及带驱动的轴线模块单元（承载单元）。

所以车身结构的设计至关重要，要保证工作中车身足够的刚度，满足上述工况时的作业安全。车架是重型平板车的主要承载部件，车架结构设计的关键在于车架的强度和刚度必须满足设计要求，并在此基础上，尽可能地减轻重型平板车的自重。由于重型平板车所运输的物品体积和质量都很大，一旦因为车架的刚度和强度不达标而在运输途中出现问题，后果将不堪设想。目前重型平板车技术世界一流水平的标准包括燃油消耗率低、整车轻量化以及电液系统的最优功率匹配。因此，车架设计结构的可靠性是燃油低消耗、整车轻量化实现的基础。

车架作为一种弹性系统,在实际运输过程中,必然会受到由自身发动机激励或路面不平等因素产生的振动。当车架自身的固有频率与来自外界的激励频率相靠近时,有可能会引起车架出现共振的现象,造成车架薄弱部位的疲劳损坏,缩短车架寿命,影响车辆的安全性能。结构动力学分析正是建立在静力学分析的基础上,考虑结构因振动而产生的惯性力进行的。因此,为确保车架具有良好的动态性能,在车架的设计阶段需要对车架结构进行动力学分析。本节将首先对车架进行模态分析,得到车架的固有频率和模态振型,然后通过谐响应分析动载荷作用下车架关键部位的频域响应特性,得出外载荷对车辆行驶的影响规律。

二、挂车车身的基本要求

鹅颈装置不仅作为车架和牵引车之间的连接部位,同时也承载着部分载荷。车架和鹅颈同时也是半挂车中最易损坏的部件,因此对其进行强度分析可大大提高半挂车的承载能力,满足客户的使用要求。

对挂车的车架结构和鹅颈结构的强度与刚度进行计算分析,以确定使用可靠。由于车架和鹅颈结构比较复杂,传统的数学计算方法难以得到精确的结果,因此将采用有限元方法来对车架和鹅颈结构进行分析。

三、特殊车身结构的基本要求

新型超长自装卸整体式运输车主要由动力升降式鹅颈、液压绞盘、中间连接平台、三轴线单元车架及过渡爬梯等结构组成,其中动力升降式鹅颈、中间连接平台、三轴线单元车架和过渡爬梯构成了该运输车的车架部。车架是组合挂车的主要承载部位,挂车所承受的载荷以及各种专用设备都直接或间接地安装在车架上。中间连接平台作为车架的主体部分,且由于其超长的尺寸,其强度及刚度特性分析是其设计过程中的关键问题。

车辆的主要参数包括:车辆额定装载质量、车辆自身质量、轴线数/悬挂数、驱动轴线数量/从动轴线数量、半轴载荷、车速(空载平地最高车速及满载平地最高车速)、爬坡能力(横向坡度及纵向坡度)、轮胎规格/数量、轮辋规格/数量、载重平台外形尺寸、载重平台顶面高度、载重平台升降行程、最小离地间隙(驾驶室与动力舱)、中心回转半径及发动机型号/功率。

第二节 液压载重车的整体结构设计

液压载重车的车身结构,即使规格型号不同,组成部分也大致相同,以 TLC100A 型和 JHP320ZXPB1 液压载重车来举例说明。

一、TLC100A 型

这是早期秦皇岛天业通联重工科技有限公司为南通船厂运送造船钢板而生产的产品。

TL 表示通联公司,C 表示特种车辆,100 表示额定载重为 100t,A 表示客户为船厂。图 3-1 为 TLC100A 的整车外观简图。液压载重车由车架、悬挂、动力舱及驾驶室组成。整车中心布置发动机与动力总成,两端是主副两个驾驶室,左右方向共有 4 列轴线和 8 个悬挂部件总成,整车一共有 32 只子午线轮胎。

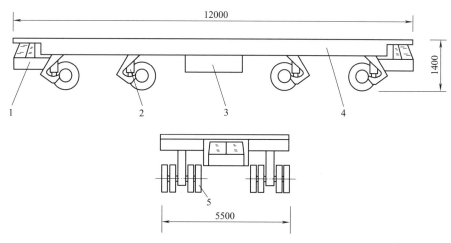

图 3-1 TLC100A 载重车外观简图

1—驾驶室；2—悬挂油缸；3—发动机及动力总成；4—车身；5—轮胎

TLC100A 的主要技术参数如表 3-1 所示。

表 3-1 TLC100A 的主要技术参数

载重质量	额定装载质量/kg	100000
	最大装载质量/kg	125000
	车辆自身质量/kg	28000
	轴载质量/kg	16000
悬挂轴线	悬挂总数	8
	轴线总数	4
	驱动轴数量	4
	从动轴数量	4
动力性	空载车速/(km/h)	0～12
	满载平地车速/(km/h)	0～6
	满载爬坡车速/(km/h)	0～3
	满载爬坡能力	纵坡 6%，横坡 3%
轮胎轮辋	轮胎规格/in	8.25～15
	轮胎数量	32
	轮辋规格/in	6.5～15
	轮辋数量	32
平台尺寸	平台最低位置/mm	1400
	平台升降行程/mm	600
	平台长度尺寸/mm	12000
	平台宽度尺寸/mm	5500
发动机	发动机	东风康明斯水冷柴油机
	发动机型号	6CTA8.3-C215
	发动机功率/转速	160kW/2200r/min
	发动机进气形式	增压式

注：1in=25.4mm。

工程运输车 TLC100A 的技术特征可以概括表述如下：

① 车身与底盘悬挂钢架结构由高强度钢焊接而成，在承重额定载荷的作用或者一定的冲击作用下，有较为充分的强度指标和承载能力，结构设计安全可靠。

② 液压转向系统采用恒功率变量泵控制方式，使得功率得以有效充分地利用，提高了

液压系统的效率，节省了冷却器的装机容量，提高了元件的使用寿命和可靠性。

③ 液压悬挂升降装置系统，通过分流集流阀液压同步的作用自由调整货台高度，简化了复杂的机械结构，提高了系统的稳定性。

④ 液压驱动系统采用闭式回路和先进的机械伺服变排量液压泵控制系统，保证了驱动速率的无级宽范围可调节性和驱动功率配置在高效率范围之内，方便了发动机布局，减轻了车辆重量，提高了发动机燃油经济性。

⑤ 采用工业现场总线——CAN总线的闭环控制模式，实现了多任务协同控制，降低了司机的操作要求水平和工作强度，实现控制系统故障的自动报警与诊断功能，达到了较高的智能化与自动化水平。

二、JHP320ZXPB1型

图 3-2 是江苏海鹏特种车辆有限公司为江苏某船厂生产的 JHP320 型液压载重车的结构图。

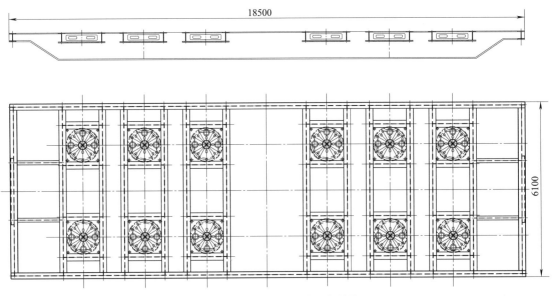

图 3-2 JHP320 型液压载重车结构图

液压载重运输车共有 6 轴线，设计载荷 320t，车架总长为 18.5m，总宽为 6.1m。主要构件尺寸如表 3-2 所示。

表 3-2 JHP320ZXPB1 液压载重运输车车架主要构件尺寸参数表

项目	主长/mm	翼宽/mm	最大高/mm	板厚/mm		
				腹板	上翼板	下翼板
边纵梁	18500	210	950	20	30	40
端梁	5680	250	300	16	25	25
托架横梁	5870	250	350	20	25	40
托架纵梁	1450	250	350	20	25	40
驾驶室吊梁	1730	140	120	10	16	16

JHP320ZXPB1 型动力平板车主要结构由主体车架、液压悬挂系统、驱动桥、从动桥、连杆转向机构、驾驶室及动力、液压、制动、微电系统等部件组成。

1. 车架结构

框架式车身是液压载重车的承载平台，车架由 1 根主梁和多根横梁组成，主梁和横梁为箱型结构，采用低合金结构钢 Q345C，具有强度高、承载力大的特点。单元外形尺寸要满足公路长途运输的要求。在横梁的下端安装回转支撑，通过高强螺栓与悬挂连接。

载重平台（车架）整体覆盖其余六部分，顶部用于承载，下部连接转向系统、悬挂系统、动力舱及驾驶室，其长度×宽度即为车体外形的长度×宽度；它是主要的承载部件，为保证重物在运输时纵向倾斜和横向倾斜不超过设定值，在显示屏上可以随时了解整车倾斜情况，超限即报警，驾驶员根据情况采取措施。考虑到作业人员安全，载重平面要具备一定的防滑度。

2. 悬挂结构

悬挂系统如图 3-3，采用静液压传动形式，除了提供整车升降和调平的功能外，更重要的是液压油缸的伸缩补偿功能保证了运行过程中轮组均匀承载，避免打滑，以适应路面不平的情况，维持运行的安全可靠。100t 自行式液压载重车车体的下部排列着 8 组悬挂系统总成，从结构示意图上可以看出，悬挂系统是工程运输车的主要支撑装置，用以实现货台的升降。每一独立悬挂总成的执行器都由悬挂油缸 3、悬挂架 2、平衡臂、车桥、摆动轴和轮胎轮辋等部件组成。其中驱动悬挂摆动轴内安装轮边减速器和液压马达，如图 3-3 所示。摆动轴能够自动适应横坡的要求，保证每个轮胎承载基本相同，如图 3-4 所示。

图 3-3 驱动悬挂结构图

1—平衡臂；2—悬挂架；3—悬挂油缸；
4—摆动桥；5—轮胎及减速器马达

图 3-4 载重车横坡行驶示意图

悬挂油缸 3 为单作用柱塞式液压缸，它承担着本轮轴的全部负载。悬挂油缸与悬挂架、平衡臂形成的支撑是悬挂部件的中心，同一支撑组的液压缸还可以互相连接，在车辆运行时形成一个封闭的液压系统。车辆在不平的路面行驶时，同一支撑组的每一悬挂承载均匀。悬挂油缸与液压回路之间通过橡胶软管连接，缸的油路上设有安全阀和梭阀式快速自封阀，用于软管破裂时自动切断该悬挂油缸的油路，这个时候原来其负担的负载将均匀地加载到该支点组的其他悬挂油缸上。而载重车的货台液压同步升降，主要靠分流集流阀的作用按比例分配流量，使得悬挂油缸 3 通过伸缩来完成。

转向机构如图 3-5，可采用平面连杆机构、齿轮齿条机构或马达减速器驱动齿轮机构，分别驱动各个转向半桥按程序设定角度精确转向；本例中所采用的是连杆机构。

3. 动力舱和驾驶室

动力系统作为整车的心脏，包含发动机（如图 3-6）、发电机、液压泵、空压机、空调压缩机等，为液压系统、气动制动系统、车电及微电系统提供动力源；从动桥上配置盘式制动器及气动制动器用以承担载荷及行车、驻车制动；驱动桥采用高速液压马达经由行星减速器提升扭矩，用以驱动轮胎旋转。

图 3-5　液压载重车转向机构

图 3-6　发动机

大型自行式液压载重车的动力装置全部集中安装在动力舱内，包括柴油发动机、液压泵、燃油箱、液压油箱以及液压油冷却器等。柴油发动机选用德国道依茨发动机，排放可达欧Ⅲ排放标准。发动机配置道依茨供油系统、增压中冷、四气门、中央喷油器等最新技术，品质卓越，具有低排放、低噪声、低油耗等优点。每台发动机各自通过飞轮盘直接带动联结到发动机飞轮端的驱动油泵和工作油泵，驱动油泵和工作油泵通过通轴驱动串联在一起。两台发动机带动液压泵双泵合流，为执行元件提供液压油，也可以一台发动机单独工作。

目前的液压载重车具有前后驾驶室，已实现了高度自动化、全液压、计算机控制，可以实现360°范围内任意角度转向（如横行、中心回转、摆头摆尾等），以及遥控操作。驾驶室如图 3-7，由两个相同功能的主副驾驶室组成，分别位于车的前后两段，其功能基本相同并能够互锁，以避免误操作，所以可根据不同工况选择其中任意驾驶室进行操作。室内装有反映整车各系统运转参数的显示屏、仪表及报警系统，还设有预检系统。

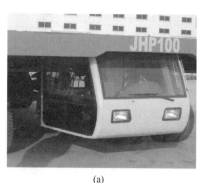
(a)

(b)

图 3-7　液压载重车驾驶室

运梁车在前后两端安装有配置完全相同的驾驶室，如图 3-8 所示，在正常行车工况下，驾驶员在驾驶室内操作，此时只有一个驾驶室具有控制权，可以防止另一端驾驶室的误操作，以保证行车安全可靠。前端和后端的驾驶室均可以旋转 90°，这样可以满足喂梁时架桥机天车吊梁位置的要求，以及配合不同提梁机装梁时对运梁车整车长度的限制要求。驾驶室为专业厂家定做，前方各视角都采用安全玻璃，有专门的雨刷器，内部有阳光挡板。驾驶室内装有气压缓冲驾驶座，驾驶座椅带扶手并可以进行上下调节和靠背倾角调节。驾驶室设置暖风系统和制冷空调系统，确保驾驶室内舒适性，装有隔音设施，使得噪声标准小于等于 65 分贝。载重车的全部电气操作均安装在驾驶室内，并安装多种监测载重车工作状态的仪表，还配有一个多功能显示系统，为操作者快速提供信息及报警故障文字信息。

图 3-8　运梁车的驾驶室

第三节　模块车整体结构设计

自行式模块轴线运输车是在普通牵引平板车的基础上，随着液压技术的发展而出现的一种自行式、可装卸的高端产品。这种多轴线运输车和动力平板车一样，不需要牵引车牵引，可以实现自行驶功能。它主要由两部分组成：动力模块单元（PPU）及带驱动的轴线模块单元（承载单元）。其中动力模块单元为整部车提供动力。而轴线模块单元作为承载单元，主要起承载运输货物的作用，多个承载单元可以实现串并联拼车工作。模块车的工作环境如下：

① 环境温度　最高气温 40℃，最低气温 −20℃。
② 环境湿度　最大相对湿度 95%。
③ 工作风级　小于等于六级。

图 3-9 所示为模块车的整车结构图。

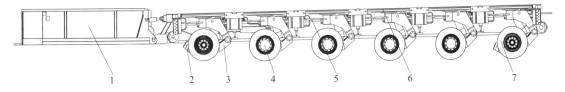

图 3-9　模块车整车结构图

1—动力单元；2—制动气室；3—悬挂机构；4—驱动轴线；5—转向机构；6—车架；7—从动轴线

一、模块车动力单元设计

模块轴线运输车的动力单元位于车的最前端，整个动力单元长 3085mm，宽 2990mm，高 850mm。动力单元与后边的承载单元用销轴铰接。另有两个对称布置的液压缸，在模块车爬坡时，根据坡度不同，调节这两个液压缸的伸缩量，使其推动动力单元提升一定的角度。发动机位于动力单元的中间位置，考虑到整车的高度限制，本车采用了奔驰的卧式发动机，功率为 300kW。该发动机起步性能好，加速快，爬坡能力强，并且油耗小，比国内同类产品低 20%，满足欧Ⅲ排放标准。闭式泵和开式泵通过分动箱连接到发动机上，分别为驱动马达和转向、悬挂液压缸提供动力。动力单元液压管路与承载单元液压管路通过快速接头连接，快速接头通过一个支架固定在液压油箱的上方，整个液压管路布置整洁、美观。动力单元的侧面挡板上开有散热孔，顶部有盖板盖着。另外液压油箱、燃油箱、液压冷却系统、电控柜以及气动控制阀等也安装在动力单元中。图 3-10 为模块车动力单元的布置图，相关技术参数见表 3-3。

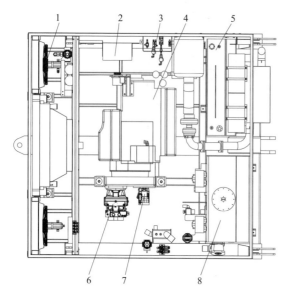

图 3-10　模块车动力单元布置图

1—冷却器；2—电控柜；3—气动阀；4—发动机；
5—燃油箱；6—闭式泵；7—开式泵；8—液压油箱

表 3-3　模块车动力单元技术参数

技术参数	参数值
提升角/(°)	12
自重/t	6
发动机厂家	奔驰
发动机型号	OM457hlA
发动机功率/[kW/(r/min)]	300/2300
燃油箱容积/L	310
液压油箱容积/L	420
驱动泵型号	A4VG
驱动泵数量	1
开式泵型号	A10VO
开式泵数量	1

二、模块车承载单元设计

表 3-4 所示为模块车承载单元的技术参数。

表 3-4　模块车承载单元技术参数

技术参数		参数值
轴线数		6
额定装载质量/t		200
自重/t		34
总重/t		240
每轴线载荷/t		36
每悬挂载荷/t		18
驱动轴数量		4
平台总长/mm		9440
平台总宽/mm		3000
货台最低高度/mm		980
空载行驶高度/mm		1280
车轮转角/(°)		±55
轮胎数量		48
轴距/mm		1550
轮间距/mm		1820
满载爬坡能力/%	纵坡	11
	横坡	12.4
最小转弯半径/mm		13.5
悬挂形式		液压3点或4点支撑
转向模式		半八字转向

模块车承载单元长 9440mm，宽 3000mm，重 34t，总共有六个轴线，中间四个轴线为驱动轴，驱动车桥里装有马达减速器，为整车行走提供动力。边上两个轴线为从动轴，安装有制动气室，实现模块车的驻车制动和紧急制动。

承载单元采用纵横网格加强型轴线车架。车架下面自顶向下依次安装有转向液压缸、转向臂、悬挂架、悬挂柱塞缸、平衡臂、驱动/从动桥、轮胎。整个承载单元呈前后、左右对称布置，外形美观，承载均匀。车架、悬挂机构等主要承载构件采用了 Q690 高强度低合金结构钢，使得车在相同负载下重量更轻，大大提高了其机动性能。车架主梁高度约为 700mm，位于车辆中心轴线上，为整体式无焊接工字梁，具有很好的抗弯、抗扭能力。副梁采用高强度钢焊接而成，与主梁一起构成模块车的承载结构架。

三、模块式液压运输车车架机械结构分析

图 3-11 所示为模块式运输车车架结构图。模块车额定载荷 200t，车架全长 9.3m，宽 3m，高 0.7m，轴距 1.55m，为鱼骨式结构。模块车车架由主梁、副梁、横梁、斜支撑、连接架、端梁等焊接而成，其中主梁、副梁、横梁为焊接式箱型梁结构。

模块车车架的结构较为复杂，在满足车架主要力学特征的条件下，为加快网格划分速度，控制求解的规模，保证模型划分网格时单元的质量和数量，有必要对模块车车架进行适量简化。根据前面所述有限元模型简化原则，对模块车车架进行了如下简化：

① 除去模型上承载力很小的构件和非承载构件，如车架两边盖板、斜支撑旁盖板、快换接头连接架等；

② 除去车架与液压悬架连接处的螺栓孔以及车架上的一些倒圆角等。

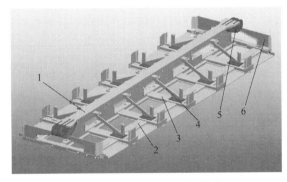

图 3-11 模块式运输车车架结构图
1—主梁；2—副梁；3—横梁；4—斜支撑；
5—连接架；6—端梁

车架简化后的三维实体模型如图 3-12 所示。

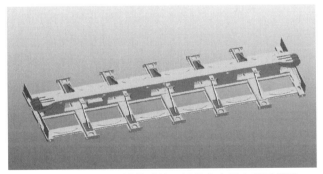

图 3-12 简化后的模块式液压运输车车架有限元模型

四、模块式液压运输车车架机械结构的静态分析

所谓结构静态分析，是指结构在固定不变的载荷作用下计算结构对载荷的响应，它既不

考虑阻尼和惯性对结构的影响,也不考虑载荷随时间的变化。通过对车架结构进行有限元静态分析,确定模块车车架各结构件在载荷作用下的应力、应变分布状况。设计人员可以校核车架是否满足各种工况下的强度、刚度要求,反过来,有限元分析结果作用于设计过程,可使零部件结构设计更加具有目的性,受力、质量分布更加合理。

结构强度有限元静态分析,使得设计人员对所设计的结构在每种工况所确定的载荷的作用下其结构的强度、刚度及稳定性情况有一个全面而准确的了解,根据计算所得到的结构上各处位移和应力的分布结果,结合相应的设计标准或规范,判断所设计的结构可靠性和经济性,在此基础上进行改进或优化设计,从而避免某些结构或零部件由于过大的应力或压曲失稳而损坏,并控制机械结构整体及其零部件的刚性性能。另外,对于那些所受应力较小、结构材料利用不充分的区域,可以结合加工和制造工艺的实际情况进行材料板厚减薄、截面尺寸减小等,从而达到降低成本的目的。

作为强度校核基准,以材料发生塑性变形作为材料失效的标准,因此可以按照第四强度理论对车架进行静态强度校核,选择 Von Mises 等效应力来校核车架结构的强度:

$$\sigma_r = \sqrt{\frac{(\sigma_1-\sigma_2)^2+(\sigma_2-\sigma_3)^2+(\sigma_3-\sigma_1)^2}{2}} \tag{3-1}$$

式中 σ_1、σ_2、σ_3——第一、第二、第三主应力。

对模块车车架进行有限元分析,步骤如下:

① 定义分析类型　分析类型为 Static Structural。

② 定义材料属性　整车采用 Q690D 结构件焊接而成,Q690D 各项性能参数如表 3-5 所示。

表 3-5　Q690D 材料属性

材料名称	弹性模量/Pa	泊松比	密度/(kg/m³)	屈服极限/MPa	抗拉强度/MPa
Q690D	2.1×10^{11}	0.29	7.85×10^3	690	940

由强度条件可知:

$$\sigma_r \leqslant \frac{[\sigma]}{n} \leqslant \frac{690}{2} = 345(\text{MPa}) \tag{3-2}$$

式中　$[\sigma]$——材料的许用应力,MPa;
　　　n——安全系数,此处取 2。

③ 划分网格　采用智能化网格划分方法,由于六面体网格单元具有求解精度高、所需网格单元数量少等优点,因此整车网格单元网格类型设定为六面体网格单元。车架网格划分结果如图 3-13 所示。

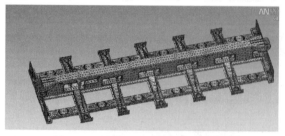

图 3-13　模块式液压运输车车架有限元网格划分示意图

④ 施加约束、载荷

a. 约束处理。根据实际中载重运输车载重后的受力分析,对第二轴与第五轴悬挂处进行全约束,其他四轴约束悬挂处 x、z 方向平动位移。

b. 载荷处理。

模块车自重:设重力加速度为 9.8m/s^2,ANSYS Workbench 会根据材料属性里设定的材料密度、整车的体积自动计算出整车的自重。

模块车额定载荷：模块车的额定载荷为 200t，根据模块车运输物件的实际情况，加载工况分两种，如图 3-14 所示。

(a) 均布加载　　　　　　　　(b) 第二、第五轴线处集中加载

图 3-14　模块车主要加载工况

均布加载，即模块车承受的载荷均匀分布在整个车架上。当运输物件较为规则，可直接将物件置于车辆之上，此种加载方式即为均布加载，如在运输大型船舶分段时即可视为此种加载方式。

模块车第二、第五轴线处集中加载。当模块车运输大型圆柱状物件时，其运输方式为先将两个半圆形钢架支撑架构置于模块车上，再将货物置于两个半圆形钢架支撑架构上，以实现货物的运输，如运输大型石化设备蒸馏塔即为此种加载方式。

因此，模块车两种加载工况下有限元模型的约束受力图如图 3-15 所示。

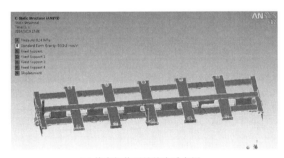 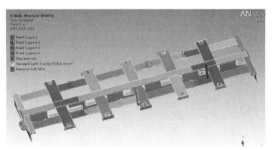

(a) 均布加载下的约束受力图　　　　(b) 第二、第五轴线处集中加载下的约束受力图

图 3-15　两种加载方式下的约束受力图

⑤ 求解、分析　经过 ANSYS Workbench 求解，分别得到模块车在两种不同加载方式下车架的等效应力云图 Equivalent (Von Mises) Stress 和位移变形云图 Total Deformation。图 3-16 所示为均布加载下的等效应力云图和位移变形云图；图 3-17 所示为第二、第五轴线处集中加载下的等效应力云图和位移变形云图。

图 3-17 中，工况 (a) 加载条件下，其最大应力为 218MPa，位于第二、第五轴线处模块车车架与悬挂连接处，小于材料的屈服极限，其他部位应力大约为 48MPa 以下，因此满足材料许用应力。最大位移量为 10mm，出现在车架端部，但变形量相对于整车长度来说比较低。可以看出，工况 (a) 加载条件下的模块车车架除了几个局部位置出现应力集中外，整车其余部位的应力水平并不高，其变形量相对也较低，因此材料并未得到充分利用。

工况 (b) 加载条件下，其最大应力为 271MPa，位于第二、第五轴线处模块车车架与

(a) 等效应力云图

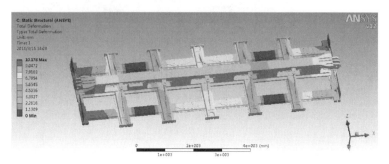

(b) 位移变形云图

图 3-16　均布加载下的等效应力和位移变形云图

(a) 等效应力云图

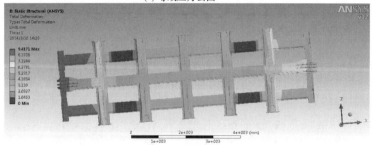

(b) 位移变形云图

图 3-17　第二、第五轴线处集中加载下的等效应力和位移变形云图

悬挂连接处，小于材料的屈服极限，其他部位应力大约为 60MPa 以下，因此满足材料许用应力。最大位移量为 9mm，出现在车架端部，但变形量相对于整车长度来说比较低。可以

看出，工况（b）加载条件下的模块车车架除了几个局部位置出现应力集中外，整车其余部位的应力水平并不高，其变形量相对也较低，因此材料并未得到充分利用。

由于在分析中没有考虑焊缝对应力应变结果的影响，而在实际中平滑弧形焊缝有利于减小应力集中现象，因此分析的应力结果可能比实际有所提高。除以上应力集中外，模块车其余大部分部位的应力水平较低，强度富余量比较大，材料并未得到充分利用。因此，在满足车架强度的条件下，可以考虑对模块车车架结构进行减重改进，减轻模块车整车的重量，从而提高模块车材料质量利用系数。

五、模块式液压运输车车架机械结构的模态分析

模态作为结构振动系统特性的一种突出的表现形式，通过模态分析便可得到结构的固有频率和主要振型，而固有频率和振型是评价结构动态设计性能的重要性能指标，能为振动系统动态设计提供理论依据。模块车车架为一弹性系统，由于外界的激励将使整车产生振动响应。当模块车车架的固有频率与外界激振频率接近时，车架很可能会产生共振，共振则会导致车架上的某些部位产生数值很大的共振动载荷，致使车架各部件产生疲劳损坏，缩减车架及整车的使用寿命，威胁车辆的使用安全。因此，为保证车架具有良好的动态特性，要求车架的固有频率和振型应该避开常见的激振频率，故在车架设计的阶段，对车架进行模态分析是很有必要的。由振动理论可知，结构的动态特性主要由低阶振型所决定，高阶振型即使产生其能量相对来说也比较小，所以模态分析一般取 5 至 10 阶精度就已满足要求。本文重点分析模块车的前六阶振动特性。

模块车车架模态分析与静态分析相类似。其分析类型定义为 Modal，材料为 Q690D，网格划分、约束与静态分析相同。由于结构的振动特性是由结构本身特性所决定的，与所受载荷无关，因此结构模态分析不需要施加载荷。

通过 ANSYS Workbench 求解得到模块车车架结构的固有频率与振型。表 3-6 所示为模块车车架结构前六阶振动频率，图 3-18 所示为相对应的前六阶振型，通过振型云图可以非常直观地识别车架在不同频率时的振动趋势。仿真结果用不同颜色直观地标识出模块车车架各部分结构振动的强弱分布以及抗振薄弱区，为模块车车架结构优化设计提供了参照依据。

表 3-6 模块车车架结构前六阶振动频率

模态阶数	1	2	3	4	5	6
频率/Hz	22.6	27.209	30.622	31.332	39.116	39.467

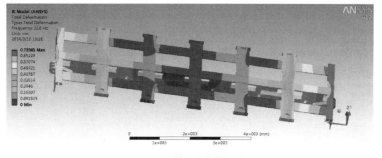

(a) 第一阶模态振型

图 3-18

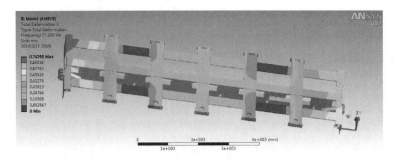

(b) 第二阶模态振型

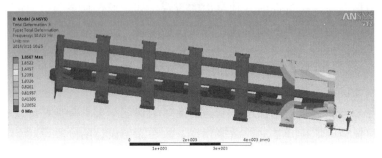

(c) 第三阶模态振型

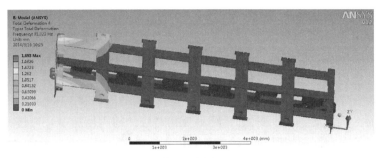

(d) 第四阶模态振型

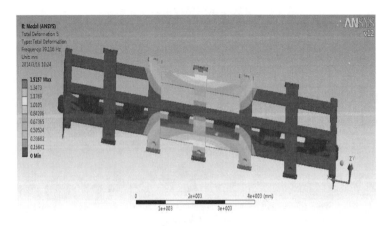

(e) 第五阶模态振型

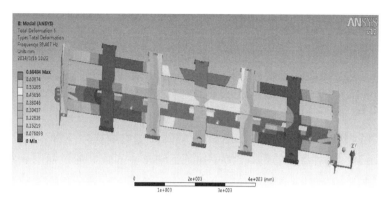

(f) 第六阶模态振型

图 3-18　模块车车架前六阶模态振型图

模块车车架主要受到发动机和路面的双重激励作用。

① 发动机激励频率 f_1：

$$f_1 = \frac{2nz}{60\tau} \tag{3-3}$$

式中　n——发动机转速，r/min；

z——发动机气缸数；

τ——发动机冲程。

模块车所用发动机为水平卧式 6 缸 4 冲程发动机。怠速时发动机转速为 （600±50）r/min，发动机的振动频率为 （30±2.5）Hz；常用转速为 1100～2000r/min，发动机振动频率为 55～100Hz。

② 路面激励频率：

$$f_2 = \frac{v}{\lambda} \tag{3-4}$$

式中　v——车辆行驶速度，km/h；

λ——路面不平度波长，m。

由于模块车大多数工况下处于公路作业状态，路面不平度波长范围为 1～6.3m，因此由路面不平度所带来的振动频率范围为 1.6～10Hz。

由表 3-6 分析可知，车架的前 6 阶模态中：①第 1 阶和第 2 阶振动频率低于发动机怠速激励频率，且远大于路面激励频率，此时车架不会与发动机、路面产生共振；②第 3 阶至第 6 阶固有频率，大于发动机怠速激励频率，且低于发动机常用转速激励频率，此时车架仍不会与发动机产生共振。所以车架的设计完全符合振动特性要求。

第四节　挂车结构设计及强度和刚度分析

平板车的车身结构设计要相对简单，这里对半挂车的车架结构和鹅颈结构的强度与刚度进行计算分析，以确定使用可靠。由于该车的车架和鹅颈结构比较复杂，传统的数学计算方法难以得到精确的结果，因此将采用有限元方法来对车架和鹅颈结构进行分析。

新型超长自装卸整体式运输车主要由动力升降式鹅颈、液压绞盘、中间连接平台、三轴线单元车架及过渡爬梯等结构组成,其中动力升降式鹅颈、中间连接平台、三轴线单元车架和过渡爬梯构成了该运输车的车架部。车架是组合挂车的主要承载部位,挂车所承受的载荷以及各种专用设备都直接或间接地安装在车架上,中间连接平台作为车架的主体部分,且由于其超长的尺寸,其强度及刚度特性分析是其设计过程中的关键问题。

一、整体结构设计

车架根据其结构可分为平板式、阶梯式、凹梁式(或桥式)三种结构,见图 3-19。根据运输过程中公路对车辆高度的要求,为了保证运输车辆能顺利通过涵洞,本节采用升降式结构车架。采用此种结构可以有效地降低整车的质心高度,提高了行驶的稳定性。

(a) 平板式

(b) 阶梯式

(c) 凹梁式

图 3-19 车架结构形式

该车特点如下:

① 车架采用可伸缩的结构。根据运输货物的长度调整车架的长度,扩大运输货物的范围。最大伸出长度为 6m,伸缩后用销轴固定,该车配置了 2 种不同长度的管组,伸出后用长管组,完全收缩后用短管组,依次插入车架伸缩部位的两端的快速接头中。

② 货台具有可升降功能。前后部的升降分别通过前后鹅颈上的升降油缸实现。货台可由最低的地面高度升高 300mm,在装卸货物时车架与地面接触,同时罐体安装在车架上可以提高车架刚度,减小变形。

③ 采用组合式可降低成本。牵引车选用大转矩的半挂牵引车牵引。半挂车由前后鹅颈、伸缩式车架和尾部悬挂车架组成,各部分为通用件,整体可在运输货物前组装,通用率高。

新型超长自装卸整体式运输车是专为城市低地板有轨电车等超长、超重货物的运输而设计制造的,图 3-20 所示为该运输车的整体结构,其主要由动力升降式鹅颈、液压绞盘、中间连接平台、三轴线单元车架及过渡爬梯等结构组成。该运输车采用了液压悬架与动力升降式鹅颈形成三点支撑,液压全轮牵引转向或液压助力转向,车架轻量化设计,具有承载能力强、载货平台高度可调、轮轴负荷均匀、装卸货物方便等优点。车辆承载平台部分安装有轨道,鹅颈部位安装有液压绞盘,可将城市低地板有轨电车通过过渡爬梯拖至车辆上方,完成有轨电车的装载。

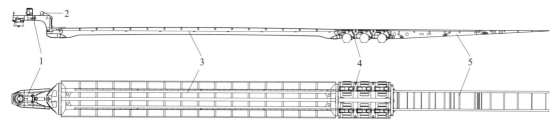

图 3-20 运输车整体结构

1—升降式鹅颈；2—液压绞盘；3—中间连接平台；4—三轴线单元车架；5—过渡爬梯

1. 动力升降式鹅颈

图 3-21 所示为运输车动力升降式鹅颈的结构，其由牵引销、牵引转盘、牵引转向缸、加载缸、加载梁和连接端梁等组成。动力升降式鹅颈主体结构为"L"形，铰接于连接端梁，进而可与后面的承载货台连接；牵引销与牵引鞍座相连，使牵引车与半挂车连接，将牵引车的牵引力传递给半挂车；牵引转盘通过带动牵引转向缸，把牵引车的转向参数转化成液压信号，传递给后部的后端转向缸，使后端转向缸推动转向臂带动转向拉杆动作，进而推动转向轮组做出相应的转向动作；加载缸可以将悬挂液压缸的油压加载到牵引车上，实现"第五轮载荷"；鹅颈还可实现升降功能，通过加载缸的伸缩升降货台的前部以保持货台水平。

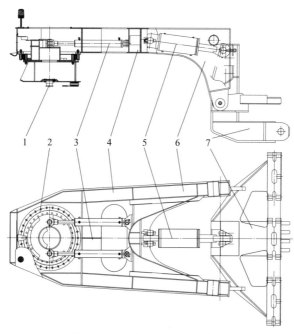

图 3-21 动力升降式鹅颈结构

1—牵引销；2—牵引转盘；3—牵引转向缸；4,6—加载梁；5—加载缸；7—连接端梁

2. 中间连接平台

该运输车的中间连接平台为"井"字形框架结构，如图 3-22 所示，由连接座总成、液压支腿、内纵梁、边纵梁、边梁、贯穿梁、滑轨及加强板组成。内纵梁和边纵梁作为连接平台的主要承载结构，在运输车承载行驶过程中受弯曲应力。为满足其使用性能的要求，采用 Q460 高强度钢制作，其中两道边纵梁采用具有很好抗弯性能的"箱型"结构，如图 3-23 所

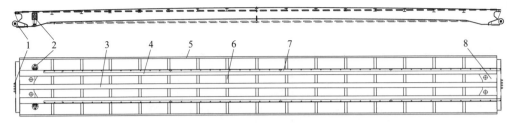

图 3-22 中间连接平台结构

1—连接座总成；2—液压支腿；3—内纵梁；4—边纵梁；5—边梁；6—贯穿梁；7—滑轨；8—加强板

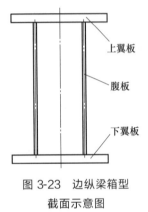

图 3-23 边纵梁箱型截面示意图

示，内纵梁采用"工"字形结构；在此基础上对三道纵梁采用预拱设计，使纵梁形状向上凸起，具有一定预拱量，可以很大程度上增大纵梁承受弯曲应力的能力，且抵消了连接平台因自重和载荷作用下的挠度，使得连接平台承载后正好处于压平状态；边纵梁的上翼面安装滑轨，两侧边梁为热轧槽钢，纵梁之间采用轻而密的贯穿梁连接，增加了整个连接平台的扭转刚度，同时还降低了与贯穿梁连接处的纵梁扭转应力；连接平台两端通过连接座分别与动力升降式鹅颈和三轴线单元车架相连接，由于连接座部位的支座反力较大，为保证该区域具有足够的承载强度，在连接座附近增加了加强板，且在一些拐角处通过采用圆弧过渡来减小局部的应力集中。

3. 过渡爬梯

运输车后端的过渡爬梯用于进行货物的装卸，如图 3-24 所示，过渡爬梯分成两个模块，前模块和后模块，每个模块设有标准轨距的升降导轮和千斤顶。过渡爬梯只有在运输车装卸有轨电车时才安装，当用千斤顶将轮子降下来时，导轮与轨道变成滑动摩擦，方便爬梯在轨道上滑动，与前端三轴线单元车架拼接；装卸有轨电车时，用千斤顶将导轮升起，整个爬梯落到导轨上，使得过渡导轨工装与拖车车辆及地面轨道有良好的连接，确保有轨电车上下车时纵向车厢的折角不大于 3°。

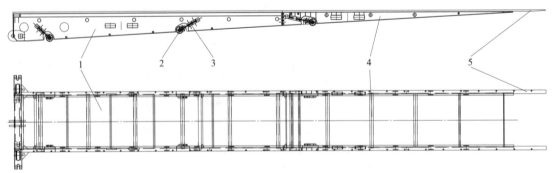

图 3-24 过渡爬梯结构

1—前模块；2—升降导轮；3—千斤顶；4—后模块；5—导轨

二、三轴线单元模块车

如图 3-25 所示，三轴线单元模块车是由三轴线单元模块车车架、液压悬挂和转向机构组成的独立单元模块。车架由箱型结构的主梁以及若干横梁和支撑梁焊接组成,为空间框架式结构,具有足够的承载强度和刚度。车架前后为端横梁,供与中间连接平台连接或安装操纵箱。车架横梁端部有紧固货物用的拉环及安装液压悬架管路的高压截止阀、安全阀,大梁腹部的矩形口供布置转向杆系用,大梁两侧用于装设液压、制动管路。液压悬挂如图 3-26 所示,主要由旋转立轴、悬臂、悬挂柱塞缸和平衡臂等部件组成,主要起到支撑货物和升降货台高度的作用。悬臂通过一组平面止推滚动轴承及两只滑动球关节轴承与悬挂立轴相连,承受分配到悬挂上的载荷,并在转向拉杆牵引下能使轮轴灵活地旋转一定角度,当悬挂与转向杆系脱开时,该轮轴随同悬挂可作 360°回转,便于轮轴、轮胎的拆装维修。转向机构主要由转向支架、转向臂、转向拉杆和转向液压缸组成,主要起到转向时推动各转向轮按要求进行转向的作用。

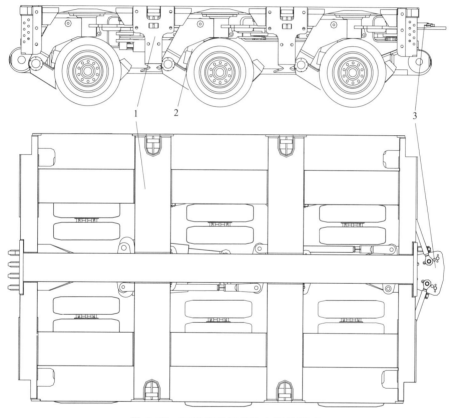

图 3-25 三轴线单元模块车结构组成

1—三轴线单元模块车车架;2—液压悬挂;3—转向机构

三、连接平台强度和刚度分析及预拱设计

目前,国内外常见的轴线单元模块及其拼车连接结构都已经标准化,承载连接平台的拼车连接结构也与之相适应。为了提高组合挂车的承载能力,在拼车结构不变的情况下,国内目前主要是采用高强度的材料和轻量化的方法。而在新型超长自装卸整体式运输车的结构设计过程中,在采用高强度材料及轻量化的基础上,通过对连接平台纵梁采用预拱设计,使连接平台具有一定的预拱量来提高连接平台的承载能力,以抵消连接平台中心在自重及载荷作用下产生的挠度。增大运输车运输过程中的安全性和可靠性。

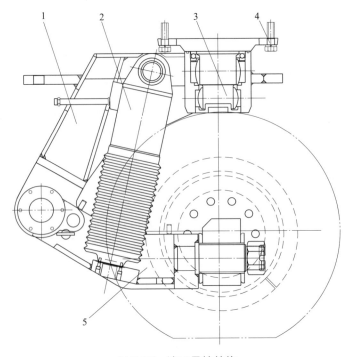

图 3-26 液压悬挂结构

1—悬臂；2—悬挂柱塞缸；3—旋转立轴；4—螺栓；5—平衡臂

预拱量是为抵消梁、拱、桁架等结构在载荷作用下产生的挠度，而在制造时所预留的与位移方向相反的校正量。具有一定预拱量的结构密度小、跨度大，并且可以充分利用材料的强度，在全跨载荷作用下具有承载力强、变形小的优点。

新型超长自装卸整体式运输车的承载能力是由动力升降式鹅颈、三轴线单元车架、中间连接平台及其与单元模块车和动力升降式鹅颈的拼车连接结构的承载能力共同决定的。由于运输车具有超长连接平台及车体长度的特点，而连接平台作为主要的承载平台，其结构强度和刚度的大小直接决定了运输车承载能力的大小。因此，下面通过对未采用预拱设计的连接平台和采用预拱设计的连接平台进行强度和刚度对比分析，就连接平台纵梁采用预拱设计对提高运输车在运输货物过程中的抗弯能力及承载能力进行说明。

1. 有限元建模及网格划分

通过三维绘图软件 Pro/Engineer 对未采用预拱设计的连接平台进行三维实体建模，如图 3-27 所示，并通过 ANSYS Workbench 与 Pro/Engineer 的数据交换接口将三维实体模型导入 ANSYS Workbench 中。在不影响连接平台主要力学特性和分析精度的前提下，对连

图 3-27 连接平台三维实体模型

接平台的三维实体模型进行了以下简化：

① 省略非承载部件和一些对连接平台刚度及强度影响不大的结构。如液压支脚连接板和固定板，其不起支撑作用，且对连接平台的强度大小并没有影响。

② 简化一些影响不大的小孔。如管路固定板上的孔，用于固定液压管路，对连接平台的强度大小影响不大。

选择连接平台的材料为钢结构材料，并对导入后的几何模型进行检查及几何清理，消除不必要的细节特征，提高网格的划分质量和速度，从而提高计算精度。有限元分析模型的准确程度以及模型规模是否合适，对连接平台结构的分析至关重要。图 3-28 所示为连接平台的网格划分图，完成网格划分后的连接平台被划分为 193597 个节点，92261 个实体单元。

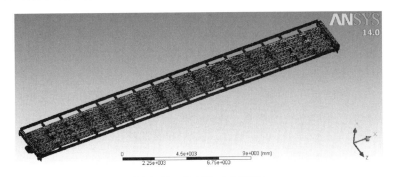

图 3-28　连接平台网格图

2. 约束及载荷的确定

有轨电车的重量通过车轮与运输车边纵梁上的导轨接触将载荷作用在平台的导轨上，连接平台通过两端的连接座分别与动力升降式鹅颈和三轴线单元模块车的连接座以销轴连接固定，连接座下端有连接销孔和连接销座，平台所受载荷通过两端的连接座传递给动力升降式鹅颈和三轴线单元模块车。

运输车的设计载荷为 55t，实际装载 50t，但作用在连接平台上的载荷为 35t，其余 15t 载荷直接作用在三轴线单元模块车上。由于只对连接平台的强度和刚度进行分析，不考虑三轴线模块单元，因此只对连接平台施加 35t 的载荷。

进行有限元强度及刚度分析时，对连接平台两端的连接座销轴孔分别施加圆柱面约束，限制其轴向和径向两个方向的自由度，切向方向设置为自由状态，模拟圆柱销对连接平台的约束作用。对连接平台的导轨分别施加 20t 和 15t 的跨距载荷作用，模拟有轨电车车轮对导轨的载荷作用，同时添加连接平台自身的重力作用。连接平台的约束及载荷情况如图 3-29 所示。

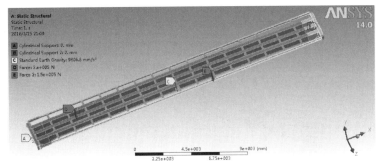

图 3-29　连接平台的约束及载荷

3. 强度和刚度分析及预拱设计

由于约束部分与实际支撑存在一定差距,导致约束周边的应力不真实,且这里的主要研究目的为纵梁及贯穿梁部分的强度及弯曲刚度,则在进行连接平台形变位移和应力分布求解时,不考虑约束周边的结构。

考虑一定的安全系数,则连接平台的许用应力 $[\sigma]$ 可按下述公式计算:

$$[\sigma]=\frac{\sigma_s}{n} \tag{3-5}$$

式中 σ_s ——连接平台的屈服强度,MPa;

n ——安全系数。

新型超长自装卸整体式运输车连接平台的纵梁采用 Q460 高强度钢制作,屈服强度 $\sigma_s=460$MPa,边梁和贯穿梁采用 16Mn,屈服强度 $\sigma_s=350$MPa,取安全系数 $n=1.4$;将参数取值代入公式(3-5)计算可得连接平台纵梁的许用应力 $[\sigma]=329$MPa,边梁和贯穿梁的许用应力 $[\sigma]=257$MPa。

由于连接平台超长的尺寸,还应考虑其挠度,连接平台纵梁的弯曲变形,取决于纵梁的刚度,在静载情况下,允许纵梁的最大变形量为:

$$y_{max}=(0.002\sim0.003)L \tag{3-6}$$

式中 y_{max} ——纵梁的最大变形量,m;

L ——连接平台的跨距,m。

连接平台跨距为 24780mm,则可得纵梁最大变形量为 $y_{max}=74.34$mm。

完成约束与载荷的施加后,对未采用预拱设计的连接平台的形变位移及应力分布进行求解,可得其位移图解如图 3-30 所示,应力图解如图 3-31 所示。

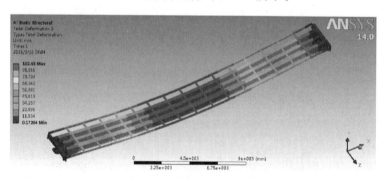

图 3-30 未采用预拱设计的连接平台位移图解

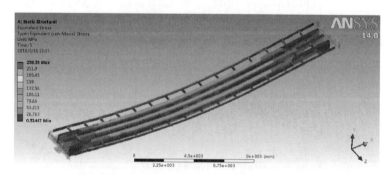

图 3-31 未采用预拱设计的连接平台应力图解

由以上求解结果可知，在载荷及自身重力的静态作用下，未采用预拱设计的连接平台的最大形变位移发生在中间位置，为102.43mm，远远超过其最大变形量的允许值；最大应力发生在靠近端部的加强板部位，如图3-32所示，为238.35MPa，小于其许用应力值。连接平台的强度满足规定要求，但是纵梁的最大变形量却不满足要求，说明纵梁的弯曲刚度不足，针对如此情况，不改变纵梁的制作材料，对纵梁采用预拱设计，使纵梁具有一个向上的预拱量，以抵消其在承载时的挠度。

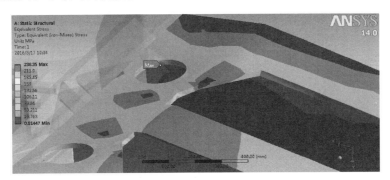

图3-32 未采用预拱设计的连接平台最大应力部位

根据上述有限元求解结果，未采用预拱设计的连接平台在载荷及自重作用下的形变位移为102.43mm，则对纵梁采用预拱设计，预拱量为110mm，在相同约束及载荷条件下，对具有110mm预拱量的连接平台进行有限元分析求解，可得其位移图解如图3-33所示，应力图解如图3-34所示。

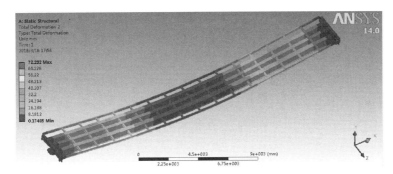

图3-33 具有110mm预拱量的连接平台位移图解

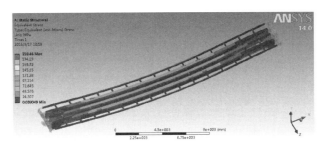

图3-34 具有110mm预拱量的连接平台应力图解

由以上求解结果可知，在载荷及自身重力的静态作用下，具有110mm预拱量的连接平台的最大形变位移发生在中间位置，为72.232mm，被110mm的预拱量抵消后依然具有

37.768mm 的上拱量；最大应力也发生在加强板部位，如图 3-35 所示，为 218.46MPa，小于其许用应力值。

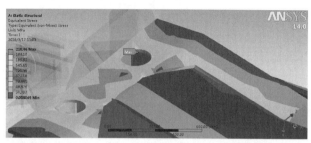

图 3-35 具有 110mm 预拱量的连接平台最大应力部位

通过对比分析未采用预拱设计的连接平台与具有 110mm 预拱量的连接平台的位移图解和应力图解可知，采用高强度钢材料的连接平台满足运输车承载的强度要求，但是在不采用预拱设计的情况下，纵梁的弯曲刚度不满足要求，在自重及载荷作用下中间位置的弯曲变形量太大。为增大纵梁的弯曲刚度，减小其中间位置的挠度，对纵梁采用了预拱设计。对纵梁采用 110mm 的预拱量设计后，在相同约束和承载条件下，相比未采用预拱设计的情况，连接平台的最大形变位移明显减小，且经预拱量抵消后依然具有少许上拱，使得连接平台在自重及载荷作用下接近压平状态而不会下弯，最大应力值也有所减小，使得连接平台的强度和刚度均明显增大，从而满足规定要求。由此可得，采用预拱设计可以提高连接平台的弯曲刚度，减小其最大挠度，使得运输车装载后正好可将车架压平而不下弯，同时还可以改善连接平台的应力分布，增大了连接平台的承载能力，从而使运输车在运输过程中具有更高的安全性和可靠性。

小结：本章对新型超长自装卸整体式运输车的整体结构设计进行了介绍，通过三维绘图软件 Pro/Engineer 建立了中间连接平台的三维实体模型，并将其导入 ANSYS Workbench 中。根据运输车实际运输过程中的约束及载荷情况，建立了连接平台的有限元模型，求解得到未采用预拱设计的连接平台的形变位移及应力分布，根据求解结果对连接平台采用了预拱设计；然后对比分析了两种不同设计结构下的有限元求解结果，说明对连接平台采用预拱设计可以增大其弯曲刚度和强度，提高整车的承载能力，进而保证了运输车运输过程中的安全性和可靠性。

第四章
自行式液压载重车液压驱动系统设计

闭式液压驱动系统作为自行式液压载重车的核心系统之一，其性能的优劣直接影响车辆的整体性能。

自行式框架车是钢铁企业厂内物流各生产环节物料转运的专用车辆，要求车辆的操控性、机动性与可靠性都较高，能够长时间地连续作业，这对车辆的闭式液压驱动系统提出了严峻的考验，不仅要求车辆能够在高速状态下完成转运作业，还要求车辆在低速运行状态下具有较好的稳定性。

模块式运输车重载运输条件下行驶速度仅为 2km/h，最大负重达到 200t，对车辆低速稳定性要求较高，是一种典型的行驶速度较低的特种重载工程运输车辆；由于该车共有 6 个轴线，属于典型的多轴车辆。考虑到车辆需要正、反两方向行走及制动等要求，模块车驱动液压系统通常由变量泵-变量马达组成，通过改变变量液压泵和（或）变量液压马达的排量来调节马达的速度或转矩。

相比于液压传动形式，电机驱动的布局灵活方便、控制方式多样、节省能量消耗、保护环境。但是增加了电池组和电机组，重量增加，驱动结构发生变化，成本上升。在转向、悬挂、调平、升降和支腿等方面现在还是以液压技术为主，所以现在大型液压载重车动力有采用混合动力的趋势。

第一节 液压载重车的液压驱动系统设计要求

一、闭式液压系统介绍

液压载重车动力舱置于车辆的中端，驱动组件置于车辆的两端，距离很远，整车形态复杂，结构紧凑，尺寸跨度很大。模块车在行驶过程中外负载惯性大，且正反向换向及制动比较频繁，是适合于负荷变化剧烈和前进、倒退、制动频繁的工程机械负荷工况，以及对速度要求严格控制的作业机械。

1. 闭式系统构成

自行式液压载重车最理想的传动方式是采用闭式泵-马达减速器的闭式回路。按布局形态可分为"整体式"和"分置式"两类；按液压马达与行走装置之间的连接，有"高速方案"和"低、中速方案"；按泵、马达数量可分为单泵单马达、单泵多马达、多泵多马达等。

采用双向变量液压泵，通过泵的变量改变主油路中的流量大小和方向，实现车辆的变速与换向。闭式系统的主泵上通轴附设一小排量齿轮（或内齿轮）补油泵，补油溢流阀和补油单向阀多集成于主泵，冲洗冷却阀集成在马达上。补油溢流阀调定补油压力，补油单向阀选择补油方向，向主油路低压侧补油，以补偿由于泵、马达容积损失及由冲洗冷却阀泄漏掉的流量。由于系统是闭式回路，马达出口的油液大部分又进入闭式泵的进油口，而不是回油箱，所以油温通常很高，必须在系统回路上安装冲洗阀，使马达低压侧的一部分热油通过冲洗阀，经冷却后流回油箱，油箱的冷却油通过补油泵重新进入系统中。冲洗阀可以集成在马达上，也可以单独安装在系统中。由于油液发热的原因，需要有部分冷却油不断地流入系统，补充冲洗掉的热油，补油泵的存在使系统增加了一部分很小的稳定的附加损失。但其排量和压力相对于主泵均很小，因此其附加功率损失通常仅为传动装置总功率的1%~2%，可以忽略不计（其原理如图4-1所示）。

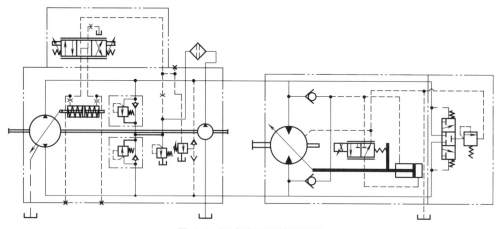

图 4-1 闭式液压系统原理图

2. 闭式系统优点

① 闭式系统结构紧凑，变量泵均为集成式构造，减小了安装空间。系统管路连接相对简单，减少了管路布置的工作量，简化了操作。闭式系统由于采用了双向变量泵和变量马达，换向、制动方便，适用于换向、制动频繁的驱动系统。改变泵和马达的排量就可以改变马达的转速，不会产生节流损失，系统效率高。

② 补油泵通常还用于对主泵和马达进行冷却，让多余的流量通过主泵和马达壳体回油箱，这种冷却对防止主泵、马达长时间在零流量或零压力（或持续高压大功率）下工作产生的过热是必要的。因为在零压力下主泵、马达一般无内泄漏，持续大功率则热量过多。补油泵还能方便地为某些低压工作的辅助机构和制动器提供动力，这种情况下安装一个顺序阀即可保证主回路不受辅助回路影响，防止因补油不足而停车；仅有少量的补油流量从油箱吸取，油箱小，便于行走车辆布置。

③ 闭式系统通过补油泵的补油，能够有效防止变量泵在大流量时因为吸空导致的气蚀现象，提高泵的工作转速和传动装置的功率密度。此外，在补油泵出口安装一个较小流量的压力滤油器，使工作介质经过滤后进入系统，提高传动装置的可靠性和寿命。确保主泵的进油口压力恒定在调定压力，从而使泵工作时不易损坏，可靠性更高，使用寿命更长。

④ 闭式系统工作时由于补油溢流阀的原因背压较为恒定，A油口和B油口对称工作。柱塞泵和马达的容积效率不低于85%，并且工作时泄漏量基本不随压力变化。这些特点使

得闭式系统在工作时柱塞泵从正转向反转过渡平稳,不会出现流量脉动,输出轴刚性较大,负荷有变化时仍能平稳地工作。

二、液压载重车的液压驱动系统设计

闭式液压系统是液压传动的一种形式,适用于外负载惯性大且换向频繁的机构,特别是结构要求紧凑的大型工程机械的驱动系统。闭式液压系统是由液压泵和液压马达组成的容积调速系统,通过调节液压泵或液压马达的排量来调节马达的转速或转矩。如果采用变量液压泵和变量液压马达传动,则系统完全可以实现无级调速。闭式液压系统具有功率密度高、布局方便、过载保护能力强和控制方式灵活等特点。

载重车的液压驱动系统采用变量泵-变量马达容积调速回路,通过对系统转速特性和转矩特性的分析,可以为液压驱动系统的设计提供理论依据。

载重车行驶时的受力方程为

$$F_t = F_f + F_p + F_m \tag{4-1}$$

式中 F_t——载重车驱动力,N;
  F_f——载重车行驶摩擦阻力,N;
  F_p——载重车坡道阻力,N;
  F_m——载重车加速阻力,N。

马达的转矩特性可以表示为

$$M_m = \frac{F_t r_d}{n i_d} = \frac{\Delta p_m q_m \eta_{mm}}{20\pi} \tag{4-2}$$

式中 M_m——马达输出转矩,N·m;
  r_d——轮胎承载半径,m;
  n——驱动轮胎数量;
  i_d——减速器传动比;
  Δp_m——马达进出口压差,bar(1bar=100kPa,下同);
  q_m——马达的排量,m³/r;
  η_{mm}——减速器机械效率。

马达的转速特性可以表示为

$$n_m = \frac{Q_{am}}{q_m}\eta_{vm} = \frac{Q_{ap}\eta_{vm}}{q_m} = \frac{q_p n_p \eta_{vp} \eta_{vm}}{q_m} \tag{4-3}$$

式中 n_m——马达转速,r/mim;
  Q_{am}——马达流量,m³/min;
  η_{vm}——马达的容积效率;
  Q_{ap}——泵的流量,m³/min;
  q_p——泵的排量,m³/r;
  n_p——发动机的转速,r/min;
  η_{vp}——泵的容积效率。

以JHP270ZXP为例,根据整车驱动力及速度的要求,经过计算,确定选用A4VG 125/32变量柱塞泵2台,A6VM 55/63马达8台。根据已知发动机及轮胎的参数,得到液压驱动系统的驱动力-速度曲线，如图 4-2 所示。图 4-2 关键点的数据在表 4-1 中列出。

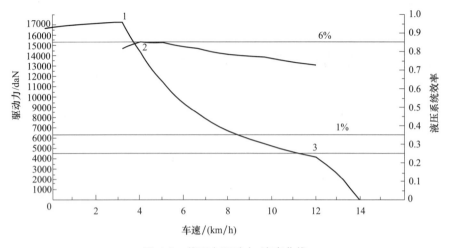

图 4-2 载重车驱动力-速度曲线

1daN＝10N

表 4-1 液压系统关键点数据

关键点	技术参数		
	1	2	3
牵引力/kN	1724	1429	414
车速/(km/h)	3.23	4.08	12.01
流量/(L/min)	289.2	360	360
压力/bar	370	305	305
泵排量/(mL/r)	148.2	180	180
泵斜盘倾角/(°)	16.7	20	20
液压效率	0.814	0.852	0.726
马达转速/(r/min)	833	1050	3094
转矩/(N·m)	311	258	75
马达排量/(mL/r)	54.8	54.8	17.2
马达斜盘摆角/(°)	25	25	7.6

图 4-3 为 JHP270ZXP 载重车的液压驱动系统原理图。

三、液压载重车的驱动布置方案选择

为了实现大型自行式液压载重车设计意图与目标，关键在于做好驱动总体方案设计。为了做好整体方案设计，首先结构形式要处理好，主要参数要确定好，在出现矛盾时，要先保证主要工况，再照顾好次要工况。由于载重车载重吨位大、自重较大且额定行驶速度不能定得太高，应力求高度低、结构简单，以提高整机横向稳定性。

首先根据用户提出的使用路况的特点及转向工况等使用条件，确定载重车应当采用轮胎式结构方案，而否定了履带式结构的方案。图 4-4 所示为轮式工程运输机械行走机构液压传动的四种基本型式，图中元件的数量仅为示意，并非实际数目。

第四章 自行式液压载重车液压驱动系统设计

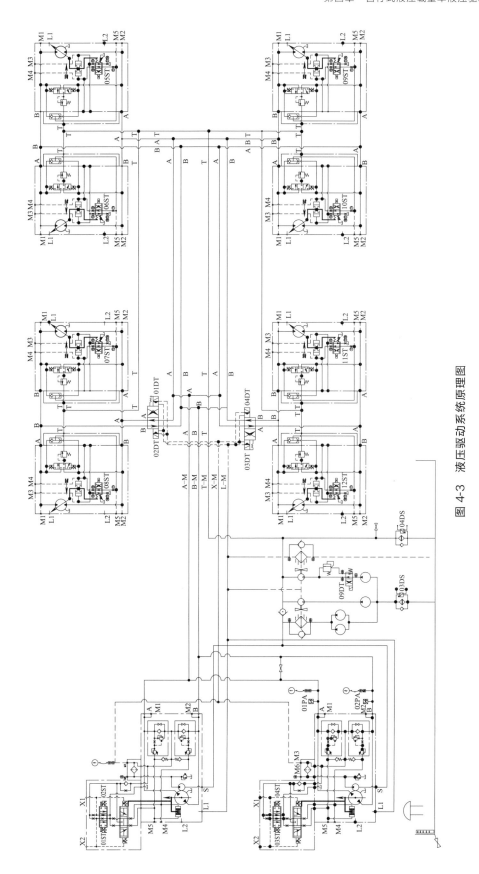

图 4-3 液压驱动系统原理图

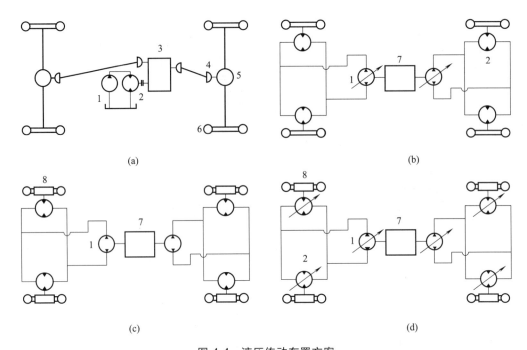

图 4-4 液压传动布置方案

1—液压泵；2—液压马达；3—变速箱；4—万向节；5—差速器；
6—轮胎；7—发动机；8—轮边减速器

图 4-4（a）为液压传动代替离合器等机械传动的结构，保留了传统的齿轮变速箱 3、传动轴、万向节 4 及轮间差速器 5。这种传动方式系统简单、制造成本低，但不能改善轮式机械行走机构的性能和牵引动力特性。

图 4-4（b）给出了一种具有闭合回路的全液压系统。换向靠大扭矩液压马达反转。马达 2 直接装在车轮上，无需轮边减速装置。这种系统的缺点是在一定功率时的调速范围很小（不超过 5km/h），外廓尺寸大，不能获得超过 15km/h 的速度，其单位重量和单位功率传递值均比带减速装置的高速马达小。国外采用这种传动方式的较多，一般用于低速运行机械。

图 4-4（c）所示为高速小扭矩液压马达经过减速装置 8 驱动车轮的传动系统。它可以利用已经成熟的车轮马达系列，并保证马达有较高的工作效率。在这样的系统中，可以用定量马达，也可以用变量马达。采用变量马达时，由于柴油机转速和排量也可调，机器行走速度调节范围可达 25km/h，最大行走速度 50km/h。采用这种传动方案，除可改进液压系统传动参数外，还能采用标准化的车轮液压马达系列。

图 4-4（d）全部采用变量泵和变量马达驱动，消除了上述许多弊病。同时，由于柴油机转速可调，因而大大提高了轮式工程机械的牵引动力特性。这样的系统适用于大多数轮式载重车。采用变量泵-变量马达，调速范围扩大了，并可以考虑布置不同的驱动与从动桥，前面的驱动桥和后面的驱动桥能分配不同的负荷比率。这种方案具有较高的牵引动力特性。

经过比较上面四种传动布置方案的优缺点并反复设计计算以后，选定载重车行走驱动系统传动布置方案为图 4-4（d）所示的方案，图 4-5 所示为驱动系统的布置图。

四、整车调速控制

为确保车辆在正常作业的情况下,提高车辆效率、行驶的操控性和平稳性,必须根据车辆的不同行驶工况来调节载重车行驶速度。载重车采用液压传动,由发动机直接带动变量泵,变量泵驱动变量马达,通过轮边减速器直接驱动轮胎,中间没有变速箱,不

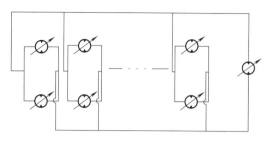

图4-5 驱动系统布置图

能像一般车辆那样通过选择不同挡位来调节车速。另外由于系统需要,发动机的输出转速需保持恒定,又不能通过调节发动机的输出转速来调节车速。因此,载重车的速度调节利用液压传动的特点,通过调节变量泵和变量马达的排量来调节速度,和一般车辆相差很大。启动前将马达的排量调到最大值,将泵的排量调到零位。启动后,首先调节泵的排量,逐渐调到最大值;然后再将马达的排量从最大值往小调。调节泵的过程中,马达的排量不变,此时相当于变量泵-定量马达的回路特性,为恒扭矩工况。而调节马达的过程中,泵的排量保持不变,又相当于定量泵-变量马达的回路特性,为恒功率工况。将这两种回路的调节结合起来,就是变量泵-变量马达回路的调节方式。

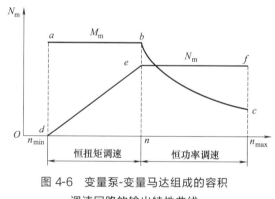

图4-6 变量泵-变量马达组成的容积调速回路的输出特性曲线

自行式全液压载重车变量泵-变量马达容积调速回路特性曲线如图4-6所示。图中,曲线 abc 表示车辆驱动力矩,曲线 def 表示车辆行驶速度。

1. 启动加速阶段(恒扭矩调速阶段)

相当于变量泵-定量马达容积调速。运输车从静止状态到运动状态,其负载基本不变,马达输出扭矩为 $M_m = 1/2\pi q_m \Delta p$。当负载不变时,$\Delta p$ 不变,而定量马达的流量值是不变的,所以马达的输出扭矩为恒值(如图4-6线段 ab),

与马达转速的变化无直接关系。马达输出功率为 $N_m = 2\pi n_m M_m$,M_m 恒定,所以马达输出功率与马达转速呈线性关系。由于运输车起步阶段负载大,故马达的输出扭矩必须足够大才能驱动车起步,此时马达的排量保持最大,泵的输出转速不变。而马达的转速 n_m($n_m = n_p q_p)/q_m$ 与泵的排量 q_p 成正比。随着变量泵斜盘倾角增大,泵的排量随之增大,使马达转速上升,马达的输出功率增大(如图4-6线段 de)。随着变量泵从最小排量调到最大排量,马达转速相应从最小转速 $n_{m\,min}$ 逐渐提高到与泵最大排量相应的转速 n 为止。

2. 行驶阶段(恒功率调速阶段)

相当于定量泵-变量马达容积调速。此阶段泵的排量最大,并保持不变。马达的输出功率为 $N_m = 2\pi n_m M_m = Q_p \cdot \Delta p$。当外负载不变时,$\Delta p$ 不变。所以马达的输出功率保持恒定,如图4-6中线段 ef,由该公式又可知,在变负荷工况下,马达的输出转矩 M_m 与转速 n_m 成反比例关系,基本按图4-6线段 be 所示的双曲线关系自动调节。随着负载的减小,马达从最大排量自动减小到某一限定值,转速相应继续提高到马达所能达到的最大转速。此阶

段马达转速随负载变化自动调节，保持马达输出功率恒定。

调节载重车的行驶速度，主要通过调节变量泵和变量马达的排量来实现，调节变量泵的排量实际上是改变变量泵的输出流量。在任何情况下，需保证有足够的驱动力来驱动车辆。欲改变车辆的驱动力，可通过调节变量马达的排量和变量马达的有效工作压力来实现。根据车轮驱动系统液压原理，在马达排量确定的情况下，马达并联油路的压力通常情况下取决于载重车在行驶作业过程中的车轮阻力，而这与车辆的承载有关。载重车重载时，阻力较大，系统压力也较高。反之，载重车轻载时，车轮阻力小，则系统压力低。因此，整个系统的压力是被动的，随着不同工况时工作阻力不同而改变。从控制本身的角度来考虑，有一定的自适应性，这也是静液压传动方式的一个优点。有时为了适应特殊工况，有必要维持系统工作压力恒定，这就是通常所说的恒压控制问题。

五、差速控制

车辆在行驶过程中，特别是转弯时，每个车轮的转速是不一样的，尤其是在多轮驱动的情况下，如果不加以调节，就会出现个别车轮打滑现象。为了保证车辆行驶的稳定性和操纵性能，使车辆在行驶过程中，能够根据行驶状况的要求，自动调节各驱动轮的行驶速度，使驱动轮在行驶过程中始终和地面保持纯滚动，这就是自动差速控制。传统的汽车差速是通过一个机械差速器来实现的。载重车驱动桥上是由变量马达直接驱动车轮的，中间没有差速器。

以 JHP270 平板车为例，有 5 条轴线，应有约 1/3 为驱动轴，其余为从动轴，共有 8 个变量马达，这 8 个变量马达并联在系统的公共回路上。当载重车行驶时，在不作任何调节的情况下，变量马达的工作压力取决于负荷最低的那个驱动轮的工作阻力。因所有马达都并联在公共回路上，每个马达的进口压力都应当相同，也就是整个系统的压力取决于行驶过程中负荷最小的那个驱动轮的阻力。当所有轮胎与地面保持良好的接触即纯滚动时，只要所有马达所产生的总牵引力足够克服负荷产生的总阻力，静液压传动系统本身就能较好地实现差速性能。

当车辆转弯时，每个车轮的转速都不一样，外圈的车轮转速大于内圈车轮的转速。如果这时内外圈车轮转速一样，则外圈车轮必定发生滑移。由于所有车轮和地面保持纯滚动，并且马达所产生的总牵引力能够克服负载所产生的阻力驱动车辆前进，如果车轮想要发生滑移，则必然会产生一个阻止车轮滑移的阻力，这个阻力在一定程度上起到提高车轮转速的作用。静液压传动最大的特点是不同于其他传动方式的硬特性，其他传动方式一旦给定了输出转速，除了人为调节之外，是不会随着外界条件而变化的。静液压传动的性能较柔，具有自适应性。因此，当车轮受到一个强制加速的力时，系统会自动调节分配给驱动这个车轮的马达相应的流量，这就是静液压传动系统的自动分流的特性。利用这个特点可以较好地解决运输车的差速问题。这也是一般驱动轮较多的车辆都采用液压传动的一个原因。

六、防滑控制

闭式驱动系统有一个缺点：当某个马达所驱动的车轮的附着力不够时，该车轮会出现打滑现象，轻微时，机器卸载后可驶出打滑区域；严重时，车辆无法脱离泥沼或坑陷而发生"陷车"。目前，国内采用闭式液压驱动系统的机械一般都没有采取措施进行防滑控制，而是等车辆出现打滑后将车停下来另想办法使其驶出打滑区域。

1. **车轮打滑的产生原因及其危害**

根据行驶原理，车辆行驶必须同时满足驱动条件和附着条件，即为：

$$F_\mathrm{f}+F_\mathrm{w}+F_\mathrm{i} \leqslant F_\mathrm{t} \leqslant F_{Z\varphi}\varphi \tag{4-4}$$

式中　F_t——汽车的驱动力；

F_f——滚动阻力；

F_w——空气阻力；

F_i——坡道阻力；

$F_{Z\varphi}$——驱动轮上支撑的重力；

φ——附着系数。

当车辆提供的驱动力足够大而附着力不足时，驱动力的最大允许值由附着力决定。若此时行驶总阻力超过附着力，则车辆由于驱动轮产生严重滑转而不能正常工作。

车辆行进过程中，车速和车轮转动线速度（轮速）之间存在着速度差，也就是车轮与地面之间有滑移现象。一般用滑转率 S 来表示滑移的程度。

$$S=(\omega R-v)/\omega R\times 100\% \tag{4-5}$$

式中　ω——车轮的角速度，r/s；

R——车轮的动力半径，m；

v——汽车的速度，m/s。

当车速 $v=0$ 时，$S=100\%$，即车轮在原地打滑；当 $v=\omega R$ 时，$S=0$，表明车轮做纯滚动；当 $0<S<100\%$ 时，车轮既滚又滑。

典型的车轮传动装置采用几个车轮马达并联的方式，由液压泵为其提供动力。当车辆行驶时，在不作任何调节的情况下，变量马达的工作压力取决于负荷最低的那个驱动轮的工作阻力。车辆行驶过程中的牵引力是一个被动力，由驱动车轮的马达的输出转矩决定，它随着马达输出转矩的增大而增加，随着马达输出转矩的减小而降低，但又受到地面等条件的制约，其增加不是无限制地增加，而必须不超过地面对车轮的最大静摩擦力，否则会出现车轮打滑。而地面给车轮的最大静摩擦力取决于地面的附着系数，影响附着系数的因素很多，如路面条件、附着重量、轮胎充气压力、轮胎尺寸、轮胎花纹、轮胎结构等。一旦某个车轮出现打滑，系统中其他车轮的压力和扭矩就会被限制在同一水平。在极端状况下，一个车轮悬空会使其他车轮的压力降为零。在这种情况下，不但主机的牵引力会丧失，而且空转的马达也会由于超高速运转而损坏。因此，必须采取措施进行行走机械闭式液压驱动系统防滑控制。

2. **车轮打滑的检测**

各变量马达上都装有转速传感器，利用各驱动轮的转速值，可检测车轮是否处于打滑状态。其原理方法如下：

① 每个驱动轮的车轮马达内都装有传感器，传感器安装在变量马达专门的测量孔中，对应一个由磁性材料制造的内置齿轮或类似部件，传感器用霍尔效应半导体检测磁通量的变化。当车辆行驶时，变量马达转动带动齿轮转动，传感器发出相应的脉冲信号，并把检测到的磁通量变化转换为脉冲方波信号，通过控制器在单位时间内对脉冲信号计数，计算出相应驱动轮的转速。

② 在平坦的路面直线行驶时，各个车轮的转速在理论上是相等的。取所有驱动轮的转速的平均值 $\bar{n}$ 为基准，并设定一个误差范围 Δn，若某一个驱动轮的转速超出 $\bar{n}+\Delta n$ 这个范

围时，则认为这个车轮开始打滑，需要进行调节，这也是自动控制的一个条件。

③ 当车辆转弯时，根据控制装置输入的转角计算出每个轮胎的转向角，则每个驱动轮在转向时的转速 n_i 可以通过式（4-6）确定。同样设定一个转速范围 $n_i + \Delta n$，当驱动轮转速超出这个范围时，则确认此驱动轮打滑。

$$n_i = f(R, v, z) \tag{4-6}$$

式中　R——相应车轮的转弯半径；

　　　z——转向中心所处的车轴距车第一轴的距离。

3. 车轮打滑液压控制方法

行走机械闭式液压驱动系统防滑常用的控制方法有三种：一是调整打滑驱动轮马达上的转矩，二是限制打滑驱动轮马达的流量，三是对发生打滑的驱动轮直接施加制动控制。

（1）调整马达输出转矩防滑

首先分析行走机械发动机-液压泵-液压马达转矩匹配原理。发动机的输出功率为：

$$P_e = \frac{M_e n_e}{9550} \tag{4-7}$$

式中　P_e——发动机的输出功率，kW；

　　　M_e——发动机的输出转矩，N·m；

　　　n_e——发动机的输出转速，r/min。

液压泵的输出功率为：

$$P_p = \frac{n_q V_q \Delta p_q}{6000} \tag{4-8}$$

式中　P_p——液压泵总的输出功率，kW；

　　　Δp_q——驱动液压泵的压差，MPa；

　　　V_q——驱动液压泵的排量，mL/r；

　　　n_q——驱动液压泵的转速，r/min。

马达的输出功率可以表示为：

$$M_m = \frac{F_t r_d}{n i_d} = \frac{\Delta p_m q_m \eta_{mm}}{20\pi} \tag{4-9}$$

$$P_m = \sum_{i=1}^{n} \frac{M_{mi} n_{mi}}{9549} = \sum_{i=1}^{n} \frac{n_{mi} V_{mi} \Delta p_{mi}}{20\pi} \tag{4-10}$$

式中　M_m——马达输出转矩，N·m；

　　　Δp_m——马达进出口压差，bar；

　　　q_m——马达的排量，mL/r；

　　　n_{mi}——马达的转速，r/min。

在不考虑功率过载余量和传动效率的情况下，发动机功率、泵输出功率和马达输出功率三者相等，即：

$$\frac{M_e n_e}{9550} = \frac{n_q V_q \Delta p_q}{6000} = \sum_{i=1}^{n} \frac{M_{mi} n_{mi}}{9549} = \sum_{i=1}^{n} \frac{n_{mi} V_{mi} \Delta p_{mi}}{20\pi} \tag{4-11}$$

泵和马达之间还存在着流量匹配的关系，即：

$$n_q V_q = \sum_{i=1}^{n} n_{mi} V_{mi} \tag{4-12}$$

从上式可以看出，调整马达输出扭矩的方法有很多，可以通过改变液压泵或马达的排量来实现，也可通过调整发动机的输出转矩来实现。分如下情况讨论：

① 对于变量泵-变量马达系统和定量泵-变量马达系统，一般考虑调整打滑马达的排量。当某组驱动轮发生滑转时，将滑转的马达排量按照一定的算法减小，使得马达输出扭矩减小，直至打滑侧转速下降，系统压力重新建立，流量大部分分配到未滑转一侧，该侧地面附着条件较好时，能提供主要的牵引力，而滑转的一侧也可通过控制算法提供一定的辅助牵引力，使车辆脱离打滑区域。在减小滑转侧马达排量过程中，是否会出现因马达排量减小，反而转速升高，滑转更为严重，甚至排量接近零时的马达"飞车"现象是一个值得考虑的问题。解决这种问题的思路有多种，如下：

a. 给悬空车轮予以制动；

b. 设置旁路阀，使该液压马达旁路，同时切断与液压泵的油路；

c. 当马达排量连续减小到一定值时，若马达车轮仍打滑，则将其排量以阶跃信号的形式快速调节至零。

从控制系统本身的角度出发，这里提及的几种方法都可行。但考虑到在工程应用中，应力求控制方式简单，易于实现，因此考虑选用第三种方案。

② 对于变量泵-定量马达系统，由于马达排量不能改变，只能通过改变液压泵排量或调整发动机的输出扭矩来调节马达的输出扭矩。柴油机常通过控制燃油喷射量来减低其输出转矩。同时，还可以加大泵的排量来降低液压系统的压力，这样也能减小打滑车轮马达的输出扭矩。当调整到式（4-12）满足时，车辆就可以重新建立平衡，驶出打滑区。

③ 对于定量泵-定量马达系统，只能通过调整发动机的输出扭矩来调节马达的输出扭矩。这种系统调整的范围比较小，一般通过别的方式来解决打滑问题。

(2) 限制打滑驱动轮马达的流量防滑

因为所有马达都是并联在公共回路上，当某个车轮打滑时，系统压力下降引起泵的输出流量全都进入打滑马达导致车辆不能正常工作。如果能控制进入打滑马达的流量，就能控制马达的转速，解决马达打滑的问题。这种方法不论泵、马达排量能否调整均适用。限制打滑驱动轮马达的流量有三种方法：

① 采用分流集流阀 分流集流阀也可以进行牵引控制，分流集流阀依据负载传感原理分配各支路的流量。液压油通过分流集流阀阀芯窗口流向马达时产生压力降。由于通过阀孔的流量不同，因而作用于尾部腔内所产生的压力也不同，从而使阀芯移动，并限制过高的流量通过。流量分流集流阀的设计不会由于精确度过高而导致由于转向和地面不平所引起的车轮正常打滑。流量传感分流集流阀在液压油流向相反的情况下便如此工作。其缺点在于分流集流阀的有限工作流量范围较窄，在用于速度变化范围较大的设备时，由于工作时低速动转，移动时高速，那么当液压油在闭式回路中通过阀孔时，压力下降十分明显，这样就会使驱动车轮的动力下降并产生热量。

② 采用流量控制阀 采用流量控制阀控制系统打滑的原理如图 4-7 所示，每个马达上均装有速度传感器和可调节流阀。当传感器检测到某个马达超速时，控制器发指令给相应的可调节流阀，减小流向该马达的流量，这样就可以有效防止马达打滑，且系统压力仍能维持在一个相对较高的水平，整车仍能正常行驶。

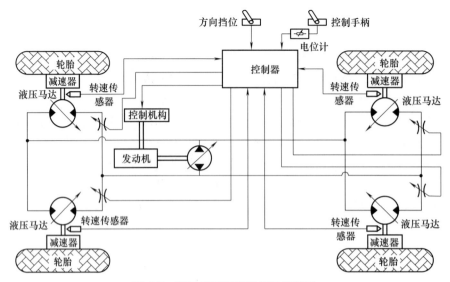

图 4-7 流量控制阀控制打滑原理图

③ 将打滑马达与泵断开 可以通过两种途径实现，一种是采用旁通阀，另一种是迅速将马达排量调整为零。解决压力下降的方法是使用靠电磁驱动的旁通阀。这种类型的旁通阀在进行高速运输以及没有牵引问题的情况下，可以使液压油不经过分流阀流向马达，从而使液压油压力不受限制。旁通阀的这种性质可以在不影响系统的正常工作状态下改变车轮马达的排量。只有当设备在一定的速度范围内，所有的马达都达到同样的排量时，分流阀/阀组才能启动。也可以用一个换向阀将马达的进出口连通，并与主油路切断，将打滑马达变成一个从动轮。或者将马达排量直接调整到零变成从动轮。

（3）对发生打滑的驱动轮直接施加制动控制打滑

马达打滑的原因就是该马达的驱动力大于附着力，要想通过对发生打滑的驱动轮直接施加制动控制打滑，就要求系统中每一个驱动轮均装有独立的制动器。当传感器检测到某个马达打滑时，控制器发出相应指令，对该马达实施制动控制，直至满足其驱动力小于附着力为止。也可考虑将打滑的车轮马达排量减小。减少驱动该车轮的马达排量，其所能产生的输出转矩相应减小。这样就不会因为某个车轮的行驶阻力较小，而导致整个系统的工作压力下降。其他正常行驶的车轮的马达仍然维持原先的排量，即维持正常行驶时的输出转矩。当打滑的驱动轮恢复至纯滚动时，则驱动该车轮的马达的排量又自动恢复到最大值。

第二节　自行式框架车液压驱动系统设计

一、闭式液压驱动系统的整体设计

自行式框架车驱动系统是由 2 台 A4VG180 闭式变量泵与 6 台 A6VM107 变量马达组成的闭式液压系统，其中 A4VG180 闭式变量泵采用伺服超驰控制方式，A6VM107 变量马达采用与高压和外部先导压力相关的复合控制方式（HA2T），马达经过驱动桥将扭矩传至轮胎，驱动桥带减速与差速功能。传统的自行式液压载重车驱动桥采用的是将两台马达工作油口交叉并联连接在闭式变量泵的两个工作油口上，再分别通过减速器与轮胎连接，两减速器通过焊接的箱型钢结构件固连在一起，如图4-8所示。自行式框架车采用新型的驱动桥结构，如图4-9所示，只需一台马达与驱动桥插装式连接，结构更加简单，可维修性更好。

图4-8 双马达驱动桥结构

图4-9 单马达驱动桥结构

闭式液压回路中设置了冲洗阀，主要用来在泵和马达工作时不断地在低压侧管道中置换掉部分已经工作过的高温油液，降低闭式系统内油液工作温度，以改善回路的工作品质。闭式变量泵中集成了一套补油系统、两个高压溢流阀和压力切断阀，其中补油系统由一个定量油泵、两个单向阀和一个补油溢流阀组成。补油系统能够及时补充闭式系统中由冲洗阀置换的高温油液、泵和马达的容积损失以及为变量泵控制机构提供油源，补油系统能够建立一个最低补油压力。两个高压溢流阀用于限制变量泵斜盘快速摆动时出现的压力峰值以及两个工作口的最大压力。压力切断阀对应一种压力调节，在达到设定值之后把油泵的排量调整为零，用于在车辆加速或是减速时阻止高压溢流阀的开启。压力切断阀的设定压力范围覆盖整个压力工作范围，通常压力切断阀的设定压力比高压溢流阀的设定压力低3MPa。自行式框架车闭式液压驱动系统简化后的原理图如图4-10所示。

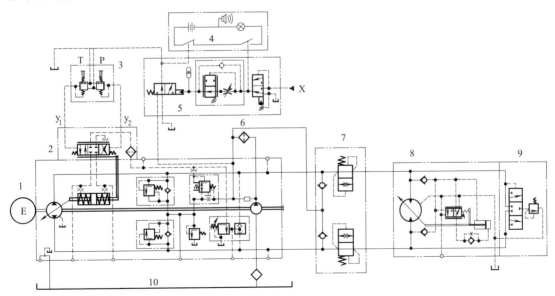

图4-10 车辆闭式液压驱动系统原理图

1—发动机；2—变量泵；3—液压先导控制阀；4—预警电气系统；5—液压延时控制阀组；6—过滤器；
7—驱动限速阀；8—变量马达；9—冲洗阀；10—液压油箱

二、驱动系统的差速与差力控制

自行式框架车闭式液压驱动系统采用的是多轮驱动，系统中6个马达互相之间并联连接，因此差速与差力控制是设计液压驱动系统必须解决的问题。在车辆转向时由于各轮转向半径不同，要求各车轮能够以不同的转速转动，即要求各车轮能够实现差速控制。当各车轮接触路面状况有差异时，地面附着系数会有差异，各轮输出的最大牵引力亦不同，如果不进行人为调节，在系统压力一致的情况下，系统输出的牵引力就由附着力最小的那个车轮决定，即驱动每个车轮的牵引力不会超过附着系数最小的那个车轮的附着力。当系统压力超过最小附着系数车轮对应的牵引力时，则该车轮将会打滑，系统压力迅速下降，车辆的驱动力就有可能不能驱动整个车辆继续前进，因此要求各车轮能够实现差速与差力控制。

1. 差速控制设计

传统自行式液压载重车驱动桥采用的是两个马达并联连接，结合减速器加自制箱型钢结构的形式，如图4-8所示，根据并联液压系统自动分流的特点，较容易实现差速控制。但是这种形式的驱动桥结构复杂，安装难度大，可维修性差。自行式框架车采用了一台液压马达与带减速和差速功能驱动桥连接的结构形式来实现内外侧车轮的差速控制。驱动桥由主减速器、差速器、半轴和驱动桥壳等几部分组成，其功用是将液压马达输出的转矩传给驱动车轮，实现降速以增大转矩和在转弯时内外侧车轮的自动差速旋转。与液压马达配合使用的带减速与差速功能的驱动桥结构如图4-9所示。

2. 差力控制设计

自行式框架车闭式液压驱动系统设计中，在每个液压马达的工作口上设置了驱动限速阀来实现各车轮之间的差力控制。驱动限速阀实质是一个流量控制阀，驱动限速阀原理如图4-10中的7所示。当车辆某个车轮打滑时，通过该马达的瞬时流量急剧增加，当增加到驱动限速阀的设定流量时，驱动限速阀会自动调节减小阀口开度，使通过该马达的流量维持在驱动限速阀的设定流量上，同时通过该驱动限速阀流向打滑马达的流量大部分是由补油泵通过驱动限速阀中集成的补油单向阀供给，闭式系统中只有很小的一部分流量流向打滑马达，这样打滑马达对于系统的工作压力几乎没有影响，从而阻止了打滑马达转速过快出现系统压力无法建立的现象。在打滑车轮的附着力再次建立起来以后，车轮自动恢复至正常转速。虽然该防滑系统有可能会出现打滑车轮的转速相对于其他车轮转速较快的情况，但系统仍然可以提供充足的牵引力维持车辆正常行走。在系统设计时，需要在车辆每个马达的工作口上设置一个驱动限速阀，才能保证车轮前进、后退时都不会出现由于车轮打滑致使车辆牵引力不足的现象。以自行式框架车最高车速时马达的工作流量作为驱动限速阀的设定流量。

在车辆闭式液压驱动系统中运用驱动限速阀的防滑回路结构，不会出现打滑车轮马达转速过快的情况，工作安全可靠。同时，防滑过程不受驱动马达结构形式的约束，但驱动限速阀在防滑时属于节流控制，系统发热量较大，而阀本身集成的分散补油功能可以有效降低闭式系统内的温度，改善驱动限速阀自身防滑时发热量大的不足。

三、启动延时预警系统设计

由于自行式框架车作业环境比较恶劣，受工作现场的噪声大、光线弱等因素的影响，驾驶员不能全方位地观察到车体周围的所有情况。从安全性的角度出发为本车的闭式液压驱动系统设计了一种液压延时预警控制系统，可以在车辆行走之前自动发出声光报警信号，警示车辆周围人员以及辅助设备车辆即将进行运输作业，请相关辅助工作人员及辅助设备及时避让，防止意外事故的发生。

液压延时预警控制系统的原理如图 4-11 所示，包括了预警电气系统和液压延时控制阀组。其中，预警电气系统由常闭式压力继电器 4.1、常开式压力继电器 4.2、车辆启动预警器 4.3 和直流电源 4.4 串联组成；液压延时控制阀组集成了两位三通液控换向阀 5.1、蓄能器 5.2、流量控制阀 5.3 和两位三通导压操作型方向阀 5.4，控制压力 X 为车辆驻车解除控制压力。

回路中流量控制阀 5.3 是一个全流量可调型压力补偿流量控制阀，并且带单向阀功能。通过调节流量控制阀 5.3 中节流阀的开口度可以精确地调节两位三通液控换向阀 5.1 的延时开启时间。

结合图 4-10 和图 4-11 所示，自行式框架车闭式液压驱动系统延时启动预警过程为：当准备工作完成，启动发动机 1 车辆准备行走时，首先操作液压先导控制阀 3，确定车辆前进或倒退的行进方向，然后解除车辆的驻车制动（驻车制动阀图中未画出），在解除驻车制动的同时，驻车解除控制压力引至液压延时控制回路中两位三通导压操作型方向阀 5.4 的入口，在驻车解除控制压力 X 的作用下工作在上位，油液经两位三通导压操作型方向阀 5.4 到达流量控制阀 5.3 的入口，在流量控制阀 5.3 的节流作用下，入口之前的压力很快建立起来，当达到预警电气系统中常开式压力继电器 4.2 的设定压力时，继电器触点闭合，车辆启动预警器 4.3 电源线路接通，开始报警，警示车辆周围的工作人员或辅助设备车辆即将启动，请注意及时远离车辆。

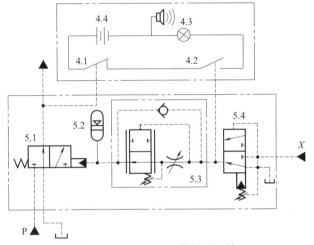

图 4-11　液压延时预警控制系统
4.1—常闭式压力继电器；4.2—常开式压力继电器；
4.3—车辆启动预警器；4.4—直流电源；
5.1—两位三通液控换向阀；5.2—蓄能器；
5.3—流量控制阀；5.4—两位三通导压操作型方向阀

油液经流量控制阀 5.3 到达两位三通液控换向阀 5.1 的液控口，同时流入并联接入的蓄能器 5.2，在流量控制阀 5.3 中节流阀和压力补偿阀的作用下，流量控制阀对进油流量具有较高精度的调节，通过调节进入流量控制阀 5.3 出口与两位三通液控换向阀 5.1 的液控口之间，以及与蓄能器 5.2 组成密闭容积压力建立过程来滞后控制两位三通液控换向阀 5.1 的开启，当两位三通液控换向阀 5.1 开启后，液压先导控制阀的 P 口流量接通，流量经液压先导控制阀 3（图 4-10 中）到达闭式液压变量泵变量控制伺服比例阀的一个液控口，进而控制闭式液压变量泵输出排量，车辆行走。

同时，在车辆开始行走时，液压先导控制阀 3 的 P 口压力已经建立起来，当达到常闭式压力继电器 4.1 的设定压力时，继电器触点断开，车辆启动预警器电源线路切断，预警过程结束。

当车辆停止时，驻车解除控制压力 X 被切断，两位三通导压操作型方向阀 5.4 恢复到下位工作，蓄能器 5.2 中的油液经流量控制阀 5.3 中的单向阀和两位三通导压操作型方向阀 5.4 流回油箱，两位三通液控换向阀 5.1 的控制压力消失，恢复左位工作，液压先导控制阀 3 的 P 口接回油箱，闭式液压变量泵变量控制伺服比例阀控制压力切断，停止排量输出，车辆恢复到驻车状态。

四、闭式液压驱动系统的过滤装置

自行式框架车闭式液压驱动系统采用了两级补油过滤方式，通过在补油泵的吸油口处加装粗精度过滤器过滤进入补油泵的较粗颗粒，同时在补油泵的出口处加装精过滤器，通过该过滤器进一步过滤注入闭式液压系统的油液，使注入的油液精度达到系统使用要求。这种通过在补油泵进、出口加装过滤器的两级过滤方式能够满足进入闭式液压系统油液过滤精度的要求。但是在实际的生产过程中，附着在管道内壁上的污染颗粒与管道内壁有一定的黏附力，在管路冲洗阶段对这些顽固污染物不能彻底清除，经过系统长时间的液流冲击才能够脱落。另外系统管路在安装的过程中很容易有残留的铁屑等杂质，尤其是一些庞大的系统，而这部分杂质很难通过闭式液压系统冲洗阀的冲洗流量去除，系统补油的两级过滤对预先残留在系统内部污染物的过滤效果有限，严重时很容易造成液压泵的损坏。

为了克服系统两级补油过滤方式的不足，充分过滤车辆闭式液压驱动系统在管路冲洗和安装过程中遗留在系统中的杂质，设计了一种工程车辆闭式液压驱动系统的过滤装置，如图 4-12 所示，在车辆调试之前将该装置接入闭式液压系统的两个工作口，在调试阶段可以循环滤除闭式系统内的各种残留杂质，待调试结束，车辆正式交付客户使用之前拆下该装置，恢复闭式液压系统正常的管路连接。

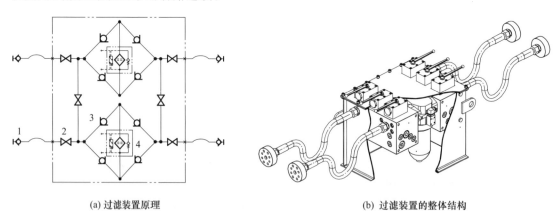

(a) 过滤装置原理　　　　　　(b) 过滤装置的整体结构

图 4-12 闭式液压驱动系统的过滤装置

1—过渡法兰；2—截止阀；3—单向阀；4—过滤器

车辆闭式液压驱动系统的过滤装置，由两条相同的可逆过滤回路并联组成，其中每条可逆过滤回路包括过渡法兰 1、截止阀 2、单向阀 3、过滤器 4 等，每条可逆过滤回路的过滤器上安装有发信器，用于过滤器工作状态的实时监控，一旦过滤器堵塞可以发出堵塞报警信号。

由过滤装置中单向阀组成整流器的选择作用，两套过滤回路能够正反双向过滤油液，满足车辆前进、后退频繁换向时油液的过滤要求，并且高低工作回路同时过滤，去污彻底，可靠性高。该过滤装置结构紧凑，在使用的过程中安装方便，可广泛适用于各种工程车辆闭式液压驱动系统调试过程油液的过滤。

第三节 闭式液压驱动系统参数匹配分析

自行式框架车闭式液压驱动系统中，变量泵采用了伺服超驰控制技术，即变量泵的排量控制中同时采用了车辆自动驱动及失速控制（DA 控制）与液压伺服比例控制（HD 控制），将这两种排量控制方式合并起来运用，使操作者既能够享受车辆在路面自动驱动的轻松驾驶，又能够实现在工作模式下独立于负载的精确伺服排量控制，从而获得精确的理想车速控制。

高压和外部先导压力复合控制（HA2T）变量马达的工作特性是根据负荷压力的变化来自动调整马达的排量：当负载扭矩增大使系统压力升高时，变量马达将自动增加排量，使系统压力重新降低到比原来略高的水平；当负载扭矩减小使系统压力降低时，变量马达将自动减小排量，使系统压力重新升高到比原来略低的水平。整个排量改变过程中，尽管外负荷变化很大，但系统的工作压力只有少量的变化，从而使变量泵与发动机始终在各自的额定工况点附近工作。

车辆闭式液压驱动系统原理图如图 4-10 所示，采用 HA2T 控制方式变量马达的工作压力与排量控制特性如图 4-13 所示。

马达排量比的调节范围为 $\beta_m = 0.3 \sim 1$，对应系统工作压力范围为 $p_{mc} \sim p_m$，p_m 为地面附着力对应的系统最高工作压力，p_b 为车辆额定牵引力对应的系统额定压力。系统工作压力在 $p_b \sim p_m$ 之间时，马达保持全排量工作，有最高的传动效率，牵引力与系统工作压力呈线性比例关系；负载压力低于额定压力 p_b 时，马达排量减小，最小排量比限制在 $\beta_m = 0.3$ 左右，对应系统工作压力为 p_{mc}，因为更小的 β_m 值将使系统的传动效率急剧降低，且当负荷波动时，马达变量机构的反应滞后将使系统产生压力冲击；当系统压力在 $p_{mc} \sim p_b$ 之间时，车辆牵引力与系统工作压力的平方成正比例关系；当系统压力低于 p_{mc} 时，马达排量比保持在 $\beta_m = 0.3$ 左右。

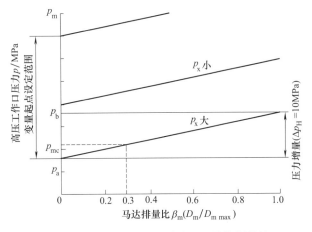

图 4-13 HA2T 控制方式变量马达控制特性

在图 4-13 中，马达变量的控制压差 Δp_H 决定着马达输出特性曲线的形状，Δp_H 越小，系统压力越接近恒定不变，马达越接近恒扭矩输出。对变量泵和发动机而言，系统压力恒定意味着恒功率输出，随着 Δp_H 增大，系统压力降低，变量泵吸收发动机的功率减小，降低了发动机有效功率的利用率。然而 Δp_H 过小将引起马达排量的变化对系统工作压力十分敏感，使马达输出特性刚度减小，结果是很小的负载变化将引起马达排量和输出转速的巨大波动，这样很不利于负载波动较大的自行式框架车驱动系统的稳定工作。从提高发动机和液压传动装置的动力性和经济性考虑，希望变量马达的控制压差 Δp_H 越小越好，但从提高闭式液压驱动系统抵抗负荷变化的速度刚度和工作稳定性方面考虑，又希望 Δp_H 较大，综合两方面的考虑，取适中的控制压差 Δp_H 是比较合理的，系统中 HA2T 控制方式的变量马达 Δp_H 为 10MPa。

在某些特殊的工况下，HA2T 控制方式的变量马达需要在马达的 X 油口引入外部控制压力，进行先导压力辅助控制，也叫做越权控制，引入外部先导压力 p_x 可以减小系统高压工作口压力 p 控制的排量调节初始压力设定值 p_a，如图 4-13 中所示，使控制特性曲线平行下移，即 p_x 与 p 两者以加权相加的方法成为最终的控制压力 p'，最终马达的排量与 p' 成正比。例如车辆在空载工况下在路况较差的路面上行驶时，系统压力较低，马达在小排量下工作，抗负载扰动能力差，工作很不稳定，这时就可以在变量马达的 X 口引入外界控制压力，人为干预马达排量的调节，让马达工作在大排量下，增加车辆行驶的稳定性。还可以在车辆坡道起步的情况下，通过越权控制将马达调定在最大排量下工作，人为增加车辆的启动扭矩。

一、液压驱动系统压力分析

由图 4-13 可知，对于采用 HA2T 控制方式的变量马达，系统工作压力 p 和变量马达的排量 D_m 的关系可表示为

$$D_m = \begin{cases} D_{mc} & (p < p_{mc}) \\ D_{mc} + \dfrac{p - p_{mc}}{\Delta p_H}(D_{m\,max} - D_{mc}) & (p_{mc} \leqslant p \leqslant p_{mc} + \Delta p_H) \\ D_{m\,max} & (p \geqslant p_{mc} + \Delta p_H) \end{cases} \quad (4\text{-}13)$$

式中　D_{mc}——变量马达初始设定排量，m^3/r；

　　　$D_{m\,max}$——变量马达最大排量，m^3/r；

　　　p——系统高压工作口压力，Pa；

　　　p_{mc}——变量马达变排量调节起始压力，Pa；

　　　Δp_H——变量马达变排量压力调节范围，Pa。

变量马达工作压力为变排量调节起始压力 p_{mc} 时，马达输出的扭矩为

$$T_{mc} = \frac{p_{mc} D_{mc} \eta_m}{2\pi} \quad (4\text{-}14)$$

式中　T_{mc}——变量马达在调节曲线起始点处的输出扭矩，N·m；

　　　η_m——变量马达的机械液压效率。

在变量马达排量调节终点上，马达的排量达到最大值，压力较排量调节起始压力增加了 Δp_H，因此在调节终点上变量马达输出的扭矩为

$$T_{me} = \frac{(p_{mc} + \Delta p_H) D_{m\,max} \eta_m}{2\pi} \quad (4\text{-}15)$$

式中　T_{me}——变量马达在调节曲线终点处的输出扭矩，N·m。

首先应根据车辆外负载情况确定变量马达的工作区间，马达的负载扭矩为

$$T_m = \frac{F r_0}{k_1 i_1 \eta_d} \quad (4\text{-}16)$$

式中　T_m——变量马达的负载扭矩，N·m；

　　　F——车辆的牵引力，N；

r_0——车辆轮胎的承载半径，m；

k_1——车辆驱动马达的数量，个；

i_1——驱动桥的减速比；

η_d——驱动桥的机械效率。

当 $T_m \leqslant T_{mc}$ 时，变量马达的排量为设定的最小排量值 D_{mc}，车辆闭式液压驱动系统的高压工作口压力为

$$p = \frac{2\pi T_m}{D_m \eta_m} = \frac{2\pi F r_0}{D_{mc} k_1 i_1 \eta_d \eta_m} \tag{4-17}$$

当 $T_{mc} < T_m < T_{me}$ 时，变量马达的排量是系统高压工作口压力的函数，车辆闭式液压驱动系统的高压工作口压力为

$$p = \frac{2\pi T_m}{D_m \eta_m} = \frac{2\pi F r_0 \Delta p_H}{k_1 i_1 \eta_d \eta_m [\Delta p_H D_{mc} + (p - p_{mc})(D_{m\,max} - D_{mc})]} \tag{4-18}$$

根据上式可以求得此时系统的高压工作口压力为

$$p = \frac{p_{mc}(D_{m\,max} - D_{mc}) - \Delta p_H D_{mc}}{2(D_{m\,max} - D_{mc})}$$
$$+ \frac{\sqrt{(\Delta p_H D_{mc} - p_{mc} D_{m\,max} + p_{mc} D_{mc})^2 + 8\pi \Delta p_H T_m / \eta_m (D_{m\,max} - D_{mc})}}{2(D_{m\,max} - D_{mc})} \tag{4-19}$$

当 $T_m \geqslant T_{me}$ 时，变量马达维持在最大排量 $D_{m\,max}$，车辆闭式液压驱动系统的高压工作口压力为

$$p = \frac{2\pi T_m}{D_m \eta_m} = \frac{2\pi F r_0}{D_{m\,max} \eta_m k_1 i_1 \eta_d} \tag{4-20}$$

二、车辆行驶速度分析

采用伺服超驰控制方式的闭式液压变量泵的排量不仅与伺服比例控制阀的先导控制压力有关，亦与发动机转速和系统工作压力有关，DA 控制根据发动机能够提供的转矩来调节泵的排量，液压泵的工作压力即为闭式系统高压工作口压力与补油压力的差值，则发动机由分动箱输入到单个泵的扭矩为

$$T_{pi} = \frac{(p - p_b) D_p}{2\pi \eta_p} \tag{4-21}$$

式中 D_p——变量泵的排量，m^3/r；

p_b——补油泵设定压力，Pa；

η_p——变量泵的机械液压效率。

则发动机输出的负载力矩为

$$T_E = \frac{k_2 T_{pi}}{i_2 \eta_t} = \frac{k_2 D_p (p - p_b)}{2\pi i_2 \eta_t \eta_p} \tag{4-22}$$

式中 T_E——发动机输出负载扭矩，N·m；

k_2——变量泵的数量，个；

i_2——分动箱的减速比；

η_t——分动箱的机械效率。

设发动机的最大输出扭矩为 $T_{E\,max}$。当 $T_E \leqslant T_{E\,max}$ 时，变量泵能够在最大排量下工

作，即 $D_p = D_{p\,max}$，则此时车辆速度为

$$v = \frac{2\pi r_0 k_2 D_{p\,max} n \eta_p \eta_m}{k_1 D_m i_1 i_2} \tag{4-23}$$

当 $T_E > T_{E\,max}$ 时，变量泵能够达到的排量为

$$D_p = \frac{2\pi T_{E\,max} \eta_p \eta_t i_2}{k_2 p} \tag{4-24}$$

则此时最大车速为

$$v = \frac{2\pi r_0 k_2 D_p n \eta_p \eta_m}{k_1 D_m i_1 i_2} \tag{4-25}$$

式中　n——发动机转速，r/min。

三、液压驱动系统效率的分析计算

1. 变量泵和变量马达效率的理论计算

变量泵和变量马达的工作效率与工作压力 p、转速 n、油液的动力黏度 μ 和排量等因素有关，可以通过公式计算变量泵和变量马达的理论效率，但准确的效率值必须通过实验获得。变量泵的容积效率 η_{pv}、机械效率 η_{pm} 和总效率 η_p 的理论计算表达式如下：

$$\eta_{pv} = 1 - C_{ps}\left(\frac{60\Delta p}{\mu n_p}\right)\left(\frac{1}{\beta_p}\right) \tag{4-26}$$

$$\eta_{pm} = \frac{1}{1 + C_{pv}\left(\dfrac{\mu n_p}{60\Delta p_p}\right)\left(\dfrac{1}{\beta_p}\right) + C_{pf}\left(\dfrac{1}{\beta_p}\right) + \left(\dfrac{2\pi T_{pc}}{\Delta p_p D_{p\,max}}\right)\left(\dfrac{1}{\beta_p}\right)} \tag{4-27}$$

$$\eta_p = \eta_{pv} \eta_{pm} \tag{4-28}$$

式中　Δp_p——变量泵两端工作压差，Pa；
　　　C_{ps}——变量泵无因次层流泄漏系数；
　　　C_{pv}——变量泵无因次层流摩擦系数；
　　　C_{pf}——变量泵无因次机械摩擦系数；
　　　μ——油液动力黏度，N·s/m²；
　　　n_p——变量泵转速，r/min；
　　　β_p——变量泵的排量比，$\beta_p = D_p/D_{p\,max}$；
　　　$D_{p\,max}$——变量泵全排量，m³/r；
　　　T_{pc}——与变量泵进出口压差和转速无关的扭矩损失，N·m。

同变量泵效率计算相似，变量马达的容积效率 η_{mv}、机械效率 η_{mm} 和总效率 η_m 的理论计算表达式如下：

$$\eta_{mv} = \frac{1}{1 + C_{ms}\left(\dfrac{60\Delta p_m}{\mu n_m}\right)\left(\dfrac{1}{\beta_m}\right)} \tag{4-29}$$

$$\eta_{mm} = 1 - C_{mv}\left(\frac{\mu n_m}{60\Delta p_m}\right)\left(\frac{1}{\beta_m}\right) - C_{mf}\left(\frac{1}{\beta_m}\right) - \left(\frac{2\pi T_{mc}}{\Delta p_m D_{m\,max}}\right)\left(\frac{1}{\beta_m}\right) \tag{4-30}$$

$$\eta_m = \eta_{mv} \eta_{mm} \tag{4-31}$$

式中　Δp_m——变量马达两端工作压差，Pa；

C_{ms}——变量马达无因次层流泄漏系数；

C_{mv}——变量马达无因次层流摩擦系数；

C_{mf}——变量马达无因次机械摩擦系数；

n_{m}——变量马达转速，r/min；

β_{m}——变量马达的排量比，$\beta_{\mathrm{m}}=D_{\mathrm{m}}/D_{\mathrm{m\ max}}$；

$D_{\mathrm{m\ max}}$——变量马达全排量，m^3/r；

T_{mc}——与变量马达进出口压差和转速无关的扭矩损失，N·m。

忽略系统中管路的效率，自行式框架车闭式液压驱动系统的总效率 η 等于变量泵和变量马达两部分效率之积，即

$$\eta = \eta_{\mathrm{p}} \eta_{\mathrm{m}} \tag{4-32}$$

2. 变量泵和变量马达效率的实验分析

根据 REXROTH 提供的变量泵效率实验数据，在变量泵输入转速恒定时，不同工作压力和排量比的实验效率数据如表 4-2 所示。

表 4-2 变量泵效率实验数据表　　　　　　　　　　　　　　　　　（%）

Δp/MPa	$0.3D_{\mathrm{p\ max}}$			$0.4D_{\mathrm{p\ max}}$			$0.6D_{\mathrm{p\ max}}$			$0.8D_{\mathrm{p\ max}}$			$1.0D_{\mathrm{p\ max}}$		
	η_{pv}	η_{pm}	η_{p}	η_{pv}	η_{pm}	η_{p}	η_{pv}	η_{pm}	η_{p}	η_{pv}	η_{pm}	η_{p}	η_{pv}	η_{pm}	η_{p}
10	97.8	74.6	73.0	98.1	78.8	77.3	98.4	84.7	83.3	98.5	87.3	86.0	98.6	87.6	86.4
20	94.1	83.2	78.3	95.2	86.3	82.2	96.3	91.1	87.7	96.9	93.5	90.6	97.2	94.8	92.1
30	88.6	87.6	77.6	91.1	89.5	81.5	93.4	93.3	87.1	94.6	95.5	90.3	95.3	96.3	91.8
40	81.6	91.3	74.5	85.8	91.6	78.6	89.9	94.3	84.8	91.8	96.1	88.2	93.0	96.3	89.6

对表 4-2 中的实验数据进行拟合，可以得到变量泵的效率与系统工作压力和排量比之间的函数关系式为

$$\eta_{\mathrm{p}} = \begin{bmatrix} \Delta p^2 & \Delta p & 1 \end{bmatrix} \begin{bmatrix} -0.0003 & 0.0004 & -0.0003 \\ 0.0175 & -0.0231 & 0.0164 \\ -0.5083 & 0.8509 & 0.4346 \end{bmatrix} \begin{bmatrix} \beta_{\mathrm{p}}^2 & \beta_{\mathrm{p}} & 1 \end{bmatrix}^{\mathrm{T}} \tag{4-33}$$

由变量泵效率实验数据的拟合公式，可以得到变量泵效率与系统工作压力和排量比的变化曲线，如图 4-14 所示。

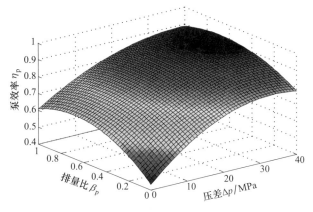

图 4-14　变量泵的实验效率曲线

根据 REXROTH 提供的变量马达效率实验数据，在系统流量恒定的情况下，马达在不

同工作压力和排量比下的实验效率数据如表 4-3 所示。

表 4-3 变量马达效率实验数据表 （%）

$\Delta p/\mathrm{MPa}$	$0.3D_{m\,max}$			$0.4D_{m\,max}$			$0.6D_{m\,max}$			$0.8D_{m\,max}$			$1.0D_{m\,max}$		
	η_{mv}	η_{mm}	η_m	η_{mv}	η_{mm}	η_m	η_{mv}	η_{mm}	η_m	η_{mv}	η_{mm}	η_m	η_{mv}	η_{mm}	η_m
10	94.1	69.4	65.4	97.5	81.5	79.5	98.1	88.4	86.7	98.8	85.6	84.6	99.1	80.6	79.9
20	89.6	83.4	74.7	94.9	90.9	86.3	96.7	93.5	90.4	97.8	93.3	91.2	98.5	90.1	88.7
30	83.3	85.7	71.4	91.7	92.4	84.7	94.7	94.1	89.1	96.8	94.8	91.8	97.8	92.7	90.7
40	76.6	88.9	68.1	87.7	91.2	80.0	92.9	93.1	86.5	95.8	94.0	90.1	97.1	93.6	90.9

对表 4-3 中的实验数据进行拟合，可以得到变量马达效率与系统工作压力和排量比之间的函数关系式为

$$\eta_m = \begin{bmatrix} \Delta p^2 & \Delta p & 1 \end{bmatrix} \begin{bmatrix} -0.0013 & 0.0018 & -0.001 \\ 0.1070 & -0.1480 & 0.073 \\ -2.42 & 3.59 & -0.735 \end{bmatrix} \begin{bmatrix} \beta_m^2 & \beta_m & 1 \end{bmatrix}^T \quad (4\text{-}34)$$

由变量马达效率实验数据的拟合公式，可得变量马达的效率与系统工作压力和排量比之间的变化曲线，如图 4-15 所示。

根据对变量泵和变量马达效率的实验研究可以看出，随着排量比的增加，变量泵和变量马达的容积效率和机械效率同时增加，其总效率显著增加；系统工作压力对变量泵和变量马达效率的影响明显，在中高压区具有较高的效率，系统压力在 15～35MPa 之间得到效率的最大值，之后效率随

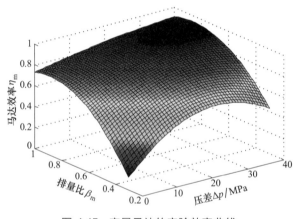

图 4-15 变量马达的实验效率曲线

着压力升高下降较快。因此，从效率的利用角度上，应使系统工作在中高压区，尽量使泵和马达在大排量状态下工作。

四、自行式框架车牵引性能分析

自行式框架车液压驱动系统中，采用伺服超驰控制方式的变量泵和高压自动变量控制方式（HA2T）的变量马达组成的闭式液压系统，变量马达的高压自动变量控制（HA2T）是一种适合牵引车辆自适应控制的最基本变量控制方式，简单可靠，使用方便。采用 HA2T 控制的变量马达一经参数设定再无需其他控制环节，可以在开环条件下工作。马达排量随负荷压力自动变化，具有与变矩器类似的工作性能，完全适合于自行式框架车作业时的工作特性。

根据之前对该闭式液压驱动系统的压力分析、车辆行驶速度分析以及系统效率的分析计算，以某额定载荷为 120t、设计爬坡能力 11% 的自行式框架车闭式液压驱动系统为例，计算出车辆的牵引力和速度输出特性，系统主要参数配置如表 4-4 所示。

表 4-4 系统主要参数

参数名称	空载质量/kg	满载质量/kg	驱动功率/kW	变量泵排量/(mL/r)	变量马达排量/(mL/r)
参数值	3.5×10^4	1.6×10^5	304	180	107
参数名称	分动箱速比	分动箱效率	驱动桥速比	承载半径/m	阻力系数
参数值	0.8125 无量纲	0.96 无量纲	32.74 无量纲	0.5	0.02 无量纲

根据表 4-4 自行式框架车驱动系统参数配置，可以求得车辆闭式液压驱动系统的牵引力与车辆行驶速度的关系曲线，如图 4-16 所示。发动机工作在额定工况下，变量泵工作在恒功率模式下，随着系统压力的升高，输出排量减小。其中，牵引力曲线的起始点前和终点后车速将不随系统工作压力的变化而改变，对应马达工作在最大排量和最小排量设定值；车速在 5~15km/h 时，液压系统有较高的传动效率，大于 70%。图中底部的一条横线表示的是：车辆在满载平

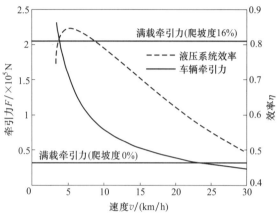

图 4-16 车辆行走驱动系统牵引力-速度曲线

地工况下行驶时对应的牵引力和最高行驶速度为 23km/h。图中顶部的一条横线表示的是：车辆在满载、最大爬坡度（16%）工况下行驶时对应的牵引力和最高行驶速度为 5km/h。

第四节 闭式液压驱动系统伺服超驰控制的实现

一、超驰控制

超驰控制就是当自动控制系统接到事故报警、偏差越限、故障等异常信号时，超驰逻辑（Override Logic）将根据事故发生的原因立即执行自动切手动、优先增、优先减、禁止增、禁止减等逻辑功能，将系统转换到预先设定好的安全状态运行，并发出报警信号。在自行式框架车闭式液压驱动系统中运用伺服超驰控制技术，是将车辆自动驱动及失速控制（DA 控制）与液压伺服比例排量控制（HD 控制）组合起来使用，从而车辆既拥有路面行走驱动时的操作简易性，又能实现工作模式下独立于负载的精确伺服排量控制。

采用伺服超驰控制方式的 A4VG180 闭式变量泵液压原理，如图 4-10 中所示的变量泵 2，其由伺服比例控制阀、速度敏感控制阀（DA 控制阀）、排量调节弹簧缸、单向溢流阀、压力切断阀、主变量泵以及补油泵等组成。其中由伺服比例控制阀、速度敏感控制阀、排量调节弹簧缸等组成的变量调节机构决定了主变量泵的动态响应。

二、伺服比例控制模式（HD 控制）

A4VG180 闭式变量泵的伺服比例排量控制，又称 HD 控制，是与两条先导压力控制油路（y_1 与 y_2 油口）中的压差 Δp 相关，两端的先导压力差 Δp 的大小决定了伺服比例阀打

开的方向和阀口开度，通过控制伺服比例阀阀口的开度可以改变排量调节弹簧缸中活塞的位移，进而改变泵斜盘的倾角，达到改变泵排量的目的。同时变量活塞的位移又能够影响到伺服比例阀阀口的开度。该控制系统是一个位置反馈式闭环控制系统，具有结构紧凑、响应快速等优点，且便于远程控制。

伺服比例控制阀能够将输入的先导压力信号转化为伺服比例阀芯的位移量，由阀芯的位移变化进而导通控制油路（来自 DA 控制阀）与排量调节弹簧缸，排量调节弹簧缸中活塞的位移量通过反馈机构作用于伺服比例控制阀阀芯。反馈机构——拨叉，由弹簧、弹簧拉杆和反馈杠杆组成，其中弹簧拉杆分为左拉杆与右拉杆两部分。由伺服比例控制阀阀芯、排量调节弹簧缸、拨叉组成了位移反馈系统。

伺服变量机构内部结构图如图 4-17 所示，该变量机构主要由两路先导控制压力、伺服比例阀芯、拨叉及排量调节弹簧缸等组成。

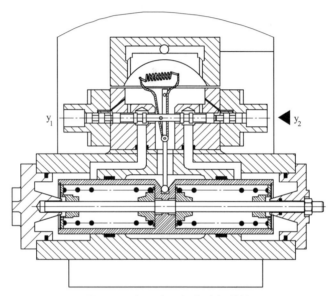

图 4-17　伺服变量机构内部结构

三、转速与压力复合控制模式（DA 控制）

A4VG 闭式变量泵的转速与压力复合控制方式又称作 DA（Automotive Drive and Anti Stall Control）控制。变量泵采用 DA 控制主要有两大显著特点：能够实现车辆的自动驱动控制和防失速控制。DA 控制可以实现车辆从静止状态到最大速度间的无级变速，驾驶员仅需通过手柄来选择前进、停止还是后退来控制车辆的行进方向，根据不同的油门踏板角度得到不同的车速，使驾驶员可以轻松简单地操作一台车辆。在发动机转速较低的起步阶段，采用 DA 控制方式的液压驱动车辆也可以发挥出全部的牵引力，避免了发动机会过载过热。在当车轮完全被堵住，车辆不能够移动时，变量液压泵自动调整斜盘的摆角归零，避免了系统过热。DA 控制还能够实现液压制动，在车辆的低速阶段，液压系统能够显著降低车辆的速度直至停止。

① 自动驱动控制　DA 控制的闭式液压驱动系统能够根据发动机转速的变化自行改变变量泵的输出流量，进而调整车速，实现车辆的自动变速功能。仅需操纵油门，即可获得期望的车速调节，不再需要像传统方式那样连续齿轮换挡，就可以实现前进、后退两个方向的连

续驱动，简化了操作。

② 防失速控制　DA控制的闭式液压驱动系统能够根据系统的工作压力变化自动控制变量泵的最大输入功率，使发动机不间断地输出最大功率来满足车辆牵引力和速度要求。对于车辆所有的除驱动液压系统之外的影响，如悬架液压系统、转向液压系统以及辅助液压系统，DA控制都能够调整泵的排量来优先满足它们的功率需求。在发动机过载时自动减小变量泵的排量，避免发动机熄火。

③ 恒功率控制　发动机在额定状态下工作，系统压力未达到恒功率起调点压力时，变量泵在最大排量状态下工作，可以获得较高的车速。爬坡时随着车辆工作压力的上升，变量泵自动排量减小，车辆行驶速度自动降低，变量泵能够近似实现恒功率控制，保持发动机持续工作在额定状态下。

DA控制仅对闭式液压驱动系统中的变量泵产生作用，泵的排量输出跟油门踏板无直接关系，整套控制过程由DA控制阀与时钟阀协同完成，无需其他操作装置。

1. DA控制原理分析

变量泵的DA控制正是利用了发动机的这样一种特性：当它接近最大扭矩时，转速就开始下降。在闭式液压驱动系统中，通过使用带有DA控制阀与时钟阀的变量泵可以方便地组成静压自动变速机构，通过加大油门将发动机转速提高，使车辆开始行驶。当在爬坡工况下，行驶阻力增大时，为了使发动机不致过载，DA控制系统会根据感应到的发动机转速和系统工作压力自动调节变量泵的排量，改变行驶速度，使之与发动机的可用功率相匹配；同理，因车辆的其他工作机构同时工作而需消耗发动机的一部分功率时，也会产生同样的效果，防止发动机过载或避免发动机熄火。

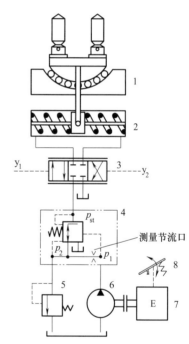

图4-18　DA控制系统原理图
1—变量泵回转体及斜盘；2—排量调节弹簧缸；
3—伺服比例控制阀；4—DA控制阀；
5—补油溢流阀；6—补油泵；
7—发动机；8—油门控制阀

在车辆闭式液压驱动系统中，DA控制系统的结构原理如图4-18所示。发动机7的输出轴同时带动闭式变量泵的主泵和补油泵6，补油泵在给系统补油的同时，还被引入一个测量节流口，利用补油溢流阀5调定系统的补油压力。测量节流口前后的压差经DA控制阀放大后，产生一个控制压力p_{st}，该控制压力经过伺服比例控制阀3后到达主泵排量调节弹簧缸2的其中一个控制腔，另一个控制腔与T口连通卸荷，在控制压力p_{st}作用下排量调节弹簧缸的活塞产生位移，进而推动变量泵的斜盘1旋转输出流量，车辆启动。通过控制伺服比例控制阀3可改变车辆的行进方向，油门控制阀8控制车辆行驶速度，最高车速由伺服比例控制阀3的开口度决定，闭式变量泵的最大输出功率由时钟阀（图中未标出）调节。

2. DA控制阀原理分析

DA控制阀，又称速度敏感控制器，它能将发动机的转速变化转化成变量泵排量控制压力的连续变化，进而改变变量泵的排量，使闭式液压驱动系统最大限度地吸收发动机的输出功率。DA 控制阀的速度输入信号，可以通过测量发动机直接驱动补油泵的流量获得，补油泵为定量泵，补油泵输出与发动机转速成正比的流量。DA 控制阀的结构原理如图 4-19 所示。

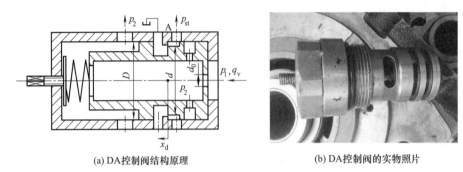

(a) DA 控制阀结构原理　　(b) DA 控制阀的实物照片

图 4-19　DA 控制阀结构原理图

如图 4-19 (a) 中，当补油泵向 DA 控制阀输入流量为 q_v 的油液时，通过测量节流口产生压降 Δp，此压降产生的力会克服弹簧力推动 DA 控制阀中的阶梯形阀芯向左运动，从而使油液可以从 A 口到达伺服比例控制阀，经过阀口 A 后的油液压力就是闭式变量泵的排量控制压力 p_{st}，在 A 口流道中的控制压力 p_{st} 同时作用在阀芯的环形面上，反向推动阀芯向右移动，最终使阀芯处于一个平衡位置。忽略阀芯上稳态轴向液动力的影响，则 DA 控制阀阀芯的力平衡关系式如下

$$p_1 A_1 = p_2 A_2 + p_{st} A_3 + F \tag{4-35}$$

式中　p_1——DA 控制阀测量节流口入口压力，Pa；

　　　p_2——闭式系统补油压力，Pa；

　　　p_{st}——DA 控制阀输出的控制压力，Pa；

　　　F——阀芯弹簧力，N；

A_1、A_2——阀芯左右两侧截面积，$A_1 = A_2 = \dfrac{\pi(D^2 - d_0^2)}{4}$，m²；

　　　A_3——阀芯阶梯台阶环形面积，$A_3 = \dfrac{\pi(D^2 - d^2)}{4}$，m²；

　　　D——阀芯外径，m；

　　　d_0——测量节流口直径，m；

　　　d——阀芯阶梯形台阶外径，m。

令 $\Delta p = p_1 - p_2$，则式 (4-35) 可简化为

$$p_{st} = K_1 \Delta p - K_2 F \tag{4-36}$$

其中，$K_1 = \dfrac{A_1}{A_3}$，$K_2 = \dfrac{1}{A_3}$。

$$\dfrac{p_{st}}{\Delta p} = K_1 - \dfrac{K_2 F}{\Delta p} \tag{4-37}$$

式中，$\dfrac{p_{st}}{\Delta p}$ 称为 DA 控制阀的放大系数，一般标准 DA 控制阀的放大系数为 6.9。

由式 (4-36) 可以看出，控制压力 p_{st} 与测量节流口前后压差 Δp 及弹簧力 F 有关。又因为测量节流口为薄刃形式，故压降 Δp 基本上与介质的黏度无关，测量节流口的压力流量

特性方程为

$$q_v = C_d A_0 \sqrt{\frac{2(p_1-p_2)}{\rho}} \qquad (4\text{-}38)$$

式中 q_v——DA 控制阀入口流量，L/min；

C_d——测量节流口流量系数；

A_0——测量节流口面积，$A_0 = \dfrac{\pi d_0^2}{4}$，m²；

ρ——液压油密度，kg/m³。

将式（4-38）变形代入式（4-36），整理得

$$p_{st} = K_1 \frac{8 q_v^2 \rho}{\pi^2 C_d^2 d_0^4} - K_2 F \qquad (4\text{-}39)$$

令 $K_3 = \dfrac{8\rho}{\pi^2 C_d^2}$，则

$$p_{st} = K_1 K_3 \frac{q_v^2}{d_0^4} - K_2 F \qquad (4\text{-}40)$$

所以，由式（4-40）可以看出，DA 控制阀输出的控制压力 p_{st} 与油液的黏度无关，与通过测量节流口的流量以及节流口的直径有关，DA 控制阀输出的控制压力 p_{st} 与补油泵输入流量 q_v 的平方成正比，与节流口直径 d_0 的四次方成反比，改变弹簧的刚度或预压缩量，可以整体平移控制压力 p_{st} 的特性曲线。

由图 4-20 可以看出 DA 控制阀不同因素对控制压力的影响规律：弹簧的压缩量决定控制压力曲线起始压力的大小；测量节流口直径的大小决定了曲线的变化斜率，节流口越大，斜率越小，变化越慢，转速变化范围越大；在测量节流口相同的情况下，不同弹簧刚度或预压缩量的两条控制压力曲线是完全平行的，减小预压缩量的控制压力曲线相对于之前起始压力升高。

3. 斜盘反馈力矩分析

在 A4VG 闭式变量泵中，当经由 DA 控制阀所产生的控制压力 p_{st} 推动泵排量调节弹簧缸的活塞移动，使泵产生变量的

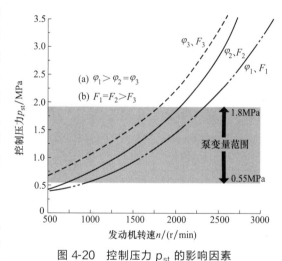

图 4-20 控制压力 p_{st} 的影响因素

同时，在该变量机构中也同时存在着另外一些试图阻碍变量泵排量改变的力。

① 排量调节弹簧缸的对中弹簧力 根据对中弹簧力的大小，如果希望变量泵工作在最大排量，则需要一定大小的推动力来克服对中弹簧力，在排量调节弹簧缸直径一定的情况下，需要一定大小的控制压力 p_{st}。在实际工程中经常以压力的形式称呼该弹簧的刚度，一个强度为 0.55~1.8MPa 的弹簧意味着：当控制压力 p_{st} 为 0.55MPa 时，开始克服排量调节弹簧缸对中弹簧力产生位移，变量泵开始输出流量；当控制压力 p_{st} 上升到 1.8MPa 时，排量调节弹簧缸活塞达到最大位移，变量泵处于最大排量位置，如图 4-20 中所示的泵排量调节范围。

② 与系统工作压力相关的反推力　另一个反推力与排量调节弹簧缸的对中弹簧无关，而与系统的工作压力有关，它取决于变量泵配流盘上高压窗口的位置。配流盘无偏转，在完全对称的情况下，高、低压侧的工作压力使斜盘正偏转及负偏转的分力大小相等。由于低压侧所产生的使斜盘偏转的力矩相比之下很小，在分析中可以忽略它的影响。在配流盘无偏转的情况下，由泵的高压侧工作压力对斜盘所产生的作用力矩是平衡的（$F_a \times a = F_b \times b$），如图 4-21 所示。如果将配流盘沿着传动轴的旋转方向偏转一个角度 $\Delta \varphi$，则高压侧工作压力作用在斜盘上的反推力会增大（$F_a \times a < F_b \times b$），如果作用在排量调节弹簧缸活塞上的控制压力不能给斜盘提供足够的正推力的话，则变量泵会在高压侧工作压力反推力的作用下使斜盘向零位回摆，如图 4-22 所示。

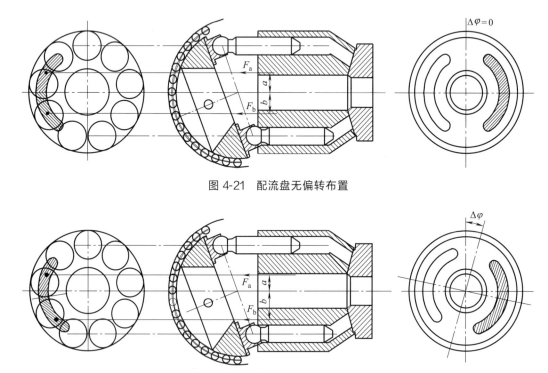

图 4-21　配流盘无偏转布置

图 4-22　旋转配流盘实现力反馈

利用与系统工作压力相关的斜盘反推力能够实现 DA 控制变量泵的防失速控制，又称负载极限控制。在变量泵中设置时钟阀来实现由工作压力过高导致的泵斜盘回摆，进而限制闭式液压驱动系统的最大输出功率。时钟阀的实体结构如图 4-23 所示，其实质是一根偏心螺栓，偏心螺栓的前端装配在配流盘的凹槽里，后端螺母与泵壳体紧固在一起，时钟阀与配流盘在泵体中的布置如图 4-24 所示。时钟阀的作用是调节配流盘相对于斜盘的偏转角度，使高压柱塞相对于斜盘的回转中心不对称布置，这种不对称的布置会使柱塞对斜盘产生一个回摆力矩。在时钟阀螺杆端面上标有刻度，当将此刻度调整在十二点钟方向时，配流盘相对于斜盘的回转中心是对称布置的，此时系统工作压力对斜盘不产生回摆力矩；当将时钟阀调整至六点钟方向时，配流盘相对于斜盘回转中心的偏转角度是最大的，因此斜盘在工作压力作用下回转力矩也是最大的，变量泵更容易回摆至零排量。

旋转配流盘实现工作压力对斜盘的力反馈，通过调节变量泵中的时钟阀改变配流盘沿传动轴旋转方向的偏转角度，从而导致变量泵高、低压工作压力对斜盘产生回摆力矩。时钟阀

调节配流盘偏心所引起的斜盘回摆力矩 M 总是指向斜盘倾角变小的方向，M 可用以下公式近似计算

$$M=-\frac{Zd^2R_0}{8(\cos\alpha)^2}\Delta\varphi(p_A-p_B) \tag{4-41}$$

式中　M——斜盘回摆力矩，N·m；
　　　Z——变量泵柱塞数量，个；
　　　d——变量泵柱塞直径，m；
　　　R_0——柱塞孔的分布圆半径，m；
　　　$\Delta\varphi$——配流盘旋转角度，(°)；
　　　α——变量泵斜盘旋转角度，(°)；
　　　p_A——液压泵吸油工作腔压力，Pa；
　　　p_B——液压泵排油工作腔压力，Pa。

图 4-23　时钟阀实体结构

图 4-24　时钟阀与配流盘在泵体中的布置

在系统工作压力一定时，调整时钟阀旋转到不同的角度对应的斜盘回摆力矩如图 4-25 所示，随着配流盘旋转角度的增加，斜盘的反馈力矩呈线性增加。在时钟阀旋转到一定的角度时，系统工作压力连续变化时对应的回摆力矩如图 4-26 所示，斜盘所受力矩与系统压力呈线性增加的关系，配流盘旋转角度越大，斜盘反馈力矩随压力增长曲线的斜率越大。

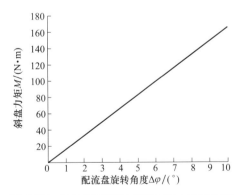

图 4-25　时钟阀调节对斜盘回摆力矩的影响

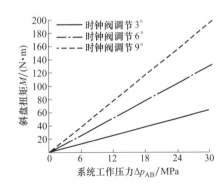

图 4-26　系统压力变化对斜盘回摆力矩的影响

在变量泵 DA 控制中，时钟阀是按照如下流程工作的：当控制压力 p_{st} 能够推动泵的斜盘，使其旋转角度增加并产生一个更大排量时，系统工作压力和排量调节弹簧缸中的对中弹簧的作用却使泵的斜盘回摆到较小的角度。斜盘上这三个力达到平衡时，那么变量泵的斜盘

将不再回摆,排量稳定在某一固定位置,调节原理如图 4-27 所示。当系统工作压力继续升高时,斜盘则向小排量方向摆动,压力越高变量泵的排量越小。当控制压力 p_{st} 增加,试图将泵的排量变大时,系统工作压力与排量调节弹簧缸中的对中弹簧共同作用,总是试图将泵斜盘推回中位。而时钟阀的调节相当于调整图 4-27 中控制压力 p_{st} 与系统工作压力平衡点的位置,时钟阀调至十二点钟方向时高压柱塞对斜盘的反馈力矩为零,斜盘无法回摆,此时控制压力 p_{st} 只需克服排量调节弹簧缸对中弹簧的作用力。当时钟阀调至六点钟方向时,高压柱塞对斜盘的作用力臂增大,斜盘在系统工作压力的作用下较容易回摆。

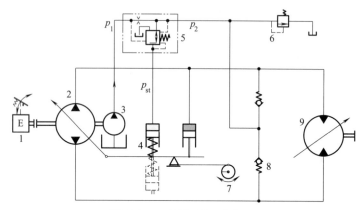

图 4-27 时钟阀的调节作用

1—发动机;2—闭式变量泵主泵;3—补油泵;4—排量调节弹簧缸;5—DA 控制阀;
6—溢流阀;7—时钟阀;8—单向阀;9—变量马达

4. 恒功率控制分析

自行式框架车在现场物流运输过程中,为提高生产效率,选择发动机额定功率点作为最佳工作点。当发动机控制在最佳工作点运行时,要实现闭式液压变量泵与发动机的最佳功率匹配,则要求变量泵具有恒功率(恒转矩)输出特性。

DA 控制变量泵的恒功率输出特性是通过调整时钟阀来实现的。当发动机在额定功率点工作时,转速维持恒定,即控制压力 p_{st} 为一定值。系统工作压力对变量泵斜盘的反馈力矩由时钟阀设定,在系统工作压力较低时,变量泵在最大排量下工作,在车辆开始爬坡,系统工作压力逐渐上升时,泵的排量会自动减小,DA 控制的这个反馈性能就是恒功率控制,保持发动机的输出功率基本不变。同时,这个反馈性能意味着如果是在车辆堵塞的状态下,仅由系统工作压力作用就能够使变量泵的斜盘回摆到零位,此时系统的工作压力为变量泵压力切断阀的设定压力。

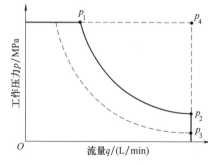

图 4-28 变量泵的恒功率输出特性

图 4-28 所示,为变量泵的恒功率输出特性。发动机在额定功率点工作时,为了能使变量泵所吸收的功率与发动机所提供的功率相匹配,必须使变量泵的斜盘在系统压力超过 p_2 时回摆,即在此时减小泵的排量,变量泵的吸收功率等于发动机的额定功率,通过调整时钟阀来设定变量泵的恒功率起调点压力值 p_2。另一方面还必须保证,在发动机的额定转速下,且 $p<p_2$ 时,变量泵在最大排量状态,斜盘不回摆。否则的话,发动机提供的功率将不能被充分利用,如

图中 p_3 点压力。因此，在额定转速，且 $p<p_2$ 的条件下，控制压力必须满足下式

$$F_{\text{pst}} > F_{弹簧} + F_{(a-b)} \tag{4-42}$$

$F_{(a-b)}$ 为系统工作压力对斜盘的反馈力矩。此刻，变量泵在最大排量状态，如果系统工作压力较低的话，排量调节弹簧缸中的对中弹簧则起主要反馈作用。随着系统工作压力的上升（发动机转速恒定不变），力 $F_{(a-b)}$ 也随之增大，当压力升至 p_2 值时，控制压力 p_{st} 将不足以将变量泵的斜盘保持在最大摆角，变量泵斜盘会回摆一定的角度，工作压力对斜盘的反馈力矩 $F_{(a-b)}$ 减小，以便控制压力与系统工作压力对斜盘的反馈力以及排量调节弹簧缸对中弹簧力三者对斜盘的力矩达到一个新的平衡，当工作压力上升至变量泵压力切断阀的设定值时，变量泵排量变为零。

发动机在额定工况下工作，额外负载（除车辆闭式液压驱动系统之外的悬架液压系统、转向液压系统以及辅助液压系统）的增加同样会导致发动机转速下降，这些工作系统的液压泵没有 DA 控制，因此在功率分配方面具有优先权。发动机转速下降导致闭式液压变量泵的控制压力降低，其结果是闭式变量泵的排量亦减小，驱动功率的减小使得发动机可以预留更多的富余功率提供给其他工作系统。从整个过程来看，车辆在重载下走得很慢，但发动机却能够提供足够的功率供给其他工作系统使用。

四、伺服超驰控制工作过程分析

在自行式框架车闭式液压驱动系统中，A4VG 变量泵运用的新型伺服超驰控制技术是在泵的排量控制中同时运用了转速与压力复合控制（DA 控制）和伺服比例控制（HD 控制）。其中，转速与压力复合控制（DA 控制）优先于伺服比例控制（HD 控制），伺服比例控制限制了变量泵的最大排量，即车辆的最高行驶速度。同时，DA 控制的自动驾驶功能和极限负荷功能仍然适用。这样驾驶员在操作车辆的过程中既拥有路面车辆驱动时的操作简易性，又能实现工作模式下独立于负载的精确伺服排量控制。

变量泵的伺服比例控制阀在给定压差下，即给定了变量泵可能达到的最大排量，但此时变量泵能否达到此最大排量还受到 DA 控制的制约。在发动机转速达到一定值的时候，提供的控制压力足以克服变量泵中排量调节弹簧缸对中弹簧力和工作压力作用在斜盘上的反馈力时，变量泵的排量将维持在这个可能达到的最大排量上不变，将不随发动机转速的继续升高而增加，体现了变量泵的超驰控制特性。此时还可以通过调节伺服比例控制阀的先导控制压力精确调节变量泵的排量，进而准确控制车辆的行驶速度。

在发动机工作在高转速区且工作压力未达到恒功率起调点（图 4-28 中的 p_2 点压力）压力时，DA 控制阀能够提供足够大的控制压力来克服排量调节弹簧缸的对中弹簧力和工作压力的反馈力矩，此时通过调整伺服比例控制阀的先导压差能够实现变量泵排量的精确调节，即实现了独立于负载的精确伺服排量控制。

在自行式框架车闭式液压驱动系统中运用伺服超驰控制技术很好地解决了车辆其他工作系统（悬挂系统、转向系统以及辅助系统）与驱动系统功率需求间的矛盾。当车辆的其他工作系统需要大功率工作，而驱动系统要低速微动时，与系统工作压力和发动机转速相关的 DA 控制就显示出了不足之处，在发动机大功率下无法满足车辆低速行驶。而独立于负载与发动机转速的伺服比例控制方式恰好可以弥补 DA 控制在这种工况下的不足。在这种工况下，发动机工作在大功率输出的高转速区，如果不采用超驰控制方式，变量泵将输出大排

量,车辆快速运行,将无法满足车辆低速行驶的工作要求,操控性差。但是变量泵配置了超驰控制特性后,通过在发动机高转速区,调节伺服比例控制阀的先导压力,就可以实现变量泵的精确排量调节,进而获得希望的车速控制。

第五节 模块式运输车行走驱动系统设计

一、模块式运输车行走驱动系统方案

在工程实践中,由于液压马达分为低速大扭矩马达和高速马达,模块车液压驱动方式相应地就出现了两种轮边驱动形式:低速方案和高速方案。

前者就是使低速大扭矩液压马达直接驱动车轮实现整车行驶,中间不经过任何传动元件,有些马达根据需要还可以附带有制动器等,具有结构简单、使用和维护方便的特点。由低速大扭矩马达组成的静液压传动装置中,由于低速马达的内泄漏量一般要高于高速轴向柱塞马达,因此要选择排量大一些的补油泵。由于低速马达速度不高,造成该方案调速范围比较窄,通常应用于车辆速度变化不是太大的装置中。

后者通过高速轴向柱塞马达带动减速装置(由于用于车辆行驶,通常是回转式行星减速器)等中间传动元件驱动车轮进而实现整车行驶。在此方案中,由于液压泵、液压马达都具有较宽泛的变量调节区域,通过改变变量液压泵和(或)变量液压马达的排量设置理想的行走速度挡位并通过选择回转式行星减速器合适的速度比,得到一条比较合理的功率输出特性曲线,便能符合车辆行驶系统的使用要求。而且由于高速轴向柱塞马达具有较高的功率密度,使得在工程机械中采用高速方案的液压传动装置居多。考虑到模块车属于重型运输车辆,需要极强的场地适应能力以及工作的可靠性、设备维护的便利性等特点,模块车采用高速轮边驱动方案,即高速液压马达加回转减速器的形式。

综上所述,拟订的模块车驱动液压系统如图4-29所示,整个系统主要由闭式驱动泵、行走变量马达、过滤器、冲洗阀、换向阀等组成。

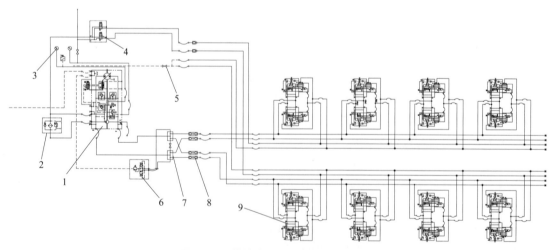

图 4-29 模块车驱动液压系统原理图

1—闭式驱动泵;2—过滤器;3—压力表;4—换向阀;5—球阀;
6—冲洗阀;7—阀块;8—快换接头;9—行走变量马达

二、模块式运输车行走驱动系统的设计计算

1. 模块式运输车行驶动力学分析

模块式运输车行走驱动液压系统采用变量泵-变量马达容积调速回路,在设计模块式运输车行走驱动系统之前,必须了解不同工况下作用于模块式运输车的各种外力,即驱动力和行驶阻力。

当模块式运输车在水平道路上匀速行驶时,需克服来自地面的滚动阻力和来自空气的空气阻力,在加速行驶时还需要克服加速度带来的惯性力,当模块车在坡道上上坡行驶时,还需克服其重力沿坡道方向的分力——坡道阻力,因此,车辆行驶中的总阻力即为

$$F_t = F_f + F_j + F_w + F_i \tag{4-43}$$

式中 F_t——模块车行驶驱动力,N;
F_f——模块车行驶滚动阻力,N;
F_j——模块车行驶加速阻力,N;
F_i——模块车行驶坡道阻力,N;
F_w——模块车行驶空气阻力,N。

考虑到模块车模块单元之间并车的需要,以 9 轴线模块式运输车计算各阻力。

① 滚动阻力 车辆滚动阻力包括两部分,即地面变形所引起的阻力 F_{fl} 和轮胎变形所引起的阻力 F_{ft}。因此,车辆的滚动阻力应为:

$$F_f = F_{fl} + F_{ft} \tag{4-44}$$

对于轮式行走机械来说,滚动阻力包括驱动轮所受阻力和从动轮所受阻力两部分,可表示为:

$$F_f = F_{fK} + F_{fC} = G_K f_K + G_C f_C \tag{4-45}$$

当 $f = f_K = f_C$,且 $G_S = G_K + G_C$ 时,则:

$$F_f = G_S f \tag{4-46}$$

式中 G_K、G_C——驱动轮载荷与从动轮载荷,N;
G_S——整车总载荷,N;
f——综合滚动阻力系数,取 $f = 0.025$。

因此,模块式运输车空载运行时车辆滚动阻力为:

$$F_f = G f = 60 \times 10^3 \times 9.8 \times 0.025 = 14700(N) \tag{4-47}$$

模块式运输车重载滚动阻力为:

$$F_f = G_S f = 360 \times 10^3 \times 9.8 \times 0.025 = 88200(N) \tag{4-48}$$

② 坡道阻力 模块车在上坡行驶时,车辆坡道阻力 F_i 即为车辆重力沿坡道方向的分力。

$$F_i = G_S i \tag{4-49}$$

式中 i——道路坡度,由设计参数知 $i = 6\%$。

所以,最大坡道阻力为:

$$F_i = G_S i = 211680 N \tag{4-50}$$

③ 加速阻力 模块式运输车在加速行驶过程中,需要克服加速所带来的惯性力,即加速阻力 F_j。其计算公式为:

$$F_j = m \frac{du}{dt} \tag{4-51}$$

假设为等加速行驶，加速阻力可以写为：

$$F_j = am\frac{u}{t} \tag{4-52}$$

式中　a——模块车旋转质量换算系数，取 $a=1.2$；

　　　m——模块车总质量，kg；

　　　$\dfrac{du}{dt}$——模块车行驶加速度，m/s²；

　　　u——模块车启动速度，m/s；

　　　t——模块车启动时间，s。

由于模块式运输车载重量较大、车辆行驶速度较低，所以加速度取为 0.15m/s²。因此模块式运输车受到的加速阻力大小为：

$$F_j = 360 \times 10^3 \times 0.15 \times 1.2 = 64800(N) \tag{4-53}$$

④ 空气阻力　车辆直线行驶时，受到的空气作用力在模块车行驶方向上的分力称为空气阻力 F_w。其计算公式为：

$$F_w = \frac{1}{2}C_d A \rho u_r^2 \tag{4-54}$$

式中　C_d——空气阻力系数；

　　　A——迎风面积，m²；

　　　ρ——空气密度；

　　　u_r——相对速度，在无风时即汽车的行驶速度，m/s。

由式（4-54）可知，车辆受到的空气阻力的大小与相对速度 u_r 的平方成正比，行驶速度越大，空气阻力就越大。由于车辆行驶速度慢，重载时最快 5km/h，迎风面积也小，所以空气阻力可忽略不计

综上所述，模块式运输车在满载平地、克服最大道路阻力行驶时，车辆所需要的驱动牵引力为：

$$F_平 = F_f + F_j = 153000N \tag{4-55}$$

模块式运输车在低速满载爬坡、克服最大道路阻力行驶时，车辆所需要的驱动牵引力为：

$$F_爬 = F_f + F_i + F_j = 364680N \tag{4-56}$$

模块式运输车共 4 个驱动轴线，8 个驱动轮，则每个驱动轮所要提供的牵引力为：

$$F_0 = \frac{1}{8}F_{max} = 45585N \tag{4-57}$$

2. 行走驱动液压系统关键元件计算、选型

（1）发动机的选型

模块式运输车的工作工况主要分为两类：一是满载平地行驶，二是满载爬坡行驶。在计算发动机功率时以驱动功率较大值作为选型依据。

模块式运输车满载平地行驶时，发动机所需净功率为：

$$P_平 = F_平 v_平 = 212.5 kW \tag{4-58}$$

式中　$P_平$——模块式运输车满载平地行驶时，发动机所需净功率，kW；

　　　$F_平$——模块式运输车满载平地行驶时，车辆所需要的驱动牵引力，N；

　　　$v_平$——模块式运输车满载平地行驶时的速度，km/h，由前文可知此时 $v_平 = 5$km/h。

此时发动机的输出功率应为：

$$P_E = \frac{P_平}{\eta_t} = 265.6 \text{kW} \quad (4-59)$$

式中 P_E——需要的净功率，kW；

η_t——总传动效率，取 $\eta_t = 0.8$。

模块式运输车满载爬坡行驶时，发动机所需净功率为：

$$P_爬 = F_爬 v_爬 = 124.2 \text{kW} \quad (4-60)$$

式中 $P_爬$——模块式运输车满载爬坡行驶时，发动机所需净功率，kW；

$F_爬$——模块式运输车满载爬坡行驶时，车辆所需要的驱动牵引力，N；

$v_爬$——模块式运输车在满载爬坡时的行驶速度，km/h，由前文可知此时 $v_爬 = 2$km/h。

此时发动机的输出功率为：

$$P_E = \frac{P_爬}{\eta_t} = 155.28 \text{kW} \quad (4-61)$$

式中 η_t——总传动效率，取 $\eta_t = 0.8$。

比较以上计算结果，模块式运输车所需发动机的功率应按照模块式运输车满载平地行驶工况选取，考虑到模块式运输车动力单元的尺寸限制以及冷却功率，选取戴姆勒-奔驰公司生产的卧式发动机，如图 4-30 所示，其型号为 OM457hLA，额定功率 300kW，额定转速 2000r/min。

图 4-30 模块式运输车发动机

（2）行走变量马达计算选型

本书按照"角功率法"选取模块式运输车行走驱动液压系统所需行走变量马达。该功率由萨奥-丹佛斯公司提出，是一种极限指标，是最大牵引力与最高转速的乘积。通常情况下，该功率是不能够得到的。由于其综合地反映了传动装置减速比与规格等在设计过程中极为重要的参数，使其成为业界普遍使用的液压马达选用方法。

角功率计算公式如下：

$$P_j = \frac{M_{\max} n_{\max}}{9549} = \frac{F_{\max} U_{\max}}{3600} \quad (4-62)$$

式中 P_j——驱动角功率，kW；

$M_{\max}$——最大驱动扭矩，N·m；

$n_{\max}$——最高驱动转速，r/min；

$F_{\max}$——切线牵引力最大值，N；

$U_{\max}$——理论速度最大值，km/h。

模块式运输车角功率参数如表 4-5 所示。

表 4-5 模块式运输车角功率参数表

切线牵引力最大值/N	理论速度最大值/(km/h)	重载最高速度/(km/h)	角功率/kW
223602	10	2	621

由表 4-5 计算马达的驱动角功率为：

$$P_{mj} = \frac{P_j}{n_m Z} \tag{4-63}$$

式中 P_{mj}——要求的行走马达角功率；

P_j——整车行走马达的数量；

n_m——行走马达与减速器的传动效率，0.95～0.97。

模块式运输车驱动系统共有 16 个液压马达，与回转减速器成套使用，其传动效率为 0.95，因此每个驱动马达的角功率经计算为 40.86kW。式（4-64）确定马达最小规格的排量计算公式：

$$P_{mj} < \frac{0.95 p_{max} q_{max} n_{max}}{60000} \tag{4-64}$$

式中 0.95——马达的机械效率；

q_{max}——马达的最大排量，mL/r；

p_{max}——由溢流阀调定的系统最高工作压力，MPa；

n_{max}——对变量马达而言，为最小排量时的马达最高匹配转速，r/min。

式（4-64）中 p_{max} 为系统最大压力，参考相似车辆的设计经验，选定驱动液压系统最高工作压力为 35MPa，n_{max} 取马达最小排量下的额定转速作为其目标值进行计算，经查找样本，选取力士乐公司 A6VE28 型变量插入式马达作为模块式运输车行走驱动系统的行走变量马达。其参数如表 4-6 所示。

表 4-6 A6VE28 液压马达主要参数

最大排量/cm³	最大工作压力/MPa	最大连续工作转速/(r/min)
28.1	40	5550

（3）行走减速器计算选型

减速装置应同时满足最大输出扭矩、减速比和最大输入转速的要求。

驱动轮的驱动力矩为：

$$M_{k\,max} = \frac{F_{kmax} r_d}{n} = 5450.3\text{N} \tag{4-65}$$

其中，$r_d = 0.39$m，为模块式运输车轮胎半径。

根据满足最大输出扭矩要求来确定需要的减速比 i。

$$i \geqslant \frac{M_{k\,max} \times 2\pi}{0.95 q_{max} p_{max} \eta_m} \tag{4-66}$$

式中 p_{max}——液压系统最高压力，MPa；

q_{max}——马达最大排量，mL/r；

0.95——马达机械效率。

选择减速比时应尽量取与等式值相近的减速比，否则有可能使马达超速。对高速变量马达加行走减速器的驱动方案，减速比相当于马达扭矩的放大倍数，因此如果回转减速器的减速比选得过大，则变量液压马达必须增大排量才能满足车辆的驱动力矩要求，否则就会使车速降低。根据前面的计算结果，选择力士乐公司生产的 GFT17T3B88 型行走减速器作为模块车行走驱动系统的减速器。其参数如表 4-7 所示。

表 4-7 GFT17T3B88 型行走减速器主要参数

减速比	最大输出扭矩/(N·m)	液压马达
88.2	17000	A6VE28/A2FE28(32)

(4) 驱动液压泵计算选型

驱动液压泵的选型依据是其应能满足马达所需的流量。即泵能满足所选的变量马达处在最高的匹配转速时的流量要求。泵的排量选型可根据下面这个公式计算：

$$V_{pmax} \geq \frac{V_m n_{m\ max} n}{n_p \eta_p \eta_m} \quad (4-67)$$

式中 $n_{m\ max}$——变量马达的最高匹配转速，r/min；

n——变量液压马达总数；

n_p——泵的最高匹配转速，r/min；

η_p——驱动液压泵的容积效率，取 0.95；

η_m——变量马达的容积效率，取 0.95。

发动机额定转速 2000r/min，分动箱传动比 1，综合液压驱动泵与变量马达高低速匹配要求，通过计算选择力士乐公司生产的 A4VG250EP4 型变量液压泵作为模块车行走驱动系统的驱动液压泵。其参数如表 4-8 所示。

表 4-8 A4VG250EP4 液压泵主要参数

最大排量/cm³	最大工作压力/MPa	最大连续工作转速/(r/min)
250	45	2400

三、模块式运输车行走驱动系统的校核

按照技术要求，需对所选的液压元件的参数进行校核，以检验其能否达到设计要求。校核项目包括：车辆牵引力校核、车辆行驶速度校核、车辆爬坡度校核。

(1) 车辆牵引力校核

驱动轮能输出的最大转矩可用下式计算：

$$T = \frac{\Delta p V_m i \eta_m \eta_{mj}}{2\pi} = \frac{35 \times 10^6 \times 28 \times 10^{-6} \times 88.2 \times 0.95 \times 0.95}{2\pi} \quad (4-68)$$

$$\approx 12421.73 \text{N} \cdot \text{m}$$

式中 Δp——马达进出口压差，MPa；

η_{mj}——马达与减速器连接的机械效率，取 0.95。

模块式运输车的 8 个驱动轮能够发出的最大驱动力为：

$$F = \frac{T}{r_d} \times 8 = \frac{12421.73}{0.39} \times 8 \approx 254804.8(\text{N}) \quad (4-69)$$

这个值大于前面计算出的模块式运输车的最大行驶阻力 $F=364680\text{N}$，证明所选的变量驱动马达和行走减速器可以满足设计要求，此时驱动效率为：

$$\eta = \frac{F_{max}}{F} = \frac{223602}{254804.8} \approx 87\% \quad (4-70)$$

(2) 车辆行驶速度校核

所选的行走驱动泵能提供的最大流量为：

$$Q_{max} = V_{pmax} \cdot n_e = 250 \times 2000 = 500000 (\text{mL/min}) = 500 (\text{L/min}) \quad (4\text{-}71)$$

式中 n_e——发动机的额定转速，r/min。

由于行走马达为变量马达，由变量泵-变量马达容积调速回路的原理可知，仅验证变量马达排量最大时，模块式运输车能达到最大速度即可。经查阅力士乐产品样本可知，A6VE28型变量马达的流量设定范围为 $0 \sim 0.8V_m$，此时，变量液压马达所能达到的最大转速为：

$$n_{max} = \frac{Q_{max}}{n \cdot V_m \times 10^{-3}} = \frac{500}{16 \times 0.8 \times 28 \times 10^{-3}} \approx 1395 (\text{r/min}) \quad (4\text{-}72)$$

则模块式运输车最大行驶速度为：

$$v_{max} = \frac{n_{max} \cdot 2\pi r}{i} \times \frac{3.6}{60} = \frac{1395 \times 2\pi r \times 3.6}{88 \times 60} \approx 2.33 (\text{km/h}) \quad (4\text{-}73)$$

因此，车辆行驶速度满足设计要求。

（3）车辆爬坡度校核

图4-31所示，为模块式运输车爬坡行驶时的受力分析图。

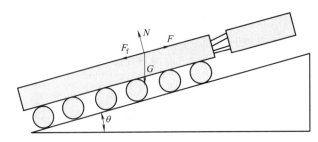

图4-31 模块式运输车爬坡行驶时的受力分析图

根据理论力学知识可知：

$$N = G\cos\theta \quad (4\text{-}74)$$

$$F_f = \mu N \quad (4\text{-}75)$$

$$F = F_f + G\sin\theta + ma \quad (4\text{-}76)$$

则

$$\theta = \arcsin\frac{F}{G\sqrt{1+\mu^2}} - \arcsin\frac{\mu}{\sqrt{1+\mu^2}} = 12° \quad (4\text{-}77)$$

因此，所选元件能够满足模块式运输车的爬坡要求。

通过以上的校核计算，证明所选的液压元件完全满足了模块式运输车的设计要求。

四、模块车速度控制

模块车驱动系统由发动机带动力士乐的A4VG变量泵，变量泵驱动力士乐A6VE变量插装式马达，马达带动轮边减速器驱动轮胎转动。驱动系统中间没有变速箱，因此不能像普通车辆那样通过变换挡位来实现转速的调节。模块车速度的改变通过调节变量柱塞泵和马达的排量来实现。

变量柱塞泵采用EP电气控制，带比例电磁铁。与预先选定的比例电磁铁（a和b）电流有关的控制压力通过EP阀控制向油泵的变量活塞提供控制压力。控制输入电流的大小就可以实现泵的排量无级变化。每个流动方向对应一个比例电磁铁。

变量马达采用 HZ1 液压两点控制。可通过在 X 油口施加或不施加控制压力（控制压力由闭式泵 F_e 口提供）使马达的排量设定在最小排量或者最大排量处（无控制压力时马达在最大排量处，有控制压力时马达在最小排量处）。变量活塞所需控制油液取自高压侧。假如在工作压力低于 1.5MPa 下进行变量，则需外接一个单向阀，使作用在 G 油口上的辅助压力最低为 1.5MPa。

模块车启动前变量泵 EP 阀没有电信号，排量处于零位，变量马达 X 口没有压力，变量马达处于最大排量处。启动后，变量泵比例电磁铁的电流逐渐增加，变量泵斜盘倾角逐渐增大，排量随之增大，而变量马达的排量不变。由于进入马达的流量增加，马达转速上升，输出功率增大（负载基本不变）。此过程为恒扭矩调速阶段，液压系统处于变量泵-定量马达工作模式。随着变量泵的流量从最小调节到最大，马达的转速也相应从最小转速增加到与泵最大排量相应的转速（此时不是最高转速）。

变量泵排量调节好以后，给辅助泵后面的电磁换向阀通电，换向阀换向，变量马达的 X 口有了控制压力。马达高压腔油液进入变量活塞无杆腔，活塞伸出，带动马达斜盘倾角变小，马达的排量跟着变小。此过程为恒功率调速阶段，该过程液压系统处于定量泵-变量马达工作模式。

第五章
自行式液压载重车转向系统设计

大型自行式液压载重车属于多轴线轮胎式工程车辆，采用一般车辆的转向方式会造成轮胎磨损严重，不能满足性能要求。因此，根据车辆用途，目前液压载重车常用的转向机构主要有两种：马达减速器转向机构和液压缸四连杆转向机构。保证每个轮胎转向均为纯滚动，减小了轮胎的磨损，满足在不同工况下对转向灵活的要求。

马达减速器转向系统由变量泵、转向马达、减速器、驱动齿轮和转向多路阀等组成。变量泵通过转向多路阀控制减速器转动，减速器与驱动齿轮啮合，从而带动回转支承，使回转支承按照要求进行转动，以使车辆实现转向。马达减速器转向系统的特点是，转向轮组可以实现+360°到−360°的转向，它的结构紧凑，占用空间较小，对安装空间基本上没有限制，而且安装十分方便，转向精确，调节减速器和驱动齿轮齿数可以获得比较大的传动比，有利于降低液压马达的功率。但是马达减速器转向系统每个回转支承均有两个转向马达，使得车辆的成本增加了很多，所以目前采用此种转向方式的重型车辆并不多。

液压缸四连杆转向系统主要是由变量泵、比例多路阀、转向油缸、回转支承组成。变量泵通过比例多路阀推动转向油缸伸出，转向油缸通过连杆机构带动回转支承转动。由于比例多路阀、角度传感器与微电控制系统组成闭环控制，所以此种转向方式转向精度很高，轮组转向范围为+100°至−100°。液压缸四连杆转向机构结构简单，制造安装方便，控制精度较高，价格低廉，所以使用范围比较广泛。

第一节　液压载重车的液压转向系统设计要求

一、转向液压系统的基本要求及数学模型建立

1. 轮式车辆转向原理

图 5-1 为轮式车辆在水平地段上绕转向中心 O 点作转向时的车辆示意简图。转向时车轮不得发生侧向滑动，否则增加转向阻力并加快轮胎的磨损。因此，应使转向时所有车轮均围绕一个共同的中心并各沿不同的半径作弧形滚动。图中，O 为转向中心，L 为前后轴距，S 为轮距，R 为转向中心点到车辆的距离，α 为车辆外侧轮胎转角，β 为车辆内侧轮胎转角。显然两轮转向角度不等，且内外

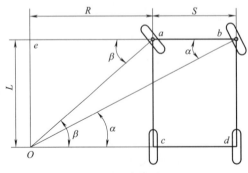

图 5-1　轮式车辆转向原理图

车轮转向角度满足下列关系：

$$\begin{cases} \tan\alpha = \dfrac{L}{R+S} \\ \tan\beta = \dfrac{L}{R} \end{cases} \quad (5\text{-}1)$$

前后桥同时转向时，转向中心位于前后桥中线的延长线上，前后、内外车轮转向角度仍满足关系式（5-1）。

2. 载重车转向模式

大型自行式液压载重车的转向系统的结构和一般工程机械的转向系统结构完全不同，它既不同于一般的机械式转向器又不是采用一般的梯形连杆机构，而是每个车轮都由一个液压缸推拉的独立转向，各个车轮之间在机械上不存在任何约束。载重车结构尺寸很大，且在工作过程中负荷很大，与提梁机和架桥机进行配合时要求操作灵活。为减小载重车的转弯半径，载重车应该具有八字转向模式，如图5-2所示。

采用八字转向会减小载重车的转弯半径，但也会造成载重车摆尾，当自行式液压载重车在狭窄道路上行驶时，容易造成尾部驶出路线。因此，运梁车也具备半八字转向模式，虽然转弯半径增大，但解决了摆尾的问题，如图5-3所示。

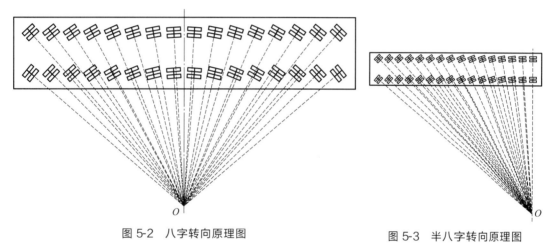

图 5-2　八字转向原理图　　图 5-3　半八字转向原理图

大型自行式液压载重车可以在狭小空间进行横向移动，由于受到轴线距离的限制，车轮最大只能转动30°，因此具备30°斜行转向模式，如图5-4所示。

转向模式还有中心回转、甩头摆尾和横行等。

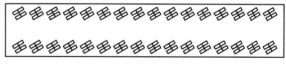

图 5-4　斜行转向原理图

3. 液压载重车的转向方式

根据模块车在转向时每个悬挂机构是否关联，可以将其分为独立转向和非独立转向两种。独立转向包括齿轮齿条式、涡轮蜗杆式、转向缸四连杆式，非独立转向一般为转向臂-拉杆转向。不同转向方式的特点如表5-1所示。

通常模块车采用转向臂-拉杆的转向模式。转向液压缸带动第一轴线的转向臂旋转，从而带动横向拉杆转动。横向拉杆拉动悬挂机构实现转向。后一轴线的转向臂通过纵拉杆和前一轴线的转向臂连接，跟随前一轴线转向臂转动。模块轴线车转向机构在设计时需要考虑以下几个问题：

表 5-1　不同转向方式特点

转向系统	特点	局限性	适用车辆
转向臂-拉杆转向	机构简单，成本低，拉杆之间通过转向臂连接，能适应高车速	最大转向角度低，只能实现单一转向模式	挂车、半挂车、模块车
转向缸四连杆转向	独立转向，能实现多种转向模式，能适应较高车速	结构较大，机构受力呈正弦曲线，在某些点的受力很大，可能会产生死点	平板车
齿轮齿条转向	转向角度大，结构紧凑，受力均匀	成本较高，摆动液压缸的轴向安装尺寸较大，导致车身高度高	模块车
涡轮蜗杆转向	独立转向，转向角度可达360°。结构紧凑，体积小，质量小，承载能力高	涡轮蜗杆承受的转向扭矩较大，容易破坏	模块车

(1) 理论特点分析

转向机构设计过程中，需要对其理论特点进行分析计算，确定实现转向所需满足的条件。在模块车转向时，理论转向是转向机构优化设计的基础。

(2) 各轴线轮胎转向协调问题

根据阿克曼原理，各轴线轮胎在转向时应尽可能实现纯滚动，这就要求各轴线轮胎转向时实际转角和理想转角误差尽可能小，减少轮胎的过度磨损，延长其使用寿命，同时避免拖拽现象的发生。

(3) 换位孔位置的确定及优化

模块车转向机构在设计时，不同轴线数、不同拼车方式都会导致转向臂换位孔位置的不同。合理地确定换位孔的位置对转向机构的转向性能尤为重要，这就需要对换位孔的位置进行优化。优化的首要问题是确保模块车在单独工作或者不同拼车形式下的转向协调性。

(4) 转向机构各零部件的受力问题

转向臂和横拉杆、纵拉杆的受力问题是转向机构设计的基础。零部件的设计主要包括转向拉杆以及液压缸有关参数的计算、液压缸安装位置的选择、转向臂换位孔位置的确定等。不同的设计结果使得各个零部件及液压缸的受力不同。

(5) 转向协调与机构受力兼顾问题

模块车转向时有可能出现转向协调与构件受力不能兼顾的问题。即协调性最优的情况下转向阻力有可能很大，而转向阻力较小时协调性又不足。因此需要对机构各个零部件的受力和转向协调性进行研究，做到二者兼顾。

(6) 转向臂的可制造化处理问题

对于轴线较多、拼车形式多样的模块车，由于其一种拼车形式对应一组优化结果，使得优化后换位孔位置繁多，有时还会出现部分重叠和交叉现象，不利于制造。因此对转向臂优化后的尺寸进行调整，实现可制造化显得十分必要。

(7) 数字化设计平台的开发问题

对于超多轴线的模块运输车来说，如果每种拼车方案都要进行独立的分析设计，不仅结构复杂，数据繁多，而且不利于快速有效地进行换位孔的设计。数字化自主设计平台可以方便有效地实现转向系统位置和换位孔的设计，减少开发人员的重复工作量。因此，对通用数字化自主设计平台的开发显得十分必要。

液压载重车的转向方式可大致分为两种。

一种为机械拉杆式转向,转向角度一般为±(55°~60°),根据厂家要求可以实现八字、半八字或者斜行等转向模式。运输超大物件时,模块车之间可以横向或纵向拼接。这种模块车只能实现一种转向方式,并且转向简单,可靠,成本较低,主要应用在船厂或公路运输领域。

表 5-2 为部分国外公司机械拉杆式转向液压载重车的技术指标。

表 5-2 机械拉杆式转向液压载重车技术指标

生产厂家	宽度/m	轴线载荷/t	轴距/mm	轮距/mm	高度/mm	悬架结构
SCHEUERLE	3	36	1500	1780	1190±325	立式止推轴承
GOLDHOFER	3	36	1500	1800	1175±300	回转支承
	3.6	45	1600	2280	1260±300	回转支承
COMETTO	3	34	1510	1750	1160+320	立式止推轴承
Nicolas	3	28	1550	1820	1050+350	立式止推轴承

另一种转向模式为电子液压复合多模式转向,转向角度可以达到±110°~±140°。这种轴线运输车可以根据现场情况的不同实现多种转向方式,包括直行、斜行、八字转向、半八字转向、中心回转、前轴转向以及后轴转向等。这种转向方式结构复杂,转弯半径较小,主要用在场地相对狭窄的地方及超重型货物的运输。

国外多模式转向自行式液压载重车的技术指标各不相同,见表 5-3。从表中可以看出 GOLDHOFER 生产的模块车单轴线载重量最大为 50t。其具体的转向机构也不尽相同,有马达驱动涡轮蜗杆转向、摆动缸齿轮齿条转向、液压缸转向等方式。图 5-5 至图 5-7 为几种不同结构的电子液压独立转向结构。

图 5-5 液压缸转向

图 5-6 齿轮齿条转向

图 5-7 马达驱动涡轮蜗杆转向

表 5-3 多模式转向自行式液压载重车的技术指标

生产厂家	宽度/m	轴线载荷/t	轴距/mm	轮距/mm	高度/mm	转向方式
SCHEUERLE	2.43	40	1400	1450	1500±300	齿轮齿条转向
KAMAG	2.43	36	1400	1450	1500±300	液压缸转向
GOLDHOFER	3	36	1500	1800	1500±300	涡轮蜗杆转向
	2.43	50	1400	1450	1500±300	涡轮蜗杆转向
COMETTO	2.43	36	1400	1450	1500±300	涡轮蜗杆转向

特殊情况下,两种不同转向模式的液压载重车也可以实现拼接。附加一套控制系统,就可以将多模式转向液压载重车与机械拉杆式液压载重车的转向模式协同起来。

4. 载重车转向数学模型

大型自行式液压载重车有八字转向、半八字转向及斜行三种转向模式,除斜行外另两种转向模式是按照轮胎纯滚动原理,使轮胎围绕转向中心转动不同的角度实现的,最大转向角度为±30°,其中 O 点为回转中心。以八字转向为例,建立各车轮间转向角度的综合模型,如图 5-8 所示。

设转向时左侧悬挂转角为 α_i,右侧悬挂转角为 β_i,其中 $i=1,2,\cdots,16$,转向中心到自行式液压载重车中心线的距离为 R,左右轮距为 S,轮轴间距为 L,以车的前进方向为正向,逆时针转向为正角,顺时针转向为负角,建立自行式液压载重车八字转向时右转的数学模型:

$$\begin{cases} R = (7L+L/2)\cot\beta_1 + S/2 \\ \cot\alpha_i = (R+S/2)/(|8-i|L+L/2) \\ \cot\beta_i = (R-S/2)/(|8-i|L+L/2) \\ \alpha_{(17-i)} = -\alpha_i \\ \beta_{(17-i)} = -\beta_i \end{cases} \quad (5-2)$$

将 α_i 与相应的 β_i 值交换,则得到平板车左转时的数学模型。

大型自行式液压载重车半八字转向时,转向中心在车头或车尾轴线的延长线上,此转向模式类似于常规车辆的转向过程,各尺寸参数的定义与八字转向模式的参数相同,得到自行式液压载重车半八字转向的数学模型:

$$\begin{cases} R = 15L\cot\beta_i + S/2 \\ \cot\alpha_i = (R+S/2)/(16-i) \\ \cot\beta_i = (R-S/2)/(16-i) \end{cases} \quad (5-3)$$

将 α_i 与相应的 β_i 值交换,则得到自行式液压载重车反向转向时的数学模型。

自行式液压载重车斜行时,各车轮的转角相同,因此没有相应的数学模型。

5. 载重车转向执行机构数学模型

转向执行机构结构如图 5-9 所示。C 点与 A 点之间的距离为 a,转动半径为 b,L 为车轮处于中位时液压缸的初始长度,α 为起始转向角度,θ 为转动角度。

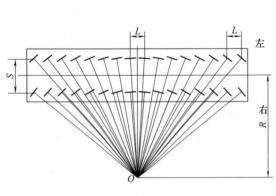

图 5-8 转向模型

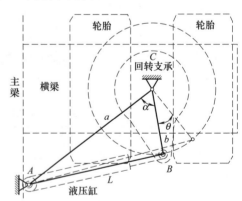

图 5-9 转向执行机构简图

设当悬挂转角为 θ 时,液压缸的行程为 x_c,则有

$$L + x_c = \sqrt{a^2 + b^2 - 2ab\cos(\theta+\alpha)} \quad (5-4)$$

转向执行机构的力平衡方程为

$$Fd = M \quad (5-5)$$

式中，F 为液压缸的输出力，N；d 为转动力臂，m；M 为转动阻力矩，N·m。

根据三角形面积公式

$$\frac{1}{2}ab\sin(\alpha+\theta)=\frac{1}{2}(L+x_c)d \tag{5-6}$$

可得

$$d=\frac{ab\sin(\alpha+\theta)}{\sqrt{a^2+b^2-2ab\cos(\alpha+\theta)}} \tag{5-7}$$

即

$$F\times\frac{ab\sin(\alpha+\theta)}{\sqrt{a^2+b^2-2ab\cos(\alpha+\theta)}}=M \tag{5-8}$$

二、转向液压系统原理设计

大型自行式液压载重车采用独立转向，每个悬挂都由独立的液压缸控制其转向。负荷敏感系统是一个具有压差反馈，在流量指令条件下实现泵对负载压力随动控制的闭环系统。负荷传感通过感应检测出负载压力、流量和功率的变化信号，向液压系统进行反馈，实现节能控制、流量和调速控制、恒力矩控制、力矩控制、恒功率控制、功率限制、转速限制及与原动机功率匹配等控制。

根据大型自行式液压载重车转向系统的特点和要求，开发了载重车转向同步控制系统。图 5-10 为载重车转向液压系统原理图。该型载重车采用力士乐 A11VO90 泵为驱动原件，控制阀为带负荷敏感系统的比例多路阀，该系统不仅能满足载重车不同转向缸压力流量不同的要求，通过角度传感器进行转角反馈还能实现各悬挂转向角度的精确定位。

三、负荷敏感技术在转向系统中的应用

负荷敏感系统是一个具有压差反馈，在流量指令条件下实现泵对负载压力随动控制的闭环系统。负荷敏感系统是一种容积调速和节流调速相结合的调速系统，该系统能保证液压泵的流量和压力与系统所需自动匹配，具有节能作用。变量泵通过检测和维持泵出口压力和负载压力之差，使泵的流量仅取决于系统回路中换向阀开口大小，与负荷压力无关。

当多执行机构同时工作时，执行机构的最高工作压力通过梭阀传递到变量泵的负荷敏感阀，使变量泵的压力始终高出最高工作压力一个压差，当这个压差减小时，泵的排量增大，压差增大时，泵的排量减小，直到压差重新达到平衡，如图 5-11 所示。执行机构控制阀都具有压力补偿功能，压力补偿原理和调速阀原理基本相同，压力补偿阀相当于外控定差减压阀，比例阀相当于节流阀。其流量可表达为：

$$Q=c\alpha\sqrt{2g\frac{\Delta p}{\rho}} \tag{5-9}$$

式中　　c——流量系数；
　　　　α——节流开度；
　　　　g——重力加速度；
　　　　ρ——液压油的密度。

式中，c、g、ρ、Δp 均为常数，因此系统流量只与比例阀的节流开度有关，与负载大小无关。

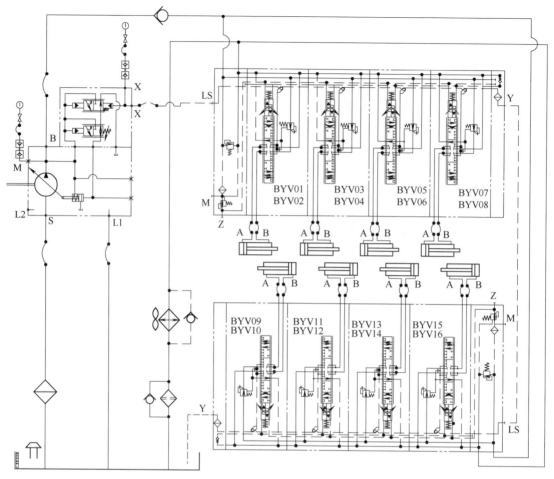

图 5-10　载重车转向液压系统原理图

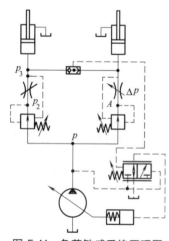

图 5-11　负荷敏感系统原理图

大型自行式液压载重车转向系统负载变化较大,这给手动与电动控制的微动调节带来了不利,同时多联多路阀的复合操作也出现了相互影响。采用负荷敏感技术就可以解决这两个问题。

四、转向控制系统

液压转向采用电液比例控制系统,通过角位移传感器闭环控制各悬挂的转角,实现对悬挂转向的精确控制和轮胎转向时的近似纯滚动,其控制系统结构如图 5-12 所示。转向系统负载变化复杂,且并行工作,采用变量泵负荷传感系统可以在变负载及变化的发动机转速条件下实现多执行元件复杂运动的准确控制。

控制器采集操控信号,识别转向模式,根据已建立的整车轮系转向运动学模型和方向盘输入的角度,解析出各轮组的期望转角,通过 CAN 总线接收角位移传感器采集的最新实际轮组转角,求解各转向缸的控制量输出,并向各 I/O 节点发送相应的控制指令,从而控制转向油缸带动转向轮组转动,这一控制过程不断循环,直至各轮组转到期望转角或工作状态

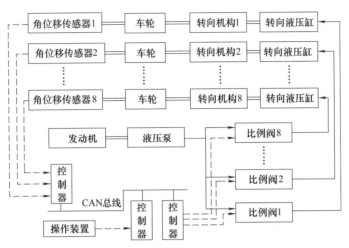

图 5-12 自行式液压载重车电液比例转向控制系统

发生变化。

大型自行式液压载重车转向系统是一个采用微处理器控制的智能化电子控制系统，由 1 个主控制器、2 个从控制器、2 个显示器及 8 个角位移传感器等构成。自行式液压载重车需要测控的测点都较为分散，如果采用集中数据采集的方式可能需要引入过多、过长的传感器信号电缆，降低其可靠性和安全性，而且电缆过长也会引入大量噪声与干扰，因此采取分散测取的方式。两个从控制器分布在车两端，就近测取传感器的信号或发布控制信号，主控制器位于车的中部，控制器之间通过 CAN 总线 PDO（process data object）广播的方式进行通信。其网络拓扑结构如图 5-13 所示。电控元件均采用芬兰 EPEC 生产的产品，主控制器为 SPT-K-2024，从控制器为 SPT-K-2023，显示器为 SPT-X-AT72，角位移传感器为 AWS 绝对式编码器。

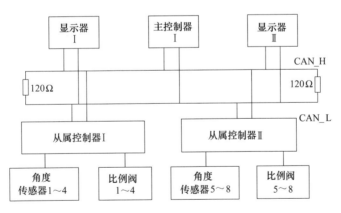

图 5-13 CAN 网络拓扑结构

五、液压载重车转向协调性控制

在大型自行式液压载重车转向过程中，不希望出现超调现象使悬挂回转，也不希望微小偏差下的频繁调节引起系统振荡，这都影响整车稳定性。因此采用增量型分段 PID 控制方法，这是一种鲁棒性强的实时控制律，在大偏差区它接近 Bang-Bang 控制，在中偏差区接近等减速控制,在小偏差区接近带死区的 PID 控制。比例系数 $K_P[e_i(k)]$、积分系数 $K_I[e_i(k)]$、比例系数 $K_D[e_i(k)]$ 的函数规律采用分段函数实现。控制率的数学表达式为:

$$u_i(k)=u_i(k-1)+K_P[e_i(k)]\Delta e_i(k)+K_I[e_i(k)]e_i(k)+K_D[e_i(k)]\Delta^2 e_i(k) \tag{5-10}$$

式中　$u_i(k)$——第 i 个通道在第 k 个采样周期的控制器输出;
　　　$e_i(k)$——调节偏差。

其中

$$e_i(k)=\varphi_i(k)-\theta_i(k)$$
$$\Delta e_i(k)=e_i(k)-e_i(k-1)$$
$$\Delta^2 e_i(k)=\Delta e_i(k)-\Delta e_i(k-1)$$

式中　$\varphi_i(k)$——指令转向角度;
　　　$\theta_i(k)$——输出转向角度。

在实际控制中,为了避免在微小偏差下的频繁调节所引起的系统振荡,本控制算法采取了两种措施:一是带不灵敏区的控制,当偏差处于不灵敏区时,输出控制量为零,否则按照增量 PID 算式计算输出增量;二是采用积分分离,在系统偏差较大时,降低或者取消积分作用,当偏差小于某一设定值时,再投入积分的作用(参见图 5-14、图 5-15)。即:

$$u_i(k)=\begin{cases}u_i(k) & |e_i(k)|>B \\ 0 & |e_i(k)|\leqslant B\end{cases} \quad B \text{ 为不灵敏区的宽度} \tag{5-11}$$

$$K_I[e_i(k)]=\begin{cases}|e_i(k)|>A \text{ 取消积分作用} \\ |e_i(k)|\leqslant A \text{ 引入积分作用}\end{cases} \quad A \text{ 为积分作用的偏差设定值} \tag{5-12}$$

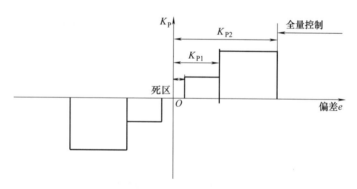

图 5-14　K_P 变化规律

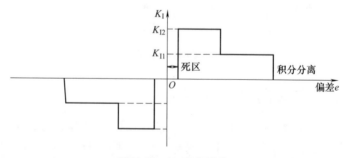

图 5-15　K_I 变化规律

第二节　液压载重运输车转向系统分析

一、常用转向系统方案

液压载重车转向系统采用由控制模块、液压系统、转向机构、角度传感器组成的闭环控制系统，保证多车转向的协调性，提高并车组转向同步精度、联合运输时的可靠性。自行式重型平板车可实现多种独立转向模式，主要分为静态转向与动态转向，可根据不同工作环境选择合适的转向模式，能够提高并车组转向的灵活性，避免爆胎、侧翻等事故的发生。

1. 液压缸四连杆独立转向机构

按照自行式重型平板车转向系统的特点和技术要求，研制了平板车转向同步控制系统。自行式重型平板车转向机械结构采用液压缸四连杆独立转向机构，转向液压系统采用负载敏感系统。综合考虑，JHP250ZXPB、JHP150ZXPB 平板车选择液压缸连杆转向机构，闭环控制具有较高的转向精度，可以实现多种独立转向模式，现场安装方便，同时能够使平板车转向更加灵活。

JHP250ZXPB 平板车转向液压系统由变量泵、比例多路阀、梭阀、转向油缸等组成。该型载重车采用力士乐 A11VLO190DRS/11R-NZG12 泵为驱动原件，控制阀为带阀前压力补偿的比例多路阀，该系统不仅能满足载重车不同转向机构压力流量不同的要求，而且通过角度传感器进行转角反馈还能实现各转向机构的精确定位。图 5-16 为载重车转向液压系统

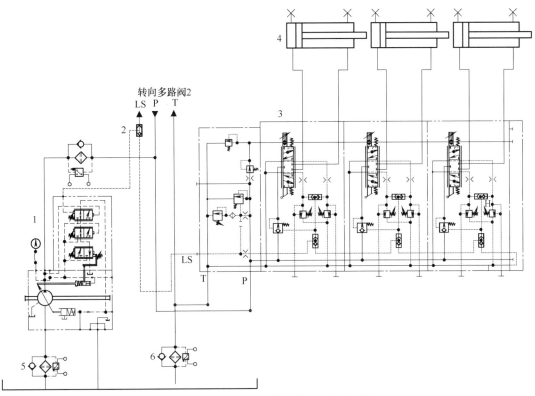

图 5-16　液压载重车转向液压系统原理图

1—变量泵；2—梭阀；3—比例多路阀；4—转向油缸；5—吸油过滤器；6—回油过滤器

原理图，变量泵1输出液压油直接进入比例多路阀3，再通过比例多路阀的调压分配进入各个转向油缸4，以实现平板车的转向，此过程中转向油缸活塞杆的伸出速度由比例多路阀的阀口开度大小决定，而与负载无关，可以满足各个转向油缸的差速性要求。重载转向时，由于载荷分布不均匀，使得各个转向油缸所受负载压力不同，各个比例多路阀通过阀内的梭阀将各组转向油缸的负载压力最大值反馈到转向系统中，再通过梭阀2将系统最大负载压力反馈给变量泵的负载敏感控制阀，通过调节变量泵的输出排量保证负载最大压力与变量泵输出压力差值为恒定值，以实现系统压力与负载所需压力相匹配。

自行式重型平板车转向系统的特点：液压系统与微电系统组成闭环控制系统，通过角度、位移传感器实时反馈载重平台的位置，实现各个轴线的同步控制。液压系统采用负载敏感控制，根据负载压力变化调节变量泵排量，使泵出口压力与负载压力保持恒定差值，同时比例阀采用具有阀前压力补偿功能的比例多路阀，保证控制阀前后压力差值恒定，使系统输出流量只与阀口开度大小有关，实现了系统压力、流量自动匹配，提高了系统的工作效率，达到了节能效果。

2. 转向控制系统的设计

载重车转向系统是由电气控制模块与液压模块、动力机构组成的闭环控制系统，比例阀接收控制信号推动转向油缸，转角传感器反馈给控制器实现机电液闭环控制。控制系统如图5-17所示。平板车并车组合多个负载转向机构同时工作，系统负载变化复杂，微电控制系统可以实现多执行机构复杂运动的同步协调控制。

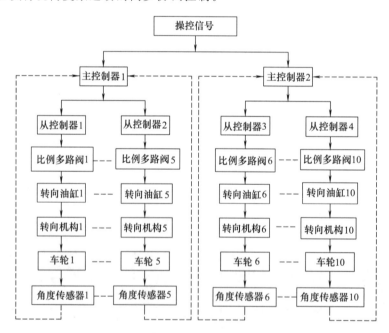

图 5-17 自行式液压载重车电液比例转向控制系统

首先在驾驶室显示器输入控制信号，主控制器接收信号、分辨转向模式，通过CAN总线传输给从控制箱，从控制器根据已经建立的该转向模式的数学模型计算出各个转向轴线的理论转角，传输信号给比例多路阀从而控制转向油缸伸出，角度传感器将实时转角误差信号反馈给主控制器，直至各个车轮轴线转到理论转角，形成闭环控制系统。

JHP载重车转向系统是应用微处理器控制的机电液控制系统，主要是由2个主控制器、4个从控制器、2个显示器及10个角度传感器、10个位移传感器、10个速度传感器等构成。

JHP 控制系统测点较多且分布分散,如果采用集中数据采集的方式,则需要传感器信号电缆较多,信号传输过程中会引入大量噪声,降低控制系统的可靠性,所以采取分散测试的方法。两个从控制器分布在两端,测取附近传感器的信号或发布控制信号,主控制器分别位于两车的控制室内,控制器之间通过 CAN 总线以 PDO 广播的方式进行通信。如图 5-18 所示,电控元件均采用德国 Hesmor 生产的产品,主控制器为 HS-IO-39-6U,从控制器分别为 HC-G15-2U、HC-G19-2U。

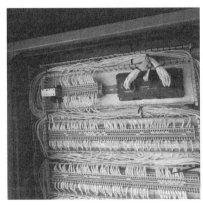
(a) 主控制器

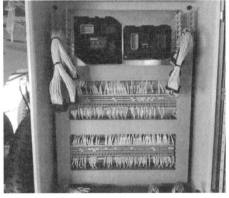
(b) 从控制器

图 5-18 液压载重车控制箱

3. 自行式重型平板车转向差速差力控制

平板车并车组转向时由于各个轴线转向半径不同,驱动系统需实现差速控制,即各个车轮驱动速度不同。由于路面地形状况复杂,各个车轮承受的附着系数不同,即各个车轮的驱动阻力会有差异,驱动系统压力相等,系统驱动力由车轮牵引力最小的轴线决定,即系统驱动力不会超过附着系数最小车轮所需的牵引力。如果系统驱动力超过最小车轮牵引力时,该车轮将会发生打滑,驱动系统压力迅速下降,造成并车组行驶稳定性降低。

为了满足不同工况,液压载重车需要实现多种转向模式,如直行、斜行、横行、摆头摆尾转向和中心回转等。转向过程中要求每个轮组按照预定的角度回转,否则在行驶过程中会出现车轮卡滞现象,造成液压载重车无法行走。液压载重车转向控制的关键在于多种转向模式的实现及实时转向时车轮的协同控制。

(1) 差速控制设计

平板车拼接转向时,由于转向半径的不同,外侧车辆驱动速度应比内侧车辆大,如果内外侧车辆转速相同,则外侧车辆车轮轴线会发生滑移。车轮发生滑移时,理论上会产生阻止车轮滑移的阻力,在一定程度上会使车轮转速加快。液压传动具有自动分流的特性,即转向车轮速度发生变化时,液压系统会自动调整相应的流量流入马达,以达到所需的转向速度。利用液压系统这一特性,可以解决平板车不同转向轴线需差速控制的问题。

(2) 车轮打滑检测

驱动桥上两个变量马达都装有速度传感器,可以实时检测驱动车轮的转速,从而判断该车轮是否处于打滑状态。其检测原理如下:

① 转速传感器安装在变量马达的测量孔中,对应一个由磁性材料制作的类似内置齿轮的部件,传感器应用霍尔效应半导体检测磁通量的变化。当车轮转动时,驱动桥变量马达推动齿轮部件转动,速度传感器发出脉冲信号,同时把检测到的磁通量信号转换为脉冲方波信

号输出，从控制器统计单位时间内的方波信号，计算出该驱动车轮的转速。

② 平板车并车组直线行驶时，各个车轮的转速是相等的。设定车轮轴线的理论转速值为 n，并设定可调节误差值为 Δn，如果某个车轮的转速超出 $n+\Delta n$，则认为该车轮处于打滑状态，需要进行调节控制。

③ 当车辆转弯时，根据角度传感器得到实时的车轮转向角，每个车轮的转速 n_i 可以通过式（5-13）确定。计算所有车轮转速的平均值 $\bar{n}$，同时设定可调误差值为 Δn，当某个驱动轮转速超过 $\bar{n}\pm\Delta n$ 时，则认为此轮处于打滑状态。

$$n_i = f(R,v,z) \tag{5-13}$$

式中　R——车轮转向半径，m；
　　　v——车轮转向角度，(°)；
　　　z——车轮轴线与第一轴线距离，m。

（3）差力控制设计

闭式液压驱动系统常用的防滑控制方法有两种：调整打滑驱动轮的马达输出转矩、直接施加制动控制打滑。

① 调整打滑驱动轮的马达输出转矩　通过改变液压泵或变量马达的排量可以调整马达输出转矩，也可以通过调整发动机的输出转矩来实现。

a. 对于变量泵-变量马达系统与定量泵-变量马达系统，采用调节打滑马达的排量来改变输出转矩。当某轴线驱动车轮打滑时，将该车轮对应马达排量减小，此时马达输出转矩将减小，直到车轮恢复纯滚动状态，驱动系统压力将重新建立，系统流量自动分配到未打滑一侧，由于该车轮承受附着力较大，主要提供车辆前行的牵引力，而打滑车轮提供一定的辅助牵引力。

b. 对于变量泵-定量马达系统，由于马达排量不能改变，只能通过改变液压泵排量或调整发动机的输出扭矩来调节马达的输出扭矩。发动机常通过控制燃油喷射量来降低其输出转矩。同时，还可以加大泵的排量来降低液压系统的压力，这样也能减小打滑车轮马达的输出扭矩。

c. 对于定量泵-定量马达系统，只能通过调整发动机的输出扭矩来调整马达的输出转矩。这种系统调整的范围相比前两种较小，一般不会采取这种方法。

② 直接施加制动控制打滑　马达打滑的根本原因就是该马达的驱动力大于附着力，每一个驱动轮均装有独立的制动器，可以对打滑车轮直接施加制动力。当速度传感器检测到马达打滑时，控制器发出相应指令，对打滑马达实施制动控制，直至其驱动力小于附着力。

JHP 系列重型平板车均采用变量泵-变量马达闭式液压驱动系统，调整打滑车轮采用改变变量马达的排量来调节其输出转矩的方法。

二、液压马达转向系统与液压缸转向系统的比较

1. 两种转向结构的液压系统图

液压载重运输车转向液压系统有两种方案，分别为采用全液压独立转向及拉杆转向与由液压转向马达通过减速器和回转支承啮合使回转支承转动。

JHP320ZXPB1 液压载重运输车的转向系统主要由开式变量泵、开式泵远程控制阀组、转向升降控制阀组、转向马达减速器和转向比例阀组组成。该转向系统采用恒压变量泵开式液压系统，由开式泵作用于液压转向马达减速器并与回转支承啮合使回转支承转动，从而使悬挂机构转动，其中由转向比例阀组进行控制。JHP100/JHP250 型采用安装方便的液压缸连杆转向结构。图 5-19 为液压马达转向系统和液压缸转向系统原理图，两种转向系统结构

第五章 自行式液压载重车转向系统设计

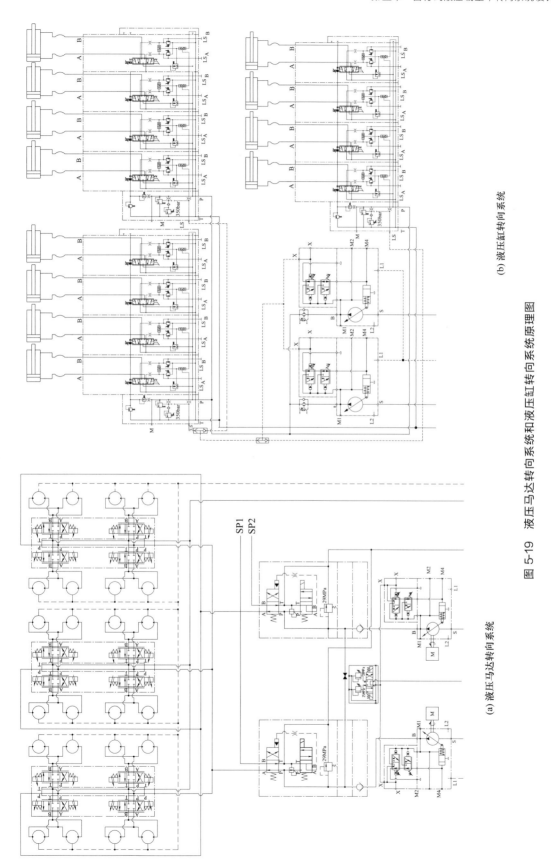

图 5-19 液压马达转向系统和液压缸转向系统原理图
(a) 液压马达转向系统　(b) 液压缸转向系统

图如图 5-20 所示。

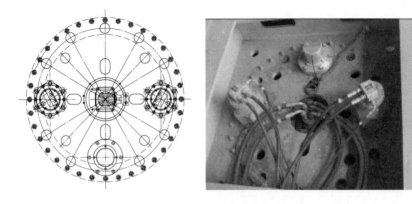

(a) 液压马达转向结构

(b) 液压缸转向结构

图 5-20 液压载重运输车转向机构

2. 两种转向机构特点比较

两种转向机构特点比较见表 5-4。

表 5-4 液压载重运输车液压马达、液压缸转向系统特点比较

液压马达减速器转向系统	1. 液压转向系统采用液压转向马达，通过减速器和回转支承啮合使回转支承转动，由转向比例阀组进行控制。每个回转机构上都安装了角位移传感器，以实时检测回转状况，为控制提供依据，以保证各个转向机能够协调、精确地运动。转向轮组实现+360°至−360°的转向，可实现多种复杂的转向模式 2. 在该开式液压系统中，增加了开式泵远程控制阀组，该阀组中的两个不同设定值的溢流阀，使开式泵的输出系统压力为三个值：一个为泵的出厂设定压力值 2MPa，一个为转向压力 25MPa，另一个为升降压力 28MPa 3. 开式变量泵型号为 ERL100B，采用远程压力补偿控制，为恒压变量柱塞泵。载重运输车转向时，由发动机带动恒变量柱塞泵，经过进油滤油器从油箱中抽取液压油打入系统中，在开式泵远程控制阀组中的三位四通电磁换向阀动作后，由方向盘上的转向控制信号通过比例放大作用驱动转向马达减速器动作，使回转支承转动，从而使载重运输车发生转向。回转支承上装有转角传感器，传输整个悬挂机构角度反馈控制信号，反馈控制信号与方向盘输入信号相比较，形成自动反馈控制，完成转向动作
液压缸转向系统	1. 液压转向系统采用转向液压缸驱动机械转向机构实现转向，它驱动转向轮组实现+100°至−100°的转向。轮轴转向系统利用机械杆系将转向缸的转向信号传递给每一个悬挂部件组，最终使各轮轴的车轮都能按正确方向行驶 2. 开式变量泵型号为 ERL100B，采用负载敏感控制方式，为负载敏感变量柱塞泵。载重运输车转向时，由发动机带动负荷传感恒功率变量柱塞泵，经过进油滤油器从油箱中抽取液压油打入系统中，由方向盘上的转向控制信号通过比例放大作用驱动转向比例多路换向阀动作，使进入转向液压缸油腔的油压驱动转向连杆机构动作。转轴上装有转角传感器，传输整个转向机构角度反馈控制信号，反馈控制信号与方向盘输入信号相比较，形成自动反馈控制，完成转向动作

续表

共同点	系统均使用45系列E型开式轴向柱塞泵
比较结论	1. 液压马达和液压缸两套转向系统中,开式变量泵虽然型号一样,但是控制工作方式不一样,分别为恒压变量柱塞泵和负载敏感变量柱塞泵。开式泵远程控制阀组即为远程压力补偿控制,远程压力补偿控制为两级控制方式,允许设定不同的压力补偿设定值。在远程压力补偿控制系统中,泵排量控制阀组通过一条先导控制管路与一外部溢流阀相连。此溢流阀的设定值决定了先导控制油路的设定溢流压力,进而使得泵在低压设定值时完成压力补偿控制。这种控制方式使载重运输车的控制更加方便简单 2. 相比液压缸系统,液压马达系统由于没有了液压缸转向机构而直接使用转向马达,因此转向更加灵活,控制更加简单 3. 相比液压缸系统,液压马达系统转向马达、回转减速器和回转支承齿轮结构都安装在悬挂内部,因此转向系统结构更加紧凑,安装方便

三、转向系统参数设计及关键元件选型

以整车的转向液压系统为例,详细介绍JHP320ZXPB1液压载重运输车液压转向系统的设计。液压转向系统设计的基本原则与一般液压系统相同,所以压力和流量同样是液压转向系统最主要的两个参数,是液压转向系统计算和选择元件、辅件以及发动机规格型号的依据。主要技术参数见表5-5。

表5-5 液压载重运输车转向系统主要技术参数

项目	参数	项目	参数
车辆总质量/kg	390000	轮胎的承载半径/mm	540
转向系统压力/MPa	25	轮距/mm	1100
轮胎的自由半径/mm	562.5	中心回转半径/mm	12000

1. 转向阻力矩的计算

在液压转向系统中,系统所传递的功率同样是压力和流量两个参数的乘积,这充分说明了两个参数紧密相关。如果系统功率一定,系统压力选得低,则元件尺寸大,重量增加。重量对一般固定式设备不一定是最主要的因素,但对于自行式液压载重车来说,尺寸和重量就成为一个突出的设计因素,它将直接影响整机性能。若取较高压力,则元件尺寸减小,重量减轻。但继续提高压力,也会出现相反情况。

载荷是确定液压转向系统压力、流量及液压元件规格的依据。工程机械在作业时,除了在弯道行驶时必须将轮胎与地面进行相对偏转外,某些工况要求在非行驶状态时,将轮胎相对地面偏转以调整机械的方向即原地转向。此时,轮胎与地面之间的摩擦阻力矩一般为行驶转向时的2～3倍。以原地转向时阻力矩作为计算力矩能保证在不利条件下进行转向。图5-21所示为车辆转向示意图,根据该示意图可以计算出车辆转向时候的阻力矩。

转向阻力矩的计算,常用的方法有两种。方法1:雷索夫经验公式是做了某些近似假设推导出的,系数确定有一定的局限性,缺少通用性。方法2:经验公式中转向阻

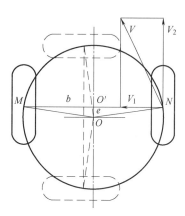

图5-21 车辆转向示意图

力矩为常数,实践证明这是能够很好地接近实际转向阻力矩的可行方法,其通用性也十分理想。

计算时要考虑车桥负荷、滚动阻力系数、车轮接地中心到主销中心距离、轮胎和地面间的滑动摩擦系数、轮胎的自由半径、轮胎的承载半径、转向效率、轮胎气压等参数,通过计算可以确定JHP320ZXPB1液压载重运输车的悬挂轮组的转向阻力矩为32550N·m。具体计算见相关参考文献。

2. 转向马达减速器的选型计算

在JHP320ZXPB1液压载重运输车的转向液压系统中,有两个转向马达减速器作用于悬挂机构,从而使悬挂轮组发生转向。由此可知,一个马达减速器的输出扭矩为16275N·m,则选择日本TCM转向马达减速器,型号为CS04-00-71-16-2,传动比$i_1=71$,载重运输车悬挂轮组的转向阻力矩为两个马达输出扭矩之和;回转减速器和回转支承啮合的齿数比$i_2=4.083$。可以求出转向马达的输出扭矩,进而求出马达排量。

由以上计算,查阅样本,并参考相似车辆的设计经验,选定日本TCM公司配套产品——转向马达减速器,型号为CS04-00-71-16-2,其参数如表5-6所示。

表5-6 载重运输车转向马达减速器的主要参数

定量马达	额定排量/(mL)	扭矩/(N·m)	最大转速/(r/min)	额定流量/(L/min)
	16	400	2500	6.7
回转减速器	最大输出扭矩/(N·m)		额定输出扭矩/(N·m)	传动比
	2940		2410	71

3. 回转支承选择

载重运输车空载时在平地以高速度12km/h转向90°时,回转支承转了1/4圈,根据马达数量,可以确定回转支承转向时间、回转支承的转向速度,可以确定转向系统的流量为316L/min。

4. 开式变量泵的选型计算

开式变量泵选型的依据是其应能满足马达所需的流量。即转向液压泵能够满足所选的液压马达处在最高的匹配转速时的流量要求,并且要高于系统的最高压力。泵的排量选型得出开式变量泵所需要的最大排量$q\geqslant 79.3$mL/r,因此根据样本选择萨奥-丹佛斯公司的ERL100B系列变量泵,共2台,主要参数如表5-7所示。

表5-7 载重运输车开式变量泵的主要参数

最大排量/(mL/r)	持续转速/(r/min)	持续压力/MPa	理论流量/(L/min)	压力补偿初值/MPa
100	2450	31	245	2

该ERL100B系列变量泵在JHP320ZXPB1液压载重运输车的转向升降系统中仅具有远程压力补偿控制功能,其原理如图5-22所示。

5. 转向执行机构的几何分析与强度校核

液压缸四连杆机构是独立转向机构,平板车可实现八字转向、半八字转向、中心回转等多种独立转向模式。如图5-23所示,每个悬挂机构上的回转支承都安装有角度传感器,角度传感器、比例多路阀与控制模块组成电液比例控制系统。角度传感器将实时转角反馈给控制器,控制器根据接收到的实际转角信号,与理论转角信号对比,采用同步控制PID策略,求取误差控制量，比例多路阀接收误差信号推动转向油缸转动，实现转角纠正。

如图 5-24 所示，C 为转向中心，A 为主梁与转向油缸铰接点，B 为转向臂与液压缸活塞杆的铰接点，假设 A 点与 C 点之间的距离为 a，转动半径为 b，L 为车轮处于中位时液压缸的初始长度，α 为起始转向角度，θ 为转动角度。

设当车轮转动角度为 θ 时，液压缸的行程为 x_c，则有：

$$L+x_c=\sqrt{a^2+b^2-2ab\cos(\theta+\alpha)} \tag{5-14}$$

转向执行机构的力平衡方程为：

$$Fd=M \tag{5-15}$$

式中　F——液压缸的输出力，kN；

　　　d——转动力臂，m。

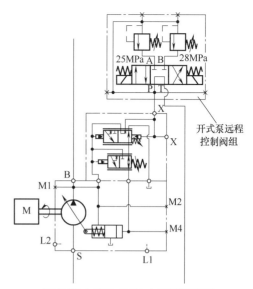

图 5-22　ERL100B 变量泵原理图

(a) 液压缸四连杆机构

(b) 平板车悬挂机构

图 5-23　液压缸四连杆式转向系统结构图

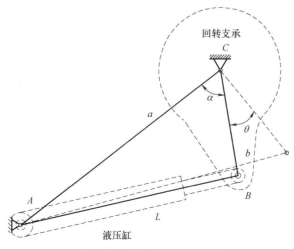

图 5-24　转向机构几何模型

根据三角形面积公式：

$$\frac{1}{2}ab\sin(\alpha+\theta)=\frac{1}{2}(L+x_c)$$ (5-16)

可得

$$d=\frac{ab\sin(\alpha+\theta)}{\sqrt{a^2+b^2-2ab\cos(\alpha+\theta)}}$$ (5-17)

即

$$F\times\frac{ab\sin(\alpha+\theta)}{\sqrt{a^2+b^2-2ab\cos(\alpha+\theta)}}=M$$ (5-18)

联合式（5-15）至式（5-18），可得液压缸行程 x_c 与转动角度 θ 之间的函数关系式：

$$x_c=\frac{ab\sin(\alpha+\theta)}{d}-L$$ (5-19)

由式（5-19）得出实时转动角度 θ 与转向油缸活塞杆行程 x_c 的数学关系式，由活塞杆行程可计算得出转向系统所需流量方程：

$$Q=x_c A$$ (5-20)

式中 Q——系统流量，L/min。

根据系统所需流量可得比例控制阀相应开口大小，参照比例控制阀样本，可得相对应的控制电信号，最后可得出转向角度与比例控制阀所需电信号的关系表达式：

$$kI=A\left(\frac{ab\sin(\alpha+\theta)}{d}-L\right)$$ (5-21)

式中 I——电流信号，mA；

k——阀口开度与电信号比例系数。

四、转向执行机构的强度校核

图 5-25 为转向执行机构结构简图，A、P、Q 为固定点，三脚架 PBC 为转向臂，AB 为带动回转支承的转向杆。当转向油缸 QC 伸缩时推动转向臂，从而带动回转支承使悬挂进行转向。

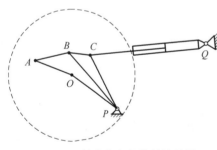

图 5-25 转向执行机构结构简图

1. 转向臂强度校核

在转向过程中，转向臂作为主要的自制件起着关键的作用，作为中介将转向油缸的输出力传递给悬挂架以及回转支承，带动轮胎转向。它的一端固定在车架上，转向油缸与其连接，前端连接推杆再带动回转支承转向。转向臂一方面承受液压缸的推力或者的拉力，另一方面还承受来自连杆的压力，因此转向臂在四连杆机构中是一个重要的构件，必须对其进行校核。

转向系统在实际转向过程中，必须要克服转向阻力，转向阻力所产生的转向阻力矩大小为：

$$M_z=\frac{f}{3000}\sqrt{\frac{G^3}{p}}$$ (5-22)

$$G=\frac{m_1+m_2}{10}=310\text{kN}$$ (5-23)

式中　G——轴向载荷，kN；

　　　m_1——车体自重，N；

　　　m_2——负载载荷，N。

p 为轮胎充气压力，一般为 0.9MPa；f 为轮胎与混凝土路面的滑动摩擦系数，一般取值为 0.7。将各个数据代入公式计算，得出每组轮轴所承受的最大转向阻力矩：

$$M_Z = 42452 \text{N} \cdot \text{m} \tag{5-24}$$

转向臂为自制焊接件，由 Q235B 钢材切割焊接而成，弹性模量 E 为 2.1×10^5 MPa，泊松比 μ 为 0.29，屈服极限 σ_s 为 345MPa，设经验系数为 2，许用应力为：

$$[\delta] = \frac{\delta_s}{2} = 172.5 \text{MPa} \tag{5-25}$$

图 5-26 为转向臂的受力简图，主要承受转向油缸的推力与推杆的压力，转向液压系统的最高压力为 31.5MPa，油缸规格为 $\phi 160 \text{mm}/\phi 90 \text{mm} \times 890 \text{mm}$。

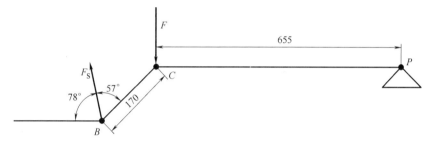

图 5-26　转向臂受力简图

液压缸的最大推力为：

$$F = p_1 A = 200 \text{kN} \tag{5-26}$$

式中　p_1——系统最大压力，MPa；

　　　A——活塞杆面积，m^2。

根据截面法可计算得到其剪力，由剪力及弯矩图可知：最大剪力 $F_{S\max}$ 为 633kN，最大弯矩 $M_{\max}$ 为 64196N·m。每组轮轴所承受的最大转向阻力矩 M_z 为 42452N·m。液压缸提供的转向力矩大于转向臂所受的最大阻力矩，能够完成正常转向。

转向臂的抗弯截面系数为：

$$W = \frac{bh^3/12}{h/2} = \frac{0.132 \times 0.119^2}{6} = 3.11 \times 10^{-4} (\text{m}^3) \tag{5-27}$$

式中　b——转向臂截面宽度，m；

　　　h——转向臂截面长度，m。

转向臂所受剪应力为：

$$\tau = \frac{F_S}{bh} = 12.7 \text{MPa} \tag{5-28}$$

转向臂所受最大弯曲应力为：

$$\delta = \frac{M_{\max}}{W} = 65.1 \text{MPa} \tag{5-29}$$

取动载系数为 1.4，根据第四强度理论，最大应力为：

$$\delta_{\max} = 1.4 \sqrt{\delta^2 + 3\tau^2} \approx 96.2 \text{MPa} < [\delta] \tag{5-30}$$

由此可知，转向臂材料和结构都满足强度要求。

按照图 5-27 的受力情况对转向臂进行约束，然后进行有限元分析，得到转向臂的应力云图和变形云图。

由图 5-27 至图 5-30 可以看出，转向臂中应力强度最大为 163.54MPa，小于 Q235B 的屈服极限应力（172.5MPa），最大应力值只是出现在销轴孔局部位置，实际装配中在这个位置装有 40Cr 的销轴，完全可以承受这些应力，转向臂其余大部分地方的应力分布还是比较均匀的，均在 100MPa 左右，整个转向臂强度是足够的。转向臂的变形量最大为 1.2mm，出现在销轴孔附近，其余承载部位变形量很小，具有很好的刚度。

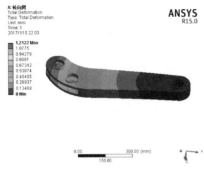

图 5-27 转向臂变形云图

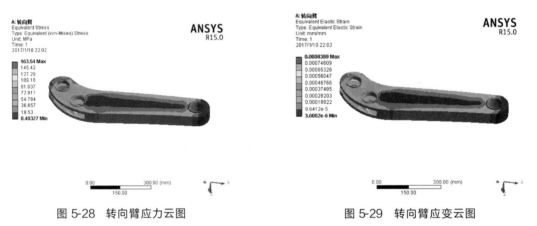

图 5-28 转向臂应力云图　　　　图 5-29 转向臂应变云图

2. 推杆强度校核

推杆采用的材料为 45 钢，屈服强度为 420MPa，按经验设计取安全系数为 2，许用应力为：

$$[\delta] = \frac{\delta_s}{2} = 210 \text{MPa} \tag{5-31}$$

推杆所受液压缸的推动力矩为：

$$M_1 = F \times L = 200000 \times 0.10138 \text{N} \cdot \text{m} \tag{5-32}$$

式中　F——液压缸输出力，N；

　　　L——液压缸对推杆的力臂，m。

推杆的抗弯截面系数为：

$$W = \frac{bh^3/12}{h/2} = \frac{18 \times 6^2}{6} = 108 (\text{m}^3) \tag{5-33}$$

转向臂所受最大弯曲应力为：

$$\delta_{\max} = \frac{M_{\max}}{W} = 187.7 \text{MPa} \tag{5-34}$$

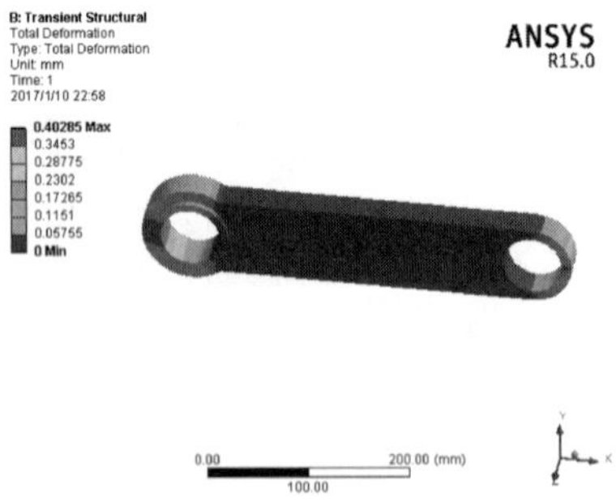

图 5-30 推杆变形云图

$\delta_{\max} < [\delta]$，满足弯曲强度条件，所以推杆的强度满足实际的转向要求。

由图 5-31 至图 5-33 可以看出，推杆最大应力值为 204.63MPa，出现在销轴孔附近，小于 45 钢的许用应力 210MPa，其余部分基本在 100MPa 左右。推杆最大变形为 0.4mm，具有很好的刚度，因此推杆结构安全可靠。

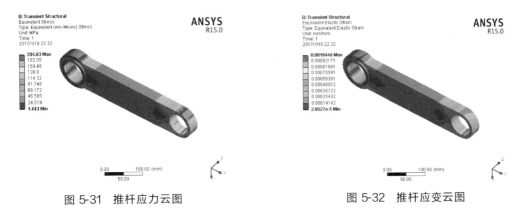

图 5-31　推杆应力云图　　　　　图 5-32　推杆应变云图

第三节　自行式液压载重车多车并车转向控制技术

由于运输工件具有质量大、体积大、尺寸不规则的特点，自行式液压载重车（重型液压平板车）联合作业运输应用越来越广泛，多车拼接联合作业解决了大型工程设备安装运输的问题，加快了工程建设速度，提高了工作效率、运输安全性。目前国内并车技术较国外还不是很成熟，应进一步对并车模式、连接方式、同步控制等技术加强研究。

通过对不同运输工况下的不同多车连接方式、多种并车模式和支撑模式的安全运载规划研究，完成多车联合作业转向系统协调控制及综合节能控制。多台平板车联合作业不仅可以实现八字转向、横行、斜行、中心回转和半八字转向等多种转向模式，而且具有同步驱动、协调转向、同步升降等性能，这种机-电-液一体化高端运输装备理论上可以实现任意组合模式、任意拼接数量的联合作业，其中并车电液控制系统是核心部分，其协调控制决定着联合作业能否正常工作、所载工程装备能否安全稳定运输。

一、自行式重型平板车并车方案

在运输超大型物件时，有可能一辆车无法单独完成任务，这时多辆车的拼接使用显得十分必要。国内厂家经过不断探索研究，逐渐掌握了模块车的拼接技术，产品不仅能实现硬拼接，还能实现软拼接。目前，可以实现拼车的车辆有电子液压复合多模式转向模块车和机械拉杆转向模块车。两种车自身、相互之间都可以实现拼接。

1. 平板车并车连接方式

平板车并车组合的连接方式常用的有两种：机械刚性连接实现硬连接，CAN 总线控制模块通信实现软连接。硬连接采用机械方式实现同步控制，每台车辆的四周配置便于拼接的 6 个机械接口，同步性较差。软连接通过继电器使各车微电控制系统相互通信，传感器将位置误差实时反馈给并车组控制系统，控制并车组同步工作，除了在驾驶室控制外，还可以采用无线遥控器进行控制，控制精度很高。如图 5-33 所示。为防止多车作业时发生侧翻的危险，250t 平板车并车加入了液压连接，使得并车液压悬挂系统互相连接，这样多车联合作业能够实现三点支撑与四点支撑相互切换。

（1）硬连接

硬连接又称机械连接，如图 5-34 所示，多车硬连接并车是刚性连接，两车通过销轴连接，操作烦琐、利用率低，一般在特殊场合下使用。有时与软连接一同使用，能够加强多车联合作业的同步稳定性。

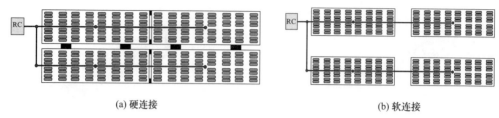

(a) 硬连接　　　　　　　　　　　　　　(b) 软连接

图 5-33　平板车硬、软连接

(a) 横拼硬连接　　　　　　　　　　　　(b) 纵拼硬连接

图 5-34　150t 两车拼接硬连接

（2）软连接

软连接并车是两车基于 CAN 总线的 PLC 控制器被引入到同一个控制模块，通过继电盒采用数据通信线实现连接，如图 5-35 所示。多车通过软连接并车使用，通过驾驶室操作或无线遥控操作实现联合作业。软连接并车能够实现多种并车模式，实现任何场合的使用，应用广泛。

(a) 并车继电器　　　　　　　　　　　　(b) 软连接

图 5-35　250t 平板车并车软连接

目前国内外多车联合作业一般都是采用软连接，软连接有以下几个优点：

① 多台平板车并车作业时，任意车辆可以作为主车行驶控制功能，同时其他从车驾驶室控制功能被锁定；

② 如图 5-35 所示，车辆之间通过并车继电器连接可实现控制模块通信，方便灵活；

③ 平板车可以独立进行工件运输作业，需进行并车拼接时，根据运输设备以及组合模式，调整车辆之间位置，测量车辆之间的距离，将数据输入主车的驾驶室显示器，同时选择相应的拼接模式，如图 5-36 所示；

④ 采用硬连接进行并车拼接，并车模式非常有限；软连接并车并不局限于横向、纵向拼接，可以根据运输设备需要实现多种并车模式。

（3）液压系统连接

平板车并车联合作业时由于运输工件形状不规则，需要平板车组合成不同模式，特殊组合模式形成的并车平台重心不稳定，如果运输工况不好或工件的装载不当，在路面存在横向倾角或并车组转向时会出现载荷偏移，可能会发生轮胎过载爆胎的现象，同时会有车辆侧翻的危险，造成严重安全事故。为了加强多车联合作业的稳定性，并车连接中加入了液压系统连接，将每台车的悬挂液压系统连接相通，如图 5-37 所示，通过切换球阀的开关，使得多车拼接平台能够实现三点与四点支撑的相互切换，进一步加强运输过程中的稳定性。

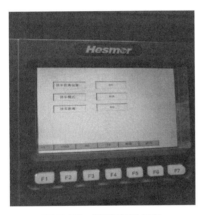

图 5-36　驾驶室显示器

图 5-37　250t 平板车拼车接头

2. 平板车并车组合模式

由于被运载装备多为不规则、重心不对称的工件，同时平板车并车作业场地有限，为防止运输过程中发生侧翻，需要自行式平板车联合作业形成不同的组合模式，一般的组合模式包括纵拼、横拼、Y 形拼接、T 形拼接、V 形拼接、环形拼接等，如图 5-38 所示。根据所运输工件的不同吨位及尺寸选择不同数量、规格的平板车组合成不同的连接模式，通过平板车这种方便的组合与分解，提高了平板车并车作业时多车之间的协调控制能力及可靠性，实现不同类型平板车模块化，提高大型装备的转运效率及运输安全性。

二、自行式重型平板车并车转向运动模式

1. 基本转向运动原理

无论是平板车独立运输作业还是并车联合作业，转向都是行进运输的基础。为了保证并车组转向时轮组处于纯滚动状态，同时避免发生车轮打滑、滑移的现象，并车组转向时应满足以下三个条件：

① 通过各个车轮中点的垂线都应该相交于同一直线上的同一点；

② 内外两侧驱动轮转向半径不同，应该以不同的转速行驶；

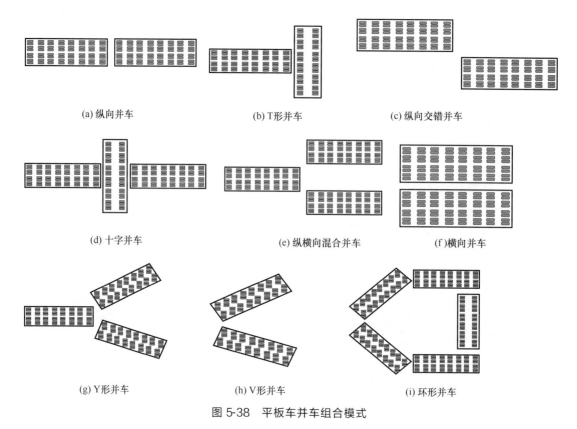

(a) 纵向并车　　　(b) T形并车　　　(c) 纵向交错并车

(d) 十字并车　　　(e) 纵横向混合并车　　　(f) 横向并车

(g) Y形并车　　　(h) V形并车　　　(i) 环形并车

图 5-38　平板车并车组合模式

③ 内外两侧从动轮转向角度不同，转动角速度应该不同。

图 5-39 所示为转向基本原理图，O 为转向中心，d_1 为同一轴线两车轮的轴向距离，α_i 为转向外侧第 i 轮理论转角，β_i 为转向内侧第 i 轮理论转角，d_2 为转向中心到纵向中心线的距离，L_i 为第 i 轴线到转向中心线的距离，A_i、B_i 为各轮组中心点（i 为 $1\sim n$ 之间的整数），r 为轮组半径。

当不考虑路面复杂工况时，并车平台的转向主要是轮组的滚动与转动，即需得知转向轮组的理论转角与角速度。OA_i、OB_i 垂直于各个轮组，i 为整数，根据以上数据可得出轮组在理想转向情况下的转角为：

$$\begin{cases} \alpha_i = \arctan \dfrac{2L_i}{2d_2 + d_1} \\ \beta_i = \arctan \dfrac{2L_i}{2d_2 - d_1} \\ i = 1, 2, \cdots, n \end{cases} \quad (5\text{-}35)$$

转向中心即并车组运动的瞬心，假设并车平台转动的角速度为 w_0，R_i 为各个转向车轮的转弯半径，W_i 为各个车轮的角速度，根据以上条件，并车组同步转向须满足式 (5-36)：

$$w_i = \dfrac{w_0 R_i}{r}, i = 1, 2, \cdots n \quad (5\text{-}36)$$

2. 平板车并车组运动建模原理

平板车并车组依据基本转向运动原理建立多种转向模式数学模型，把并车组模拟为一台大吨位平板车解析数学模型。并车组根据主车控制系统输入的转向模式与转向基本角度，发出指令信号到并车 CAN 总线控制系统，控制器根据已建立的转向运动模型解析出各个轮组的理论转角。

假设有 n 台平板车拼接组成的并车组，设定其中一台作为主车，主车作为信号输出与控制运算总部，其余从车负责接收信号与执行信号。假设并车组的运动路径为 $y=f(x)$，平板车之间的横向拼接距离为 X_{ij}，纵向拼接距离为 Y_{ij}。平板车并车组转向时一般以第一轴线最内侧车轮为基准，同一瞬时平板车并车组所有车轮都是绕同一个瞬时转向中心转动，设为 (x_0, y_0)，如图 5-40 所示。再根据基本转向运动建模原理就可以求出并车组各个车轮的期望转向角度。

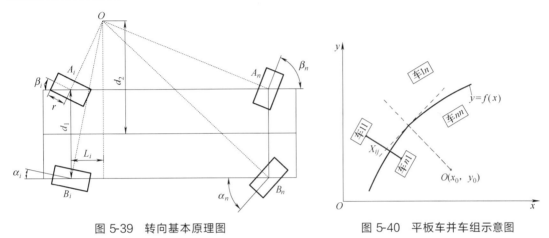

图 5-39 转向基本原理图　　　　　图 5-40 平板车并车组示意图

3. 平板车并车组运动建模

平板车并车组各个轴线都能够独立转向，能够实现多种工作模式的转向要求，根据不同的运算方法可以实现多种转向模式。转向分为静态转向与动态转向，动态转向是指并车组转向与驱动行走同时进行，包括八字转向、半八字转向、斜行等。平板车并车作业时载重平台结构尺寸较大，而且在运输过程中负载较大，因此并车组转向时应尽量选择转向半径较小的转向模式，提高并车平台的转向灵活性。

（1）八字转向运动模式

平板车并车组八字转向时，转向中心在并车平台中心线的延长线上，如图 5-41 所示，以 JHP250ZXPB 平板车并车为例，假设四辆平板车并车，每辆车参数均相同，具有十个轮组，并车连接方式为软连接，并车组合模式为前后横拼与左右纵拼。顺着并车组行驶方向，行驶方向左边的五个轮组理论转角依次设为 α_i，右边轮组依次为 β_i（$i=1, 2, 3, 4, 5$），转向时以最内侧前侧车轮转角为基准，即以 α_{11} 转角为基准，其余车轮跟随转动。A 为两车的横向拼接距离，B 为两车的纵向拼接距离，L_1 为相邻两轴之间的距离，L_2 为车架边纵梁的长度，d_1 为车身平台的宽度，R 为转向半径。

利用式（5-35）建立并车组八字转向数学模型，以并车组行进方向为正方向，则车轮逆时针转向时为正向，一般以主车最内侧车轮转角 α_{11} 为基准转角，并车组各个轮组理论转角关系式如下：

$$R = \frac{4L_1 + L_2 + \dfrac{B}{2}}{\tan\alpha_{11}} + d_1 + \frac{A}{2} \tag{5-37}$$

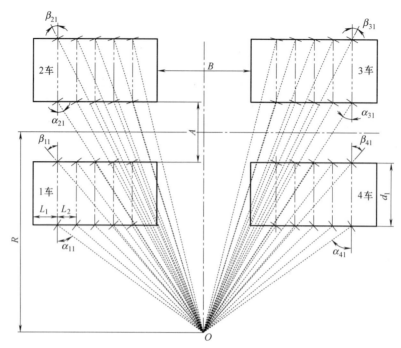

图 5-41 平板车并车组八字转向示意图

$$\begin{cases} \alpha_{1i}=\arctan\dfrac{B+2L_2+2(5-i)L_1}{2R-d_1-A} & \alpha_{2i}=\arctan\dfrac{B+2L_2+2(5-i)L_1}{2R+d_1+A} \\ \beta_{1i}=\arctan\dfrac{B+2L_2+2(5-i)L_1}{2R+A} & \beta_{4i}=\arctan\dfrac{B+2L_2+2(5-i)L_1}{2R+2A+3d_1} \\ \alpha_{1i}=-\alpha_{4i} & \alpha_{2i}=-\alpha_{3i} \\ \beta_{1i}=-\beta_{4i} & \beta_{2i}=-\beta_{3i} \end{cases} \quad (5\text{-}38)$$

并车组向右转向时，式（5-38）中对应关系改换成 $\alpha_i=-\beta_i$，$\beta_i=-\alpha_i$ 即可。八字转向最大转弯半径为：

$$R_{m1}=\sqrt{\left(R+d_1+\dfrac{A}{2}\right)^2+(4L_1+L_2)^2}=\dfrac{B+8L_1+2L_2}{2\sin\beta_{21}} \quad (5\text{-}39)$$

并车组最大转弯半径是指采用八字转向模式时，转向方向盘转到极限位置时，并车组最外侧车轮轴线中心与转向中心的距离。

（2）半八字转向运动模式

平板车并车组主车选择半八字转向模式时，各个车轮轴线的中垂线相交于并车平台车头或车尾轴线的延长线上，此转向模式各尺寸参数的定义与八字转向运动模式的参数相同，如图 5-42 所示，建立平板车并车组半八字转向数学模型。

以并车组行进方向为正方向，车轮

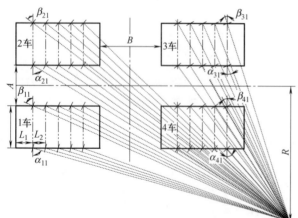

图 5-42 平板车并车组半八字转向示意图

逆时针转向为正向，则并车组各个车轮转角关系式如下：

$$\begin{cases} \alpha_{1i}=\arctan\dfrac{2(9-i)L_1+4L_2+2B}{2R-A-2d_1} & \beta_{1i}=\arctan\dfrac{2(9-i)L_1+4L_2+2B}{2R-A} \\ \alpha_{2i}=\arctan\dfrac{2(9-i)L_1+4L_2+2B}{2R+A+2d_1} & \beta_{2i}=\arctan\dfrac{2(9-i)L_1+4L_2+2B}{2R+A+4d_1} \\ \alpha_{3i}=\arctan\dfrac{2(i-1)L_1}{2R+A+2d_1} & \beta_{3i}=\arctan\dfrac{2(i-1)L_1}{2R+A+4d_1} \\ \alpha_{4i}=\arctan\dfrac{2(i-1)L_1}{2R-A-2d_1} & \beta_{4i}=\arctan\dfrac{2(i-1)L_1}{2R-A-2d_1} \end{cases} \quad (5-40)$$

$$R=\dfrac{8L_1+2L_2+B}{\tan\alpha_{11}}+d_1+\dfrac{A}{2} \quad (5-41)$$

$$i=(1,2,3,4,5)$$

并车组右转向时，式（5-40）参数对应改换为 $\alpha_i=-\beta_i$、$\beta_i=-\alpha_i$ 即可。并车平台在该转向模式下最大转向半径为：

$$R_{m2}=\sqrt{\left(R+\dfrac{A}{2}+d_1\right)^2+(8L_1+2L_2+B)^2} \quad (5-42)$$

当转向角度 α_{11} 相同时，由式（5-39）与式（5-42）可以得出，八字转向相较于半八字转向最大转弯半径较小。平板车并车作业虽然采用八字转向使转弯半径减小，但有时会产生并车组摆尾的危险，当平板车并车组在狭小的场地上行驶时，很容易造成并车组尾部驶出路线。半八字转向模式虽然转向半径增大，但解决了摆尾的问题，所以应根据实际工况选择合适的转向模式。

（3）中心回转运动模式

平板车并车中心回转时，转向中心为并车平台的几何中心，如图 5-43 所示为中心回转运动模型。

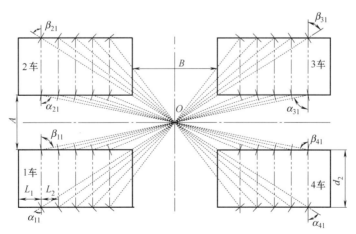

图 5-43 平板车并车组中心回转示意图

其转角模型为：

$$\begin{cases} \alpha_{1i}=\arctan\dfrac{A+2d_1}{B+2(5-i)L_1+2L_2} \\ \alpha_{1i}=-\alpha_{4i},\alpha_{1i}=\alpha_{3i},\alpha_{2i}=\alpha_{3i} \end{cases} \quad (5-43)$$

$$\begin{cases}\beta_{1i}=\arctan\dfrac{A}{B+2(5-i)L_1+2L_2}\\ \beta_{1i}=-\beta_{4i},\beta_{1i}=\beta_{3i},\beta_{2i}=\beta_{3i}\end{cases} \quad (5\text{-}44)$$

并车组左转向和右转向的车轮组转角是相同的。最大的转弯半径为：

$$R_{m3}=\sqrt{(4L_1+L_2)^2+\left(d_1+\dfrac{B}{2}\right)^2}=\dfrac{2B+A}{2\sin\alpha_{11}} \quad (5\text{-}45)$$

平板车并车作业需要在狭小场地进行横向移动，平板车并车需同时具备中心回转、横向移动、斜行、摆头摆尾等特殊转向模式。

相同的转向基准角 α_{11}，对比三种转向模式的最大转弯半径公式可得，$R_{m2}>R_{m1}>R_{m3}$。最大转弯半径越小，平板车并车作业时转向越灵活。当转向中心为并车组平台的几何中心时，是所有并车转向中最大转向半径最小的一种转向模式。

（4）其他转向运动模式

自行式平板车转向模式根据行走和转向的关系可以分为静态转向和动态转向两种。静态转向是当转向动作完成后再驱动行走，它包括横行、斜行和复位三种转向模式。动态转向是转向和行走同时进行，主要是八字转向、半八字转向和斜行转向模式。

① 静态转向运动模式：

a. 横行模式，并车组所有车轮将自动转至 90°，如图 5-44 所示。

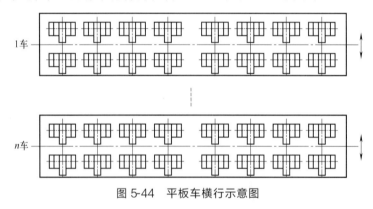

图 5-44　平板车横行示意图

b. 斜行模式，所有车轮角度和方向相同，且随方向盘角度同步变化，如图 5-45 所示。

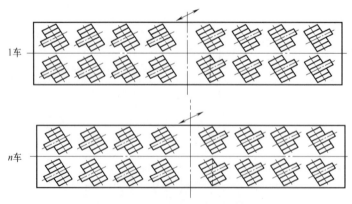

图 5-45　平板车斜行示意图

c. 复位模式，所有的轮胎角度都为 0°，如图 5-46 所示。

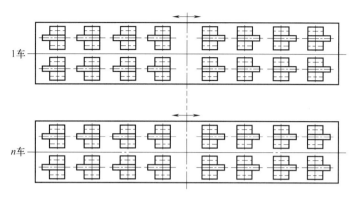

图 5-46 平板车复位示意图

② 特殊并车组合的转向模式　动态转向时，驾驶室操作人员实时控制各台平板车的转向角度。静态转向只需输入相应控制模式，平板车便自动转到相应角度。动态转向时，由方向盘角度编码器采集方向盘角度信号轮发送至控制器，由控制器运算后，发送至各个转向机构，由发动机给转向泵提供工作需要的动力，泵使液压系统动作，使转向油缸运动至要求的位置。如果转向误差超过 3°，驾驶室内显示器上警示灯会闪动，主车方向盘将被锁住。

静态转向则根据当前选择的不同转向模式，由微处理器运算后，发送至各个转向机构。各种转向模式按要求预先编程输入微处理器。

多台平板车自由拼接转向模式见图 5-47。

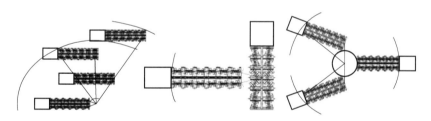

图 5-47　多台平板车自由拼接转向模式

三、自行式重型平板车并车转向控制策略的选择

1. 并车转向控制系统

JHP 重型平板车采用德国 Hesmor 控制系统，每台平板车一般包括 2 个主控制器和 4 个从控制器，2 个主控制器（HS-IO-39-6U）分别设置在两个驾驶室内，从控制器（HC-G15-2U、HC-G19-2U）装在两个从控制箱内。CAN 总线系统采用了最大化的集成方案，比例控制阀和反馈传感器都集成在 CAN 总线上，部分信号直接输入到 Hesmor 控制器中。主控制器的功能主要是获取显示器输入的指令，接收传感器反馈回来的信号，与从控制器完成数据通信。从控制器的功能主要是接收主控制器输出的信号，完成对应控制模式的计算，输出比例多路阀的控制信号。

平板车并车时，只需要通过并车继电器将每台车的 CAN 控制模块连接起来，就可以实现车辆之间的数据传输。由于并车控制系统复杂，在 CAN 总线设计中，应用了多个控制器并搭建了多条 CAN 独立线路，如图 5-48 所示。

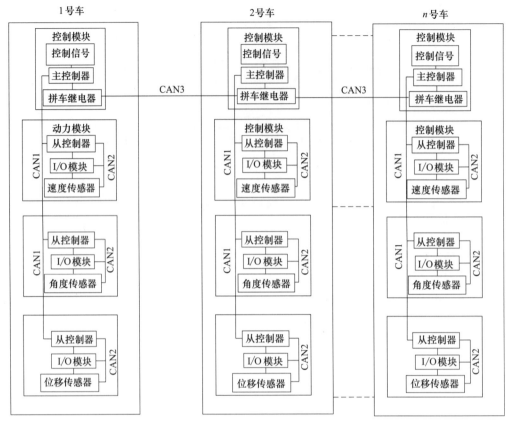

图 5-48 并车总线网格结构

控制系统中的 CAN1 为平板车控制模块的内部总线,它将每一个控制模块内的控制器与 CAN 设备连接在一起,实现内部通信;CAN2 为每个控制模块的内部总线,它将控制模块内的作动器连接在一起,实现通信;CAN3 为并车总线,它将每台平板车的 CAN 控制系统连接在一起,实现数据传输。这种相对独立的总线连接模式符合模块化设计思路,简化了 CAN 总线系统,有便于平板车的任意拼接。

并车组 CAN 驱动控制系统如图 5-49 所示,主车接收控制信号传递给从车,并车组车辆驱动系统组成相同,相同的控制信号可以得到较好的同步性。

平板车并车组转向时,由于各个轮组转向半径不同,每台平板车的转速也不同,要达到驱动转向协调,需要以具有最小转弯半径的轮组轴线为基准,按照转向半径比例提高相对应变量泵的排量。

2. 同步转向的影响因素

平板车并车组在转向过程中会产生转速差而导致多车转向不同步现象。主要的影响因素包括:

① 每台平板车系统元件磨损情况不同造成传动效率不同;

② 复杂的工作环境造成了各个轮胎磨损程度与车轮行驶阻力不同;

③ 液压系统中各支路油液的压缩与泄漏、转向结构存在非线性摩擦阻力、负载分布不均匀等因素的影响,使得平板车转向液压系统存在差异。

上述不同的影响因素导致并车作业过程中出现行走不同步现象,而且随着负载载荷和行

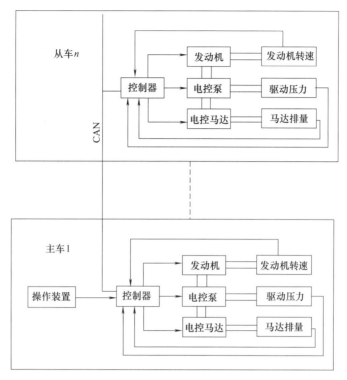

图 5-49 并车驱动电控系统

驶距离的增加，平板车之间的行驶距离偏差会逐步增加。针对此现象，需要优化同步控制策略来减小或消除并车组之间的不同步现象，从而提高平板车并车作业的稳定协调性。

3. 同步控制策略的对比分析

液压同步闭环控制一般可以分为以下几类：根据执行机构的数量，可分为双执行机构同步控制系统和多执行机构同步控制系统；根据事先任务的不同，可分为位移同步控制系统、速度同步控制系统和角度同步控制系统；根据不同的控制方式可分为机械同步控制、容积同步控制、流量同步控制和伺服同步控制。

20 世纪 80 年代，Rober D. Lorenz 教授和 Y. Koren 教授提出了经典的同步控制理论：并行同步控制、主从同步控制和交叉耦合同步控制。这三种控制方法都有各自的特点，被广泛应用于各个行业的控制领域。

(1) 并行同步控制

并行同步控制又称同等方式控制，是指多个需要同步控制的对象跟踪同一输入信号，分别受到控制，通过各自的控制器调节并跟随目标值，从而达到所要求的理想同步动作。这种控制方式的控制系统动态误差会很小，每个受控对象同时受到控制并且自动跟踪调整，因而此种控制策略使得受控对象相互之间造成的干扰很小，而且系统构成简单，响应速度快。如图 5-50 所示为平板车并车并行同步控制方案。

(2) 主从同步控制

主从方式是指在多个需要同步运动的对象中，选择其中一个响应速度较快的对象作为控制系统理想的输出，其余对象均受到控制，通过控制器模块跟踪这一设定的理想输出，从而达到同步控制的目的。这种同步控制方式的主要特点是利用主动对象与从动对象之间存在的

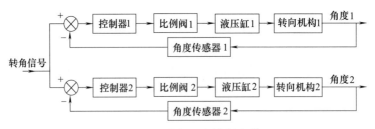

图 5-50 并行同步控制方案

差异,让从动对象以主动对象的动作为给定目标值,通过调节来实现同步运动。如图 5-51 所示为平板车并车主从同步控制方案,其中主车转向机构的输出转角信号作为从车转向机构的跟踪转角信号。

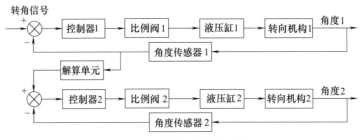

图 5-51 主从同步控制方案

(3) 交叉耦合同步控制

交叉耦合同步控制是多个控制系统同时接收输入信号,同时实时反馈各自的控制误差,将各个系统反馈回的误差值进行耦合计算,得到的耦合误差作为误差补偿信号反馈回系统,此控制方式广泛应用于多电机之间的同步协调控制。如图 5-52 所示,自行式重型平板车并车时,主车转向控制系统同时接收本系统的转角误差和从车系统的转角误差,按照耦合算法得出耦合转角误差,将耦合转角误差作为补偿信号反馈给各个从车系统,从而获得较高的同步控制精度。

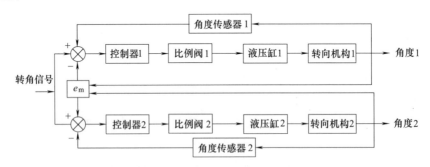

图 5-52 交叉耦合同步控制方案

上述三种经典的同步控制策略具有各自的特点,被广泛应用于不同的工程控制领域。通常将同步控制策略与某种控制理论相结合,组成同步控制系统,如 PID 控制、模糊 PID 控制等,消除各种干扰和非线性因素的影响,能够提高控制系统的同步精度。

对比分析三种同步控制策略,虽然交叉耦合同步控制策略同步控制精度较高,但是并车控制系统相对复杂,难度较大,而且成本较高,目前很难被广泛应用。综合平板车并车转向同步的影响因素，JHP250ZXPB、JHP150ZXPB 并车采用主从同步 PID 控制策略，较之前的并行同步控制，并车转向同步稳定性有明显的提高。

第四节　模块车转向系统设计

随着我国基础设施的大规模建设，货物的吨位不断提高，国内厂家纷纷开始研制重型板系列。与常规载重平板挂车不同，自行式模块轴线运输车简称为模块车，其载重量通常在 50t 以上，采用闭式泵带动马达减速器的驱动方式，转向方式通常为液压缸助力转向。模块车为多轴线、多悬挂、多轮驱动的运输车辆，主要用在码头、船厂、架桥和高铁等专用场地。具有机动性强、无需牵引、自行驶、载重量大、拼接方式多样化等优点。

一、模块车及转向技术

船厂需要搬运的船体、码头需要搬运的货物等物件，其形状大多不规则，体积或重量通常都很大，单辆模块车难以满足运输的需要，为保证物件的顺利运输，可将多辆模块车进行横向或纵向拼车使用。

1. 模块车转向结构优化的设计

国内研究开发了针对多轴线模块运输车转向结构的优化设计软件。利用此软件进行不同轴距、不同轴线、不同拼车方式下的转向机构设计分析，使得模块车在转向时实际转向角度与理想转向角度差值尽可能小，从而使转向机构设计更合理，更科学。优化设计流程图如图 5-53 所示。

2. 车架结构设计

① 在参考法国尼古拉斯模块车的基础上，对模块车动力单元、承载单元的机械结构、液压系统和制动系统等进行深入仔细的研究，用 Pro/E 三维绘图软件绘制模块车的三维实体模型。图 5-54 为模块车的三维实体模型。

② 运用数学计算的方法对模块车转向时轮胎的实际转角进行分析计算，并对不同轴线的理想转角进行分析。利用 MATLAB 优化工具箱，根据不同转角出现的频率，引入加权值，建立合

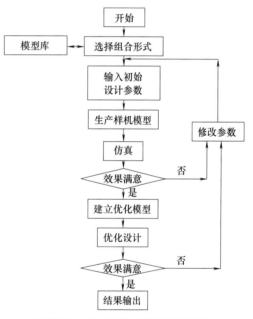

图 5-53　转向机构优化设计流程图

理的目标函数。并对目标函数进行优化，得到不同轴线转向臂与转向横拉杆铰接点的孔（换位孔）的位置坐标，使得模块车转向时实际转角与理想转角差值尽可能小，从而使模块车各个轮胎在转向时实现纯滚动，减少轮胎摩擦及至拖拽现象的发生。

③ 建立模块车转向机构的 ADAMS 虚拟样机模型，并对转向臂与横拉杆之间的铰接点进行参数化设置。建立函数求得模块车转向时实际转角与理想转角的差值。以此差值为目标函数，利用 ADAMS 虚拟样机对目标函数进行最小化的优化，求得转向臂换位孔的位置坐标。对 MATLAB 和 ADAMS 的优化结果进行分析比较，验证优化方法的可行性。对换位孔位置进行可制造化处理，确定换位孔的最终位置，并对其转向结果和受力进行验证，证明其可行性。运用 AN-

SYS受力分析软件对转向臂的受力进行分析，并且求出转向液压缸在转向时的转向阻力矩。

图5-54 模块车三维实体模型

④ 根据液压缸在转向时的转向阻力矩，结合模块车的安装空间，分析计算液压缸的相关参数。对转向液压系统进行设计和元件选型，并利用AMESim仿真软件对转向系统的压力和流量进行仿真分析，验证系统的可行性。

车架大量采用一体化集成技术，选用屈服强度可达685MPa的高强度焊接钢板材料。半封闭式的车架结构增大了其强度和刚度。制造方面采用工装分段组焊技术，确保了车架精度。

⑤ 液压集成技术。在液压系统设计过程中，模块轴线运输车辆大量采用了模块化设计技术。如将液压源控制、升降控制和转向手动/遥控控制等功能集成在液压控制箱中，将四通阀和截止阀集成在一个液压阀块上等。这样既减少了安装空间，又使整个结构看着简洁、美观，同时操作更加方便、快捷。

近年来大吨位、大体积的物件需求量急增，为推动国内大物件的运输，必须紧随世界前沿技术，在液压系统、零部件及加工工艺上不断创新，突破关键技术，增强市场竞争力，最终才能实现产品完全自主化，从而取代进口设备。

模块车的转向机构是由转向液压缸推动的，两个液压缸沿着模块车的纵向中心轴线对称分布。根据模块车转向的不同，一个液压缸进油，为主动转向缸，另一个液压缸出油，为被动转向缸，两个液压缸串联连接。整个转向液压系统采用开式泵-多路阀-液压缸的形式。开式泵放置在模块车前面的动力单元里，通过分动箱与发动机连接，发动机转速为2300r/min。多路阀布置在动力单元边缘方便操作的位置，以便于电控系统出现故障时人工操作。动力单元的液压管路与承载单元的液压管路通过快速接头连接，快速接头通过一个支架固定在液压油箱的上方，整个液压管路布置整洁、美观。液压缸的进出油口为橡胶软管连接，软管接头处可能由于扣压不紧出现漏油现象，严重的时候软管有可能爆裂，因此采用了冗余设计，进出油口采用两根橡胶软管并联连接，软管端部安装有高压球阀。转向时一根软管球阀开启，另一根软管球阀关闭。当工作软管爆裂时，将其球阀关闭，锁住油液，另一根软管的球阀开启，系统仍能正常工作。

图5-55 轨迹调整液压系统装置

液压转向系统除了主液压转向系统之外还备有轨迹调整液压系统。轨迹调整液压系统装置如图5-55所示。当模块车承载单元后边再加入三轴线后，模块车轮胎摆正时有可能出现后三轴线摆正不理想的情况，这时需要对模块车转向进行轨迹调整。轨迹调整液压系统由手动泵、球阀、换向阀等元件组成，将这些元件连接到主转向系统中。当需要进行轨迹调整时，将换向阀换至3位，两个球阀打开，手动泵给转向系统提供一定油液进行调整。调整完成后再将球阀关闭，换向阀调至 2 位。由于手动泵不经常使用并且每次使用的油液很少，因此用一个液压油壶给手动泵提供油液，油液用完时取下油壶往里重新加入油液。整个转向系统液压原理图如图 5-56 所示。

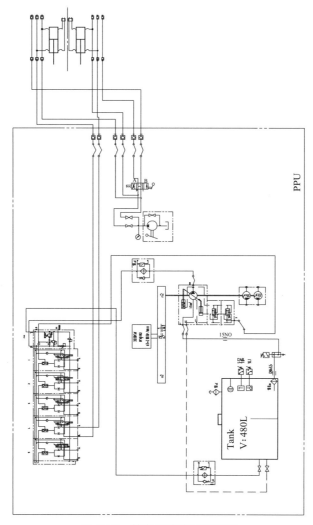

图 5-56 转向系统液压原理图

二、液压缸参数的计算

液压缸是整个液压转向系统的执行元件，它将液压能转换成机械能，推动第一轴线的转向臂转动，从而实现整个模块车转向。两个转向液压缸采用单活塞杆液压缸，成对称布置。模块车转向时根据转向方向和转向角度的不同给转向多路阀输入不同的信号，液压油由一个液压缸进入，由另一个液压缸流出。液压缸相关参数的计算公式为：

$$v=\frac{q}{A_2}=\frac{q}{\frac{\pi}{4}(D^2-d^2)} \qquad (5\text{-}46)$$

$$F/\eta_{cm}=P_2A_2-P_1A_1 \qquad (5\text{-}47)$$

式中 A_2——液压缸有杆腔的有效面积，mm^2；

D——液压缸内径或活塞直径，mm；
d——活塞杆直径，mm；
F——液压缸最大外负载，N；
P_2——液压缸工作腔压力，Pa。

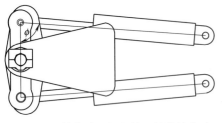

图5-57 转向液压缸与第一轴线转向臂

液压缸的阻力为$1.3\times10^5 \sim 1.575\times10^5$N，液压缸的行程为150mm。综合考虑转向系统的压力及流量，得到液压缸内径为110mm，活塞杆直径为63mm。

转向液压缸安装位置对液压缸的受力有很大的影响，转向过程中液压缸与第一轴线转向臂结构如图5-57所示。

由图5-57可以看出，转向臂的阻力矩与液压缸的推力关系如下：

$$F = \frac{N}{0.23 \times \sin\phi} \tag{5-48}$$

由式（5-48）可以看出，ϕ值越大，则液压缸的受力F越小。即液压缸的安装位置距离第一轴线转向臂转向中心越远，则ϕ值越大，F越小。但是受到安装空间及液压缸尺寸的限制，距离不能太远。综合考虑后设定液压缸与主梁的铰接点到第一轴线转向臂转向中心的横向尺寸为152mm，纵向尺寸为1180mm。

三、液压转向系统设计

液压转向系统采用开式泵负载敏感控制。泵的吸油口经吸油过滤器与油箱连接，泵的出油口经压油过滤器连至Danfoss的PVG-32电液比例控制阀，经方向控制阀节流后液压油作用至转向液压缸。系统回油经冷却器冷却及回油过滤器过滤后流回油箱。

转向液压系统中负载敏感泵的输出流量决定了转向液压缸的伸出速度。车辆转向时液压悬挂所受的转向阻力矩决定了转向系统的压力，但系统的最高压力由负载敏感泵PC阀设定压力或PVG阀泵侧模块溢流阀溢流压力决定。

PVG负载敏感控制阀根据车辆转向方向（向左转向还是向右转向）选择A/B口进油，并将负载压力信号引回至泵的X油口。在系统压力还没有达到负载敏感泵PC阀设定压力之前，泵的输出流量与压力和系统所需相匹配。

1. PVG比例多路阀

PVG-32是液压负载敏感多路阀，它的组成极其灵活，可以是简单的负载敏感换向阀，也可以是高级的电控比例调速阀。

PVG-32按阀块组成各种阀组来更确切地满足用户需求。无论如何组合，阀块外部尺寸是不会改变的，依然紧凑。PVG-32比例多路阀有以下特点：

① 调速控制，流量的功能与该功能的负载压力无关，流量的功能与其他功能的负载压力无关。

② 调速特性好，节能。

③ 每个阀块组可有高达10个基础阀块组成。

④ 多种连接螺纹形式，重量轻。

PVG-32比例多路阀由PVP（泵侧模块）、PVB（基础模块）、驱动模块和端板组成。其中基础模块根据执行元件数量的不同选择相应的个数。

比例多路阀原理图如图 5-58。

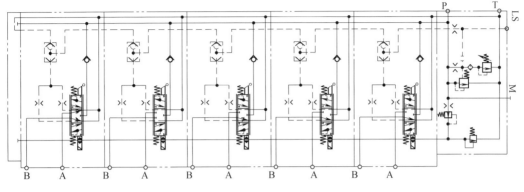

图 5-58　PVG-32 比例多路阀原理图

泵侧模块选择变量泵中位闭式泵侧阀块，为电气驱动阀。在中位，泵由控制设置的排量可以补偿泄漏量，以保证装置的待机压力。当主阀芯被打开时，泵的变量装置会调节流量，从而保持 P 和 LS 之间的设定压力差。在负载敏感系统中，负载压力通过负载敏感油路进入泵的变量调节。泵侧模块中的溢流阀压力设定值比系统最大压力高约 3.0MPa，溢流阀设定值为 35.0MPa。

基础模块不带可调节的 LS 阀、A/B 限压阀，带进口单向阀。基础模块不具备压力补偿功能，P 通道有压差单向阀，能防止油的回流。使用标准流量控制阀芯，泵的压力由最高负载压力决定。这既可通过中位开式 PVP 中的压力调节阀芯来完成，也可通过泵变量机械完成。泵的压力将和负载压力加上压力调节阀芯或泵变量机械的附加压力之和一致。这将使流量达到最优和稳定调节。

驱动模块采用 PVE（电气驱动）和 PVM（机械驱动）两种驱动模式。电气驱动采用 PVEO，通/断调节。通/断调节相对于比例驱动具有结构紧凑、运行可靠、安装简易等优点。当电气驱动出现故障时采用机械操作方式。机械操作采用标准形式，弹簧对中，油口 A 和 B 的流量分别调节。

2. A10VO 轴向柱塞变量泵

A10VO 是一种轴向柱塞斜盘式变量泵，通常用于开式回路的负载敏感控制。其输出流量与变量泵的排量和驱动转速（通常为发动机驱动）成正比。调节变量泵斜盘的倾斜角度可以实现泵的无级变量。A10VO 泵有很多优点：高驱动转速、良好的吸油性能、低噪声、使用寿命长、控制时间短、可用于多回路系统的通轴驱动。

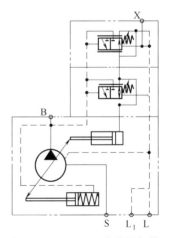

图 5-59　A10VO 变量泵负载敏感控制原理图

A10VO 轴向柱塞变量泵有多种控制形式，这里采用负载敏感控制。其原理图如图 5-59 所示。

A10VO 轴向柱塞变量泵将输入扭矩转换为液压能。输入轴由位于泵前部及后部的圆锥滚子轴承支撑，轴中部花键与缸体内花键连接。泵的前端有轴封，可以有效防止外部泄漏。柱塞与缸体一同跟随轴旋转，每旋转一周完成一次吸排油。柱塞球头部位与铜制的滑靴实现球铰接，滑靴紧贴在有倾斜角度的斜盘上，绕轴旋转，带动柱塞实现往复运动。通过配油盘的配油作用，缸体上一半区域连接泵的 S 油口（吸油口），另一半与泵的 B 油口（出油口）相连。每个柱塞在其柱塞孔内进出往复运动，完成吸排油及能量转换。小部分液压油从滑靴和斜盘及缸体和配油盘的接触面泄漏至壳体，起润滑及冷却的作用。壳体泄油口（L 口）将这部分泄漏油导回油箱。

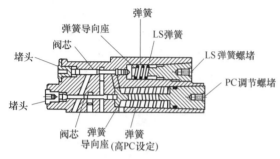

图 5-60 负载敏感控制模块剖视图

负载敏感控制的控制模块主要由一个负载敏感阀和压力补偿阀组成，其结构如图 5-60 所示。

负载敏感控制满足泵输出流量与系统需求流量相匹配要求，通过反馈外部控制阀上压降感应系统实际流量需求。外部控制阀打开或关闭时，进出油口压差改变。阀芯开口度增加时，进出油口压差减小；阀关闭时，压差增加。负载敏感控制根据反馈回来的外部控制阀进出油口压差信号调节泵排量大小；直到外部阀进出油口压差等于 LS 压力设定值。LS 压力设定值由 LS 调节螺堵及弹簧决定。

LS 控制模块用来控制伺服活塞腔，是与变量泵的出油口相通，还是与泵的壳体泄油口相通。控制模块由两个滑阀组成：负载敏感阀（LS 阀）和压力切断阀（PC 阀）。其中压力切断阀芯控制的优先等级要高于负载敏感阀芯。

变量泵的出口压力（PVG 阀进口压力）通过泵的内部油道引至 LS 阀芯无弹簧腔一侧。与此同时，LS 阀芯弹簧腔一侧通过液压管路与 PVG 阀出油口压力相通。两者进行比较，使得 PVG 阀的进出口压力差为一恒定值，其值等于 LS 弹簧的压力设定值。

由于偏置弹簧及活塞的作用，使得泵在开始时斜盘角度最大，处于最大排量位置。如果泵的输出流量超过系统实际所需时，外部控制阀的进出口压差就会升高，并且将信号反馈到 LS 阀芯。压差克服弹簧力的作用，将阀芯推换位，使泵出口压力与伺服活塞腔相通，泵的排量减小至与系统所需流量相匹配。此时外部控制阀进出口压差恰好等于 LS 阀设定值。当泵的输出流量无法满足系统需要时，外部控制阀进出口压差降低，LS 阀芯弹簧侧与无弹簧侧压差相应减小，压差与弹簧作用力将阀芯朝另一个方向推，使得伺服活塞腔与泵壳体泄油口相通，直到泵排量增大到系统所需为止，这时外部控制阀上压降重新等于 LS 阀设定值。

当外部控制阀芯处于中位时，LS 信号与阀的 T 口相通。此时反馈给 LS 阀芯无弹簧侧的压力很小（等于回油背压），泵排量调节至某一位置，补偿系统泄漏。泵的输出压力很小，处于待命状态。

LS 阀芯与 PC 阀芯串联连接，PC 阀芯的控制优先等级高于 LS 阀芯。当系统压力达到 PC 阀的设定值时，将克服 PC 阀弹簧力，推动阀芯移动，系统压力直接通过 PC 阀与伺服活塞腔相连，使得泵的排量减小。

第六章
自行式液压载重车悬挂系统设计

悬挂系统指车辆的车架与轮胎之间装置的总成。一般的车用麦弗逊悬架，该悬架结构简单紧凑，效果还算可以。高档车用四连杆机构做导向机构，用空气弹簧做悬挂，附加电液磁式阻尼器，舒适性会得到很大的改善。另外空气弹簧还可以通过充放气来快速调整车身高度，如果用一个ECU去控制车身高度随车速或是行驶工况变化而变化，可以大大改善汽车操纵稳定性。然而重型车上，载重在50t以上的一般都采用油气悬挂，以提高其承载能力。它起着连接车架与轮胎，传递力和力矩的作用。并且能够缓冲由于路面不平造成的冲击力，确保车辆行驶过程中的平稳性。

液压载重车多数情况下在每个轴线上有2个完全相同的电液控制液压悬挂。每个液压悬挂都采用闭环控制系统，每个闭环由控制器、传感器等电控元件组成。在工作时根据其具体的运行状态，控制系统按照预先设定的控制规律，调节与液压缸相连的比例多路阀电流信号的大小，进而调节流入柱塞缸的流量，从而调节车身高度。在一些特殊工况下，如承载量较大、装卸货物频繁且路面状况不好时，模块运输车可以通过调节车身高度和改变阻尼大小的方式以适应路面要求，使得车辆在行驶过程中更加平稳，减少货物因为颠簸造成的损伤。

第一节 液压载重车液压悬挂系统技术特点

液压悬挂系统的悬挂柱塞缸可以根据路面情况的不同自动调节其伸缩量，确保每个轮胎接地比压相同，防止单个轮胎因为超载而爆裂。当某个悬挂机构的轮胎出现问题需要更换时，可以关闭与该悬挂相连接的球阀，同时提升其他悬挂，该悬挂的轮胎就会悬空，拆下来换上新的轮胎即可。维修起来简单方便，基本不需要其他设备。

液压悬挂系统具有升降调节方便、维护费用较低的优点。但是反应通常较慢，有时遇到路面不平的时候可能来不及反应。

一、悬挂升降机构的分类

悬挂机构包含如下几部分：悬挂架、摆动轴、悬挂油缸、轮胎轮辋、平衡臂。运梁车悬挂系统可以实现整车单点和同步顶升。液压马达和减速器安装在驱动悬挂的摆动轴内部，摆动轴通过液压油缸能够自适应横坡的要求。

1. 驱动悬挂和从动悬挂

按驱动轴悬挂和从动轴线可以分为驱动悬挂和从动悬挂。它们大部分结构组成相同，唯一区别是驱动悬挂包含驱动马达和减速器，或低速大扭矩马达，而从动悬挂多是安装制动系统,成为制动悬挂。多个轮系通过悬挂结构支撑安装在车架结构下面,用来支撑整个车体,起着承担负荷和传递运动的作用,多点液压悬挂可以通过区域的分组不同形成不同的连通,大部分形成3点、4点稳定支撑。图6-1是驱动悬挂结构图。

2. 摆动悬挂和固定悬挂

悬挂轴选取摆动轴形式,可以自动适应横坡的要求,既可以单点调平又可以同步提升,目的是确保每个悬挂所受的力基本相同,见图6-2。当车辆行驶的路面纵向不平整时,悬挂系统通过轴负载液压油缸来补偿,保证车辆能够实现水平行走,倘若一旦出现超差的情况,系统马上自动报警、整车锁闭、暂停施工,待问题解决以后再进行施工作业。

图6-1 驱动悬挂结构图

1—平衡臂;2—悬挂架;3—悬挂油缸;4—减速器马达;5—摆动桥;6—轮胎轮辋

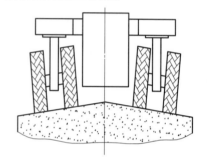

图6-2 运梁车横坡行驶示意图

3. 悬挂分组

整车的悬挂分组情况如图6-3所示:针对不同情况,通过改变悬挂之间球阀的开关状态,车辆可以进行整车和单车时的3点悬挂支撑或4点悬挂支撑的切换。主梁侧面有球阀,负责悬挂分组的切换,球阀的状态标明此两组悬挂是否互通。

① 4点悬挂支撑,如图6-4(a)所示,悬挂分组球阀均关闭。

② 3点悬挂支撑,如图6-4(b)所示,C-D悬挂分组球阀打开。

③ 3点悬挂支撑,如图6-4(c)所示,A-B悬挂分组球阀打开。

每组悬挂设置一个回油球阀,通过改变每个悬挂供油球阀的开关状态,可以使这一组悬挂中的一个或者某几个悬挂的压力油回油箱,如图6-5所示。

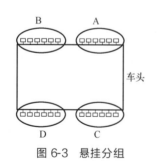

图6-3 悬挂分组

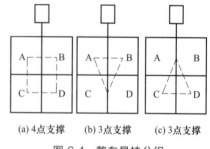

图6-4 整车悬挂分组

二、车架结构与悬挂

1. 车架结构

大型液压载重车整体车架由主梁和10根横梁组成,按照驱动布置图设置1个主梁与10

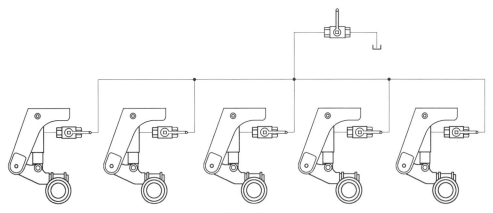

图 6-5 悬挂手动回油示意图

个横梁焊接在一起，纵梁和横梁都采用箱型结构，采用低合金结构钢，强度高，承载力大；主梁总长 11.14m，重约 14.9t。横梁与主梁通过高强螺栓与法兰连接，单元外形尺寸满足公路、铁路运输要求。图 6-6 是车架与悬挂组成的车身结构。

(a) 车身组装

(b) 横梁与悬挂

(c) 主梁

图 6-6 车架结构

液压载重车通常根据载重量不同，轴线数也不同，每个轴线有对称的两个液压悬挂机构。该车可以驶入支承负载的托架下，用其顶升系统顶起负载并转运到任何指定的地方后将负载放下，这一过程不需要吊机或其他任何起重设备，操作起来简单、方便。

2. 悬挂组成

液压载重车的液压悬挂机构主要由以下几部分组成：

① 悬挂枢轴：悬挂枢轴上板用螺栓固定在轴线车副梁上，下面插入悬挂臂的轴座孔里，

起到连接轴线车和悬挂臂的作用。模块车在转向时整个悬挂机构绕着悬挂枢轴转动，实现转向。

② 悬挂臂：悬挂臂为合金钢焊接而成，与悬挂枢轴之间装有轴座孔。悬挂臂上板有连接孔，通过销钉可以与转向机构的横向拉杆铰接起来。在横向拉杆的带动下悬挂臂实现转向。

③ 平衡臂：平衡臂的一端与悬挂臂末端连接，另一端安装有车桥，中间部分与悬挂柱塞缸采用球铰接的方式连接。需要装载货物时，柱塞缸伸出，顶起货台，这时平衡臂相对于悬挂臂转动一定的角度，以适应货台新的高度。

④ 车桥：车桥根据是起驱动作用还是制动作用分为驱动车桥和从动车桥，两种车桥结构不同。本课题模块车中间四个轴线为驱动车桥，前后两个轴线为从动车桥。驱动车桥里装有马达减速器，给模块车行走提供动力，从动车桥装有制动气室，实现停车制动和紧急制动。车桥可以绕着平衡臂转动一定的角度，以适应不平，或者有横坡时候的路面。

悬挂臂、平衡臂和车桥均为钢结构件。安装时，将变量马达安装在车桥的槽里，然后将减速器花键与马达花键啮合，并用螺栓固定，再将减速器与车桥用螺栓连接。连接好以后装上马达的管接头及与马达连接的钢管，整个车桥作为一个整体装到平衡臂上，最后将轮胎轮毂与减速器用螺栓连接起来。

⑤ 悬挂缸：悬挂缸为柱塞缸，连接在悬挂臂和平衡臂上，起顶升货台、缓冲、减振等作用。悬挂缸通入压力油，缸筒伸出，带动货台上升。缸筒的缩回靠货台自重实现。

图 6-7 所示为模块车悬挂系统机构图。

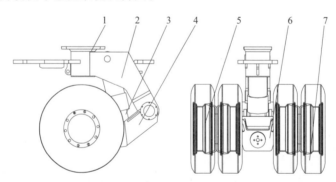

图 6-7　液压载重车悬挂系统机构图

1—悬挂枢轴；2—悬挂臂；3—悬挂缸；4—平衡臂；5—轮毂；6—驱动车桥；7—轮胎

3. 悬挂常见问题

液压载重车在运输大型设备时，如果路面条件差，使用太过频繁，负荷超过额定载重量太多，或者使用不当，会造成模块车悬挂机构部分零部件损坏，主要表现在以下方面：

（1）悬挂臂出现局部开焊

悬挂臂由多个钢板焊接而成，如果长时间受到大的交变应力作用很有可能出现疲劳断裂现象。裂纹通常发生在平衡臂主板与筋板、加固板的焊接位置。

（2）悬挂柱塞缸活塞杆球头发生断裂

当模块车在凹凸不平的路面行驶时，悬挂柱塞缸承受着扭转力、剪切力及液压冲击力，柱塞缸的活塞杆球头受到来自路面反作用力横向分力的作用，很容易出现内部损伤，严重时有可能导致球头颈部位置断裂。

4. 悬挂系统具体结构

悬挂对整车负载起主要的支撑作用，同时可以控制车辆升降，影响着车辆行驶的平顺性。因此，可靠的悬挂机构对于安全运输至关重要。承载平台的每个轴线有 2 个独立液压悬挂对称分布，液压悬挂通过回转支承与车架相连，整车轮系又通过液压悬挂安装在车架下，承载车体并传递运动。图 6-8 是悬挂实物。

图 6-8 悬挂机构实物图

液压载重车的悬挂机构包括回转支承、悬挂架、摆动臂、悬挂液压缸等。其中悬挂液压缸选用柱塞缸，其两端分别与悬挂架、摆动臂铰接，通过悬挂液压缸的伸缩来控制车架升降，行驶路面不平坦时能够在两个方向进行高度补偿，可提高车辆的通过性能。悬挂臂和车桥旋转铰接，避免了由于路面不平坦导致的单边轮胎受力增大的偏载状况，以及车桥扭曲破坏的现象，提高车辆的安全性能。

三、运梁车悬挂升降机构及问题

450t 运梁车有 12 条轴线。每两个悬挂构成一条轴线，从动与驱动悬挂分别为 16 个和 8 个，第 3、5、8、10 轴线为驱动轴线（从车头到车尾的方向）。将 24 个悬挂划分为 4 个支点，划分原则如下：以车头为正方向，左前方向的 6 个悬挂为 A 支点，左后方向的 6 个悬挂为 B 支点，右前方向的 6 个悬挂为 C 支点，右后方向的 6 个悬挂为 D 支点。在运梁的过程中，通过截止阀（参见图 6-5）的开闭，将 A、C 两支点合为一点，进而实现平面三点支撑的静定结构体系，通过多个悬挂形成自适应液压悬挂体系，能够更好地适应混凝土预制箱梁的稳定运输，同时也有利于和架桥机对位。A、C 两支点之间通过截止阀隔开，打开截止阀即可实现两点变为一点，反之，可实现一点变两点。此情况下形成一个四点支撑机构，组成一个超静定模式，在与架桥机进行配合架梁时，更好地增加了车体的稳定性，从而保证了架桥时的安全。

预制梁板过程中，运输路面高低不平，颠簸振荡，再加上运梁车的机械结构在加工制造过程中的不严密，焊接技术不够过关，从而造成运梁车悬挂机构部分零部件的损坏。在现场施工中，遇到的悬挂机构断裂的几个问题如下：

① 悬挂臂局部出现焊接裂纹。悬挂臂以及其他车架机械结构均由多个钢板焊接而成，由于路面的不平，在运梁车运行过程中时常受到大的交变应力作用，从而导致平衡臂主板与筋板、加固板的焊接位置出现疲劳断裂现象。

② 悬挂柱塞缸活塞杆球头发生断裂。在现场施工中发现活塞杆出现一定的损伤，查阅

相关资料并分析才知道，当载重运输车在未铺平的凹凸路面行驶时，悬挂系统的柱塞缸承受着液压冲击力、扭转力、剪切力，各种力的交互作用容易造成柱塞缸内部损伤。

四、大型运梁车液压悬挂群

DCY1800Ⅱ桥面运梁车共有160个液压悬挂，单台轮胎车有40个悬挂。液压悬挂系统由回转支承、悬挂架、平衡臂、悬挂油缸、角位移传感器、编码器总成等组成，顶部通过大直径回转支承与车架牛腿连接，图6-9是液压悬挂布置图。

液压悬挂是运梁车的重要部件，它的主要功能是承载和升降，每个悬挂配有一个悬挂油缸，以便运梁车在坡道上行走或通过凹凸不平的路面时，悬挂油缸会自动提供补偿调节，自

图6-9 液压悬挂布置图

动适应路况、自动调整对地面的荷载使之均匀一致，避免车架出现变形。悬挂升降行程±300mm。

每个450t轮胎车全部液压悬挂相对车架在运梁状态下采用三点编组（见图6-10），可大大减小车架变形，适应路面纵、横向坡度，使各悬挂轮组受力均衡。

液压悬挂上的防爆安全阀能实现油管爆裂后安全锁定，确保行车安全。

液压悬挂轮组的作用：

① 作为整机的承载、行驶机构，满足车架支撑和行驶驱动及制动功能；

② 作为整机的转向和升降机构，满足转向和车辆调平功能。

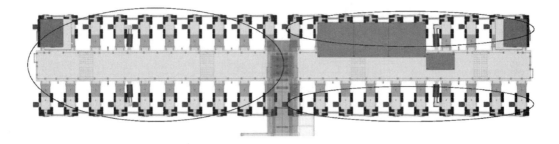

图6-10 液压悬挂分组示意图

五、转向与悬挂升降系统关系

转向和悬挂是由2台力士乐A11VO95负载敏感液压泵、HAWE的比例电磁阀及转向油缸组成的双泵并联合流供油开式系统。负载敏感液压泵排出压力油源经过比例电磁阀驱动每组转向油缸，转向系统采用油缸驱动连杆的转向方案，每组转向机构安装有角度传感器，实时将油缸转向角度反馈至控制器，与要求的转向角度进行比较，通过程序改变比例电磁阀的输入电流大小，控制所有轮组的转向角度，实现整机

图6-11 转向油缸布置图

直行、八字转向和小角度斜行等多种转向模式。图 6-11 为转向油缸布置图。

悬挂采用液压油缸悬挂，其升降是操纵比例电磁阀，由液压油缸来执行。液压悬挂系统配置双管路油管破损安全阀，一旦油管破裂，其他油管均保证正常油压，以避免箱梁运梁车倾斜。

考虑满载时车架变形问题，尤其在拖梁过程中产生交变变形情况，主油管采用无缝钢管连接高压软管方案。无缝钢管随车架分段，各分段之间以高压软管连接。

转向油缸和悬挂油缸的规格型号如表 6-1。

表 6-1 转向油缸和悬挂油缸的规格型号

序号	名称	规格/mm	数量
1	转向油缸	$\phi 180/\phi 100 \sim 480$	4
2	悬挂油缸	$\phi 150/\phi 140 \sim 316$	40

第二节　悬挂系统方案

载重运输车液压悬挂的采用，除了提供整车转向、升降和调平的功能外，更重要的是液压油缸的伸缩补偿功能保证了运行过程中轮组均匀承载，避免打滑，以适应路面不平的情况，维持运行的安全可靠。平板车升降设计原则是除了满足各部件的结构强度外，能得到规定的平板车高度的升降范围 1650～2350mm（升降高度为 700mm）。其油缸为单作用柱塞缸，油缸通过关节轴承耳环与悬挂架及平衡臂连接。在液压力的作用下柱塞缸往外伸，悬挂架与平衡臂之间夹角不断变大，平板车可由最低升至最高。在平板车及平板车自重作用下柱塞缸往回收，平板车可降至最低，同时通过悬挂油缸的伸缩动作，平板车还可以适应凹凸不平的路面。

一、新型悬挂系统工作原理

JHP320ZXPB1 液压载重运输车整车为 6 轴线，每轴线 2 个悬挂，每个悬挂 4 个轮胎，运输车多个轮系通过液压悬挂支撑安装在车架下，支撑整个车体，承担载荷并传递运动，如图 6-12 所示，为悬挂结构图。

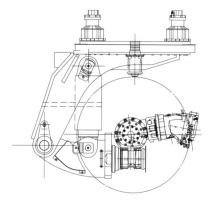

图 6-12　JHP320ZXPB1 液压载重运输车悬挂结构图

JHP320ZXPB1 液压载重运输车悬挂液压系统原理如图 6-13 所示，它由开式变量泵、转向升降控制阀组、升降控制阀组等组成。悬挂柱塞缸升降由升降控制阀组和转向升降控制阀组中的二位四通电磁换向阀控制，组成平板车开式恒压变量液压控制系统。

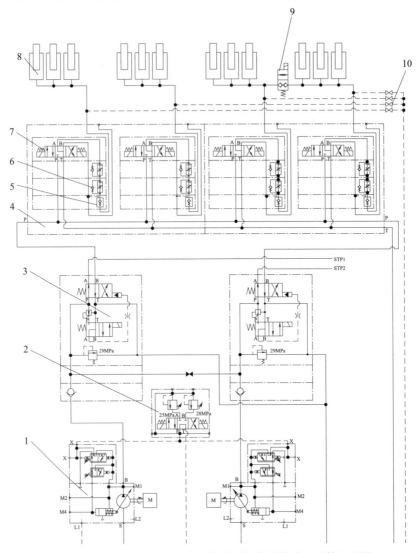

图 6-13　JHP320ZXPB1 液压载重运输车悬挂液压系统原理图

1—开式变量泵；2—开式泵远程控制阀组；3—转向升降控制阀组；4—升降控制阀组；5—液控单向阀；
6—单向调速阀；7—三位四通电磁换向阀；8—柱塞缸；9—电磁球阀；10—下降球阀

载重运输车的悬挂缸为柱塞缸，根据运输车不同工况下稳定性要求，通过液压球阀的开启和关闭将悬挂缸分成不同支撑组。同一组悬挂内的液压缸油路相通，压力相等，形成一个封闭的液压系统。当运输车行驶在不平的路面或爬坡时，悬挂缸根据负载的变化自动调整伸缩量，保证每个悬挂缸的承载为均衡的。通过电磁球阀的开断切换，载重运输车的悬挂液压缸可实现 3 点支撑或 4 点支撑，3 点支撑适用于不平坦的路面，要求载荷中心要位于 3 点支撑形成的三角形内，4 点支撑适合载荷重心不平衡的工况，但对路面要求较高。每个支撑组件均安装有测压接头和压力传感器，能够随时监控悬挂系统的压力变化，保证悬挂系统正常稳定工作。

第六章 自行式液压载重车悬挂系统设计

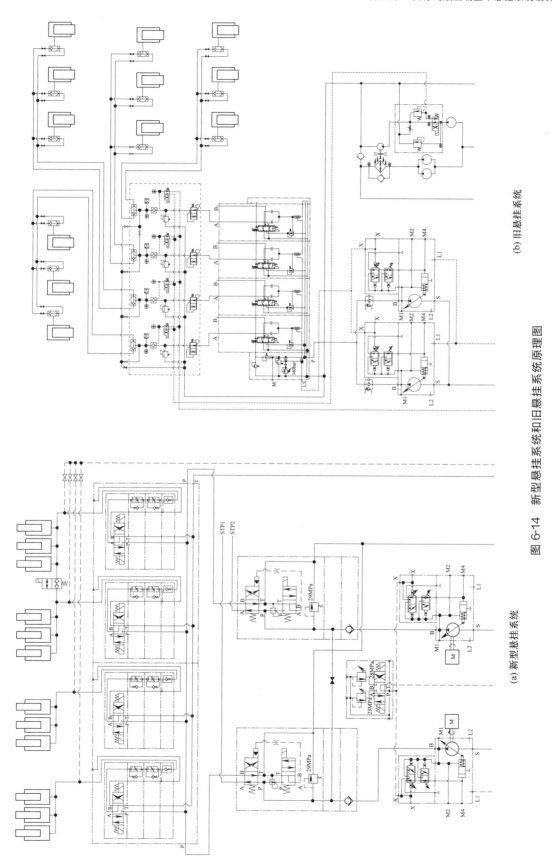

图 6-14 新型悬挂系统和旧悬挂系统原理图
(a) 新型悬挂系统 (b) 旧悬挂系统

167

载重运输车在进行升降时，开式变量泵远程控制阀组 2 中的电磁换向阀动作，使设定压力值为 28MPa 的溢流阀发生作用，从而使悬挂系统中的压力恒定为 28MPa。转向升降控制阀组 3 中的电磁换向阀切换后，开式变量泵出口液压油直接进入到升降控制阀组 4 中，通过三位四通电磁换向阀 7 的切换使柱塞缸 8 发生伸缩，即使载重运输车发生升降。三位四通电磁换向阀 7 切换到左位时，液压油通过两个单向调速阀 6 进入柱塞缸 8 中，使载重运输车平台上升；三位四通电磁换向阀 7 切换到右位时，液压油直接作用到液控单向阀 5 的控制油路上，在载重运输车的自重作用下柱塞缸收缩，平台下降。通过下降球阀 10 的开启，也可以使载重运输车在自重作用下使柱塞缸收缩，平台下降。

二、新型悬挂系统与旧系统的比较

JHP320ZXPB1 液压载重运输车电液控制系统中的悬挂系统较以往有很大的变化，而且控制方式也发生了变化。图 6-14 为新型悬挂系统和旧悬挂系统原理图。两者的比较见表 6-2。

表 6-2　液压载重运输车的新旧悬挂系统特点比较

新型悬挂系统	1. 悬挂系统采用恒压变量泵和升降控制阀组对升降柱塞缸的伸缩进行控制。悬挂系统压力恒为 28MPa，升降控制阀组是由一个三位四通电磁换向阀、两个单向调速阀和一个液控单向阀组成 2. 通过使转向升降控制阀组中的电磁换向阀切换位置，使开式变量泵出口液压油进入到悬挂系统的柱塞缸和转向系统的转向马达中
旧悬挂系统	1. 悬挂系统采用负载敏感变量泵、升降比例多路阀和升降阀组对升降柱塞缸的伸缩进行控制。悬挂系统压力随负载变化而变化，升降阀组是由一个二位四通电磁换向阀、溢流阀和液控单向阀组成。液控单向阀的控制油口还有专门的下降控制阀组 2. 负载敏感变量泵出口液压油会同时进入到升降比例多路阀和转向比例多路阀中，升降和转向动作均靠比例多路阀控制实现
共同点	1. 悬挂系统均可以实现 3 点支撑或 4 点支撑的切换 2. 悬挂柱塞缸均可以通过手动下降球阀而收缩，使载重运输车平台下降
比较结论	1. 在新旧两个悬挂系统中，开式变量泵的控制工作方式不一样，分别为恒压变量柱塞泵和负载敏感变量柱塞泵。这种恒压控制方式使载重运输车的控制更加方便简单 2. 相比旧系统，新系统通过升降控制阀组和转向升降控制阀组的配合使用，使升降控制更加灵活、简单，控制系统也更加简洁 3. 相比旧系统，在新型悬挂系统中使用了回转接头，如图 6-15 所示，使悬挂系统更加简洁，安装更加方便

(a) 新型悬挂系统　　(b) 旧悬挂系统

图 6-15　新型悬挂系统和旧悬挂系统管路连接图

三、液压载重车的液压悬挂升降系统设计

1. 原有悬挂升降系统原理

为保证在不平整路面行驶的稳定性,在每个悬挂安装液压缸减振平衡系统,其原理类似于油气弹簧悬挂。各个液压缸进行连通,能根据路面情况自动调整液压缸的伸缩量,保证各轮胎接地比压相同,避免某一轮胎超载,如图 6-16 所示。

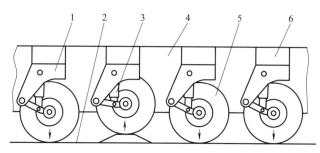

图 6-16 载重车液压悬挂原理示意图
1—悬挂;2—地面;3—液压缸;4—车架;5—轮胎;6—车架

悬挂系统分为 4 组,构成 4 点支撑,易于调整车身使其保持水平。载重车的悬挂液压缸可实现 3 点支撑或 4 点支撑,同一组悬挂内的液压缸油路相通,压力相等,使同一组的轮胎承受载荷均衡。3 点支撑和 4 点支撑可通过一个截止阀实现相互切换。通过悬挂液压缸的同步起升或下降,实现整车平起平降。同一支撑组的悬挂缸是相互连通的,形成一个封闭的液压系统,当载重车行驶在不平的路面或爬坡时,悬挂缸根据负载的变化自动调整伸缩量,保证每个悬挂缸的承载均衡。

2. 悬挂升降系统存在的问题

从液压系统原理图得知,原液压悬挂升降系统采用分流集流阀来控制多个悬挂缸的升降。在采用分流集流阀为控制元件的开环同步控制系统中,同步性能主要取决于阀的均分系统流量的能力。而阀的几何参数、尺寸和形位公差、弹簧力、液动力、泄漏等因素对阀的均分系统流量的能力均有很大的影响。分流集流阀的分流精度还与进口流量的大小和两出口油液压差大小有关。另外液压执行元件的加工精度及其泄漏、分流集流阀后设置的其他阀的外部泄漏、油路中的泄漏等因素,虽然对分流集流阀的分流精度没有影响,但对系统执行元件的同步精度却有直接影响,分流集流阀的控制性能不是很理想。分流集流阀的分流作用与系统的流量大小无关,液压缸的升降速度不能控制。该液压系统开关控制量多,系统操作的按钮和手柄较多,操作较为复杂,系统不能较好地实现节能。

3. 新型液压悬挂升降系统设计

针对原有液压控制系统的固有缺点,按照载重车使用单位的要求,运用节能设计、降额设计等现代设计方法,对大型载重车的液压系统重新设计,以满足生产使用的要求。大型载重车新型悬挂系统液压原理图如图 6-17 所示,具有以下特点。

① 同步精度高。采用电液比例多路阀和角度传感器组成闭环控制,控制精度高,可实现悬挂缸的高精度同步升降。比例多路阀还内置差动变压器(LDVT)等位移传感器,能够对阀芯位置移动进行检测,实现阀芯位移闭环控制。这种由比例电磁阀、位置反馈传感器、驱动放大器和其他电子电路组成的高度集成比例阀,具有一定的校正功能,可以有效地克服

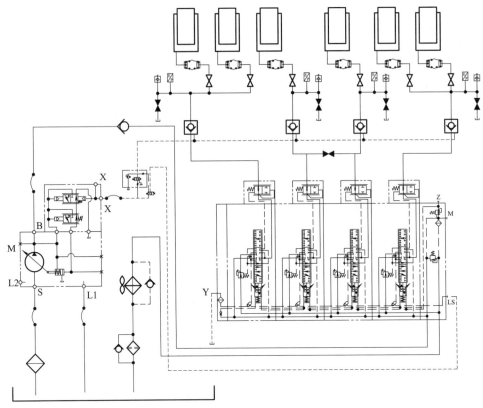

图 6-17 大型载重车新型悬挂系统液压原理图

一般比例阀的缺点,使控制精度得到较大提高。

② 节能采用负荷传感式比例多路换向阀,能控制液压缸的运动方向而不取决于负载。将负载传感油路引入泵的变量机构,使泵的输出压力随负载压力的升高而升高(始终为较小的固定压差),泵的输出流量与系统的实际需要流量相等,无溢流损失,实现节能。

③ 阀的控制性能好。在比例多路阀内置压力补偿阀,使阀的流量调节与负载无关,提高了阀的控制性能。将阀口后的负载压力引入压力补偿阀,压力补偿阀对阀口前的压力进行自动调整,使阀口前后的压差为常值,这样根据节流口的流量调节特性,流经阀口的流量大小就只与该阀口的开度有关,而不受负载压力的影响。

④ 电液先导控制,控制操作方便。电液比例多路阀通过总线和控制器使载重车挡位、转向、制动和工作装置等实现电气控制,控制方便。采用电液比例多路阀的另一个显著优点是在载重车上可以大大减少操作手柄的个数,这不但使驾驶室布置简洁,而且能够有效降低操作复杂性,对提高作业质量和效率都具有重要的实际意义。

⑤ 液压软管防爆,整车更加安全。在载重车转向过程中,悬挂缸要随悬挂及轮胎转动,悬挂缸的管路需要液压软管连接。载重车行驶过程中,由于路面情况的变化,悬挂液压系统产生压力波动,对管路和管接头产生液压冲击;载重车转向过程中,连接主油路和悬挂缸的液压软管频繁地弯曲变形,长期室外工作容易老化,而且液压软管接头的扣压也可能出现问题。如果悬挂液压软管出现破裂,同一支撑组的悬挂缸就会因失去背压而不受控制地加速下落,在载重车重载的情况下可能造成因轮胎的过载而爆胎,严重的可造成载重车失去稳定支

撑点而倾覆。因此在对悬挂液压软管及接头提出较高性能要求的同时，还要为防止液压软管破裂增加安全措施。

管路防爆阀能够防止由于管路破裂而引起的执行机构下降失控，其工作原理及结构如图 6-18 所示。

防爆阀的 B 口连接执行机构，F 口连接危险管路。液压油从 F 到 B 可以正常通过，从 B 到 F 由于节流的作用会产生一个压差。在管路工作正常的情况下，从 B 到 F 产生的压差不会超过弹簧力，阀芯维持一定的开口度，液压油可以正常流通。如果危险管路出现问题，从 B 到 F 的流量会大大增加，当压差超过弹簧力时，阀芯会立刻关闭，负载能够停留在管路破裂瞬间的行程位置上。当 F 端恢复正常压力后，防爆阀开启。

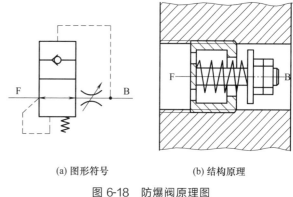

(a) 图形符号　　(b) 结构原理

图 6-18　防爆阀原理图

第三节　自行式框架车悬挂升降电液同步驱动控制

自行式框架车属于钢铁企业在厂内物流中应用的特种车辆，实际运用中要求车身姿态能够灵活调节，以提高车辆的通过性。此外，自行式框架车经常结合框架和专用器皿用来运输一些高温液体材料，或用于钢结构箱梁焊缝间的精确对接，以及某些大型零部件的精确定位与安装，要求四组悬挂系统在同步升降过程中具有较高的同步精度，以提高焊缝对接与零部件安装的精度和效率，以及车辆操作的安全性。

一、悬挂液压系统的保压和失压保护设计

根据自行式框架车的实际使用工况要求，设计了由负载敏感变量泵与负载敏感多路阀组成的车辆悬挂液压系统，将负载压力引入泵的变量机构，使泵的输出压力跟随负载压力变化，泵的输出流量与系统的实际需要流量相等，无溢流损失，节能效果好。另外采用电液比例多路阀和角度编码器组成闭环控制，控制精度高，可实现悬挂油缸的高精度同步升降控制。同时，车辆悬挂液压系统还考虑了悬挂油缸长时间工作的保压设计、管路的失压保护设计以及悬挂的平顺性设计，设计了一种负载敏感液压泵的恒压变量控制方法。自行式框架车悬挂液压系统原理图如图 6-19 所示。

1. 悬挂液压系统的保压设计

自行式框架车在高度调节完成以后，要求悬挂油缸能长期保持在设定好的高度，即要求悬挂液压系统具有较好的保压特性。由于控制悬挂油缸动作的负载敏感多路阀是滑阀结构，密封性较差，所以在回路中设置了封闭性较好的液控单向阀来防止油缸油液的泄漏。通常液控单向阀有 SV 与 SL 两种类型，SV 型内泄式液控单向阀结构如图 6-20 所示，SL 型外泄式液控单向阀结构如图 6-21 所示。两种形式的液控单向阀在配合比例流量阀工作时需要正确选择。

SV 型与 SL 型液控单向阀是锥阀式结构，只允许油液正向通过，反向则截止，当接通控制油时，压力油使锥阀离开阀座，油液可反向流动。常用于有液压回路部分的隔离，以避免管路破裂时负载失压，或避免执行器在液压闭锁时因滑阀泄漏引起的爬行或漂移。其中 SV 型液控单向阀用于 A 腔背压较小或背压为零的回路，典型应用液压回路如图 6-22 所示，其中可调节流阀必须设置在液控单向阀 B 侧，如果设置在 A 侧，有可能在节流阀产生的背压与控制压力 p_x 共同作用下，使阀口关闭，背压消失后阀口又开启，阀芯产生高频的振动，产生噪声故障。SL 型液控单向阀用于 A 腔背压较大的液压回路，典型应用液压回路如图 6-23 所示，其中可以在液控单向阀 A 侧设置可调节流阀。综合以上分析，由于比例阀压力补偿器的作用，液控单向阀 A 腔有较高的背压存在，控制压力 p_x 对阀芯的作用力有限，所以应该选用 SL 型外泄式液控单向阀来锁住悬挂油缸油液。

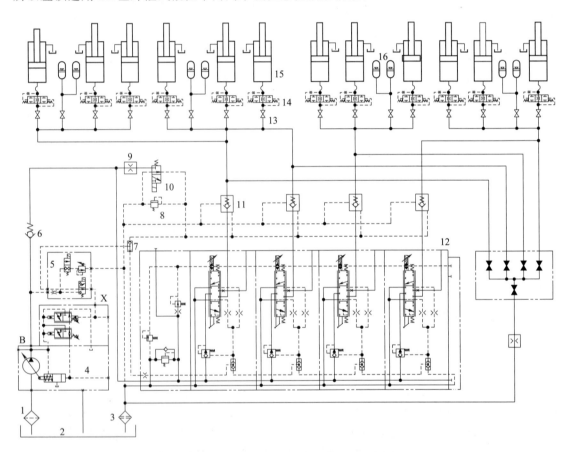

图 6-19 自行式框架车悬挂液压系统原理图

1—吸油过滤器；2—液压油箱；3—回油过滤器；4—负载敏感泵；5—控制模块；6—单向阀；7—梭阀；
8—溢流阀；9—节流阀；10—电磁换向阀；11—液控单向阀；12—电液比例多路阀；
13—截止阀；14—防爆阀；15—液压油缸；16—蓄能器

运用 SV 型液控单向阀的先导控制压力计算

$$p_x = \frac{p_1 A_1}{A_3} + C \tag{6-1}$$

运用 SL 型液控单向阀的先导控制压力计算

$$p_x = \frac{p_1 A_1 - p_2 (A_1 - A_4)}{A_3} + C \tag{6-2}$$

式中 p_x——液控单向阀先导控制压力，Pa；

p_1——液控单向阀油口 B 侧压力，Pa；

p_2——液控单向阀油口 A 侧压力，Pa；

A_1——主阀锥面截面积，m^2；

A_3——控制活塞截面积，m^2；

A_4——控制活塞杆截面积（仅用于 SL 型阀），m^2；

C——附加系数。

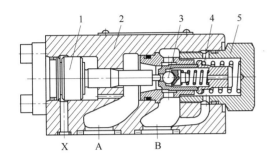

图 6-20 SV 型内泄式液控单向阀结构

1—控制阀芯；2—阀套；3—球阀；
4—弹簧；5—锥阀芯

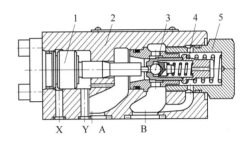

图 6-21 SL 型外泄式液控单向阀结构

1—控制阀芯；2—阀套；3—球阀；
4—弹簧；5—锥阀芯

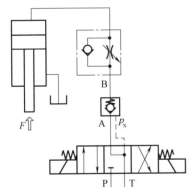

图 6-22 SV 型内泄式液控单向阀液压回路

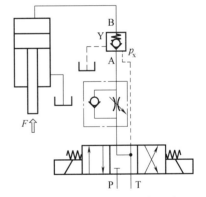

图 6-23 SL 型外泄式液控单向阀液压回路

2. 液压管路的失压保护设计

车辆各悬挂与承载平台之间通过带旋转副的回转支承连接，悬挂液压系统的管路布置中既有硬管又有软管。液压软管由于长时间暴露于室外经受风吹日晒，再加上软管频繁地扭转弯曲变形，管路容易老化或者软管接头扣压松脱从而发生破裂，一旦连接各悬挂液压油缸的管路爆裂，悬挂液压系统将失去承载功能，车辆将会发生倾覆的危险。再加上车辆额定载荷大，悬挂液压系统连接管路长，行驶过程中悬挂承受的惯性冲击大，很容易在同一悬挂系统的液压管路内形成巨大的压力冲击，因此为防止车辆悬挂系统中的钢管或软管破裂而造成车辆倾翻的危险，对悬挂液压系统进行防爆设计是非常有必要的。

充分考虑可靠性及安装空间的要求,在自行式框架车悬挂液压系统管路的防爆设计中,应用一种新型双向防爆阀,其结构与原理图如图 6-24 所示。此种防爆阀为滑阀式结构,初始状态阀芯处于开启状态,A 口接钢管,B 口通过软管接悬挂液压缸,C 口由外接管路与 A 口相连。在悬挂上升过程中油液从 A 口流向 B 口,经过阀口后压力由 p_A 降为 p_B,阀芯在 p_A、p_B 和弹簧力的共同作用下处于某一平衡位置,即

$$p_B A + k \Delta x = p_A A \qquad (6-3)$$

式中 p_A、p_B——防爆阀 A 口、B 口压力,Pa;

A——阀芯面积,m^2;

k——弹簧刚度,N/m;

Δx——阀芯位移量,m。

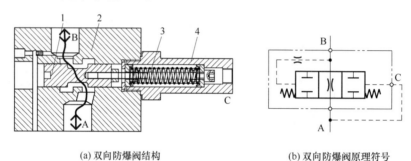

(a) 双向防爆阀结构　　　　　　　(b) 双向防爆阀原理符号

图 6-24　双向防爆阀结构及原理图

1—阀芯;2—阀套;3—弹簧;4—控制阀套

当悬挂系统 A 侧硬管爆裂时,所有防爆阀 A 口压力迅速下降为零,在负载的作用下油液从 B 流向 A,同时负载压力作用在阀芯左端,负载压力 p_B 对阀芯的作用力远大于弹簧力,从而使阀芯迅速向右移动,B 侧阀口关闭;当某一防爆阀 B 侧软管发生爆裂时,该防爆阀 B 口压力立即下降为零,只有系统压力作用在阀芯右端,足以克服弹簧力,使阀芯向左运动,迅速关闭 A 侧阀口,切断油源与爆裂管路之间的油路,从而保证了同一悬挂系统中的其他悬挂不受影响,只是爆管的悬挂失去了承载能力,此时负载还能够停在管路爆裂瞬间的位置上,防止车辆倾覆危险的发生。

同理,当车辆承载平台下降或正常行驶时,某一双向防爆阀任意侧管道爆裂或其他元件出现故障都能有效防止本悬挂系统迅速下降,阻止车辆发生倾翻。

新型双向防爆阀能够在油液流动的两个方向上感应压力变化,并根据压力变化关闭相应的阀口,较单向防爆阀只能在油液流动的一个方向上关闭阀口可靠性更高。另外滑阀结构较平面阀密封性更好,泄漏量更小,对预防车辆倾斜更安全可靠。

二、悬挂系统失压保护性能测试

对液压悬挂系统失压保护的工作原理进行分析,通过实验检测液压悬挂系统失压保护设计的可靠性。

为确保实验的顺利进行,首先对防爆阀的性能进行单独测试,测试原理如图 6-25 所示,防爆阀入口压力由溢流阀 4 设定,出口压力由溢流阀 10 设定,且溢流阀 4 压力值设定比溢流阀 10 压力值大,分别通过压力表 6 和 8 对防爆阀的入口压力和出口压力进行实时监测。

实验现场如图 6-26 所示,按照以下过程对防爆阀的动态特性进行测试:调节各溢流阀

压力值，使系统处于正常运转状态，然后打开截止阀 9 模拟管路发生爆裂的状态，观测防爆阀是否能够迅速动作阻断油路，从而防止油液的继续外泄；将防爆阀的进出油口进行交换并多次重复测试，观测测试结果。结果观测到：在打开截止阀后，防爆阀能够立即动作，关闭系统油路，防止了油液的泄漏，从而验证了防爆阀的动态响应符合要求。

液压悬挂系统的失压保护测试原理如图 6-27 所示，通过三位四通手动换向阀 6 的换向，实现对柱塞缸 10 伸出与收回的控制，两位两通手动换向阀 5 的换向可实现对爆管的模拟，压力表 7 实时监测防爆阀 8 的入口压力，压力表 9 实时监测防爆阀 8 的出口压力。

实验测试现场如图 6-28 所示，按照以下过程对液压悬挂系统的失压保护设计进行实验测试：将液压悬挂倒转放置于地面的钢板上，在平衡臂上焊接一块钢板，并在钢板上加载 10t 水泥块以模拟悬挂的负载力，通过天车给予水泥块一定的保护措施，防止其在实验过程中掉落。启动液压

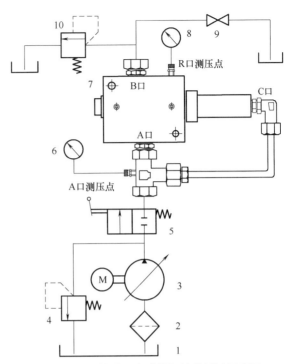

图 6-25 单管路双向防爆阀性能测试原理图
1—油箱；2—吸油过滤器；3—液压泵；4,10—溢流阀；
5—手动换向阀；6,8—压力表；7—单管路双向
防爆阀；9—截止阀

图 6-26 防爆阀实验测试现场

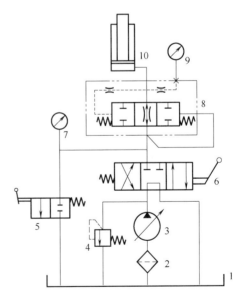

图 6-27 液压悬挂系统失压保护测试原理图
1—油箱；2—吸油过滤器；3—液压泵；4—溢流阀；
5—两位两通手动换向阀；6—三位四通手动换向阀；
7,9—压力表；8—防爆阀；10—柱塞缸

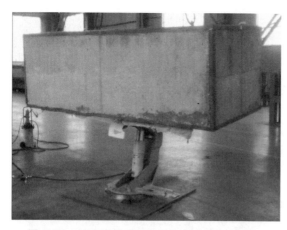

图 6-28 液压悬挂系统失压保护实验测试现场

泵站，操作三位四通手动换向阀 6 使柱塞缸进行伸缩动作，在确保柱塞缸能正常进行伸缩后，调节液压泵的输出流量使柱塞缸由最低位置缓慢伸出，在柱塞缸伸出一半位置时，推动两位两通手动换向阀 5 模拟管路爆裂，观测此时柱塞缸的动作及压力表 7 和 9 的压力变化情况；同理，在柱塞缸由最高位置缓慢收缩过程中，在柱塞缸收缩到一半位置时，推动两位两通手动换向阀 5，观测柱塞缸的动作及压力表 7 和 9 的压力变化情况。如此重复多次实验，观测每次实验的结果变化。

由以上实验过程及观测结果可得，在柱塞缸伸出过程中，压力表 7 和 9 的压力值有微小的减小趋势，且压力表 9 的值始终比压力表 7 大一定微小值；在推动两位两通手动换向阀时，防爆阀阀芯能够迅速动作关闭阀口，柱塞缸和水泥块停在当前位置，压力表 7 压力变为零，压力表 9 的压力经过三四秒时间的波动后稳定不变。在柱塞缸收回过程中，压力表 7 和 9 的压力值有微小的增大趋势，且压力表 9 的值始终比压力表 7 小一定微小值。

通过以上液压悬挂系统失压保护实验测试结果及与第三章的仿真结果对比可知，采用单管路双向防爆阀能够满足液压悬挂系统的失压保护要求，可防止运输车在升降及行驶过程中因管路爆裂或接头松脱而发生倾翻的危险，确保了车辆运输过程中的安全性。

三、多功能油源设计

工程机械工况复杂，液压系统的设计趋于复杂化，综合多方面的考虑，同一台设备不同执行机构的液压系统可能会用到多种控制方式，例如负载敏感控制与恒压变量控制。目前，同一台设备的液压系统要用到这两种控制方式就需要在系统至少配置一台负荷传感变量泵和一台恒压变量控制变量泵，不能用一台泵同时满足这两种控制方式的要求。自行式框架车的液压传动系统中也存在这样的问题，为了提高车辆转向系统的响应速度，采用了闭芯式无反应全液压转向器，需要备置恒压变量控制方式的变量泵，而车辆悬挂液压系统采用了负荷传感控制系统。按照传统的方法这就需要给车辆转向液压系统与悬挂液压系统配置两种不同控制形式的油源，然而车辆的悬挂液压系统与转向液压系统在任何时候都不会同时工作，配备两台泵就会造成巨大浪费。

为了解决自行式框架车悬挂液压系统与转向液压系统油源配置控制形式的矛盾，提供了一种负载敏感液压泵的恒压变量控制系统，控制原理如图 6-29 所示。在一台负载敏感泵的负载反馈回路上设置一个控制模块，该控制模块可以使液压泵既可以实现负载敏感的控制模式又可实现恒压变量的控制模式，一泵多用，既可以当负载敏感泵使用又可以当恒压变量泵使用，解决了同一系统多种控制方式必须配置多泵的难题。不仅结构简单、安装方便，而且能有效地降低成本。

在负载敏感泵的基础上添加一个控制模块，通过该控制模块使液压泵工作在负载敏感控制模式下或恒压变量控制模式下，控制模块集成了两位三通电磁球阀、节流孔、两位两通电磁球阀、溢流阀。

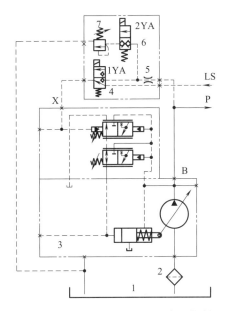

图 6-29 负载敏感液压泵的恒压变量控制系统

1—油箱；2—过滤器；3—负载敏感泵；4—两位三通电磁球阀；5—节流孔；
6—两位两通电磁球阀；7—溢流阀

控制模块的默认控制方式为负载敏感控制，即液压泵为负载敏感控制，由悬挂液压系统负载反馈回来的控制油 LS 进入控制模块中两位三通电磁球阀的常开口，再到负载敏感泵的控制口 X，此时，液压泵配合悬挂液压系统中的负载敏感多路比例阀实现负载敏感控制。当 1YA、2YA 同时得电时，负载反馈控制口 LS 与液压泵控制口 X 之间的连接被电磁球阀切断，与液压泵工作口并联的另一路控制油通过节流孔、电磁球阀接入液压泵的控制口 X，同时经过电磁球阀接到溢流阀的入口，由液压泵的负载敏感阀、控制模块和液压转向器完成恒压变量控制模式，系统工作压力由控制模块中的溢流阀设定。

四、电液同步驱动控制设计

自行式框架车四点悬挂同步升降精度要求较高，设计了由四组电液比例阀分别控制一组悬挂液压油缸的阀控缸电液控制系统，同时在车辆四角位置悬挂的悬臂与摆臂之间安装有角度编码器，实时检测、反馈各油缸的位移量，以便对电液比例阀进行闭环控制。

实际车辆悬挂电液控制系统中采用 EPEC2024 控制器作为闭环控制核心，通过测量悬臂与摆臂的相对转角来实时计算各油缸的位移量，通过控制器的耦合运算、模糊推理来调节由电液比例阀进入柱塞缸的流量，将承载平台的同步驱动转化为各组悬挂液压油缸的同步位移变化量，实现车辆四点支撑的同步驱动控制。四组悬挂之间既可以联动也可以单动，当四组悬挂同时升降时实现承载平台同步驱动，也可对某组悬挂进行单独升降来实现单点微调。悬挂电液控制系统组成如图 6-30 所示。

五、四悬挂同步驱动控制研究

由建立的自行式框架车悬挂电液控制系统模型可以看出，该同步驱动控制系统存在负载耦合和多种非线性因素的影响，模型复杂，具有参数不确定性的影响，基于数学模型的控制

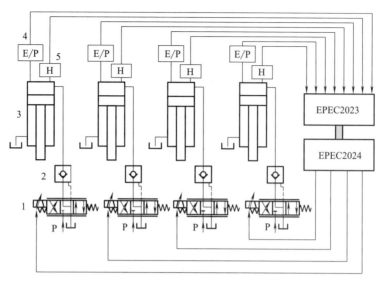

图 6-30 悬挂电液控制系统组成

1—电液比例阀；2—液控单向阀；3—液压油缸；4—压力传感器；5—角度编码器

方法调整困难，因此提出一种耦合控制与模糊 PID 控制相结合的控制方法，以各悬挂液压油缸实际输出位移的耦合值作为各缸期望的动态响应值，四个独立的模糊 PID 控制器实现阀控缸对期望值的快速响应，以消除各种干扰和非线性因素的影响。

1. 控制系统的结构原理

系统同步驱动结构原理如图 6-31 所示，主要由耦合模型、用于单缸闭环控制的模糊 PID 控制器和阀控缸模型组成，其中模糊 PID 控制器包括模糊参数整定器和变参数 PID 控制器两部分。变参数 PID 控制器根据模糊参数整定器的输出参数适时调整各阀控缸的控制输出，在四缸初始位移相同情况下，速度同步也表现为位置同步，系统在参考位移输入 $u(t)$ 的作用下，各悬挂液压油缸由于外部扰动等因素的作用产生不同的位移输出 z_i，将 z_i 反馈至耦合模型。耦合模型是一个具有固定结构的模型，其状态方程可以描述为

$$\dot{\boldsymbol{x}}_m = \boldsymbol{A}_m \boldsymbol{x}_m \tag{6-4}$$

$\boldsymbol{x}_m = [z_1\ z_2\ z_3\ z_4]^\mathrm{T}$，耦合模型的系数矩阵 $\boldsymbol{A}_m$ 为

$$\boldsymbol{A}_m = \mathrm{diag}\left(\frac{B_{p1}e^{-\frac{B_{p1}}{m_1}t} - B_{p1}}{m_1 - m_1 e^{-\frac{B_{p1}}{m_1}t} - B_{p1}t}\quad \frac{B_{p2}e^{-\frac{B_{p2}}{m_2}t} - B_{p2}}{m_2 - m_2 e^{-\frac{B_{p2}}{m_2}t} - B_{p2}t}\quad \frac{B_{p3}e^{-\frac{B_{p3}}{m_3}t} - B_{p3}}{m_3 - m_3 e^{-\frac{B_{p3}}{m_3}t} - B_{p3}t}\quad \frac{B_{p4}e^{-\frac{B_{p4}}{m_4}t} - B_{p4}}{m_4 - m_4 e^{-\frac{B_{p4}}{m_4}t} - B_{p4}t} \right)$$

$$\tag{6-5}$$

耦合模型以各柱塞缸实际输出位移 z_i 为输入，经过调平控制算法，获得耦合模型的输出 z_m，将 z_m 作为同步驱动控制的理想输出，z_m 为

$$z_m = \frac{1}{n}\sum_{i=1}^{n} z_i \tag{6-6}$$

式中 z_m——耦合模型的输出；

n——柱塞缸的数量，$n=4$。

各柱塞缸实际位移输出与理想位移输出的偏差为：

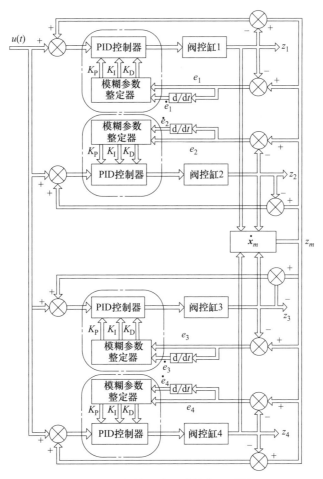

图 6-31 悬挂同步驱动结构原理图

$$e_i = z_m - z_i \tag{6-7}$$

将同步驱动的期望位移输出 z_m 与各缸实际位移输出 z_i 的偏差和偏差的变化率作为模糊参数整定器的输入，根据预先设定的模糊算法，实时调节 PID 控制器的 K_P、K_I、K_D 三个参数，由变参数 PID 控制器对电液比例阀发出相应的控制信号，调节各阀控缸的输出速度，使四个阀控缸的位移均实时跟踪耦合模型的输出位移，从而实现承载平台的电液同步驱动控制。理想状态误差 e_i 消失时，各缸以相同的速度移动。

2. 模糊 PID 控制器设计

模糊 PID 控制器的目的是改善 PID 控制器的控制性能，保持了原有 PID 控制器的简单结构而无需添加额外的硬件部分。离散 PID 的增量算法如下：

$$\Delta u(k) = K_P \Delta e(k) + K_I e(k) + K_D [\Delta e(k) - \Delta e(k-1)] \tag{6-8}$$

$$\Delta e(k) = e(k) - e(k-1) \tag{6-9}$$

式中，K_P 为比例系数；K_I 为积分系数，$K_I = K_P T/T_I$；K_D 为微分系数，$K_D = K_P T_D/T$；T 为采样周期；T_I 是积分时间常数；T_D 是微分时间常数；$\Delta e(k)$ 为误差微分。由上式可以看出，一旦确定 K_P、K_I、K_D，只要使用 3 次测量值的偏差就能够求出调节液压油缸的控制量。

模糊 PID 控制器中模糊参数整定器将输入的误差 e_i 和误差变化率 $\dot{e}_i$ 模糊化，经过模糊推理和解模糊后,得到修正后的 PID 控制参数,再由变参数 PID 控制器计算出液压油缸的控制量。

模糊参数整定器的两个输入误差 e_i 和误差变化率 $\dot{e}_i$ 模糊化为 E_i、EC_i,论域为 $\{-6, -4, -2, 0, 2, 4, 6\}$,三个调节量输出 ΔK_{Pi}、ΔK_{Ii} 和 ΔK_{Di} 模糊化,论域为 $\{-3, -2, -1, 0, 1, 2, 3\}$,定义输入输出覆盖论域的模糊集为 $\{NB, NM, NS, ZO, PS, PM, PB\}$,每个模糊子集分别代表负大、负中、负小、零、正小、正中、正大,每个模糊子集的隶属函数服从正态分布的高斯函数。从系统的稳定性、响应速度、超调量和稳态精度等各方面综合考虑,对 PID 控制参数调节量建立实时模糊控制规则表,如表 6-3 至表 6-5 所示。

表 6-3 ΔK_{Pi} 模糊规则表

E_i	EC_i						
	NB	NM	NS	ZO	PS	PM	PB
NB	PB	PB	PM	PM	PS	ZO	ZO
NM	PB	PB	PM	PS	PS	NS	NS
NS	PM	PM	PM	PS	ZO	NS	NS
ZO	PM	PM	PS	ZO	NS	NM	NM
PS	PS	PS	ZO	NS	NS	NM	NM
PM	PS	ZO	NS	NM	NM	NB	NB
PB	ZO	ZO	NM	NM	NM	NB	NB

表 6-4 ΔK_{Ii} 模糊规则表

E_i	EC_i						
	NB	NM	NS	ZO	PS	PM	PB
NB	NB	NB	NM	NM	NS	ZO	ZO
NM	NB	NB	NM	NS	NS	ZO	ZO
NS	NB	NM	NS	NS	ZO	PS	PS
ZO	NM	NM	NS	ZO	PS	PM	PM
PS	NM	NS	ZO	PS	PS	PM	PB
PM	ZO	ZO	PS	PS	PM	PB	PB
PB	ZO	ZO	PS	PM	PM	PB	PB

表 6-5 ΔK_{Di} 模糊规则表

E_i	EC_i						
	NB	NM	NS	ZO	PS	PM	PB
NB	PS	NS	NB	NB	NB	NM	PS
NM	PS	NS	NB	NM	NM	NS	ZO
NS	ZO	NS	NM	NM	NS	NS	ZO
ZO	ZO	NS	NS	NS	NS	NS	ZO
PS	ZO	ZO	ZO	ZO	ZO	ZO	ZO
PM	PB	NS	PS	PS	PS	PS	PB
PB	PB	PM	PM	PM	PS	PS	PB

根据表 6-3 至表 6-5 建立的 ΔK_{Pi}、ΔK_{Ii}、ΔK_{Di} 模糊规则表,采用 Mamdani 的 MAX-MIN 模糊合成推理并采用面积中心(COA)法解模糊,清晰化处理后可得到变参数 PID 控制器参数调节的模糊矩阵查询表,通过在线查表和运算,实现控制器参数根据耦合模型的动态特性进行自动调节,参数调节公式如下

$$\begin{cases} K_{\mathrm{P}i} = K'_{\mathrm{P}i} + \Delta K_{\mathrm{P}i} \\ K_{\mathrm{I}i} = K'_{\mathrm{I}i} + \Delta K_{\mathrm{I}i} \\ K_{\mathrm{D}i} = K'_{\mathrm{D}i} + \Delta K_{\mathrm{D}i} \end{cases} \tag{6-10}$$

式中，$\Delta K_{\mathrm{P}i}$、$\Delta K_{\mathrm{I}i}$、$\Delta K_{\mathrm{D}i}$ 为根据模糊规则得到的相应参数的修正值，$K'_{\mathrm{P}i}$、$K'_{\mathrm{I}i}$、$K'_{\mathrm{D}i}$ 为 PID 参数前一次调节值，$K_{\mathrm{P}i}$、$K_{\mathrm{I}i}$、$K_{\mathrm{D}i}$ 为在线实时修正后新的 PID 参数。

功能多以及同步驱动精度高的悬挂电液系统，研制了负载敏感液压泵的恒压变量控制装置，解决了自行式框架车悬挂液压系统与转向液压系统在配置液压动力控制形式上的矛盾，实现了负载敏感泵与恒压变量泵的自由切换；通过与闭式变量泵的伺服超驰控制相结合，优化了驱动系统与工作系统之间的功率分配。

第七章
自行式液压载重车制动系统设计

液压载重车工作性质决定了其制动系统的重要性，特别是行车制动系统需要保证在各种恶劣的环境下仍具有良好的制动性能和可靠性。环境和工况不同，对液压载重车的制动系统提出的要求不同，采用的制动系统也不同。

第一节　液压载重车的制动系统

一、液压载重车的制动系统方式

对于大型自行式液压载重车，制动系统包括行车制动、驻车制动与紧急制动三种方式。

1. 行车制动

行车制动，即传统意义上的脚刹，在车辆行车过程中，一般都采用行车制动，按照需要使车辆减速或在短距离内停车。液压载重车行车过程制动主要通过控制驱动液压系统来实现。行车过程中制动主要是减小变量马达与变量泵的排量，随着驱动泵排量逐步降低，车速也随之降低。当变量泵排量为 0 时，变量液压泵中的高压溢流阀产生液压阻尼的作用，消除由于惯性由驱动轮组产生的驱动力，实现行车过程的制动直至停车。

平板车不管是在斜坡还是平路工况下，均可实现从行走直到停车的过程，而且可保证在有风的情况下也不会溜坡。行车制动的工作原理框图如图 7-1 所示。

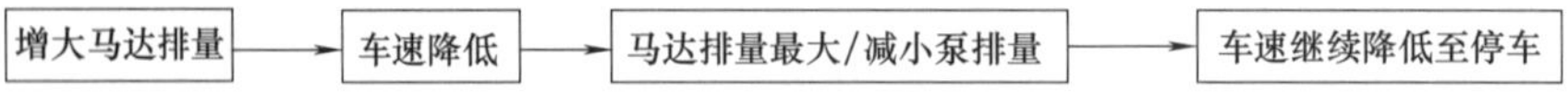

增大马达排量 → 车速降低 → 马达排量最大/减小泵排量 → 车速继续降低至停车

图 7-1　行车制动原理图

一些液压载重车制动系统采用的制动踏板阀是美国 MICO 公司生产的双回路全液压动力制动阀，当驾驶员实施制动时，压力油源蓄能器和制动油缸的油路将会接通，迫使制动器产生制动力，通过控制踩下踏板的幅度以获取不同的制动力。

2. 驻车制动

驻车制动，即传统意义上的手刹。常闭式盘式制动器安装在驱动轮系的行星减速器内，行驶时盘式制动器开启。运输车停车时，制动器卸压，在弹簧力的作用下与制动盘结合，实现驻车状态下制动。同时，也可通过控制轮胎的转角来实现辅助驻车制动，原理如图 7-2 所示，此操作进一步提高了运梁车重载情况下坡道驻车的安全性。当整车起步时，需要根据系统设定来判断是否满足坡道启动的工况，当不满足时，减速器内置制动器不松开，驻车制动系统保持；当系统满足条件时，减速器内置制动器松开，此时可实现坡道起步过程。

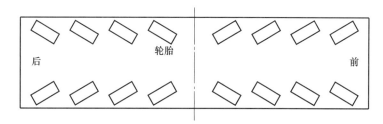

图 7-2 驻车转向示意图

另外，也可以通过气动系统实现驻车制动。驻车制动系统的工作原理是：通过减小变量马达与变量泵的排量实现停车后，此时行走系统压力减小至零，驾驶员发出驻车制动信号后，在弹簧力的作用下，内置轮边减速器内的停车制动器会与制动盘贴合，此过程就完成了驻车制动工作。

也有驻车制动采用的是锁住传动轴的方式，制动弹簧将活塞杆顶出，使制动器锁住传动轴形成驻车制动状态，压力油进入油缸的有杆腔，平衡弹簧力来解除驻车制动，驻车制动阀处于驻车状态。车辆行驶前需按下驻车开关，使驻车制动阀换向，接通蓄能器和油缸的油路，如图 7-3 所示，驻车制动阀处于解除驻车状态。

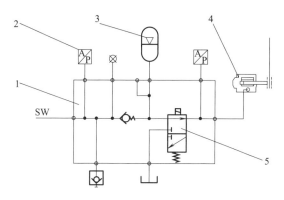

图 7-3 解除驻车制动状态
1—驻车制动阀块；2—压力传感器；3—蓄能器；
4—驻车制动器；5—驻车制动换向阀

3. 紧急制动

标准关于应急制动功能规定的前提是行车制动不能同时多于一处失效。多数液压载重车采用空气制动系统，操作者踩下制动脚踏板，使压缩空气从储气罐通过控制阀直接供给制动气室，系统快速减速并实现紧急制动，平板运输车采用的空气制动系统如图 7-4 所示。

有时液压载重车采用双回路全动力液压制动系统，前、后桥液压制动系统相互独立，互不干涉，且前后双向驾驶操作，具有两套液压制动阀，即使其中某一路发生故障或者某一制动阀出现故障，仍能保证安全停车。

制动过程中压力油由蓄能器提供，这样就保证了在行驶中发动机熄火或者液压泵出现故障的情况下，制动系统依旧能够继续工作，具备安全停车应急制动功能。

二、制动形式

1. 机械制动

机械制动是传统的制动方式，应用最早，由于主要在人力制动上使用，也最早被市场所淘汰。后来气压制动和气液混合制动被发明出来，其优异的性能让这两种制动形式得到了很好的应用。近年来出现了全液压制动和电制动的制动形式，以及两种制动形式混合使用的制动方式，在大型工程设备上应用较为广泛。液压载重车由于其自身载重量大的特点，制动形式多采用动力制动的形式。

2. 气压制动

气压制动是大部分汽车采用的制动方式，这种制动系统以空气作为传递能量的介质进行

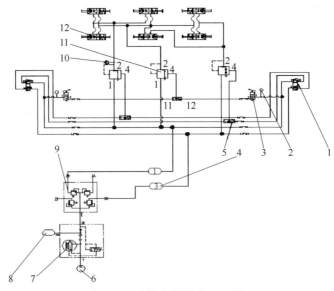

图 7-4 空气制动系统原理图

1—脚踏制动阀；2—压力表；3—手制动阀；4—储气筒；5—双通单向阀；6—空气压缩机；7—空气干燥器；
8—再生储气筒；9—四回路保护阀；10—制动灯开关；11—继动阀；12—弹簧气室

制动力的输出。其工作过程主要分为两个部分，首先是空压机对储气罐进行充气，然后进行气体的释放，高压气体迫使制动器动作，使车辆缓慢减速。由于气体的体积弹性模量较大，在制动器气室内建立压力所需的时间就会增加，这样无疑会增加制动的响应时间，导致制动距离变长，对整车行驶的安全性造成了一定影响。由于气压制动的气压较小，产生的制动力矩有限，因此大吨位的抱罐车或者特种车辆已经不再采用这种方式。

3. 气顶液制动

气顶液制动是在气压制动的基础上演变过来的，这种制动系统的组成如图 7-5 所示。工作过程主要分为两个环节，首先空压机压缩空气在储气罐中作为制动力输出的第一动力源，然后实施制动时制动阀控制高压气体进入助力器，助力器将推动高压制动油液进入制动器油腔，对制动器进行制动。气液制动系统经过多年的研究发展，在该系统的制动性能方面掌握

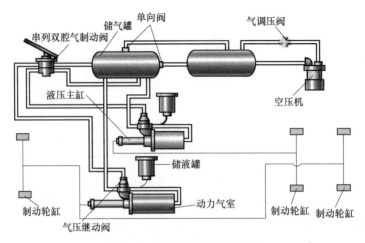

图 7-5 气顶液制动系统示意图

较为全面,在车辆上的应用也更加普遍,且可靠性相对较高,同时成本较低,在价格上有很大的优势。

但是气顶液制动形式在未来的发展不太乐观,市场逐渐缩小,主要原因是本身存在的一些不足和客观存在的问题未能找到有效的优化途径。例如气体和液体两种介质的隔离问题,很难实现绝对的密封,以及复杂的传输路线占用的空间较大等都还未能找到有效的解决途径。另外企业混合型制动系统中存在较多的阻尼孔,是一种过阻尼系统,在响应方面需要的时间较长,对于整车前后轴距较长的车辆,会产生严重的响应慢、制动迟钝等现象,动态响应性能较差。

4. 全液压制动

系统仅仅采用液压油作为制动力的传递介质,机构更加简单,元件数量减少,占用空间小,而且减少了油气排放的污染。其工作过程分为充液过程和制动过程。充液过程为液压泵对蓄能器进行充液,通过充液阀控制蓄能器内油液的压力保持在一个范围之内,不同系统根据设计要求蓄能器的充液压力范围也不同。制动过程为蓄能器压力油通过制动阀流进制动油缸,产生扭矩实施制动。

全液压制动系统缩短了制动的响应时间,在一定程度上增加了工程车辆行驶的安全性。大多数工程车辆的作业环境相对恶劣,粉尘污染较为严重,因此需要制动系统的抗污染能力较强。当该系统配合湿式多片式制动器时,形成了全密封的结构,发挥出更加优异的性能,满足了工程车辆的制动需求。双回路全液压制动系统前、后桥制动管路互相独立,没有干涉,因此在制动过程中前、后桥均可以实现单独的制动,保证车辆安全停车,相对于传统的单回路制动系统,这种形式更能增加车辆行驶的安全性。综上所述,该制动系统的主要优点是制动压力较高,稳定性强,能够产生较大的制动力矩,且脚踏力与制动力成线性比例关系,操纵性能更加优异,同时,能方便地实现制动的远程操纵,一定程度上顺应工程机械制动系统机电液一体化的主流发展趋势。

5. 电制动

系统主要应用在电动轮矿用自卸车上,是一种辅助制动系统,通常以和液压制动系统相结合的方式进行应用。电制动系统采用轮边电机进行制动,在车辆高速状态时实现车轮的减速,但在低速行驶的情况下,不能满足实际的需要,无法实现车轮的制动,受车速的影响较大。但是在车辆满载高速行驶的情况下,所需的制动力很大,若单独采用液压制动的方式,对摩擦片的磨损就会很大,只能通过频繁地更换摩擦片来保证制动器的制动性能,这样钢渣的运输成本就会增加。因此,在车辆高速行驶的状态下进行制动操作时,电制动系统会优先被开启,驱动电机会产生与车辆行驶方向相反的电磁力矩,使车辆减速,减速过程中发出的电能,通过转化为电阻栅上的热能散发在空气中。随着车辆速度的降低,电制动的减速作用将减弱,此时液压制动系统将被启动,直到车速降为零。

通过对上述几种制动系统的详细描述,全液压制动系统的优异性能在工程机械领域发挥着重要的作用,符合机电液一体化发展的方向,顺应主流的发展趋势。

在全液压制动系统的研究文献中,针对挖掘机、装载机以及非公路矿用自卸车的制动系统研究较多,而这些车辆的制动系统的共同特点是前后桥同时采用湿式多盘制动器,制动性能可靠且适应各种恶劣环境。但有关钢渣运输车的全液压制动系统研究相对较少,尤其是前后桥制动器制动形式不一样的情况研究更少,例如本课题研究的铰接式抱罐车中,前桥采用的制动器是湿式多盘制动器,后桥采用的是鼓式制动器,全液压制动系统针对这种不同的制动器交叉配合使用情况的理论分析和工作特性的研究相对较少。

三、常见制动器

液压载重车采用的湿式多盘制动器和鼓式制动器的结构及工作原理。

1. 湿式多盘制动器

湿式多盘制动器里面集成了多组动压片和静摩擦片，制动过程中，动压片会在活塞的推动下压紧静摩擦片，产生制动力矩。制动的动压片和静摩擦片完全在封闭的油液中，而且摩擦片表面特制了多孔纤维图层，可以保证动静片之间始终存在着一层油膜，由油膜的剪切力提供制动力矩，这样避免了压片和摩擦片的直接接触，因而摩擦片的磨损降至了最低。湿式多盘制动器采用全封闭的结构，抗污染能力强，适应多种恶劣的工作环境，并且制动时摩擦盘受力均匀。因此这种湿式制动器同时具备响应迅速、制动力矩大、可靠性高以及良好的散热性能等多种优势，深受大型工程机械及矿山机械设计者的青睐，将是未来制动器的发展趋势。

车辆行驶过程中，冷却系统通过齿轮泵为制动器提供低压循环油液，油液进入制动器摩擦片和压片之间带走由摩擦产生的热量，再流回油箱，途中会经过散热器将液压油冷却，从而保证制动器内不至于因温度过高而影响制动性能。

湿式多盘制动器在制动过程中，由于摩擦片和压片之间摩擦系数的变化，会使装有该制动器的车体产生剧烈的振动，并发出低频发啃的噪声，可以在冷却系统中按比例加入一定量的抗噪剂，起到降低噪声的效果。

2. 鼓式制动器

鼓式制动器为干式制动器，安装在抱罐车从动轮上，起到行车制动的作用。这种制动器结构简单紧凑、便于安装且制动性能可靠，广泛应用于中、重型车辆的制动系统中。抱罐车鼓式制动器采用液压制动缸为动力元件，高压油使活塞杆伸出，带动连杆机构使车桥两端鼓式制动器的凸轮或者楔块发生旋转，促使制动鼓内部的制动蹄绕另一端的支点向外旋转，压靠在制动鼓的内圆柱面上产生制动力矩。

第二节 湿式与盘式组成的混合全液压制动系统

一、混合制动系统的组成

这里以100t抱罐车液压制动系统为例介绍一下。混合全液压制动系统主要组成元件如图7-6所示，其中包括了液压动力元件（齿轮泵）、液压控制元件（充液阀、制动阀和其他液压阀）、液压执行元件（制动器）以及液压辅助元件（蓄能器、过滤器和液压管路等）。载重车由于工作过程的需要，设计了双向驾驶的功能，驾驶室内车座可进行180°旋转，具有两套转向和制动设备，这样在抱罐和放罐过程中也可以方便操纵车辆的前进和后退，提高了抱罐车作业的操纵性能。两套制动阀采用梭阀连接，梭阀具有压力选择的功能，将高压油通向前、后桥制动油缸，实施制动。为增加制动系统响应速度，采用响应速度快的皮囊式蓄能器，通过齿轮泵给蓄能器充液，待制动时蓄能器可立即释放压力，满足快速制动需求。同时采用双回路液压制动阀，前、后桥制动系统拥有各自独立的蓄能器和制动油路，互不影响。

铰接式抱罐车采用前桥拖动方式，前桥为驱动桥，制动器为湿式多盘制动器，后桥为从动桥，采用两线四桥形式，制动器为鼓式制动器，同时后桥均安装实心轮胎，以减少抱罐车的故障和轮胎的更换频率。

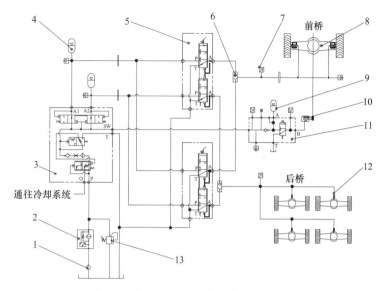

图 7-6 抱罐车液压制动系统工作原理图

1—液压泵；2—压力过滤器；3—充液阀；4—行车制动蓄能器；5—双回路制动阀；6—梭阀；7—压力传感器；8—前桥制动器；9—驻车制动蓄能器；10—驻车制动器；11—驻车制动阀块；12—后桥制动器；13—溢流阀

二、蓄能器充液阀工作原理及特性分析

蓄能器充液阀在全液压制动系统中的主要作用是把蓄能器的压力保持在规定的上、下限之间，既能保证为制动器提供额定的制动压力，又能使液压泵间歇性充液，节省能源。充液阀分为单回路（Single Circuit）和双回路（Dual Circuit）两种，双路充液阀在单回路充液阀上增加了一个梭阀，将两条制动回路分开，相互独立，增加了制动系统的可靠性。图 7-7 为行车制动状态油路走向图。

结合实际需要，100t 抱罐车采用双路充液阀，充液压力上限为 17.93MPa，充液压力下限为 14.82MPa，额定充液流量为 10.2L/min，低压报警压力值为 13.5MPa，充液阀实物以及在抱罐车上的安装位置如图 7-8 所示。

1. 充液阀工作原理

如图 7-9 所示，双路充液阀主要由四部分组成：主阀、过滤器组件、控制阀、梭阀。其中 P 口接齿轮泵出油口，O 口接下游冷却系统，T 口接油箱，A1、A2 分别接前后桥蓄能器，SW 口接低压报警开关。抱罐车驻车制动器的完全释放压力为 10MPa，最高耐压为 18MPa。经过研究分析，充液阀的 SW 口压力范围完全满足驻车制动器的工作压力要求，因此在 SW 口接入驻车制动阀块和蓄能器，这样就不用再为驻车制动单独配备一套充液系统，充分利用了充液阀的功能，节省成本。

蓄能器充液阀在制动系统中的主要作用就是使蓄能器的压力保持在规定范围 $P_L \sim P_H$ 内，P_L 是充液压力下限值，P_H 是充液压力上限值，根据蓄能器压力 P 的变化，充液阀主要有 3 个工作状态。

当蓄能器压力 P 小于充液压力下限 P_L 时，充液阀处于充液状态，如图 7-9（a）各元件

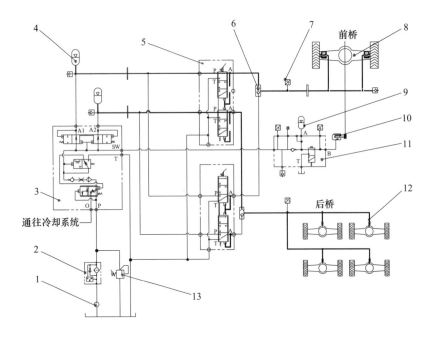

图 7-7 行车制动状态油路走向图

1—液压泵；2—压力过滤器；3—充液阀；4—行车制动蓄能器；5—双回路制动阀；6—梭阀；
7—压力传感器；8—前桥制动器；9—驻车制动蓄能器；10—驻车制动器；
11—驻车制动阀块；12—后桥制动器；13—溢流阀

(a) 充液阀实物图

(b) 充液阀安装位置

图 7-8 充液阀实物图及安装位置

工作位置。主阀 1 阀芯右侧压力和弹簧力大于左侧压力，阀芯处于右位工作，充液主油路接通，充液阀优先为低压的一方进行充液，直到压力相等时，同步上升至 P_H，同时 SW 口接的驻车制动蓄能器也充液至 P_H；随着蓄能器压力的增加，$P>P_H$ 时，控制阀 3 左侧的压力大于右侧弹簧力，处于左位工作，导致主阀 1 左侧的压力油接通油箱，压力下降，小于阀芯左侧压力，处于左位工作，泵输出的压力油由 O 口流入下游的冷却系统，其工作状态如图 7-9（b）所示；充液阀控制蓄能器油压在规定的上下限之间，蓄能器释放压力进行制动后，其内的油压降低，如果还在规定范围内，则控制阀 3 左侧压力还大于右侧弹簧力，控制阀保持不动，此时主阀 1 右侧依旧接通油箱，泵与蓄能器的油路没有接通。若蓄能器继续释放压力直到低于规定下限值 P_L，控制阀 3 换向，主阀 1 右侧压力建立，右位工作，充液阀进行充液。

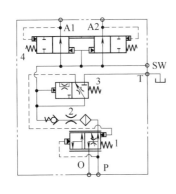
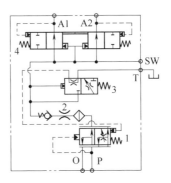

(a) 充液状态 (b) 非充液状态

图 7-9 充液压力达到上限状态

1—充液主阀；2—单向阀过滤器组件；3—控制阀；4—梭阀

2. 充液阀特性分析

双路充液阀是集成了四个阀的集成阀块，内部结构复杂，加工难度较大，根据基本原理图很难想象阀芯的内部结构。图 7-10 所示是 MICO 公司提供的双路充液阀内部结构展示图，根据图片可以清楚地看到双路充液阀内部的构造。

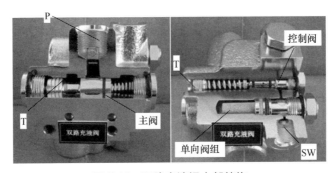

图 7-10 双路充液阀内部结构

如图 7-11 所示，双路充液阀内部结构平铺在二维平面上，主要由主阀、过滤器组件、梭阀和控制阀四部分组成。其中梭阀和过滤器组件的工作过程较为简单，在此不作阐述。主

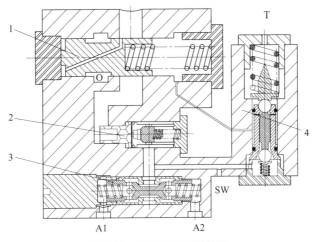

图 7-11 双路充液阀结构图

1—主阀；2—单向阀过滤器组件；3—梭阀；4—控制阀

阀和控制阀是充液阀的核心部件,下面仅针对这两个阀进行静态受力分析,并建立静态数学模型。

（1）主阀静态数学模型

主阀芯力平衡方程：

$$PA_1 = P_f A_2 + K(x + \Delta x) \tag{7-1}$$

式中　P——泵出口压力，MPa；

　　　A_1——主阀芯左端面积，mm^2；

　　　P_f——控制阀反馈压力，MPa；

　　　A_2——主阀芯左端面积，mm^2；

　　　K——主阀芯弹簧刚度，N/mm；

　　　x——弹簧初始压缩量，mm；

　　　Δx——阀芯位移，mm。

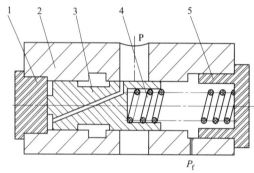

图 7-12　充液阀主阀
1—端盖；2—阀体；3—主阀芯；4—弹簧；5—端盖

控制阀反馈压力 P_f 是蓄能器压力时，主阀芯 P 口与单向阀接通，给蓄能器充液。反馈压力 P_f 接通油箱时，由于主阀芯右侧弹簧力小于阀芯左侧压力，阀芯右移，P 口和 O 口接通，泵的油液通入下游冷却系统，如图 7-12 所示为充液阀主阀结构。

（2）控制阀静态数学模型

控制阀是充液阀中的核心元件，充液压力的上、下限值与控制阀的内部结构有着重要的联系，可以减少蓄能器不必要的充液次数，延长使用寿命，有着重要的作用。下面对其进行静力学分析。

如图 7-13 所示，为控制阀的内部结构简图，此时右侧球阀处于开启状态，左侧球阀处于关闭状态，由于在阀芯 7 上开有通油槽，蓄能器压力反馈给了主阀，即 $P_f = P_A$，充液阀处于充液状态，控制阀芯力平衡方程为：

$$K_2 x_2 = K_1 x_1 + P_A \pi (D_2 \cos\alpha / 2)^2 \tag{7-2}$$

式中　K_2——控制阀主弹簧刚度，N/mm；

　　　x_2——主弹簧初始变形量，mm；

　　　K_1——控制阀支撑弹簧刚度，N/mm；

　　　x_1——支撑弹簧初始变形量，mm；

　　　P_A——蓄能器压力，MPa；

　　　D_2——主弹簧端钢珠直径，mm；

　　　α——主弹簧端阀套锥度，rad。

蓄能器充液压力达到上限 P_H 时，控制阀的状态如图 7-14 所示，左侧球阀（钢珠）5 受蓄能器压力作用克服主弹簧 3 的预紧力，球阀打开，右侧球阀（钢珠）在支撑弹簧 10 的作用下关闭，此时反馈给主阀右侧的压力接通油箱，$P_f = 0$，主阀芯换向，泵出油口接通下游冷却系统。换向过程中阀芯 7 位移为 Δx，由临界时刻阀芯静态平衡方程可以得出蓄能器上限压力为：

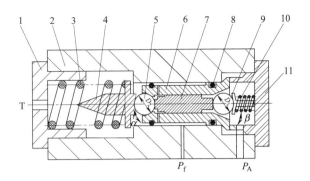

图 7-13 控制阀结构图

1,11—端盖;2—阀体;3—控制阀主弹簧;4—支架;5,9—钢珠;6—阀套;7—阀芯;8—密封圈;10—支撑弹簧
(P_f 为反馈给主阀的压力,P_A 为蓄能器压力)

$$P_H = \frac{K_2(x_2+\Delta x)-K_1(x_1-\Delta x)}{\pi(D_2\cos\alpha/2)^2} \quad (7-3)$$

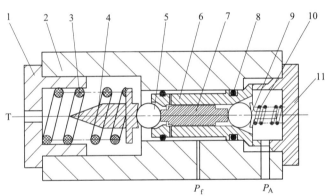

图 7-14 控制阀充液上限位置

1,11—端盖;2—阀体;3—控制阀主弹簧;4—支架;5,9—钢珠;6—阀套;7—阀芯;8—密封圈;
10—支撑弹簧(P_f 为反馈给主阀的压力,P_A 为蓄能器压力)

随着制动次数的增多,蓄能器压力下降到下限值 P_L,控制阀芯右移复位,主阀芯反馈压力 $P_f = P_A$,蓄能器开始充液。临界时刻阀芯静态力平衡方程为:

$$K_2 x_2 = K_1 x_1 + P_L \pi(D_1\cos\beta/2)^2 \quad (7-4)$$

根据式(7-3)得出蓄能器上限压力为:

$$P_L = \frac{K_2 x_2 - K_1 x_1}{\pi(D_1\cos\beta/2)^2} \quad (7-5)$$

式中 D_1——支撑弹簧端钢珠直径,mm;

β——支撑弹簧端阀套锥度,rad。

由式(7-4)和式(7-5)可得出充液阀的压力区间为:

$$\Delta P = \frac{K_2(x_2+\Delta x)-K_1(x_1-\Delta x)}{\pi(D_2\cos\alpha/2)^2} - \frac{K_2 x_2 - K_1 x_1}{\pi(D_1\cos\beta/2)^2} \quad (7-6)$$

式中 ΔP——充液阀压力区间,MPa。

控制阀右侧支撑弹簧 10 刚度较低,仅仅起到钢珠回位的作用,相比于主弹簧 3 的预紧力，其预紧力可忽略不计。阀芯位移 Δx 远小于主弹簧初始变形量 x_2，因此可将充液阀上、下限压力进行化简，如下：

$$P_H = \frac{K_2 x_2}{\pi (D_2 \cos\alpha/2)^2} \tag{7-7}$$

$$P_L = \frac{K_2 x_2}{\pi (D_1 \cos\beta/2)^2} \tag{7-8}$$

$$\Delta P = \frac{K_2 x_2}{\pi (D_2 \cos\alpha/2)^2} - \frac{K_2 x_2}{\pi (D_1 \cos\beta/2)^2} \tag{7-9}$$

由式（7-7）至式（7-9）可知，钢珠的直径 D_1、D_2 以及阀套阀口锥度 α 和 β 是充液压力上下限和压力区间大小的主要影响因素，在充液阀加工前已经设计完毕，主弹簧的初始预紧力的主要作用是后期整体压力的微调。

三、双回路制动阀工作原理及特性分析

双回路制动阀分为并联式和串联式，在整个行车制动系统中，制动阀即脚踏阀是制动力输出的控制元件。抱罐车采用的是 MICO 公司的串联式双回路全动力液压制动阀，该制动阀输出最大制动压力为（12.4±0.7）MPa，如图 7-15 所示为制动阀的实物图和公司提供的内部结构展示图。

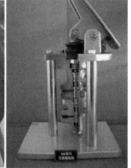

图 7-15 双回路制动阀

1. 制动阀工作原理

如图 7-16 所示，PF_1 和 PF_2 为前桥制动的进油口和出油口，PR_1 和 PR_2 为后桥制动的进油口和出油口。当控制踏板处于自由状态时，制动油缸和油箱接通，不产生制动力；踩下制动踏板时，首先会断开制动油缸和油箱的连接，此时制动压力输出为零；随着踏板力的加大，蓄能器和制动油缸接通，压力油进入制动油缸输出制动力，当油缸的压力增大，反馈在制动阀芯底端的压力将阀芯上移，切断蓄能器和制动油缸的油路，使制动油压保持在一定值，随着脚踩力的增加，制动油缸压力也会增大，产生更大的制动力矩，但踏板有行程限位，限制了输出油液的最高压力，保护制动油缸；松开踏板，前后控制阀芯在压力油和复位弹簧的共同作用下回到初始位，制动缸压力油流回油箱，解除制动。

2. 制动阀特性分析

如图 7-17 所示，双回路制动阀主要由

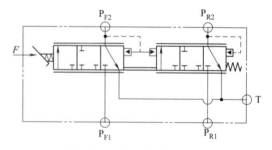

图 7-16 双回路制动阀原理图

前、后桥控制阀芯，阀体，控制弹簧，复位弹簧，端盖等组成。制动阀阀体由上、下两部分组成；为加工方便，前、后桥控制阀芯结构尺寸相同，阀芯之间的间距由过渡阀芯 5 来补充；阀芯限位块 8 和限位圈 9 作用是限制阀芯复位时的位移；导向杆作用是引导控制弹簧 11 的压缩方向，且在阀芯复位时，控制弹簧不再向阀芯施加压力，使得阀芯复位速度更快。

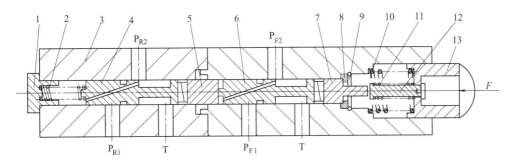

图 7-17 双回路制动阀内部结构图

1—端盖；2—复位弹簧；3—阀体；4—后桥控制阀芯；5,7—过渡阀芯；6—前桥控制阀芯；8—阀芯限位块；
9—限位圈；10—踏板复位弹簧；11—控制弹簧；12—导向杆；13—踏板力作用端

当制动踏板输出制动力 F 时，前、后桥控制阀芯同时移动，切断制动油缸和油箱的通道，此时不输出制动力，该过程称之为空行程阶段；然后是制动力输出阶段，随着阀芯的继续移动，制动油路被接通，蓄能器中的高压油进入制动油缸，促使制动器产生制动力矩。由于抱罐车实施行车制动时，空行程阶段较短且原理简单，这里不作阐述。下面主要分析前、后桥制动力输出阶段的阀芯力平衡方程。

前、后桥同时输出压力时，前、后桥控制阀芯分离，如图 7-18 所示。为了方便计算，把后桥控制阀芯 4 和过渡阀芯 5 看成一个整体，称为后阀芯；把前桥控制阀芯 6 和过渡阀芯 7 看成一个整体，称为前阀芯。前、后阀芯平衡方程为：

$$\begin{cases} m_F \dfrac{d^2 x_F}{dt^2} + C_F \dfrac{dx_F}{dt} + P_{F2} A = K_F(x_{F0} + x_F) \\ m_R \dfrac{d^2 x_R}{dt^2} + C_R \dfrac{dx_R}{dt} + P_{R2} A + K_R(x_{R0} + x_R) = P_{F2} A \end{cases} \quad (7-10)$$

式中 m_F——前阀芯质量，kg；

m_R——后阀芯质量，kg；

C_F——前阀芯等效阻尼，N/(m/s)；

C_R——后阀芯等效阻尼，N/(m/s)；

K_F——控制弹簧 11 弹簧刚度，N/mm；

K_R——复位弹簧 2 弹簧刚度，N/mm；

x_F——控制弹簧 11 变形量，mm；

x_R——复位弹簧 2 变形量，mm；

x_{F0}——控制弹簧 11 预压缩量，mm；

x_{R0}——复位弹簧 2 预压缩量，mm；

P_{F2}——前桥输出制动压力，MPa；

P_{R2}——后桥输出制动压力，MPa；

A——前、后阀芯截面积，mm^2。

踏板力和阀芯位移的关系：

$$F = K(x_0 + \Delta x) + K_F(x_{F0} + x_F) \quad (7-11)$$

式中　F——踏板力，N；

　　　K——踏板复位弹簧10刚度系数，N/mm；

　　　x_0——踏板复位弹簧10初始压缩量，mm；

　　　Δx——踏板位移，mm。

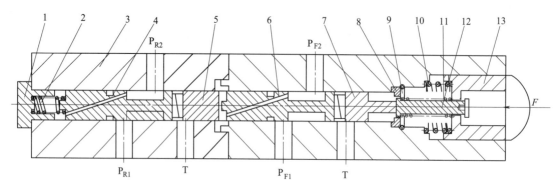

图 7-18　制动阀输出制动力阀芯状态

1—端盖；2—复位弹簧；3—阀体；4—后桥控制阀芯；5,7—过渡阀芯；6—前桥控制阀芯；8—阀芯限位块；9—限位圈；10—踏板复位弹簧；11—控制弹簧；12—导向杆；13—踏板力作用端

由图 7-18 可以看出，制动阀输出的最大制动压力由踏板的最大位移所决定，保证了整个制动系统的安全性和稳定性。综合式（7-10）、式（7-11）可以得出，后桥输出制动压力略小于前桥，且差值主要由复位弹簧的预压缩量和刚度系数所决定；制动踏板力和前后桥输出制动力基本处于线性关系，提高了制动力的操纵性，制动踏板的感觉指数更高。

第三节　制动系统实验及分析

虽然数字仿真技术已成为现代科学研究和探索的常用手段，且在描述复杂非线性问题上有很大的优势，但仿真却不能模拟现实中所有的因素，与实际中系统运行有着一定的差异，想要得到更加精确的结果，还需实验的验证。实验是进行一项科学研究的必要过程，通过实验可以验证仿真模型的正确性，进而调节仿真模型的参数，完善系统的动态性能，才能更好地发挥数字仿真技术的优势。仿真结果可用于实际中液压系统调试的参考，建立在实验基础上的仿真才有说服力，测试是液压技术的灵魂。

一、实验方案设计

为测试抱罐车制动系统在不同工况下的制动性能，在制动油缸、蓄能器等油路的关键节点接上压力传感器，并通过专用设备对测试的数据进行采集，进行实验。通过后期对数据的处理和分析，来确定抱罐车的制动性能是否满足设计者的要求。

1. 实验设备介绍

抱罐车的电气系统采用西门子 PLC 控制，驾驶室内有显示器，采用 CAN 总线通信技术，在抱罐车液压系统的关键节点处安装有压力传感器、温度传感器和液位传感器等测控元件。抱罐车具有双向驾驶功能，因此在驾驶室内配置有两台触摸屏显示器，分别显示各个驾驶方向所需观测的关键参数。例如在抱罐车在抱罐和放罐驾驶操作方向，显示器会显示大臂油缸、小臂油缸、支腿油缸和夹紧油缸的实时压力变化等关键参数；在向前的驾驶方向，显示器显示驻车制动油缸压力、前桥制动油缸压力、后桥制动油缸压力、蓄能器压力和液压油箱的液位等关键信息。显示屏还可显示车辆的故障和异常情况，监控车辆液压系统的运行。如图 7-19 所示为抱罐车驾驶室内显示器。

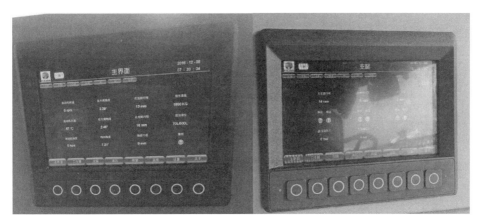

图 7-19　驾驶室内显示器

2. 实验仪器布置

在全液压制动系统实验中，主要采集前桥制动油缸压力、后桥制动油缸压力和蓄能器压力，数据采集点如图 7-20 所示，分别为 M_1、M_2、M_3。实验完成后可通过 USB 接口将数据导入计算机后进行后期的数据处理分析。

传感器布置如图 7-21 所示。

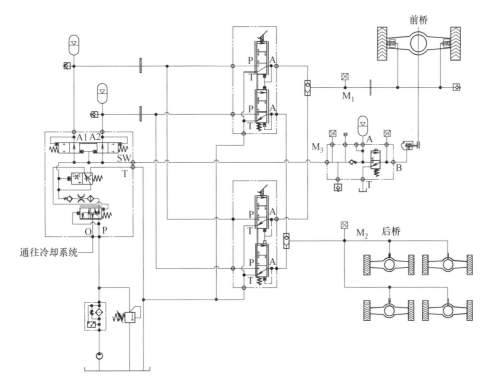

图 7-20　测试点布置图

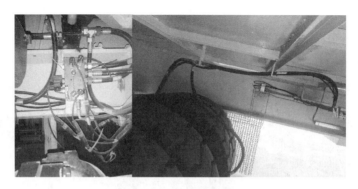

图 7-21 传感器布置

二、实验数据处理分析

为得到相对精确的制动系统压力变化特性，分别在原地怠速和行驶两种模式下进行测试，采集相应的实验数据，再将实验数据进行科学的分析处理后，得到所需的实验曲线。本次实验主要针对抱罐车制动系统充液压力和制动压力的变化过程进行测试。

1. 蓄能器充液实验

为测试蓄能器完成充液所需时间，以及蓄能器的压力值能否在设计者规定的范围内工作，需对充液过程中蓄能器的压力值进行采集，研究分析前后蓄能器压力的变化过程。

实验过程：将抱罐车停放在进行实验的场地内，检查各个压力传感器的安装位置和接线，检查显示器上各个压力传感器的读数是否正常，检查液压管路的连接处是否漏油。在未打火前连续踩下制动踏板，直到显示器显示蓄能器充液压力接近于零为止。启动发动机，在空挡怠速的情况下平稳运行 10min 后熄火。实验结果如图 7-22 所示。

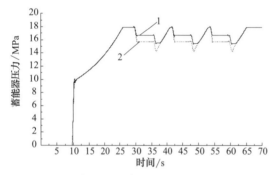

图 7-22 蓄能器充液压力变化曲线
1—前桥蓄能器压力；2—后桥蓄能器压力

由实验结果图 7-22 可以看出，前、后桥蓄能器压力平稳上升，在三次的充放液实验中，充液上限压力维持在 17.9MPa 左右，与理论设计值一致。在实施第二次的制动过程中，由于每次制动时后桥制动器所需总的制动油液量较大，因此后桥蓄能器压力下降较快，先到达压力下限值，充液阀开启。由于充液阀内梭阀结构对两个蓄能器内压力作比较，打开低压蓄能器一侧的阀口，因此后桥蓄能器首先进行充液，直到它们的压力相等时，同时打开两个阀口，蓄能器压力同步上升，符合充液系统的设计要求。从图中可以看出，在本次实验中，蓄能器首次充液所需时间约为 20s，要比仿真的时间长 4s，可能是发动机转速、蓄能器预充液压力、管路的影响等因素导致的，但曲线走势和仿真结果相似；图中蓄能器充液下限在 14.5MPa 左右，略低于设计值 14.8MPa，但对制动系统的影响不大。

2. 原地制动实验

（1）开机状态下制动实验

原地制动实验在发动机启动后，处于怠速的工作状态下，稳定运行一段时间待蓄能器充液完成后，重复进行制动操作，每次进行制动时迅速将制动踏板踩到底，维持 3s 后迅速松开。本次实验主要测试前、后桥制动压力的响应特性、压力输出的稳定性及充液制动同时进行时制动系统的工作特性。实验结果如图 7-23 所示。

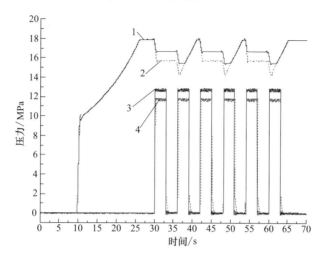

图 7-23 行车制动压力曲线
1—前桥蓄能器；2—后桥蓄能器；3—前桥制动压力；4—后桥制动压力

从图 7-23 行车制动压力曲线中可以看出，进行连续的制动操作时，前、后桥制动压力响应迅速平稳，且在制动和充液同时进行时，蓄能器压力变化稳定，无明显波动。在整个实验过程中，蓄能器压力始终保持在 14.8～17.9MPa 之间，能够使前、后桥在每次制动操作时达到各自最大的制动压力。前桥制动器的压力值基本在 12.4MPa 左右，后桥制动器的压力值基本在 11.7MPa 左右，与理论设计值及仿真结果基本一致。

图 7-24 所示，为前、后桥制动压力响应曲线。从图中可以看出，前桥制动响应时间约为 0.63s，后桥约为 0.78s，实验结果高于仿真结果值，可能是实验中制动踏板不能完全实现阶跃信号的输入。前、后桥制动压力响应迅速，同时也发现前、后桥制动压力有响应不同步的现象，后桥响应较慢，与仿真结果基本相似。

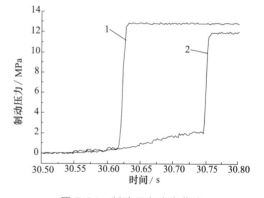

图 7-24 制动压力响应曲线
1—前桥制动压力；2—后桥制动压力

在本次实验中，前、后制动油缸压力变化基本稳定，符合设计要求，但出现了前、后桥制动不同步的现象，除实验操作的影响因素外，需进行进一步分析。

（2）停机状态下制动实验

通过停机状态下进行制动，模拟抱罐车运输过程中的应急制动，测试在该过程中的工作特性，以及有效的制动次数。

该实验在启动发动机后，在怠速的状态下运行一段时间至蓄能器充液完成，然后熄灭发动机，但不要关闭汽车电源，使抱罐车监控系统处于运行状态，连续进行制动操作，并观察监控屏幕上蓄能器压力值和前、后桥制动压力值，直至制动压力值低于设计值时为止。大约进行 4 次操作后，后桥制动压力明显低于设计值 11.7MPa。每次制动要将制动踏板迅速踩到底，维持 3s 后迅速松开踏板，再进行下一次操作。应急制动压力曲线如图 7-25 所示。

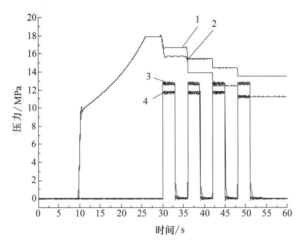

图 7-25 应急制动压力曲线
1—前桥蓄能器压力；2—后桥蓄能器压力；3—前桥制动压力；4—后桥制动压力

从图 7-25 中可以看出，后桥蓄能器中的压力仅能维持 3 次正常制动压力输出，第 4 次制动时，后桥制动压力已小于设定值，但前桥蓄能器仍能够满足前桥正常制动压力的输出。在应急制动过程中，制动压力响应迅速平稳，且蓄能器压力下降平滑，无明显波动，说明制动系统在应急制动的过程中工作特性良好。综上所述，抱罐车在发动机熄火后仍能安全实施制动。

进行原地制动实验时，抱罐车其他液压未参与工作，外界因素影响较小，能够更好地检测出全液压制动系统在抱罐车上应用后的工作特性。实验结果显示，在发动机处于正常的工作状态时，充液阀工作，蓄能器压力始终维持在 14.8～17.9MPa 之间，能够为前后桥提供最大的制动力（前桥 12.4MPa，后桥 14.6MPa）；发动机异常熄火，蓄能器不再进行充液时，储存油液能够给前后制动器提供 3 次正常制动压力的输出，在第 4 次时后桥制动压力随蓄能器压力下降而下降，但已满足抱罐车应急制动要求。

3. 行驶制动实验

抱罐车在正常作业的工况中，不仅有制动系统处于工作状态，因此影响抱罐车制动性能的因素有很多。其中包括给整车液压系统配备的冷却系统也处于工作状态，发动机在车辆行驶过程中转速也会发生变化，在转向过程中实施制动的情况下，液压系统还需给转向系统提供流量，虽然抱罐车采用独立的齿轮泵供油，直接制动油源为蓄能器，对制动影响较小，但还需研究分析在行驶过程中制动压力的变化情况。设计实验采集抱罐车在行驶中进行不同方式的制动操作时，制动油缸压力的变化数据，并进行处理分析，得到其制动特性。

（1）空载慢速制动实验

实验过程：开启抱罐车发动机，空挡稳定运行 10min 后，将车内监控模块调整为数据采集模式，挂前进一挡直线加速，行驶速度到达 20km/h 后，平稳踩下制动踏板至抱罐车缓慢减速至停车，随后再次启动进行下一次制动，连续完成 3 次后停车结束实验。实验数据经过分析处理后，实验结果曲线如图 7-26 所示。

从实验结果及实验过程中分析得出：在抱罐车空载行车制动实验中，随着制动踏板位移增加，制动压力逐渐上升，抱罐车减速直到停车。由于每次平稳踩下制动踏板时的速度不同，停车所需时间也会有所差距，但每次制动时压力变化趋势基本相似，压力变化与制动踏板呈现一定比例关系。

（2）空载紧急制动实验

空载紧急制动实验主要测试在紧急制动过程中，前、后桥制动压力的动态特性，观察是否有很大冲击及测试实际制动距离。

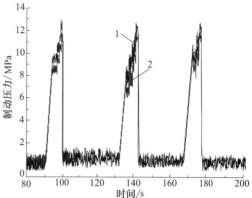

图 7-26　空载慢速制动实验曲线

1—前桥制动压力；2—后桥制动压力

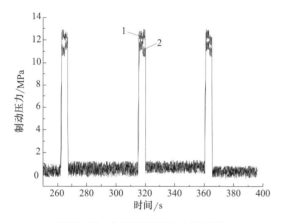

图 7-27　空载紧急制动实验曲线

1—前桥制动压力；2—后桥制动压力

实验过程：启动发动机，待抱罐车运行平稳后，将驾驶室内 CAN 总线监控系统调整到数据采集模式，抱罐车挂前进挡行驶，直到行驶速度到达 20km/h 后进行紧急制动，制动踏板要快速踩到底，直到车辆停止松开制动踏板，进行下次实验，共采集三组数据后结束实验。实验结果如图 7-27 所示。

从实验曲线图中可以看出，前、后桥制动压力响应迅速，无明显冲击。在抱罐车行驶速度是 20km/h 的情况下，从踩下制动踏板到车辆完全停止，总共用时 5s 左右，通过测量，制动距离总长度约为 8.5m，满足紧急制动的设计要求。但在紧急制动实验中发现，前轮有提前抱死现象，在这种情况下行驶容易失去抱罐车转向能力。分析导致该现象的主要原因，除了在实验中操作的影响外，还需考虑前、后制动压力响应不同步的问题，这与图 7-24 制动压力响应曲线中反映的问题相同，需要对原制动系统进行优化设计。

在抱罐车出厂前还做了重载行车制动实验，实验中抱罐车抱起罐体，罐内装满了铁砂，直线加速至重载额定速度 15km/h 后进行制动实验。实验结果中制动压力变化趋势和控制基本相似，满足抱罐车的使用要求。

4. 斜坡驻车实验

应使用方要求，抱罐车需在 5% 的斜坡做重载行车制动、驻车制动、二次启动的实验。如图 7-28 所示，抱罐车在重载的情况下做斜坡实验。

实验过程：抱罐车启动，行驶至斜坡中央时进行行车制动，后进行二次启动；行驶至坡顶后，旋转驾驶座椅反向驾驶，在斜坡中央进行制动，后打开驻车制动开关，熄灭发动机，在斜坡上保持 12h。

实验中抱罐车在斜坡上启动以及停车平稳，在斜坡驻车制动保持的时间内，抱罐车位置没有变化，符合设计者要求。

图 7-28 抱罐车斜坡实验

5. 实验结果分析

设计相应的实验验证方案,利用抱罐车上安装的 CAN 总线监控系统,及数据采集模块进行实验数据的采集,然后把数据导入计算机,利用 Origin Pro9 对实验数据进行处理分析。

通过对实验结果的分析,抱罐车的全液压制动系统中蓄能器充液压力范围、充液时间及充放液过程的稳定性符合设计要求,制动过程的压力变化稳定,实验结果比较满意,同时也验证了仿真模型的正确性。但在实验中发现了一些不足:前、后桥制动压力响应不同步较为严重,后桥制动压力需经过一段缓慢的上升后才能迅速上升至最高值,下一章将针对这一问题,进行研究分析抱罐车出现前、后制动不同步的问题,需要考虑诸多因素的影响,下面分析造成这一问题可能的原因:

① 后桥制动缸排量较大。根据前面章节对前桥采用的湿式多盘制动器以及后桥采用的鼓式制动器的制动原理分析,结合厂家提供的制动器参数综合分析,得出结论为:前桥两个湿式多盘制动器完成一次制动,制动油缸所需油液约为 260mL,后桥八个鼓式制动器,共有 4 个制动油缸,完成一次制动所需总的油液约为 1500mL;湿式多盘制动器和鼓式制动器的制动油缸都是弹簧复位油缸,在液压油进入制动油缸后,首先需要克服复位弹簧的作用力,推动活塞产生一定的位移,这个位移用来消除制动器自身的制动间隙,然后才是产生制动力矩的过程;由于湿式多盘制动器的制动油缸所需油液量较少,摩擦片与摩擦衬片优先接触产生制动力,后桥鼓式制动器的制动油缸排除空行程所需油液量较大,产生制动力较晚。因此,后桥有四个鼓式制动器,比前桥的多,并且每个制动油缸排除制动器的间隙所需油液量较大,这是后桥制动压力建立较晚的主要原因。

② 后桥制动中液压管路较长且为液压软管。抱罐车前桥离驾驶室较近,后桥离驾驶室较远,虽然前桥也采用软管连接,但相对于后桥长度短了许多。为方便管路的布置,在后桥的制动系统中全部采用了液压软管且长度较长,如蓄能器到制动阀连接胶管长 6m,制动阀出口至后桥制动三通胶管长度 12m,三通分配至制动油缸又使用了胶管。在制动过程中,管路中油液压力较大,导致液压胶管的变形量增加,已经无法仅仅考虑油液的压缩量对制动压力造成的影响,还需考虑胶管的变形引起的压力变化。在制动系统中大量使用液压软管,产生了很大的沿程阻力损失,影响了制动响应的速度。

经过上述分析,仅对抱罐车制动系统后桥部分进行优化,并通过仿真和实验验证优化后方案的可行性。

第四节　制动系统改进方案

对于同一车辆,前、后桥采用两种不同制动器形式,全液压制动系统的工作特性及系统改进,是一个很有价值的研究方向。

一、混合制动存在的问题及原因

在抱罐车行车制动的仿真结果和实验结果中都出现前后桥制动压力建立时间不同步的现

象,前桥制动压力建立得相对迅速。同时通过对实验结果图 7-24 制动压力响应曲线的认真观察,可以发现后桥制动压力需缓慢上升至大约 20MPa 的位置后再迅速上升,前桥制动压力响应较快,先于后桥达到制动压力最高值。这个问题导致了前轮优先产生制动力矩,容易造成前轮做滑动,后轮继续滚动的现象,在重载运输的情况下将影响抱罐车的行车方向。在车辆的调试过程中,确实出现了这个现象,由于场地开阔,且行驶速度不是很快,未出现重大意外。

1. 原因分析

后桥制动压力建立较慢的原因主要有以下两个:首要原因是整个后桥制动系统中制动器排除空行程所需总的油液量较大,其次是管路长以及接头多引起的压力损失较大。

2. 优化设计方案

依据以上分析,设计制动系统优化方案如下:

在后桥制动油缸和制动阀间增设继动阀,安装在接近后桥制动油缸的位置,放大蓄能器到制动油缸的流量;同时在该阀前增加一个蓄能器,缩短后桥蓄能器到制动油缸的软管长度,减少管路带来的压力损失。改进原理图如图 7-29 所示。

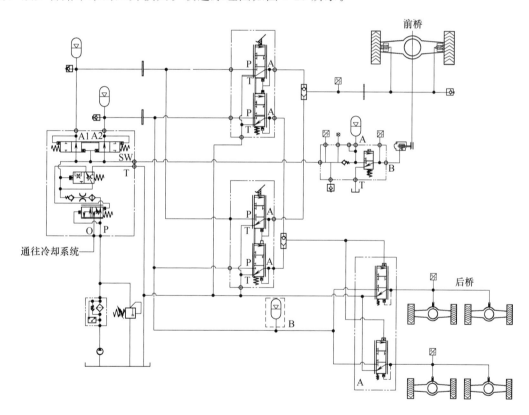

图 7-29 改进后的液压原理图

图中虚线区域 A 为继动阀原理图,虚线区域 B 为增设的蓄能器。原制动阀后桥压力油出口连接继动阀的控制油口,与制动油缸中的油压对比,控制继动阀阀芯的移动,蓄能器中的压力油直接经过继动阀进入制动油缸。继动阀原理图如图 7-30 所示,选型由 MICO 公司提供,基本结构相当于三位三通液控比例阀,可以复制制动阀的输出压力,因此与制动阀的匹配相当重要。

抱罐车制动系统经过增加继动阀和蓄能器的改进设计后，需优先在计算机上进行仿真分析，确定方案的可行性。同时可以通过更改继动阀、阻尼孔等相关参数，得到合适的继动阀的参数，以确保方案在改进后，可以有效地改善制动系统压力响应的同步性。

二、新设计方案仿真分析

1. 继动阀仿真分析

根据继动阀原理图 7-30 以及内部结构，建立继动阀的 HCD 模型，如图 7-31 所示，其中 P_0 接脚踏制动阀后桥压力油出口，PR_1 接后桥制动油缸，PR_2 接后桥蓄能器。建立增加继动阀和蓄能器后的 AMESim 仿真模型，如图 7-32 所示，调节继动阀的相关参数，进行仿真。

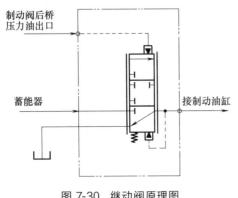

图 7-30 继动阀原理图

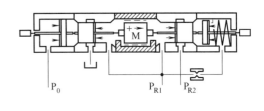

图 7-31 继动阀 HCD 模型

2. 行车制动仿真

对改进后的制动系统进行仿真分析，给滑阀输入比例位移信号，并在最大位移处保持 3s，得出前、后桥制动压力的变化曲线，如图 7-33 所示。从图中可以看出，改进后的制动系统输出制动压力响应迅速平稳，均达到了设计值的标准，符合设计者的要求。

经过局部放大得出改进后制动系统的制动压力响应曲线，如图 7-34 所示，图中前、后桥制动压力的同步性得到了很大的改善，后桥制动压力响应速度提高，前、后桥几乎同时到达最高压力值。说明后桥制动流量的增大以及制动管路的缩短，有效地缩短了后桥制动油缸空行程所用的时间，同时也证实了增加继动阀和蓄能器的方案的可行性。

3. 蓄能器充液仿真

改进后的制动系统方案在后桥上增加了一个 8L 的蓄能器，安装在靠近继动阀的位置。由于增加了蓄能器，系统的充液时间就会加长，需要仿真分析蓄能器的充液过程，以确定蓄能器充液所需的时间，以及充液过程压力的变化特性。

如图 7-35 所示，充液阀优先为低压蓄能器进行充液，在三个蓄能器充液压力相同时，压力同时缓慢上升，过程平稳，总的充液时间约为 22s，较原制动系统增加了 6s，但不影响制动系统的充液性能，满足设计要求。

原制动系统中，由于后桥制动所需油液排量较大，总是后桥蓄能器优先到达压力下限值，但是只要其中一个蓄能器达到压力下限值，充液阀就会开始充液动作，这样就会增加蓄能器的充液频率。

改进后的制动系统，后桥增加了一个 8L 的蓄能器，从而增加了一次充液后制动的次数。在蓄能器完成充液后，给制动滑阀一个连续的阶跃信号，模仿应急制动的过程。图 7-36 为应急制动时蓄能器充液压力及前、后桥制动压力的变化曲线，由于后桥的两个蓄能器压力相同，因此选取了其中一个蓄能器的压力变化曲线。

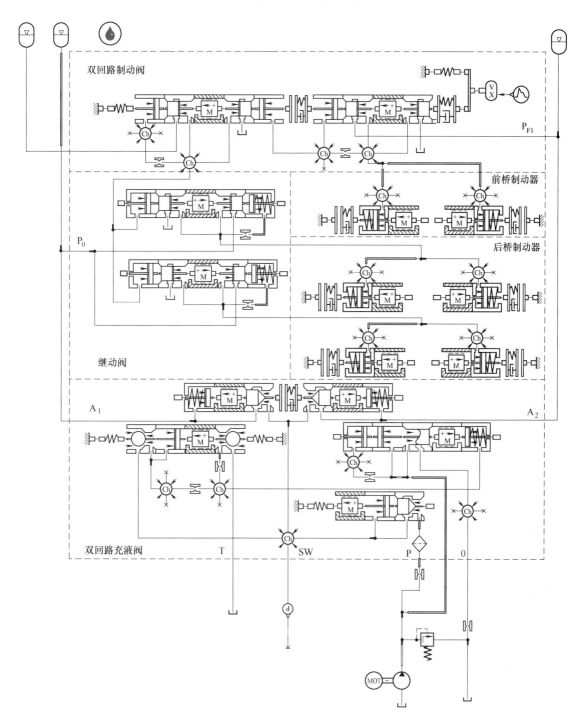

图 7-32 改进后制动系统 HCD 模型

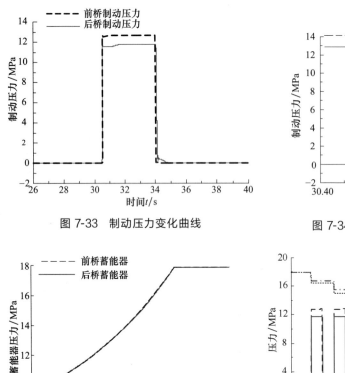

图 7-33 制动压力变化曲线

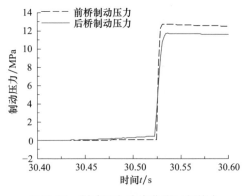

图 7-34 制动压力响应曲线局部放大

图 7-35 蓄能器充液压力变化曲线

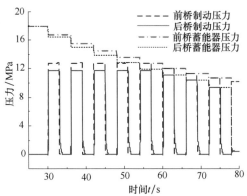

图 7-36 应急制动压力变化曲线

从图 7-36 中可以看出，蓄能器在不充液的情况下可满足 5 次正常制动压力的输出，随后制动压力随蓄能器压力降低而降低，直到第九次制动，失去后桥制动压力。以上数据说明增加蓄能器后有效地增加了应急制动的次数，抱罐车的安全性再次提高。

三、实验验证

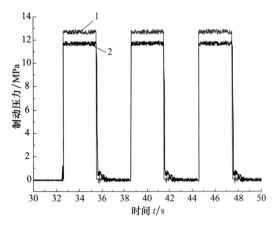

图 7-37 改进实验制动压力曲线
1—前桥制动压力；2—后桥制动压力

完成对增加了继动阀和蓄能器的制动系统仿真分析后，在抱罐车后桥制动油缸的三通附近的车架上安装继动阀块和蓄能器，检查管路是否泄漏、传感器是否安装到位，以及线路的连接状况，确保一切正常后进行实验验证。

实验过程：启动发动机，在怠速状态下运行一段时间，直到蓄能器充液压力达到压力上限为止。调整抱罐车 CAN 总线监控系统，使其处于数据记录状态，连续踩下制动踏板 3 次，进行制动实验。实施制动操作时，踏板要迅速踩到底并保持 3s 后松开。将采集到的实验数据导入计算机中，经过数据处理分析，得出抱罐车制动压力变化曲线，如图 7-37 所示。

从图 7-37 中可以看出，在 3 次制动过程中，前、后桥制动压力响应迅速，后桥响应时间明显缩短，有效地改善了制动压力的不同步性，充分验证了该方案的可行性。将制动压力曲线局部放大得到的制动压力响应曲线，如图 7-38 所示。从图中可以更清楚地看到，后桥制动压力很快地排除油缸的空行程之后进入压力建立阶段，前、后桥几乎同时到达最高制动压力，制动压力同步性明显提高，改善了抱罐车制动的安全性。

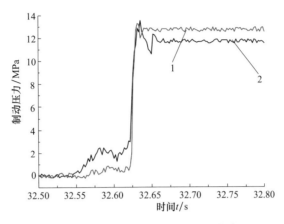

图 7-38 制动压力响应曲线局部放大

1—前桥制动压力；2—后桥制动压力

第八章
自行式液压载重车的模块化设计

产品模块化设计就是在满足用户对产品的功能需求的基础上，使产品结构简单、性能稳定、成本低廉、生产制造周期短。产品模块化设计首先要满足功能的要求，而结构是功能的载体，功能最终还是要通过结构来实现。液压模块车是自行式液压载重车的一个分支，是将液压载重车进行模块化生产、组装，在应用时根据具体需要选择使用模块数量，进行组装应用。20 世纪 80 年代初期，自行式液压模块运输车开始得到发展，这种采取模块设计、电液转向系统的方式，可对车辆进行横向或纵向拼接，通过灵活的组合，实现从小吨位到更大吨位的运输功能，并极大地提高了运载能力。经过多年的研究发展，已将全液压技术、计算机控制技术等充分地用于液压模块车，目前的液压模块车，不仅能适应超大型物件运输及安装，而且还根据使用工况开发出了更多新型液压模块车。

第一节 液压载重车模块划分

一、载重车功能分析

产品模块的划分应该把产品的功能与结构分解，通过功能和结构的相关性分析将各功能模块与实体结构模块形成映射。图 8-1 给出了根据功能和结构相关性分析对产品进行模块划分的原理。

随着我国造船水平的不断提高，一些新技术得到应用，例如船体预制分段整体焊接工艺的应用，使造船的速度较之以往有了很大的提高，各个分段制造工厂里分段船体被制造出来，分段船体在制造工厂、船体停放场地和船体焊接场地之间转运。自行式液压载重车以其操作简单、性能稳定等优势在造船业发挥了巨大的作用，显示出明显的优势。

船厂用自行式液压载重车的主要功能是完成船体分段和大型构件的陆上运输及平移工作。船体分段和大型构件一般在托架上焊接，载重车需要钻到托架下面将船体分段或大型构件连同托架一并托起驮运至下一工序。因此，船厂用自行式液压载重车具有行走、升降、转向这三个基本功能。为了完成上述三个基本功能，载重车还要具有动力系统、制动系统、驾驶操作平台、车架、冷却系统

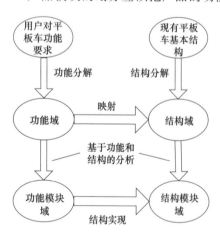

图 8-1 载重车模块划分的基本原理

等其他辅助功能。与常规载重平板挂车不同，自行式模块轴线运输车简称为模块车，其载重量通常在50t以上，采用闭式泵带动马达减速器的驱动方式，转向方式通常为液压缸助力转向。模块车为多轴线、多悬挂、多轮驱动的运输车辆，主要用在码头、船厂、架桥和高铁等专用场地。具有机动性强、无需牵引、自行驶、载重量大、拼接方式多样化等优点。

二、载重车主要结构及其模块化

自行式液压载重车的模块车的机械结构主要由车架、悬挂机构、转向机构、独立动力舱、液压系统及电控系统遥控操作等部分组成。

大型自行式液压载重车模块设计的思想具有两重含义。第一，将构成自行式液压载重车的几个子系统进行模块化设计；第二，将自行式液压载重车整体系统进行模块化设计，以2、3、4、5、6、8轴线为单独的载重车做成各种单个模块，根据需要进行纵向串联式或者横向并联式拼装组合，以达到对各种不规则形状和不同吨位货物、大件的运输。

载重车模块划分考虑到各用户对载重车货台尺寸及辅助功能要求不同，将车架及一些相关辅助系统不作模块化设计。根据船厂用自行式液压载重车型谱、主要技术参数，将轻、重两个系列液压马达与配套减速器的性能参数确定，这样就可以将驱动桥进行模块化设计。根据载重车功能分析和各部分结构的关联程度，将船厂用自行式液压载重车分为驱动悬挂、从动悬挂、转向机构、驾驶室、动力舱等5大模块。各模块下又由各子模块组成，具体模块划分见图8-2。

三、液压载重车模块化设计开发

1. 驱动悬挂模块设计

由于载重车的车轮数量多，当以某个转弯半径转向时，处于不同位置的车轮转角不同，因此要求每组车轮具有独立悬挂和独立转向功能。同时，由于载重车需要钻到托架下面将托架和货物托起，所以悬挂还需要升降功能。驱动悬挂主要由悬挂架、平衡臂、悬挂液压缸、驱动桥和轮胎轮辋等构成，其中驱动桥内安装轮边减速器和液压马达。驱动桥能够自动适应横坡的要求，保证每个轮胎承载基本相同。

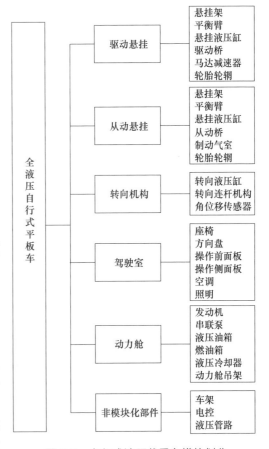

图8-2 自行式液压载重车模块划分

2. 从动悬挂模块设计

从动悬挂与驱动悬挂主要区别是没有驱动马达和减速器，而增加了制动装置。从动悬挂模块的从动桥需要重新设计，其他部分可以借用驱动悬挂模块的部件。从动桥需设置轮边制动器及制动气室。从动桥的设计要防止从动悬挂升降时制动气室与悬挂架或地面干涉。

3. 转向机构模块设计

载重车所运输货物的重量和体积都非常大，这就要求载重车的动作非常灵活。为保证其靠近各个工序现场、避让其他设备或准确对位，载重车必须灵活准确转向。根据用户使用要求，载重车转向系统设置直行、斜行、横行、八字转向、半八字转向、头尾摆动、原地回转等多种转向模式，如图8-3所示。

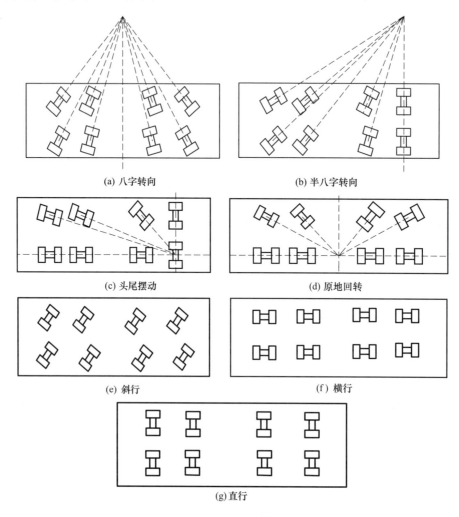

图 8-3 转向工作模式图

要实现以上转向模式，用常规车辆转向梯形机构是办不到的，因为每组车轮都要能左右偏转90°，必须将轮轴设计成机械上相互独立的形式。独立和多轮轴转向机构的驱动和控制只能采用电传操纵方式，控制系统根据转向模式和转向盘转动信号来控制液压的流量和方向，液压系统驱动回转支承带着车轮偏转，与回转支承相连的传感器（旋转电位器）时刻监视车轮实际转角，反馈的信号参与控制计算，从而构成闭环控制系统，确保各组车轮都按车辆转向特性的要求偏转。电传操纵使车轮的偏转范围及偏转角度精度都能提高到很高的水平，其特点是容易获得非常规转向模式。

液压系统可以采用液压马达或油缸为动力元件来驱动轮轴的回转支承，虽然液压马达可以使车轮左右偏转的运动速度平稳一致，但从控制方便和结构的简单及可靠性来看，用油缸作动力元件是比较合理的。显然,用油缸直接推动回转支承是不行的,因为回转支承的总回转角度超过了180°,必须采用适当的中间机构来实现由油缸的往复直线运动到回转支承的往复转动,也即转向驱动机构。双摇杆铰链四连杆机构制造容易,构件受力状态及工作可靠,因此决定用来承担油缸到回转支承的传动任务,如图8-4所示。

4. 驾驶室模块设计

载重车在前后两端安装有配置完全相同的驾驶室,在正常行车工况下驾驶员在驾驶室内操作,此时只有一个驾驶室具有控制权,可以防止另一端驾驶室的误操作,以保证行车安全可靠。前方各视角都采用安全玻璃,有专门的雨刷器,内部有阳光挡板。驾驶室内装有气压缓冲驾驶座,驾驶座椅带扶手并可以进行上下调节和靠背倾角调节。驾驶室设置暖风系统和制冷空调系统,确保驾驶室内舒适性;装有隔音设施,使得噪声标准小于等于65分贝。载重车的全部电气操作均安装在驾驶室内,并安装多种监测载重车工作状态的仪表,还配有一个多功能显示系统,为操作者快速提供信息及报警故障文字信息。

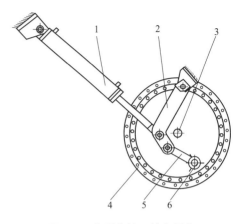

图8-4 载重车液压转向机构
1—转向液压缸;2—车身连杆;3—角位移传感器;
4—回转支承;5—推力连杆;6—转向立柱

5. 动力舱模块设计

载重车的动力装置全部集中安装在动力舱内,包括柴油发动机、液压泵、燃油箱、液压油箱以及液压油冷却器等。不同系列的同一吨位载重车由于其发动机功率及泵的排量选择基本相同,动力舱在升降范围内,在不与其他部分干涉的情况下可以通用。同一系列不同吨位的载重车的动力舱在布局上也可以近似,只需要将各处接口稍作改动即可。

6. 载重车系统集成

设计时要考虑到一个模块的较多接合部位,应做到加工合理、装配合理;应尽量采用标准化的结构;尽量用多工位组合机床同时加工,否则模块的加工成本将非常可观;还应保证模块寿命相当,维修及更换方便。

各模块设计好后,根据用户对货台尺寸的要求设计车架。车架设计时,要考虑驱动悬挂、从动悬挂、驾驶室、转向机构、动力舱与车架的连接接口的合理性。

四、液压载重车模块化设计效果

1. 模块化设计提高了载重车的品质

某特种车辆厂通过载重车模块化设计对其悬挂、转向、驾驶室、液压及电控部分进行标准化、通用化设计。对于各种单个模块的生产,对组成整车的各种单件进行了细化,以形成各种单件的系列化生产,这样便于各种单件的精度的控制和批量化生产,并使整车的生产成本得到有效降低。对于重要的部件或安装时有配合的关键部件,应用胎模进行生产,可有效保证其重复精度。

2. 模块化设计缩短了载重车的设计和生产周期

通过对某些部分进行模块化设计后,载重车的设计工作量大大减小,接到设计任务后只需要将车架、动力舱、管路布置等进行设计,将模块库里的模块调出进行组装即可完成。设计时间由原来的几个月缩短为不到一个月即能完成,大大降低了设计人员的劳动强度,调高了劳动生产率。模块化设计后,一些供货周期较长的液压元件由于具有一定的通用性,可以批量订货,保证一定的库存,不但可以节约采购成本而且有效缩短载重车交货时间。另外模块化的部件由原来的单台生产变成了小批量生产,不仅可以缩短生产周期,还能有效降低生产成本。

第二节　液压模块载重车发展状况

自行式模块化液压平板车(简称 SPMT),是现在应用最为强大的载重运输设备,广泛应用于船舶制造、道路桥梁、电力工程、冶金工程、航空航天等领域。液压驱动式载重车按照形式可分为自行式和牵引式,牵引式又可分为半挂式和全挂式;按照构造可分为模块式和整体式;按照用途可分为路桥建设运输车、船厂用船体分段式运输车、钢厂用框架车等。

一、液压模块载重车国外发展

模块式载重车崛起于第二次世界大战后,由众多军工企业转向民用市场,这些军工企业积累的载重车经验,逐步用于民用产品范畴,有力地推动了载重车的发展。进入 20 世纪 60 年代,随着钢铁、造船、化工、核电等超大型工程建设,载重车广泛地应用了模块化施工工艺,有的工程模块达到数百吨,因为铁路运输所受到的限制,使得模块化运输设备迅速发展。1963 年,德国歌德浩夫(GOLDHOFER)在长期制造低架式拖车的基础上,开发出 TPA 型液压平板车,该车由两个 4 轴模块拼接成 8 轴线,用 3 轴 10 轮卡车牵引,载重量可达到 160t 以上。到 20 世纪 70 年代中期,自行式液压平板车将大功率柴油机直接安装在车身上,在部分车轮中加装液压马达来驱动车辆行驶。因为不需要牵引车头,使得运输车长度大为缩短,且转弯半径缩小,提高了车辆的通过性能。

1987 年,奥托·雷滕迈尔(Otto Rettenmaier)收购了索埃勒。同年,索埃勒研制出世界最大的 1800t 级模块式液压平板车。1993 年,索埃勒为客户制造了一台载重 5200t 的 SPMT,总长 80m,宽 10m,共 512 个车轮。1994 年,雷滕迈尔组建了 TII 集团(即国际工业用运输车辆集团),成员包括德国索埃勒、卡玛格(KAMAG)和法国尼古拉斯(Nicolas)。如图 8-5 所示。

2004 年 7 月,意大利加福尔号航母船艏在范安科纳造船厂合拢,艏部长 70m,由 SPMT 完成运输、拼接任务。如图 8-6 所示。

图 8-5　索埃勒模块液压平板车

图 8-6　模块液压平板车应用于船舶运输

随着科技的进步，陆地上大件运输的纪录被不断地刷新。此前的世界纪录是由荷兰 MAMMOET 公司于 2007 年在俄罗斯创造的，当时动用了多达 432 轴的 SPMT 来运输一台石油输出终端（FOIROT），重达 10200t。如图 8-7 所示。

2010 年 11 月，在汉堡自由港的 Veddeler Damm，一座 4 拱铁桥的第 3 拱正被运往安装地点。铁桥重达 500t，在两车道的公路上运输，并且要穿过 Saale 港。铁桥由 SARENS 承运，采用 4 台 KAMAG 的 SPMT 共同运输，2 台 6 轴，2 台 8 轴，共 28 轴的 SPMT 来负荷，每台 SPMT 都自带动力模块。SPMT 间采用松耦合的方式协同工作。2 台 8 轴的 SPMT 位于铁桥的中间，承担大部分重量，另 2 台 6 轴的位于尾部，这样布局是为了后面到达岸边后能尽可能把铁桥伸向水面上方。如图 8-8 所示。

图 8-7　模块液压平板车应用于石油装备运输　　　图 8-8　模块液压平板车应用于桥梁运输

目前国外的液压载重车的主要制造商在欧洲，主要有德国的 KAMAG、SCHEUERLE、GOLDHOFER、KIROW，法国的 Nicolas 和意大利的 NICOLA、COMETTO 以及日本的神钢 SHINKO 和南非的 RANDBURG 等公司。目前国外著名的液压载重车生产厂家经过几十年的努力，生产制造了一系列不同规格的产品，将智能化技术、功率匹配技术、负荷传感技术、机电液一体化技术和 CAN 网络技术等先进技术应用其中，实现了液压载重车的高度自动化、全液压驱动、计算机控制。目前的模块化液压载重车不仅可以满足超大型物件的运输和安装，还能适应不同应用场合，如船体运输车、材料运输车及混凝土箱梁运输车等。

德国 SCHEUERLE 特种车辆公司生产的 Inter Combi 系列液压平板车通过性好、载重能力大以及安全性高。此外，索埃勒的高端产品 SPMT 系列（全电子转向）产品已经实现了载运超过 15000t 的物体，创造了新的历史纪录。如图 8-9 所示为 SCHEUERLE 公司生产的特种车辆，采用几个模块拼接的方式，实现大型重物运输。该车融合了机械结构、液压传动、动力工程、计算机控制系统、CAD/CAE/CAM 仿真系统等多领域的新技术，具有单位面积承载能力高、适用于集中载荷较大的物件运输，以及平台宽度窄、使用灵活等特点。全车采用模块化设计，可根据物件的吨位、外形、尺寸等进行任意组合并车，设备利用率高，其采用电控多模式独立转向设计，机动灵活，通过性好。同时，其采用变量泵、变量马达组成的闭式静液压驱动系统可实现无级调速，运行平稳可靠。该车还可实现遥控操纵，安全性较高。

如图 8-10 所示为德国 KAMAG 公司生产的 4 台模块液压平板车正协同运输 4 拱铁桥的作业现场。KAMAG 公司设计制造出具有国际先进水平、性能安全可靠的现代化液压模块

图 8-9　SCHEUERLE 特种车辆

图 8-10　模块液压平板车应用于桥梁运输

载重车，根据使用场合的不同，生产出了一系列产品，广泛应用于世界造船行业、钢铁行业和物流行业等。

进入 21 世纪以来，国内的液压载重车的设计、制造随着科学技术的快速发展日趋成熟。国外企业受到中国产品的冲击和替代，一些企业破产、重组，在国际招标中输给中国。

二、液压模块载重车国内发展

我国对液压载重车的研究与制造从 20 世纪 80 年代就开始了，但国内液压载重车的发展相比于国外还有一定差距。国内企业中实力比较强的公司有郑州新大方重工科技有限公司（郑州大方桥梁机械有限公司）、湖北三江航天万山特种车辆有限公司、苏州大方特种车股份有限公司、秦皇岛天业通联重工科技有限公司、江苏海鹏特种车辆有限公司等。它们充分消化吸收国外先进技术，结合自身条件，先后研制了多种系列的自行式液压载重车。

郑州新大方重工科技有限公司作为国家级高新技术企业，主要从事特种施工设备的研制。我国第一台 450t 主梁中置式运梁车由郑州新大方公司研制。新大方通过自主研制，成功运用智能化、模块化设计，把我国千吨级提梁机、运梁车等该类产品的机电液一体化控制技术提高到国际领先水平。

伴随自行式液压模块载重车迅速发展而来的是竞争力的不断提高，应用先进技术如实时监控技术、GPS 智能化技术、自动运输遥控技术等成了各企业提高竞争力的方法，高新技术的应用使载重车的可靠性能、易操作性、精密性都有了很大提高，使中国液压载重车呈现出新的面貌。如今，万山特车、郑州新大方、秦皇岛天业通联重工等国内企业研制生产的民用重型平板运输车已达五大系列50多个品种，单车载重吨位涵盖35t至1000t级，获得国家专利百余项，成为重型平板运输车通用技术国家标准的制定者。

2006年底，苏州大方研制成功的DCM2500型自行式模块化液压平板车，专门为千吨级重件设备运输而研制。载货平台长73.2m，宽8.125m。全车结构为5纵列44轴线220个悬挂，电控液压驱动转向，由于车体过于庞大，连原地拐弯都要绕60m，能够在-25～50℃的环境下工作。该车组还能够实现模块与模块纵横快速组合，可根据不同运输对象，拼装成各种吨位的运输车组，载重能力覆盖70～2500t。整车所有转向臂上预留多个安装孔，改变转向拉杆安装位置即可方便地完成拼装模式的改变。突破了微电转向技术、多轴线液压驱动差力差速控制、有线遥控技术、多轴线拼装式各轮组转向角同步技术等技术难点。如图8-11所示。

图8-11　DCM2500型自行式模块化液压平板车

该公司于2010年又成功生产出了3700t大型模块车，如图8-12所示。该模块车由2台载重量达1000t（每台可分体为2台500t）、2台600t和1台500t的单元模块车拼装组成。与DCM2500型自行式液压模块车相比，载重量有了很大提高，并且采用软连接等更加灵活的并车方式，能够实现多模式独立转向，为超大规模的并车系统的拓展提供了方便。

秦皇岛天业通联重工科技有限公司成立于2000年，是一家集研发设计、生产制造、设备安装、销售和服务为一体的综合性装备制造企业，2004年成立特种车辆控股公司。该公司成立以来，与笔者所在团队合作，研制成功多种型号的液压载重车。如图8-13是秦皇岛天业通联公司生产的国产2100t模块化液压载重车。该模块车由10个210t单元模块和2个动力模块构成，用于韩国海工项目，10个单元模块与2个动力模块可任意拼接，以最佳状态搬运大型非标构件。

图8-12　3700t大型模块车并车作业现场

图8-13　模块化单车液压载重车

近年来，自行式模块化液压载重车在大型工程建设中的地位和作用越来越凸显。不仅在铁路和桥梁工程中的任务大量增加，在造船业安装运输中的应用也日益增加。国内液压载重车研制企业也成逐渐繁荣的态势。此外，在隧道工程、物流行业也有相当程度的应用，像中铁武桥重工股份有限公司等，其技术水平在施工装备行业处于国内领先，有的达到国际领先水平。在某种程度上讲，模块化液压载重车的发展提高了大型工程建设的效率，从而促进了经济发展。2017 年 4 月，我国首艘货运飞船"天舟一号"火箭推进剂，由万山挂车转运；我国首艘国产航母成功下水，也由万山重型平板运输车提供船体分段运输。

图 8-14 万山特车并车运输 2236t 化工罐体

图 8-14 为万山特车并车运输化工罐体。

国内液压模块载重车的研究与制造水平在引进国外整套设备或者引进国外液压系统进行模仿的基础上，已经建立了一套精确的、完整的理论，已经与国际先进技术水平达到并跑。但目前在关键液压元件的研制方面仍有一些差距，阻碍了我国液压载重车的发展。

面对与国外的差距，我国更应该加强各企业间先进技术、生产经验等方面的交流，加大科研投入，引进高技术人才，努力研制具有自主知识产权的新产品，使液压载重车产品向自动化、多样化、大型化、节能化、轻量化以及系列化方向发展。

第三节　自行式液压载重车型谱及主要技术参数

一、船厂用载重车型谱的确定

从市场调研结果来看，由于国内造船业近年来发展迅猛，国内船厂对大吨位载重车需求量大，对整车性能要求高。部分客户认为国外产品质量好、可靠性高，但价格较高、保养维修费用高，且产品更新换代快，保养和维修不方便、维修周期长。国内研制的船厂用重型载重车整体性能已经达到国外水平，已经替代国外产品的位置。国内造船企业由于受到起重设备限制，其吨位主要集中在 100t 至 900t 之间，这就需要多台载重车拼接组合运输特大型构件。

根据用户需求，将自行式液压载重车确定为轻系列和重系列两个系列，表 8-1 为某特种车辆厂的载重车产品系列型谱。

表 8-1　载重车产品系列型谱

	轻系列	A1-75、A1-100、A1-125、A1-150、A1-200、A1-255、A1-300
某系列液压自行式载重车	重系列	A1-2-100、A1-2-125、A1-2-150、A1-2-200、A1-2-255、A1-2-300、A1-2-380、A1-2-450、其他型号

二、主要技术参数的确定

根据载重车的使用工况、用户使用要求及使用单位相关设备情况，对轻、重两个系列载重车的额定载重量、外形尺寸、平台高度、升降行程、轴线数/悬挂数、驱动轮组数量、行驶速度、爬坡能力等主要技术参数进行了确定。轻系列自行式液压载重车主要技术参数如表 8-2 所示，重系列自行式液压载重车主要技术参数如表 8-3 所示。

表 8-2　轻系列自行式液压载重车主要技术参数

型号	A1-75	A1-100	A1-125	A1-150	A1-200	A1-255	A1-300
额定载重量/t	75	100	125	150	200	255	300
外形尺寸(长×宽)/(m×m)	8.5×5	10×5	11×5.5	12×5.5	14×5.5	15×5.5	17×5.5
平台高度/mm	1700	1700	1700	1700	1700	1700	1700
升降行程/mm	300	300	300	300	300	300	300
自重/t	21	28	34	38	45	60	70
轴线数/悬挂数	3/6	4/8	5/10	6/12	8/16	10/20	12/24
平均轴载荷/t	32	32	32	32	32	32	32
驱动轮组数量	4	4	5	6	8	10	12
行驶速度(空载)/(km/h)	10~20						
行驶速度(重载)/(km/h)	6						
爬坡能力(纵坡)/%	6						
爬坡能力(横坡)/%	2						
发动机功率/kW	120	160	200	230	300	380	450
使用路面	水泥、沥青及压实的等级碎石路面						

表 8-3　重系列自行式液压载重车主要技术参数

型号	A1-2-100	A1-2-125	A1-2-150	A1-2-200	A1-2-255	A1-2-300	A1-2-380	A1-2-450	其他型号
额定载重量/t	100	125	150	200	255	300	380	450	≥500
外形尺寸(长×宽)/(m×m)	10×5	11×5.5	12×5.5	14×5.5	15×5.5	17×5.5	20×5.5	21×5.5	根据需求设计
平台高度/mm	1950	1950	1950	1950	1950	1950	1950	1950	根据需求设计
升降行程/mm	350	350	350	350	350	350	350	350	根据需求设计
自重/t	23	28	30	38	45	52	60	68	视配置而定
轴线数/悬挂数	2/4	3/6	3/6	4/8	5/10	6/12	7/14	8/16	根据需求设计
平均轴载荷/t	64	64	64	64	64	64	64	64	80

续表

型号	A1-2-100	A1-2-125	A1-2-150	A1-2-200	A1-2-255	A1-2-300	A1-2-380	A1-2-450	其他型号
驱动轮组数量	2	3	3	4	5	6	7	8	根据工况设计
行驶速度/(km/h)	空载:10				空载:10~15				根据需求设计
	重载(平地):6				重载(平地):5				根据需求设计
爬坡能力/%	纵坡:6				纵坡:3~6				根据工况设计
	横坡:2				横坡:2~4				根据工况设计
发动机功率/kW	160	200	230	300	350	410	500	2×268	视配置而定

三、液压载重车的拼接组合

当用户有拼接组合要求时，可根据要求以 2、3、4、5、6、8 轴线为单独的载重车做成各种单个模块，主要考虑各模块之间的接口问题。载重车的组合拼接既可以通过机械刚性连接也可以通过控制器网络控制多台载重车实现载重车的软连接。机械刚性连接采用机械方式

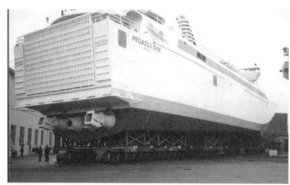

(a) 模块化载重车在造船中的应用

(b) 模块化载重车在化工设备运输中的应用

(c) 模块化载重车在市政古建筑保护中的应用

(d) 模块化载重车在石油工业中的应用

图 8-15 模块化载重车在不同领域中的应用

实现同步,在每个模块的前后左右两侧均配置便于拼装用的机械、液压、压缩空气和电器接口。而采用软连接方式则需要每台载重车的控制精度较高,通过传感器检测各车的位置变化,采用控制器控制所有载重车协同工作。软连接方式可以采用有线连接或无线连接方式进行控制。目前国内普遍采用机械刚性连接式组合拼接,软连接方式还有待进一步研究。如图 8-15 是模块化载重车在不同领域中的应用实例。

第四节　4000t 模块式动力平板运输车方案

重型平板运输车朝着重型化、模块化、智能化方向发展,其中,模块化是一个不可避免的趋势。模块化不但可以使平板运输车辆实现任意的拼接(横向、纵向),组成特大型平板车,而且使平板车便于运输、拆卸,满足不同吨位和形状的大件货物或不规则货物的运输和装卸,大大提高了资源利用效率。

4000t 模块式动力平板运输车的研发采用现今先进的模块式动力平板运输车设计理念,应用最新动力平板运输车设计技术,是高度集成的机-电-液一体化产品。最大有效载荷 4000t,可以根据用户的需要任意拼接,满足不同吨位的运输需求,车辆利用效率高。

一、4000t 模块式平板运输车设计方案

1. 200T 模块方案

该方案中单个模块车的有效载荷为 230t,共 20 个模块,其中 2 个为动力源模块。

(1) 模块式动力平板运输车基本参数

见表 8-4、表 8-5。

表 8-4　200T 单模块车技术数据

型号	200T
按技术标准的负载/kg	约 230000
平板车净重/kg	约 26000
总重量/kg	约 256000
纵列数	2
轴线数量	4
每轴线上的转向轮架数量	2
转向轮架数量	8
转向轮架最大负载/kg	约 32000
转向模式	直行、斜行、横行、八字转向、原地转向
带驱动的转向轮架数量	4
带制动的转向轮架数量	4
轮胎规格	12.0-R20
最大爬坡能力(纵向)/%	约 6
最大爬坡能力(横向)/%	≥2
满载时最高行驶速度/(km/h)	约 6
空载时最高行驶速度/(km/h)	约 12

续表

型号	200T
平台承载面最低高度/mm	约1600
平台承载面高度/mm	约1900±300
轮架提升行程/mm	约600
最大轴负载补偿/mm	±300
提升和下降速度/(mm/s)	约20～25
车桥最大摆动角度/(°)	7
平板长度/mm	约9000
平板宽度/mm	约5000

表8-5 4000T模块式动力平板运输车参数表1

环境温度/℃	−25～50	横向轴线	36
额定装载质量/t	4000	纵向列数	4
车身自重/t	约500	总重量/t	约4500
悬挂数	144	轴载质量/t	约125
驱动桥数量	72	从动桥数量	72
最大牵引力/kN	4546	空载车速/(km/h)	5
重载车速/(km/h)	0.5	转向模式	八字转向、斜行、直行
最小内弯半径	—	平台最低高度/mm	约1600
平台升降总行程/mm	约600	平台尺寸	约90m×11m

(2) 模块式动力平板运输车的拼接模式

该方案模块挂车的拼接模式如图8-16所示。一个动力源带9个200T模块车,模块两两之间用刚性连接,而两个动力模块之间采用软连接。图8-16所示为最大承载模式4000T,该车还可以根据不同的承载要求拼接成不同有效载荷,搬运4000t以下的各种大型非标构件。

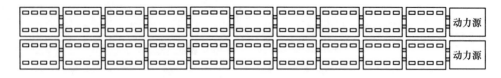

图8-16 200T模块车拼接模式

2. 240T和160T组合模块方案

该方案中设计两种模块,10个240T模块,单个模块有效载荷为216t,14个160T模块,单个模块有效载荷为144t,2个动力源模块。

(1) 模块式动力平板运输车基本参数

见表8-6至表8-8。

表 8-6 240T 单模块车技术数据

型号	240T
按技术标准的负载/kg	约 216000
平板车净重/kg	约 24000
总重量/kg	约 240000
纵列数	2
轴线数量	6
每轴线上的转向轮架数量	2
转向轮架数量	12
转向轮架最大负载/kg	约 20000
转向模式	直行、斜行、横行、八字转向、原地转向
带驱动的转向轮架数量	4
带制动的转向轮架数量	8
轮胎规格	215/75R17.5
最大爬坡能力（纵向）/%	约 6
最大爬坡能力（横向）/%	≥2
满载时最高行驶速度/(km/h)	约 0.5
空载时最高行驶速度/(km/h)	约 12
平台承载面最低高度/mm	约 1400
平台承载面高度/mm	约 1700±300
轮架提升行程/mm	约 600
最大轴负载补偿/mm	±300
提升和下降速度/(mm/s)	约 20～25
车桥最大摆动角度/(°)	7
平板长度/mm	约 9000
平板宽度/mm	约 3000

表 8-7 160T 单模块车技术数据

型号	160T
按技术标准的负载/kg	约 144000
平板车净重/kg	约 16000
总重量/kg	约 160000
纵列数	2
轴线数量	4
每轴线上的转向轮架数量	2
转向轮架数量	8
转向轮架最大负载/kg	约 20000
转向模式	直行、斜行、横行、八字转向、原地转向
带驱动的转向轮架数量	4
带制动的转向轮架数量	4

续表

型号	160T
轮胎规格	215/75R17.5
最大爬坡能力(纵向)/%	约6
最大爬坡能力(横向)/%	≥2
满载时最高行驶速度/(km/h)	约0.5
空载时最高行驶速度/(km/h)	约12
平台承载面最低高度/mm	约1400
平台承载面高度/mm	约1700±300
轮架提升行程/mm	约600
最大轴负载补偿/mm	±300
提升和下降速度/(mm/s)	约20～25
车桥最大摆动角度/(°)	7
平板长度/mm	约6000
平板宽度/mm	约3000

表8-8　4000T模块式动力平板运输车参数表2

环境温度/℃	－25～50	横向轴线	58
额定装载质量/t	4000	纵向列数	4
车身自重/t	约496	总重量/t	约4496
悬挂数	232	轴载质量/t	约77.5
驱动桥数量	96	从动桥数量	136
最大牵引力/kN	4542	空载车速/(km/h)	5
重载车速/(km/h)	0.5	转向模式	八字转向、斜行、直行
最小内弯半径	—	平台最低高度/mm	约1400
平台升降总行程/mm	约600	平台尺寸	约90m×7m

（2）模块式动力平板运输车的拼接模式

该方案模块挂车的拼接模式如图8-17所示。一个动力源带动12个模块车，其中5个240T模块车，7个160T模块车，模块两两之间用刚性连接，而两个动力模块之间采用软连接。图8-17为最大承重模式4000T，该车还可以根据不同的承载要求拼接成不同有效载荷，搬运4000t以下的各种大型非标构件。

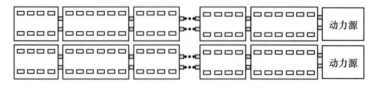

图8-17　240T和160T组合模块车拼接模式

3. 500T模块方案

该方案的设计模块为500T，单个模块的有效载荷为506t，共有8个模块车和2个动力源模块。

(1) 模块式动力平板运输车基本参数

见表 8-9、表 8-10。

表 8-9　500T 单模块车技术数据

型号	500T
按技术标准的负载/kg	约 506000
平板车净重/kg	约 70000
总重量/kg	约 576000
纵列数	2
轴线数量	9
每轴线上的转向轮架数量	2
转向轮架数量	18
转向轮架最大负载/kg	约 32000
转向模式	直行、斜行、横行、八字转向、原地转向
带驱动的转向轮架数量	8
带制动的转向轮架数量	10
轮胎规格	12.0-R20
最大爬坡能力(纵向)/%	约 6
最大爬坡能力(横向)/%	≥2
满载时最高行驶速度/(km/h)	约 6
空载时最高行驶速度/(km/h)	约 12
平台承载面最低高度/mm	约 1600
平台承载面高度/mm	约 1900±300
轮架提升行程/mm	约 600
最大轴负载补偿/mm	±300
提升和下降速度/(mm/s)	约 20~25
车桥最大摆动角度/(°)	7
平板长度/mm	约 20250
平板宽度/mm	约 5000

表 8-10　4000T 模块式动力平板运输车参数表 3

环境温度/℃	-25~50	横向轴线	36
额定装载质量/t	4000	纵向列数	4
车身自重/t	约 592	总重量/t	约 4592
悬挂数	144	轴载质量/t	约 127.6
驱动桥数量	64	从动桥数量	80

续表

最大牵引力/kN	4639	空载车速/(km/h)	5
重载车速/(km/h)	0.5	转向模式	八字转向、斜行、直行、横行
最小内弯半径	—	平台最低高度/mm	约1600
平台升降总行程/mm	约600	平台尺寸	约85m×11m

(2) 模块式动力平板运输车的拼接模式

本方案模块挂车采取 4+4 拼接模式，如图 8-18 所示，1 个动力源带动 4 个模块车，模块两两之间用刚性连接，而两个动力模块之间采用软连接。图 8-18 所示为最大承载模式 4000T，该模块车还可以根据不同的承载要求拼接成不同有效载荷，搬运 4000t 以下的各种大型非标构件。

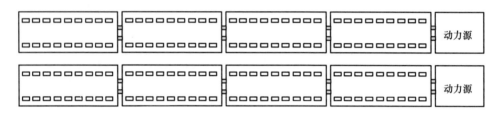

图 8-18　500T 模块车拼接模式

4. 1000T 模块方案

此方案设计的模块为 1000T，单模块的有效载荷为 1012t，共有 4 个模块车，2 个动力源模块。

(1) 模块式动力平板运输车基本参数

见表 8-11、表 8-12。

表 8-11　1000T 单模块车技术数据

型号	1000T
按技术标准的负载/kg	约1012000
平板车净重/kg	约140000
总重量/kg	约1152000
纵列数	2
轴线数量	18
每轴线上的转向轮架数量	2
转向轮架数量	36
转向轮架最大负载/kg	约32000
转向模式	直行、斜行、横行、八字转向、原地转向
带驱动的转向轮架数量	16
带制动的转向轮架数量	20
轮胎规格	12.0-R20
最大爬坡能力(纵向)/%	约6

续表

型号	1000T
最大爬坡能力(横向)/%	≥2
满载时最高行驶速度/(km/h)	约 5
空载时最高行驶速度/(km/h)	约 10
平台承载面最低高度/mm	约 1600
平台承载面高度/mm	约 1900±300
轮架提升行程/mm	约 600
最大轴负载补偿/mm	±300
提升和下降速度/(mm/s)	约 20~25
车桥最大摆动角度/(°)	7
平板长度/mm	约 40500
平板宽度/mm	约 5000

表 8-12 4000T 模块式动力平板运输车参数表 4

环境温度/℃	-25~50	横向轴线	36
额定装载质量/t	4000	纵向列数	4
车身自重/t	约 592	总重量/t	约 4592
悬挂数	144	轴载质量/t	约 127.6
驱动桥数量	64	从动桥数量	80
最大牵引力/kN	4639	空载车速/(km/h)	5
重载车速/(km/h)	0.5	转向模式	八字转向、斜行、直行、横行
最小内弯半径	—	平台最低高度/mm	约 1600
平台升降总行程/mm	约 600	平台尺寸	约 85m×11m

(2) 模块式动力平板运输车的拼接模式

该方案模块挂车采用 2+2 拼接模式，如图 8-19 所示，一个动力源带动两个模块车，模块两两之间用刚性连接，而两个动力模块之间采用软连接。图 8-19 所示的两种拼接模式为最大承载重量 4000t，共有 1000t、2000t、3000t、4000t 四种吨位的拼接模式。

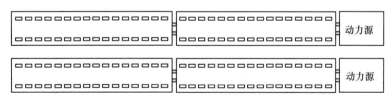

(a)

(b)

图 8-19 1000T 模块车拼接模式

二、模块车机械结构设计

1. 车架

车架及载货平台是模块车的主体结构，设计计算时按最不利载荷工况来考虑。车架纵梁布置在两侧，横梁连接两根纵梁，悬挂的回转支承安装在横梁上。车架采用高强度中厚板焊接制成，有强度高、变形小的特点。平台面全部覆盖花纹钢板，以防滑，并且标有重心警戒线位置，防止偏载。

2. 悬挂机构

悬挂机构分为驱动悬挂和从动悬挂。从动悬挂的从动桥上安装有气动制动系统为行车制动，提供紧急情况下的减速和制动，制动器由操作者通过制动脚踏板操控。驱动桥和从动桥能够自动适应横坡的要求，保证每个轮胎承载基本相同。

3. 转向机构

以下有三种模块车转向方案可供具体需要进行选择：

方案一，采用传统的液压缸推动连杆机构实现悬挂轮组的转向，如图 8-20 所示；

方案二，采用齿轮齿条摆动油缸推动回转支承转动，齿轮齿条摆动油缸如图 8-21 所示；

方案三，采用液压马达驱动回转支承转动。

其中，方案一中采用机械拉杆转向方式，结构简单，成本低，但由于摩擦、机械力的传递不畅，无法实行理想的中心等因素的存在，导致转向不灵活、轮胎磨损严重、角度受限等问题的出现，并且传动误差带来的磨损和冲击也降低了其自身的安全性和使用寿命；方案二中采用摆动油缸实现转向，转向灵活，精度高，摆动角度大，安装空间相对较小，成本较高；方案三中采用液压马达实现转向，转向扭矩大，转向灵活，精度高，摆动角度大，安装空间小，成本高。

4. 动力装置

模块车的动力装置全部集中安装在动力源模块内，包括柴油发动机、液压泵、液压油箱、冷却器以及燃油箱等。动力源模块设计了通用的与模块车对接的机械结构以及液压电气接口，可以很方便地实现动力源模块和各模块车之间的连接，互换性高。

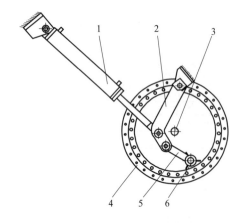

图 8-20　液压缸推动连杆转向机构

1—转向液压缸；2—车身连杆；3—角位移传感器；
4—回转支承；5—推力连杆；6—转向立柱

图 8-21　齿轮齿条摆动油缸

5. 驾驶室

该模块车在动力源模块的前端设计了一个驾驶室,在不需要遥控操作或遥控操作出故障的情况下,人能够直接操作车辆。所配驾驶室由专业生产厂家定制生产,形式美观,配套设施齐全,并备有冷暖空调,操作方便舒适。

三、模块车液压系统设计

1. 驱动系统

模块车驱动系统采用闭式液压系统,由双向变量液压泵和变量液压马达组成,通过改变变量泵的斜盘角度,实现车辆的变速与换向。闭式系统尤其适应负荷变化剧烈、前进、倒退、制动频繁的工程机械负荷工况,以及对速度要求严格控制的作业机械。

2. 制动系统

（1）液压制动系统

① 行车制动　行车过程制动主要通过控制驱动液压系统来实现。随着驱动泵排量逐步降低,车速也随之降低。当变量泵排量为 0 时,变量液压泵中的高压溢流阀产生液压阻尼的作用,消除由于惯性由驱动轮组产生的驱动力,实现行车过程的制动直至停车。

② 驻车制动　常闭式盘式制动器安装在驱动轮系的行星减速器内,行驶时液压油使盘式制动器开启。停车时,制动器卸压,在弹簧力的作用下与制动盘结合,实现驻车状态下制动。

（2）压缩空气制动系统

① 行车制动　当脚踏制动时,压缩空气从储气罐通过控制阀供给蹄式制动器的隔膜式制动气室制动。

② 驻车制动　通过手动控制阀使弹簧气室放气,由弹簧的变形起到制动作用,当空气压缩机发生故障,仅靠弹簧的动作就能起到制动作用。

3. 悬挂系统

液压悬挂系统中悬挂缸采用柱塞缸,根据车在不同工况下稳定性要求,通过液压球阀的开启和关闭将悬挂缸分成不同支撑组。同一支撑组的悬挂缸是相互连通的,形成一个封闭的液压系统。当车辆行驶在不平的路面或爬坡时,悬挂缸根据负载的变化自动调整伸缩量,保证每个悬挂缸的承载均衡。每个支撑组均安装有测压接头和压力传感器,能够随时监控悬挂系统的压力变化,保证悬挂系统正常稳定工作。悬挂缸由负荷传感多路阀和负荷传感变量泵控制。

4. 转向系统

转向液压控制系统采用电液比例控制,由带负荷传感功能的变量泵和多路阀控制液压执行元件。安装在悬挂回转支承上的转角传感器检测每个悬挂的转角,反馈给多路阀,闭环控制每个悬挂的转向角度,从而实现车辆的八字转向、横行、斜行以及中心回转等功能。

四、模块车电气系统设计

本车的操控系统采用了先进的基于现场总线（CAN 总线）的 PLC 控制系统,对整车的行走、转向、承载情况等进行精确的实时控制。该车不仅可以实现远程遥控操作,也可以实现人机直接操作。

1. 驱动系统

通过调节变量马达排量控制比例电磁铁输入电流信号的大小来改变马达排量，从而改变整车行进速度；通过调节闭式变量泵两个电磁铁的得电顺序来实现车辆的前进、倒退。

2. 转向系统

独立轴转向机构的驱动和控制采用电传操纵方式，控制系统根据转向模式和转向盘转动信号来控制液压的流量和方向，液压系统驱动回转支承带着车轮偏转，与回转支承相连的传感器（旋转电位器）时刻监视车轮实际转角，反馈的信号参与控制计算，从而构成闭环控制系统，确保各组车轮都按车辆转向特性的要求偏转。

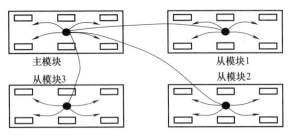

图 8-22 模块车转向主从分配原理图

该模块车可以根据用户的特殊需求提供可靠的转向技术，保持多个挂车模块、多个功能模式的实时性和同步性。以其中某一个挂车模块作为基准的主动模块，其余的为从动模块，从动模块接收来自主动模块传来的响应指令，可以控制整车转向、行走和制动等，模块车转向主从分配原理图如图 8-22 所示。

3. 悬挂系统

采用电液比例多路阀和角度传感器组成闭环控制系统，控制精度高，可实现悬挂缸的高精度同步升降。比例多路阀还内置差动变压器（LDVT）等位移传感器，实现对阀芯位置移动的检测，完成阀芯位移闭环控制。

4. 动力系统

通过压力传感器检测液压系统的负载信号，通过转速传感器检测发动机的工作状态，控制器根据检测到的信号分别控制发动机、变量液压泵和变量马达，构成电液比例功率匹配控制系统。

5. 遥控操作系统

遥控操作系统的接收端与电气控制系统直接通过 I/O 触点连接，遥控器发出遥控指令，直接作用到模块式动力平板运输车的电气控制系统上，可以实现车辆的前进、后退、转向、制动、点动等操作。

6. 故障报警及识别系统

模块车的工作模式、车速、各点压力、转向角度等信息通过传感器进行实时检测，并直观、实时显示在显示器上，以方便驾驶。当出现超载、偏载、转向不到位等故障时，控制系统将给出报警信息，根据面板报警灯、报警提示音及屏幕文字提示可以及时判断系统故障，为操作人员及时排除故障提供可靠依据，保证行车安全。

7. 车电

① 发动机控制系统：设有电源钥匙开关、启动开关、停车按钮、电源急停总开关按钮、发动机仪表有转速表、水温表、机油压力表、燃油油位表、气压表及小时计等。

② 设有一套远程遥控操作装置。

③ 驾驶室设有模块车驱动、转向以及升降等操作开关。

④ 灯组、雨刮器、喇叭、24V 发电系统、蓄电池等车用电器。

⑤ 在发动机一侧设 24V 插座供行灯使用。

五、方案比较

方案一：200T 模块

优点：200T 模块技术成熟；拼接模式灵活多样，按不同载荷可任意拼接；模块利用率较高。

缺点：模块较多，拼装费时。

方案二：240T、160T 模块

优点：国外模块车主流模式，模块技术成熟；拼接模式灵活多样，240T 与 160T 两模块可以组成多种拼接模式；模块利用率高。

缺点：模块多，拼装费时。

方案三：500T 模块

优点：整车模块数总计 8 个，拼接方便。

缺点：模块利用率不高；单模块较大，运输不便。

方案四：1000T 模块

优点：整车模块数总计 4 个，拼接方便；单模块载重大。

缺点：模块利用率较差；单模块很大，运输不便。

根据用户要求，上述四种方案可以灵活选择。

第九章
自行式液压载重车安全控制

液压载重车的载重通过各个悬挂系统均匀地分配到各支撑点轮胎上,故悬挂系统是否安全可靠、性能是否良好,对整车安全运行、平顺性等性能有重要的影响。液压悬挂系统的使用,不仅对整车有良好的减振作用,而且可以通过同步伸缩液压缸来实现各点的同步升降,以改变车身的高度,来装卸货物和适应路面状况。由于运载吨位比较大,自身具有车身上升和下降的功能,行驶工况中又存在横坡、纵坡等现象,运行过程中还可能会出现急转弯导致货物重心偏移的情况,上述因素都对平板车的行驶造成了一定的安全隐患。针对各种存在安全隐患工况,车辆开启自动调平模式,可有效地控制车辆平台保持一定的水平度,可有效保护车辆悬挂,保证车辆的安全运行。因此平板车在运行过程中拥有自动调平的功能具有重要的意义,液压动力平板车的悬挂系统性能的好坏对整车的安全性能有重要作用。

自动调平控制系统不仅应用在平板车上,而且也可用在导弹战车、雷达战车上,用以减少导弹发射平台的架设时间和撤收时间及提高雷达的跟踪精度。自动调平控制系统还可应用于 SMC 注塑机、压桩机、沥青摊铺路机等。

第一节 负载重心允许装载区域的确定

液压载重车驮运的货物均为特重、特大型的货物,当货物装载重心偏离车体几何中心时,不仅可能造成轮轴损坏,还有可能造成车体倾覆,发生重大事故。因此有必要对装载货物的重心进行监控。货物的重心监控是通过压力传感器检测的压力,计算出货物的重量及重心位置,将坐标数据传到液晶显示器上,经过处理后显示出来。在装载货物时,就可以通过显示器上显示的货物重心位置来对比允许装载区域,观察装载是否安全,控制货物的重心落在允许装载区域内。液压载重车重心监控分三点支撑和四点支撑两种情况,先讨论三点支撑的重心计算和允许装载区域的确定。

一、三点支撑下允许装载区域的确定

液压载重车按支撑方式分为三点支撑、四点支撑及多点支撑三种方式。平板车悬挂系统为液压控制系统,通常一台车上支撑方式可通过球阀来实现切换。由于多点支撑(主要指六点支撑)具有较高的超静定次数,控制方式复杂,成本高,平板车一般不予以采用,故平板车的支撑方式主要包括三点支撑和四点支撑。这两种支撑方式有各自的优缺点和适用的场合,见表9-1。本章研究的调平系统主要为平板车在四点支撑运行状态下的调平。

表 9-1　两种支撑方式对比

支撑方式	优点	缺点	主要适用场合
三点支撑	无超静定现象，成本低，适用于较凹凸不平路面	载重能力低且抗倾覆能力和稳定性低	运梁车等车身较长的车辆，车辆运行路况较差场所
四点支撑	载重能力较强，抗倾覆能力与稳定性较高，相比六点支撑成本较低	相比三点支撑成本较高，为一次静不定结构，对路况要求较高	重型平板车等

平板车调平系统原理与各种静基座液压平台调平类似，目的是保证平台上装置的水平。

静基座液压平台的特点是：载荷较大，且负载与工作的承载平台一起进行调平，所以静基座平台多采取多点支撑的方式。由于静基座液压平台的调平一般用于运动载体停止在某地不进行横向移动时进行快速调平，故在调平动作结束后，将各支撑点进行锁定，便可不再对平台进行重复的调平动作。

平板车的悬挂支撑主要为三点支撑和四点支撑两种运行模式。由于三点支撑没有冗余支腿，属于静定的问题，计算和调平相对容易；四点支撑抗倾覆能力好，可靠稳定，且控制精度也较高。但是采用四点支撑时，水平调节对象为绝对刚体，在调平误差不为零时，会因为冗余支撑而发生"虚腿"现象。在发生"虚腿"现象时整个调平系统会处于不稳定的状态，容易在水平方向产生倾角变化，各支撑点受力发生变化，发生某点受力过大或过小的现象。若支撑点中某点产生悬空现象，则其对角支撑点受力会大大增加，车体甚至会产生应力变形，甚至会发生车辆倾翻的严重事故，因此在调平过程中，最需要考虑的问题便是防止各种运行工况下"虚腿"现象的发生。

综合目前国内外的研究现状，在调平策略上，国内目前主要分为两种调平策略，主要为位置误差调平法和角度误差调平法（也有这两种方法的结合使用）。其中位置误差调平法根据追踪目标点又分为最高点不动、最低点不动及中心点不动三种方法，由于平板车载重量大、惯性大，故相对而言最高点不动的位置误差调平法是最适合的，但是该法算法复杂，且"虚腿"问题未得到很好的改善；角度误差调平法算法简单，但是在偏载情况下也容易出现"虚腿"的情况，且调平过程反复，时间较长；而目前将位置误差调平法和角度误差调平法相结合的方法中，在调平时间、精度等方面也得到明显的改善。

在液压系统方面，悬挂液压系统常见的有 3 种。一种是采用分流集流阀，控制各悬挂柱塞缸同步运动，该方法成本较低，但是精度差，且无法实现精准的控制，故不适用于本系统。一种是恒功率泵配合换向阀实现平板车的悬挂柱塞缸伸缩。另一种是负载敏感泵结合比例多路阀构成 LS 负载敏感控制，相比而言成本更高但是控制性能更好。

控制方法上，学者们通过将现有的先进控制理论同传统的经典 PID 控制相结合，形成了多种先进的 PID 控制理论，如神经网络 PID、迭代学习 PID、自适应 PID、专家 PID、模糊 PID 等，这些先进 PID 控制理论，都很好地汲取了经典 PID 结构简单、参数易调节的优势，同时又融合了其他先进控制理论的优点，对控制对象有很好的控制效果。

1. 负载重量的计算

货物重量是通过压力传感器读出的压力值计算得来的，根据力学中力的平衡原理得知，货物重量、液压载重车自重的合力与三点液压缸提供的支反力平衡。因此，货物重量可以根据下面公式计算：

$$G = \sum_{i=1}^{3} n p_i S_i - G_z \tag{9-1}$$

式中　G——货物的重量；

　　　n——每组支撑油缸的个数；

　　　p_i——各点的压力值；

　　　S_i——顶升油缸内腔截面积；

　　　G_z——车体自重。

2. 负载重心的计算

货物的重心也是根据升降系统中的液压缸压力来计算的。先建立如图 9-1 所示坐标系。

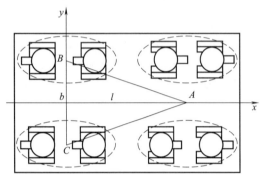

图 9-1　100t 液压载重车三点支撑示意图

以液压载重车的支撑点 C 点为坐标原点，长边方向为 x 轴，短边方向为 y 轴，A、B、C 分别表示三组支撑油缸的位置，其压力和位置坐标分别为 (F_1, x_1, y_1)、(F_2, x_2, y_2)、(F_3, x_3, y_3)。货物放置到液压载重车平台上之后，其重量和重心坐标为 (G_h, x, y)，那么其重心可以通过下式计算：

$$\begin{cases} x = \dfrac{\sum\limits_{i=1}^{3} F_i x_i}{G_h} \\ y = \dfrac{\sum\limits_{i=1}^{3} F_i y_i}{G_h} \end{cases} \tag{9-2}$$

式中　G_h——货物与车体的重量之和。

3. 负载重心允许装载区域的确定

负载重心允许装载区域指的是货物的重心在液压载重车平台上的安全区域。三点支撑时，共三组液压缸共同支撑船体分段和平台的重量。每组油缸都有其极限承载能力，如果一组油缸所受到的力超过其极限承载能力时，升降液压系统就有可能崩溃，导致安全事故。当重心落在三点支撑构成的三角区域外，可能导致车辆倾覆。负载重心允许装载区域的确定就是找出不同吨位货物重心在液压载重车平台上的安全区域。

第一，轮轴承载安全区域的确定。为了保护轮轴，液压载重车在装载货物时对货物的重心要进行限位。重心限位区域的要求是：当有效载荷重心落在区域的边界上时，某支撑点的轮轴受力达到其临界值；而当有效载荷重心落在重心限位区域内时，各支撑点的轮组的受力状况都是安全的。设三角形的 BC 边长为 b，边长边上的高为 l，货物重心坐标为 (x, y)。A、B、C 三点的支反力可按如下公式进行计算：

$$\begin{cases} \sum F_{iz} = 0 \\ \sum M_x(F_i) = 0 \quad (i = 1, 2, 3) \\ \sum M_y(F_i) = 0 \end{cases} \tag{9-3}$$

可得

$$\begin{cases} F_1 = \dfrac{x}{l} G_h \\ F_2 = \left(\dfrac{1}{2} + \dfrac{y}{b} - \dfrac{x}{2l}\right) G_h \\ F_3 = \left(\dfrac{1}{2} - \dfrac{y}{b} - \dfrac{x}{2l}\right) G_h \end{cases} \quad (9-4)$$

设 A、B、C 三点各自的轮轴受力临界值（除去自重对轮轴的载荷）分别为 $F_{1\max}$、$F_{2\max}$、$F_{3\max}$，则轮轴承载安全区域由以下公式计算：

$$\begin{cases} F_1 < F_{1\max} \\ F_2 < F_{2\max} \\ F_3 < F_{3\max} \end{cases} \quad (9-5)$$

对于 100t 液压载重车，在三点支撑情况下其轮轴承载安全区域如图 9-2 所示。

第二，车辆倾覆安全区域的确定。车自身重心位于车辆的几何中心（$l/2$, 0），当货物重心位于三点支撑构成的三角形区域外时，根据重心的位置对车辆倾覆安全区域进行校验。计算公式如下：

$$\begin{cases} M_{AB}(G_z) > M_{AB}(G) \\ M_{BC}(G_z) > M_{BC}(G) \\ M_{AC}(G_z) > M_{AC}(G) \end{cases} \quad (9-6)$$

对于 100t 液压载重车，在三点支撑情况下其车辆倾覆安全区域如图 9-3 所示。

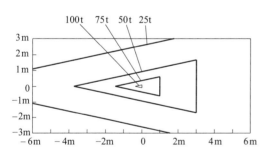

图 9-2　100t 液压载重车三点支撑轮轴安全区域　　图 9-3　100t 液压载重车三点支撑倾覆安全区域

第三，负载重心允许装载区域的确定。轮轴承载安全区域、车辆倾覆安全区域的交集即为负载重心允许装载区域。100t 液压载重车三点支撑的负载重心允许装载区域如图 9-4 所示。

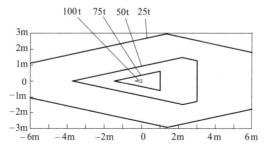

图 9-4　100t 液压载重车三点支撑负载重心允许装载区域

二、四点支撑下允许装载区域的确定

1. 负载重量及负载重心的计算

货物重量通过压力传感器读出的压力值计算得到，其计算公式为：

$$G = \sum_{i=1}^{4} np_i S - G_z \tag{9-7}$$

建立如图 9-5 所示坐标系，以液压载重车的支撑点几何中心为坐标原点，长边方向为 x 轴，短边方向为 y 轴，A、B、C、D 分别表示四组支撑油缸的位置，其压力和位置坐标分别为 (F_1, x_1, y_1)、(F_2, x_2, y_2)、(F_3, x_3, y_3)、(F_4, x_4, y_4)。分段放置到液压载重车平台上之后，其重量和重心坐标为 (G, x, y)，那么其重心可以通过式（9-8）计算：

$$\begin{cases} x = \dfrac{\sum_{i=1}^{4} F_i x_i}{G_h} \\ y = \dfrac{\sum_{i=1}^{4} F_i y_i}{G_h} \end{cases} \tag{9-8}$$

2. 负载重心允许装载区域的确定

四点支撑负载重心允许装载区域的确定与三点支撑原理相同，其过程稍有不同。

第一，轮轴承载安全区域的确定。由于四点支撑时，A、B、C、D 四点分别关于 x 轴和 y 轴对称，我们只需要考虑一个点的情况，其余点按对称轴进行对称即可。把 $ABCD$ 简化为一刚性平板，货物作用在 N 点，那么 A 点所受到的支反力最大，因此，以 A 点作为极限受力点，分析其受到的力与货物重力 G 之间的关系。

考虑到液压载重车平台经过结构分析和优化，其结构在受力情况下不会发生失稳和塑性变形，所以将其简化为一个简支模型，如图 9-6 所示，计算 F_i 与 G_h 之间的关系。

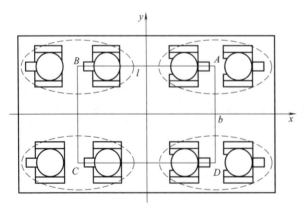

图 9-5　100t 液压载重车四点支撑示意图

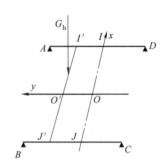

图 9-6　四点支撑支点反作用力计算简图

对于简支梁 $I'O'J'$

$$F_0 m = G_h \left(x + \dfrac{l}{2} \right) \tag{9-9}$$

对于简支梁 $AI'D$

$$F_1 = \frac{F_0\left(y+\frac{b}{2}\right)}{n} \tag{9-10}$$

因此，A 点所受到的压力与货物重力之间的关系为：

$$F_1 = \frac{G_h\left(x+\frac{l}{2}\right)\left(y+\frac{b}{2}\right)}{lb} \tag{9-11}$$

由于 G_h、l、b 已知，设 A 点轮轴受力临界值（不考虑自重时）为 $F_{1\max}$，则轮轴承载安全区域由公式（9-12）计算：

$$F_1 < F_{1\max} \tag{9-12}$$

由于 $F_{1\max}$ 为一定值，由此可知，G 点的临界位置是一条单支双曲线。同理，为保护 B、C、D 三点，有效静载荷重心必须在图中四条单支双曲线的内部，如图9-7所示。

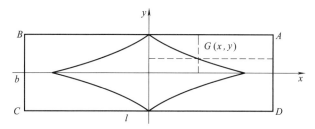

图 9-7 四点支撑轮轴安全重心允许装载区域

根据 100t 液压载重车的轮轴承载能力及四点支撑的支撑点的实际位置，计算出在四点支撑情况下轮轴承载安全区域，如图 9-8 所示。

第二，车辆倾覆安全区域的确定。车自身重心位于车辆的几何中心（$l/2$，0），当货物中心位于三点支撑构成的三角形区域外时，根据重心的位置对车辆倾覆安全区域进行校验。计算公式如下：

$$\begin{cases} M_{AB}(G_z) > M_{AB}(G) \\ M_{BC}(G_z) > M_{BC}(G) \\ M_{CD}(G_z) > M_{CD}(G) \\ M_{AD}(G_z) > M_{AD}(G) \end{cases} \tag{9-13}$$

对于 100t 液压载重车，在四点支撑情况下车辆倾覆安全区域如图 9-9 所示。

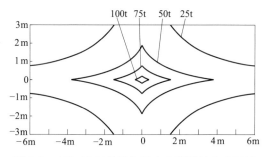

图 9-8 100t 液压载重车四点支撑轮轴安全区域

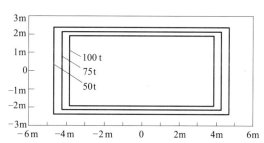

图 9-9 100t 液压载重车四点支撑倾覆安全区域

第三，负载重心允许装载区域的确定。同理，轮轴承载安全区域、车辆倾覆安全区域的交集即为负载重心允许装载区域。由于四点支撑下液压载重车平稳性好，轮轴承载安全区域即为轮轴承载安全区域与倾覆安全区域的交集，因此图9-9所示即为100t液压载重车四点支撑的负载重心允许装载区域。

第二节　液压载重车调平控制

平板车在行走过程中，在坡度路面、转弯、制动、受风载荷作用、不平路面等工况下，由于重心偏移或外负载力的原因，对行车安全产生了一定的隐患，为消除这些隐患，平板车上需安装自动调平控制系统。

一、电液调平系统介绍

电液调平系统是对液压载重车车身倾斜姿态进行控制调节的装置，它由控制器、角度传感器、液压升降系统以及其他辅助装置组成，电液调平系统原理示意图如图9-10所示。各悬挂上安装有角度传感器，检测各支撑点的高度，角度传感器安装方式如图9-11所示。

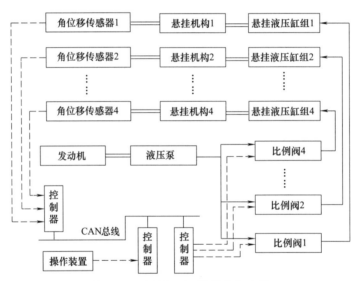

图9-10　电液调平系统原理示意图

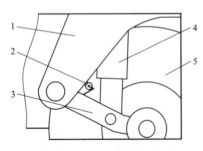

图9-11　角度传感器安装方式

1—悬挂架；2—转角传感器；3—平衡臂；
4—悬挂缸；5—轮胎

自动调平控制系统为电液控制系统，该控制系统的一般控制流程为：平台几何中心及悬挂处的传感器采集各点处的角度及压力信号，并实时传给控制器，控制器处理信号后输出信号给控制各悬挂处液压缸的电磁阀以控制各阀的开度，进而控制各阀的输出流量。最终实现各点液压缸运动速度及位移的输出量不同，在不断的循环中实现整车平台的调平。如图9-12所示为采用的电液控制系统简图。

实车中，图9-12中的压力传感器集成在液压系统中，负责监测各支撑点液压缸的压力，以检测是否有某支撑点出现"虚腿"的情况;双轴传感器用于监测平台沿横向和纵向两个方向相对水平面的倾角,为简化控制程序,该双轴传感器安装于车辆几何中心处;角位移传感器安装于车辆各点悬挂处的悬挂大臂和摆臂处,通过检测悬挂大臂和摆臂的角度计算出各点液压缸的位移值。3 台控制器分工不同,分别负责接收驾驶室控制指令、采集各传感器信号、输出控制信号。

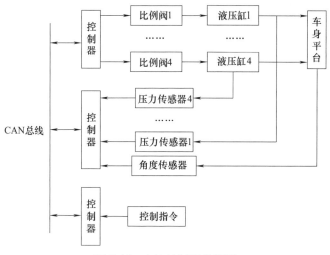

图 9-12 电液控制系统简图

二、液压载重车车身状态的检测

由于液压载重车四角的悬挂架上安装有角度传感器,且液压载重车工作的地面条件较好,可以认为近似水平,这样就可以通过角度传感器来确定该悬挂的高度,即:

$$h_i = f(\alpha_i) \tag{9-14}$$

以其中一个悬挂高度为基准,其他悬挂高度与它的差值即为控制的期望值,允许偏差也由工程实际决定,取控制偏差小于 20mm。角度传感器的精度对实际控制影响较大,实际工程选用德国 BROSA 生产的相对角度传感器,其重复精度为≤0.01%,防护等级达 IP67。旋转角度的变化通过内部的电位计来测量,最大测量范围为±20°,满足实际工程需要。

单点调平采用开环控制,当系统处于开环调平控制模式时,驾驶室的液晶屏幕上显示调平界面,利用调平手柄,控制量的大小正比于手柄的输入电压,方向则与手柄推动方向对应。控制量通过 CAN 总线下传至下位的 CAN 模块进行 D/A 转换,成为电压信号,再通过控制器放大并转换为电流量,驱动液压比例阀工作,从而操纵各悬挂液压缸起升或者下降。整车升降、前后倾斜调平、左右两侧倾斜调平采用闭环控制。以其中一个悬挂为调平基准,其他悬挂跟随基准悬挂动作,以各悬挂的高度差作为控制目标,调整其他悬挂的高度,最终实现液压载重车车身调平。此时,手柄输入为基准升降液压缸的升降方向及比例阀的控制电流,其他悬挂由控制器计算给出控制参数。为了使调节过程快速准确,在工程的实践中,控制律采用了分段 PID 控制。根据偏差大小不同,采用不同的 PID 控制参数,临界值根据实际调整情况选取,大大增加了液压调整过程的稳定性,且调平系统响应迅速,超调、反复微调的现象完全消除。

三、调平控制策略

由于车辆具有三点支撑和四点支撑两种运行模式,其调平方式也有所区别。这两种运行模式下均能实现整车升降、单点调平、前后倾斜调平，而四点支撑还能作左右两侧倾斜调平。

关于调平控制系统，按支撑点数量分类，可分为三点支撑、四点支撑和多点支撑（主要指六点支撑）。在支撑点数量方面前人已有很深入的研究，国内外平板车支撑方式主要有三点支撑和四点支撑两种方式，通常一台车两种支撑方式均包括，通过球阀来实现两种支撑方式的切换。

前面已介绍了两种调平方法，下面将对这两种方法进行详细的说明并分析各自的特点，进而选取出适合平板车的调平方法。

1. 位置误差调平法

位置误差调平法主要通过置于车身平台几何中心的双轴传感器检测平台在沿车身横、纵两个方向的倾斜角，计算出各支撑点之间在竖直方向同目标点的位移误差，将各点的误差值反馈给控制器，控制器根据内部预设算法对平台进行调平控制，各支撑点同目标点的位移误差值一方面作为运算初始值，另一方面则作为判断平台是否水平的参考。

(1) 位置误差调平法分类

按固定基点及目标点的不同分为三种：最高点不动"追逐式"调平法、中心点不动"追逐式"调平法和最低点不动"追逐式"调平法。最高点不动调平法在调平的过程中保证竖直方向位移最大支撑点不发生位移，其他点液压缸同时以不同速度伸出，最终达到与最高点相同的位置，实现平台的水平调节，或其他点逐个伸出达到与最高点相同的位置；最低点不动调平法在调平的过程中，保证竖直方向位移最小的支撑点不发生位移，其他点液压缸同时以不同速度收缩，最终达到与最低点相同的位置，实现平台的水平调节；中心点不动即调平过程中保持车身平台的几何中心高度不变，各支腿根据各自与几何中心在竖直方向的位置关系运动，最终实现车身平台达到水平。

由于车辆平台自重和负载较大，当采用支点下降调平或中心点不动调平时，发生支点下降动作时，所产生的惯性力较大，不利于调平的精确进行，故在调平的过程中不宜出现支点下降的情况。而采用支点向上运动的方法进行调平时，运动速度方便控制，速度较慢且突变小，故运动加速度较小，及惯性力较小，更有利于调平。此外，在平板车上下坡时，由于坡度和加载框的高度的联合影响，最低点不动的调平方法可能在此情况下无法正常进行。位置误差调平法中的三种调平方法相比，最高点不动"追逐式"调平法最适合平板车。

(2) 最高点不动"追逐式"调平法

图 9-13 所示为四点支撑平台的示意图，$OXYZ$ 为平台水平时的坐标系，称该坐标系为参考坐标系，该坐标系中心点为平台几何中心点，坐标系始终保持水平。坐标系 $OX_1Y_1Z_1$ 固结在车身平台上，该坐标系随平台的转动而转动，坐标中心点与 $OXYZ$ 始终保持重合，

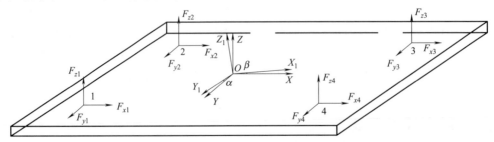

图 9-13 四点支撑平台坐标系旋转示意图

称该坐标系为运动坐标系。运动坐标系相对参考坐标系沿两个方向的倾斜角分别为 α、β，即绕 X 轴旋转的角度为 α，绕 Y 轴旋转的角度为 β，可由双轴传感器测量得到。

最高点不动"追逐式"调平法即选取各支点都向最高点运行的方式进行调平。设备支点 Z 方向坐标为 P_{iz}（$i=1,2,3,4$），设 $i=h$ 为最高点，则其余点 i 处支点上升距离为：

$$\Delta_i = P_{hz} - P_{iz} = -\beta(P_{hx} - P_{ix}) + \alpha(P_{hy} - P_{iy}) \tag{9-15}$$

通过控制各悬挂处的液压缸伸出量控制各支点上升距离，便可以实现平台的调平过程。该方法的调平过程如图 9-14 所示，图 9-14 中四个箭头代表的是各点的高度，从高到低排列。

为了使平台更加平稳地达到水平状态，同时为了防止在调平过程中"虚腿"的产生，各缸伸出的速度根据所需伸出的位移量进行控制，使各缸的伸出速度正比于各自与最高点竖直方向的位置误差 Δ_i，且比例系数相同，故可将各点误差值 Δ_i 经过简单的数据处理后，直接当作控制信号来控制阀口的开度。

图 9-14 现有的最高点不动"追逐式"调平法

以上所述为最高点不动位置误差法中最常见的方法，即除最高点外的其余三点以相同的速度计算控制方式同时向上运动；除此之外，最高点不动位置误差法中还有其他的控制方法，如：较低三点逐个运动到最高点位置处，图 9-15 为该方法的调平过程图，由图 9-15 可以看出，该方法在调平过程中，最低点与最高点之间的位置误差在调平的最后逐渐减小。该方法在调平时间及调平过程的安全性方面都远不如前者。

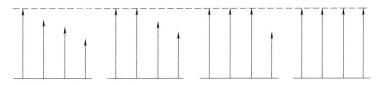

图 9-15 逐个追逐最高点不动调平法

(3) 中心点不动调平法

位置误差调平法中，除了最高点不动调平法，在根据追逐目标点分类中，还有最低点不动调平法和中心点不动调平法，最低点不动调平法与上文中最高点不动法相比，除了目标点设为竖直方向最低点外，其余基本相同。中心点不动调平法中，目标点设为平台的几何中心，即将调平平台的几何中心所在点设为各支撑点的追逐目标，较高者向低处运动，较低者向高处运动，最终实现平台达到水平状态。如图 9-16 所示为中心点不动调平法的调平过程示意图。

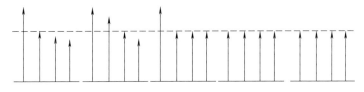

图 9-16 中心点不动调平法

上述三种常用的位置误差调平法中，最高点不动调平法由于在调平的过程中不存在支点下降的动作，故使用最广泛。这种目前常用的向最高点追逐的调平控制方法，可应用范围较广，任意支点的调平系统都可应用此方法。但是该方法算法复杂，且在调平过程中，由于其各点运动过程中的运动速度设置，使四点调平中无法保证四点在运动过程中保持在一个平面上，故在"虚腿"问题上并没有得到很好的解决。

2. 角度误差调平法

角度误差调平法又叫两点调平法，该方法算法简单，且不用考虑四点之间的耦合关系，但由于独立调整两个方向时，会涉及相同的一个或多个支点，故在调整 α 时会影响 β 的大小，调整 β 时会影响 α 的大小，因此需要反复重复进行两个方向的调平，故调平所花时间较长。另外，角度误差法为保证调平过程中，车身平台只绕一个轴旋转，需保证动作的两个支撑点处的运动速度相同。另外平台的负载分布情况也会对角度误差调平法的有效性产生影响，在平台负载不均匀的情况下可能会遇到"虚腿"的问题。四点支撑式液压平台相对三点支撑而言可能出现的最大问题是"虚腿"现象的发生，故角度误差调平法用于四点支撑中也存在一定的不足。如图 9-13 中，若左高右低，即点 3、4 较低，则 3、4 点的电磁阀动作，使 3、4 支撑点液压缸伸出以使平台趋于水平，但是，如果负载集中在图中右上方位置，则可能会出现点 3 对角处点 1 悬空不受力情况，发生"虚腿"的现象，不能实现很好的调平。

根据以上分析，角度误差调平法在调平的精度、时间等方面大大不如位置误差调平法，故选取位置误差调平法作为调平控制策略。

3. 基于"面追逐式"的位置误差调平策略

由前述分析可知，位置误差调平控制法的调平精度较高，调平速度比较快。角度误差调平控制法系统比较简单，易于实现，成本比较低。但是角度误差调平法调平速度比较慢，调平精度比较低，难以适合高精度调平控制系统。故采用位置误差调平法，在位置误差调平法中最高点不动法的基础上提出一种"面追逐式"位置误差调平法。

（1）与现有最高点追逐法区别

基于上述对目前现有的调平策略的分析，提出一种基于"面追逐式"的调平策略，该调平策略在目前常用的向最高点追逐法基础上加以改正，对最低点支腿的运动速度进行单独计算控制，实现了调平过程中四点保持在一个平面的效果，有效地减少和预防了"虚腿"问题的产生。

如图 9-17 所示，将四个支撑点按高低顺序排列，对现有的最高点追逐不动法与基于"面追逐式"的调平策略进行对比。现有方法如图 9-14 中所示，在调平过程中，2（次高点）、3（次低点）及 4（最低点）点均采用相同的速度控制方法，这三点的速度均正比于各自与最高点竖直方向的误差值，这样可以保证这 3 个点同时到达水平位置，实现最终的调平，但是该方法无法保证在调平的过程中四个支撑点处于一个面上，故容易出现"虚腿"的问题。图 9-17 所示为基于"面追逐式"的调平策略中各点动作过程，在调平过程中，点 2（次高点）及点 3（次低点）的速度控制与上述最高点追逐法速度控制方法相同，都正比于各自与最高点竖直方向的误差值，如此点 1（最高点）、点 2（次高点）、点 3（次低点）决定了一个平面，但是点 4（最低点）在调平过程中的速度控制遵循追逐点 1（最高点）、点 2（次高点）及点 3（次低点）所决定的平面的规律，即在调平的过程中保证四个支撑点处于同一个平面，如此在调平过程中四点均受力，便可以很好地减少和预防调平过程中"虚腿"的出现。

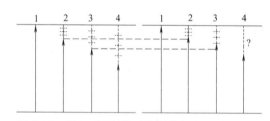

图 9-17 基于"面追逐式"的位置误差调平策略

(2)"面追逐式"调平策略

假设四个支撑点在参考坐标系中的坐标为点 1 (x_1, y_1, z_1)、点 2 (x_2, y_2, z_2)、点 3 (x_3, y_3, z_3) 和点 4 (x_4, y_4, z_4)，四点按在水平面上投影的相对位置不同可归结为三种情况，如图 9-18 所示，图中三种情况按最高点 1 与最低点 4 之间在水平面投影的关系进行分类。设平台在横向（较短向）两支撑点之间距离为 $2a$，在纵向（较长向）两支撑点之间距离为 $2b$。图中序号与图 9-13 中序号相对应，即 1 为最高点，2 为次高点，3 为次低点，4 为最低点。

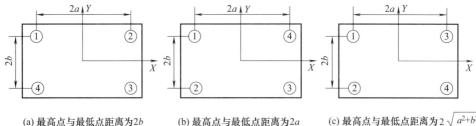

(a) 最高点与最低点距离为 $2b$　　(b) 最高点与最低点距离为 $2a$　　(c) 最高点与最低点距离为 $2\sqrt{a^2+b^2}$

图 9-18　三种基本情况

点 1、2 和 3 确定平面法向量：

$$\boldsymbol{n} = \begin{vmatrix} \boldsymbol{i} & \boldsymbol{j} & \boldsymbol{k} \\ x_1-x_3 & y_1-y_3 & z_1-z_3 \\ x_1-x_2 & y_1-y_2 & z_1-z_2 \end{vmatrix} \tag{9-16}$$

$$= [(y_1-y_3)\Delta z_2 - (y_1-y_2)\Delta z_3]\boldsymbol{i} - [(x_1-x_3)\Delta z_2 - (x_1-x_2)\Delta z_3]\boldsymbol{j}$$
$$+ [(x_1-x_3)(y_1-y_2) - (x_1-x_2)(y_1-y_3)]\boldsymbol{k}$$

其中

$$\Delta z_i = z_1 - z_i = b(x_i - x_1) + a(y_1 - y_i) \quad (i=2,3,4) \tag{9-17}$$

图 9-18（a）所示情况，点 1、2 和 3 所决定的平面的法向量为

$$\boldsymbol{n} = 4ab\beta\boldsymbol{i} - 4ab\alpha\boldsymbol{j} + 4ab\boldsymbol{k} \tag{9-18}$$

所以平面的方程为

$$\beta(x-x_1) - \alpha(y-y_1) + (z-z_1) = 0 \tag{9-19}$$

假设 2、3 点运动速度为 $k\Delta z_i$，则运动时间 t 后，点 2 和点 3 与最高点坐标差为

$$\Delta z_i(t) = \Delta z_i - tk\Delta z_i = (1-tk)\Delta z_i \tag{9-20}$$

此时 1、2、3 三点决定平面为

$$\beta(1-tk)(x-x_1) - \alpha(1-tk)(y-y_1) + (z-z_1) = 0 \tag{9-21}$$

将点 4 两个水平方向 x、y 坐标代入该平面可得此时点 4 在竖直方向应该处在的坐标位置（点 2 水平两个方向坐标偏移忽略）

$$z_4(t) = z_1 - 2b\alpha(1-tk) \tag{9-22}$$

故在时间 t 内点 4 上升距离为

$$s_4 = z_4(t) - z_4 = \Delta z_4 - 2b\alpha(1-tk) = 2b\alpha tk \tag{9-23}$$

则点 4 上升速度

$$v_4 = \frac{s_4}{t} = 2b\alpha k \tag{9-24}$$

同理可求得图 9-18（b）和（c）两种情况下，点 4 的运动速度分别为 $2a\beta k$、$2a\beta k + 2b\alpha k$。

在实际中，还存在许多其他的工况，按四点之间在水平面投影关系，所有工况有

$A_4^4=24$ 种,若将这 24 种情况——进行分析,编入调平控制程序中,使调平程序变得复杂冗长。故需对所有的情况进行分类总结,找到共同点进而将所有工况进行分类,简化控制程序。

根据计算知,最低点速度控制的方式共有三种,在实际运行过程中可以以最高点 1 与最低点 4 之间在水平面投影的距离作为判断依据,如图 9-19 到图 9-21 所示。图 9-19 中各种工况与图 9-18 中情况(b)控制方式相同,此为最高点与最低点在水平面投影距离为 $2a$ 工况;图 9-20 中各种工况与图 9-18 中情况(a)控制方式相同,此为最高点与最低点在水平面投影距离为 $2b$ 工况;图 9-21 中各种工况与图 9-18 中情况(c)控制方式相同,此为最高点与最低点在水平面投影距离为 $2\sqrt{a^2+b^2}$ 工况,即当最高点与最低点在水平面投影距离为 $2a$ 时,最低点的上升速度为 $2b\alpha k$;距离为 $2b$ 时最低点上升速度为 $2a\beta k$;距离为对角线距离即 $2\sqrt{a^2+b^2}$ 时,最低点上升速度为 $(2a\beta+2b\alpha)k$。由此,将 24 种工况简化为 3 种,大大简化了控制程序的编写。

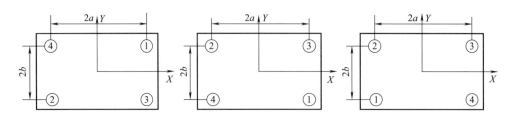

图 9-19 最高点与最低点距离为 2a 工况

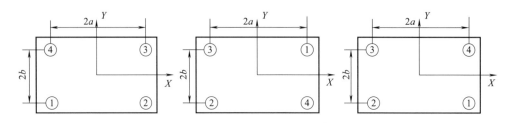

图 9-20 最高点与最低点距离为 2b 工况

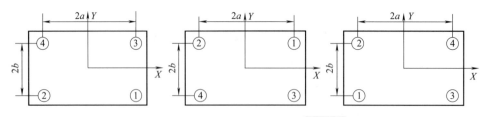

图 9-21 最高点与最低点距离为 $2\sqrt{a^2+b^2}$ 工况

(3)调平流程

如图 9-22 所示为自动调平系统的流程图,过程如下:

① 自动调平开始时,双轴传感器采集平台在两个方向的倾斜角并传至采集信号的控制器 2,控制器根据式(9-14)计算出各点的相对高低,并计算出其余三点与最高点之间在竖直方向的位置误差。

② 判断最高点与最低点之间竖直方向的位置误差值 ΔZ_4 与 Z' 之间的关系（Z' 为判断是否进行调平动作的界限值），若 $\Delta Z_4 > Z'$，则控制器给各方向控制阀电信号，控制各支撑点液压缸动作，若 $\Delta Z_4 \leqslant Z'$，则程序返回第一步，根据双轴传感器采集信号计算各点与最高点之间竖直方向的位置误差。

③ 平板车在行走过程中，各点在没有出现"虚腿"的情况下，各点受力与平台倾角及各支撑点液压缸的伸出量均有关系。平板车液压悬挂系统中集成有压力传感器，该压力传感器可实时监测各支路柱塞缸的压力值，任意点压力值 $p_i \leqslant p'$（P' 为程序中预先设定值，该值在设定时主要考虑平板车自重和最大负载重量之和，由此计算出各悬挂的承重范围，也是"虚腿"发生的报警值）时，证明该点出现"虚腿"情况，则马上停止调平动作，先将出现"虚腿"的悬挂柱塞缸伸出，直至 $p_i > p'$，调平系统重新开启。若没有点发生"虚腿"，则调平过程继续，直至 $\Delta Z_4 \leqslant Z'$，此时调平过程结束。

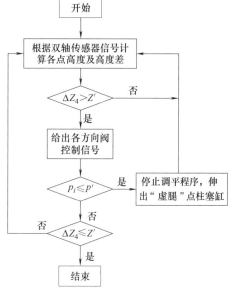

图 9-22　自动调平控制流程图

结合平板车使用条件，在对现常用的调平策略进行较为详细的分析的基础上，选择位置误差调平法为本车的调平基本方法，并在常用的位置误差调平法上进行改进，提出了"面追逐式"位置调平法，对调平过程中各点的运动速度重新进行了设计，保证了车身平台在调平的过程中有较低的"虚腿"产生率；分析了调平过程中四点按高低位置的平面距离情况，将调平过程中出现的工况简化分为三种，简化了调平算法；根据悬挂结构对柱塞缸在运动过程中的速度进行了计算；最后对"面追逐式"调平法的自动控制流程进行了介绍。

第三节　调平安全控制策略的对比与选取

平板车液压悬挂系统一方面是车身平台的提升系统，通过悬挂柱塞缸的伸缩实现整个车身的升降，在装载货物时，空车由最低状态驶入进入到装载架后，将车身抬高以抬起装载架，实现货物的装载。该升降功能大大提升了货物的运输能力，提高了装卸和运输效率。另一方面，车辆在行驶过程中，由于悬挂柱塞缸的伸缩功能，保证了车辆在行驶过程中各支撑点的受力均匀，也可预防打滑现象的发生，适应路面不平及外界较大的干扰负载，保证运行的安全可靠。同时该液压悬挂系统也是车身的调平系统，当运输车在上坡、路面不平等工况下，车身进入自动调平状态，故液压悬挂系统的优劣有重要意义。

通过分析现常用液压悬挂系统的优缺点，为调平控制系统选取合适的液压控制系统。

一、自动调平液压系统的对比及选取

四点支撑调平既要保证车体水平又要保证四点支撑受力基本均匀。采用四点支撑时，要解决好冗余支撑下调平和均匀支撑的矛盾以及各支撑系统间的互耦，否则容易产生"虚腿"现象，即车体的一个支撑基本不受力，车体及载重全部由其他三个支撑承担，这在工程上是不允许的。液压载重车各悬挂回路上均安装有压力传感器,根据车辆自重与货物重量之和确定各支撑的承重范围,调平过程中实时监测各压力传感器的数值。发现车辆存在"虚腿"现象时,立即停止调平。先将"虚腿"的支撑伸出,当调整到合理的压力值时,再进行调平操作。

平板车与其他很多特种工程车辆相同,经历了由简单到复杂、由粗放到精细的发展过程,这是由科技进步、技术进步及需求的不断提高三方面共同决定的。平板车的液压悬挂系统在发展的过程中,主要有三种悬挂液压回路,即分流集流阀悬挂回路、电磁换向阀悬挂回路和负载敏感多路阀悬挂回路。由于分流集流阀悬挂回路同步性差,液压缸位移方面有累计误差,且无法对各点液压缸的流量进行较为精确的控制,故此方法不在该悬挂液压系统的考虑范围内。以下将对另外两种常见回路进行简单的对比分析,进而为"面追逐式"位置误差调平法选取出最合适的液压回路。

1. 电磁换向阀悬挂回路

如图 9-23 所示为江苏海鹏特种车辆有限公司在一些要求较简单的 100T 液压平板运输车上配置的液压悬挂系统,该车为 2 轴线车,每轴线上有 2 组悬挂,每组悬挂有四个轮胎。

该液压回路中,虽然液压泵采用负载敏感泵,但此功能主要用于转向系统中,悬挂系统中并未得到充分的应用。该液压回路利用 4 个电磁换向阀对每组悬挂进行流量控制。由于 4 个电磁换向阀选取相同规格,精度远远大于分流集流阀,故同步性优于分流集流阀回路。每个电磁换向阀后串联一个双向调速阀,减少系统冲击振荡。该方法可以对各组悬挂的升降速度进行简单的控制,相比分流集流阀悬挂回路有很大的优势,但是,此方法的不足在于:无法克服负载变化对系统流量产生的影响,系统的速度刚性较差。当负载偏载时,四点之间存在速度差异,即每个支路的流量不仅与比例阀开度有关,与各支撑点所受负载也有很大的关系。同时,由于该系统中的流量阀为电磁换向阀,只可实现简单的换向,不可对阀口进行精确的控制,故不适用于"面追逐式"调平控制策略。

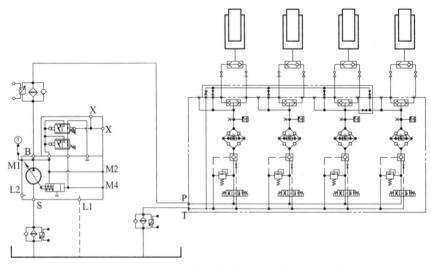

图 9-23 电磁换向阀悬挂回路

2. 负载敏感多路阀悬挂回路

如图 9-24 所示为江苏海鹏特种车辆有限公司与某公司合作,生产的 100T 平板车的液压悬挂回路,该回路液压泵选取萨奥的 45 系列 E 型开式轴向柱塞泵,该泵为负载敏感泵,流量控制阀选取萨奥的 PVG32 多路阀,该阀为负载敏感电液比例多路阀,流量阀前设有压力补偿阀,该压力补偿阀可以保证流量阀前后压差为定值,如此根据流量公式 $Q=KA\Delta P^m$ 知,各支路流向柱塞缸的流量只与阀口开度有关,与各支路负载压力无关,故 PVG32 多路阀具有良好的调速特性。

该系统优点在于:采用负载敏感技术,通过将外负载的最大压力反馈到液压泵,使液压泵输出的流量与负载所需相匹配,输出压力比系统中的最高压力稍微高出一点,匹配性能良好,节能性好;并且比例多路阀、换向阀前设有压力补偿阀,该补偿阀保证了流量阀的前后压差恒定,使各支路有良好的速度刚性;各阀芯可单独控制,微调性能良好。且负载敏感 LS 系统响应快,冲击较小,易于保证高精度同步。

该系统的缺点在于:当系统工作流量饱和时,系统中的油液会优先流向负载较小回路。本系统中,在调平、升降动作时,一般不同时进行高速行走动作,故可以避免该缺点。

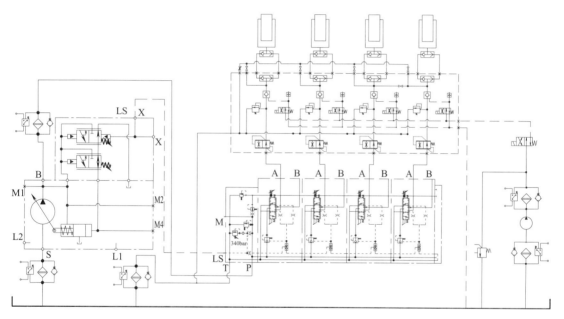

图 9-24 负载敏感多路阀悬挂回路

二、液压软管防爆

如果液压载重车在架梁工况下发生液压悬挂系统软管破裂,将直接影响液压载重车的纵向稳定性,同时,液压载重车将混凝土箱梁从预制梁场运输到架梁工地的最远距离可达 20km。如果液压载重车在运输混凝土箱梁的过程中,悬挂液压软管出现爆管,防爆阀将关闭所有的悬挂缸,使悬挂缸保持爆管瞬间的位置,此时液压载重车的悬挂系统将失去功能,液压载重车不能继续行驶,必须进行维修后才能继续行驶。如果液压载重车悬挂软管爆管的地点远离预制梁场,对液压载重车进行维修将非常困难。

为防止液压载重车在运输混凝土箱梁和架设混凝土箱梁的过程中,由于悬挂液压软管爆管而不能正常工作情况的发生,对悬挂液压软管采取冗余设计,用两条液压软管将单个悬挂缸与悬挂主管路连接起来,悬挂液压软管的两端均安装防爆阀,原理如图 9-25 所示。同一条悬挂液压软管上的防爆阀反向安装,一个用来封闭悬挂主管路,一个用来封闭悬挂缸。

在均载提升和卸载货物、偏载提升和卸载货物的过程中,四支撑点之间的最大位移误差为13mm。100t平板车四点之间纵向距离 $2a=6500\mathrm{mm}$,横向距离 $2b=3000\mathrm{mm}$,当13mm误差出现在横向的两支点之间时,车身平台倾角最大,此时最大倾角为 $\sigma=\arctan\dfrac{13}{3000}\approx 0.25°$。该精度完全满足平板车的要求。

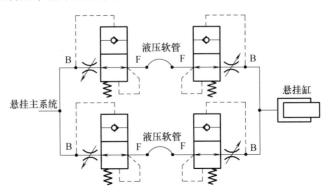

图 9-25 双管路防爆原理

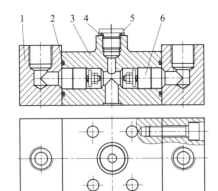

图 9-26 双管路防爆阀
1—侧阀体;2—O形圈;3—主阀体;
4—组合垫;5—螺堵;6—防爆阀芯

为了使悬挂软管和防爆阀安装方便,在双管路防爆原理的基础上开发了双管路防爆阀,如图 9-26 所示。

在双管路防爆阀加工制作完成后,对其进行试验测试。在液压载重车组装完毕未进行调试前,将一根未进行扣压悬挂软管安装到液压悬挂系统,进行整车升降调试时,在液压悬挂系统压力作用下软管与软管接头发生脱离,经过24h监测,悬挂管路没有发生泄漏,且液压载重车行驶时悬挂系统能够正常有效地工作,并保证液压载重车顺利完成初步测试。这说明了双管路防爆原理是行之有效的,双管路防爆阀的设计是符合性能要求的。

第四节 悬架液压系统的顺应性描述及其评价指标

悬架液压系统作为自行式框架车的重要组成部分,不仅能够实现车辆姿态的调整,还直接决定着车辆的操纵稳定性、行驶平顺性和前进速度。之前针对常规汽车悬架系统平顺性的研究较多,而对重型工程车辆的悬架系统研究较少。

一、悬架液压系统的顺应性描述

液压系统的顺应性是指系统应对突变载荷的能力,用给定液压系统在突变载荷作用下引起的单位压力相对改变所产生的广义容积相对改变表征,是一个综合反映液压系统柔性的动态指标,根据定义,顺应性可表示为

$$C = \frac{p_{set} \Delta V}{\Delta p V} \quad (t_c = \Delta t) \tag{9-25}$$

式中 ΔV——液压系统广义容积改变，m^3；

　　　Δp——液压系统压力改变，Pa；

　　　p_{set}——基准压力，Pa；

　　　V——液压系统基准体积，m^3；

　　　t_c——顺应时间，s。

图 9-27 和图 9-28 为液压系统遭遇突变载荷过程中压力和容积改变所对应的负载做功关系示意图。根据物理学知识可知

$$p \Delta V = p A \Delta x \tag{9-26}$$

式中 p——液压系统工作压力，Pa；

　　　A——液压缸活塞作用面积，m^2；

　　　Δx——突变载荷作用下液压缸活塞的移动距离，m。

从另一个角度来看，悬架液压系统对于突变载荷的顺应过程也是一个能量转换的过程。当突变载荷使液压系统工作压力超过基准压力后，这一压力开始做功，促使系统产生容积改变量，将突变载荷产生的能量释放出去。因此，从图 9-27 中可以看出，顺应性定义中的 C 值即为上下两部分阴影面积之比。

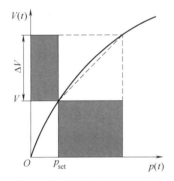

图 9-27 顺应性原理示意图

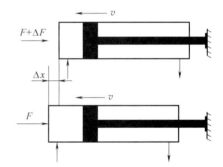

图 9-28 突变载荷做功示意图

对于惯性冲击，所有的惯性冲击都将直接作用在车辆的悬架液压系统上，悬架液压系统的顺应性表征为系统应对惯性冲击的能力，是车辆承受的惯性冲击作用于悬架系统所产生的能量转移或损失。无顺应的悬架系统理论上承受惯性冲击对其做的全部功，表现为悬架产生大的加速度和车体的强烈振动，平顺性差。

二、悬架液压系统顺应效果的评价指标

悬架液压系统对惯性冲击的顺应性可用其对惯性冲击的传递特性和衰减特性来衡量，系统遇到惯性冲击后悬架液压缸开始传递力，在传递过程中，由于蓄能器气体体积的改变、油液的压缩、管路变形等原因，悬架系统实际受到的力要远小于惯性冲击力。假设惯性冲击力为 F，悬架系统油缸的压力改变为 p_L，液压缸有效作用面积为 A，用顺应系数来表征悬架液压系统的顺应效果，则顺应系数的数学表达式为

$$C_s = \frac{\Delta F}{\Delta p_L A} \tag{9-27}$$

在同样的路面激励下,对比不同系统顺应系数 C_s 即可反映出该系统应对冲击的能力,C_s 值越大,表征系统衰减冲击的能力越强,顺应性越好;反之,系统较容易传递冲击,顺应性较差。

三、悬架液压系统顺应性的仿真分析

1. 路面建模

为了更加真实地反映路面激励,采用滤波白噪声作为分析的路面输入模型。利用滤波白噪声法构建时间域的模拟路面具有物理意义清楚、计算方便的优点,可直接根据路面功率谱数值和行驶车速确定路面模型参数。单轮路面不平度的微分方程为

$$\dot{q}(t) = -2\pi n_c v_0 q(t) + 2\pi n_0 \sqrt{S_q(n_0) v_0} w(t) \tag{9-28}$$

式中 $S_q(n_0)$ ——路面不平度系数,C 级路面的不平度系数 $S_q(n_0)$ 为 256×10^{-6},$m^3/cycle$;

n_0 ——标准空间频率,$n_0 = 0.1 m-1$;

$w(t)$ ——均值为零的高斯白噪声;

v_0 ——车辆行驶速度,m/s;

n_c ——路面空间下截止频率,$n_c = 0.01 m-1$。

根据上式,车速在 30km/h 时,生成的时域路面信号如图 9-29 所示。

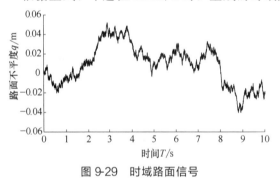

图 9-29 时域路面信号

2. 悬架主要参数

以额定载荷为 1200kN 的自行式框架车悬架液压系统为研究对象,对比分析液压弹簧悬架和两级蓄能器油气悬架在相同地面激励下的振动情况。两级蓄能器参数见前文设计结果,单悬架系统的主要参数如表 9-2 所示。

3. 两种悬架顺应性对比分析

根据之前建立的数学模型,在 MATLAB/Simulink 环境中建立 1/4 车悬架在两种工况下的系统振动仿真模型,对比液压弹簧悬架与改进后的两级蓄能器油气悬架顺应性。在增益为 0.1 的阶跃信号激励下,空载工况液压弹簧悬架顺应系数为 1.33×10^{13},两级蓄能器油气悬架的顺应系数为 2.71×10^{13},顺应性提高了 103.8%;满载工况液压弹簧悬架顺应系数为 1.18×10^{13},两级蓄能器油气悬架的顺应系数为 1.83×10^{13},液压系统顺应性提高了 55.1%,说明了改进后的悬架液压系统对衰减和吸收来自地面的冲击是行之有效的。

表 9-2 悬架主要参数

参数名称	参数值	参数名称	参数值
空载悬架簧载质量 M_{10}/kg	12000	轮胎刚度 k_1/(N·mm^{-1})	3000
满载悬架簧载质量 M_1/kg	42000	轮胎阻尼 c_1/(N·s·mm^{-1})	1000
悬架非簧载质量 m_1/kg	660	液压缸活塞作用面积 A/cm^2	154

根据式 (9-29) 在 MATLAB/Simulink 环境中建立路面的仿真模型,选择常见的 C 级路面作为仿真模型的路面输入,满载工况下 1/4 车两级蓄能器油气悬架的系统仿真模型如图 9-30 所示。

通过仿真，对比分析在空载工况下液压弹簧悬架与油气悬架的顺应性，如图 9-31 所示。结果表明，自行式框架车在 30km/h 的车速下行驶时，改进后的油气悬架受地面激励产生的惯性冲击经过液压系统的缓冲与衰减后，油缸输出力更加平缓，也就是车身将受到更小的振动冲击，与液压弹簧悬架相比具有更好的顺应性。同理，满载工况下自行式框架车在 15km/h 的车速下行驶时，改进后的两级蓄能器结构的油气悬架顺应性亦明显优于液压弹簧悬架，车辆行驶过程中将具有更好的平顺性，仿真结果如图 9-32 所示。

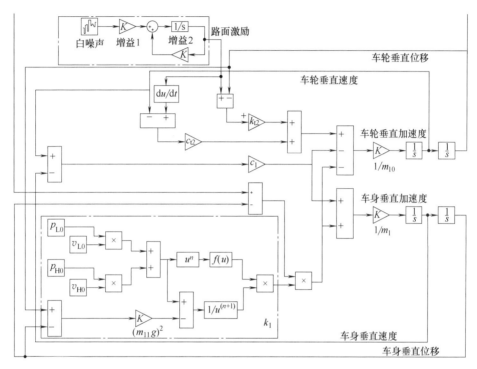

图 9-30　满载油气悬架系统仿真模型

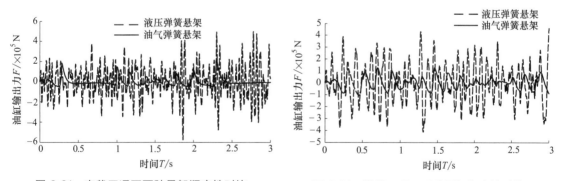

图 9-31　空载工况下两种悬架顺应性对比　　图 9-32　满载工况下两种悬架顺应性对比

四、悬架顺应性实验分析

对某额定载荷 1200kN 的自行式框架车在两种工况下对比分析液压弹簧悬架与两级蓄能器油气悬架油缸压力的脉动情况来反映悬架的顺应特性，现场采用压力传感器实时采集悬架油缸的压力变化情况，满载实验照片如图 9-33 所示。实际悬架液压系统管路布置中，在蓄能器前设置了截止阀，通过调节截止阀的关闭与开启来采集两种悬架的压力脉动。

图 9-33　自行式框架车满载驱动实验

图 9-34 中对应采集的是在空载工况下液压弹簧悬架与两级蓄能器油气悬架行驶过程中油缸的压力脉动。在同等路面、相同的行驶速度下，通过对比可以明显看出油气悬架的油缸压力脉动得到显著改善，更加趋于平缓，与之前的仿真分析一致，同时脉动幅值也明显降低。

图 9-35 中对应采集的是在满载工况下两种悬架行驶过程中油缸的压力脉动。在相同情况下，油气悬架的油缸压力脉动和幅值亦得到显著改善。这充分说明了两级蓄能器结构的悬架液压系统顺应性更好，能够较好地吸收来自地面的冲击，进而改善自行式框架车的行驶平顺性。

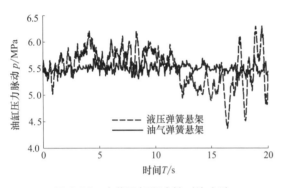

图 9-34　空载悬架顺应性对比实验

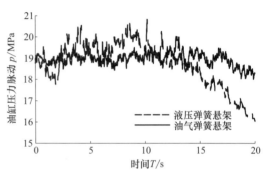

图 9-35　满载悬架顺应性对比实验

① 针对自行式框架车的工作特点，在不改变自行式液压载重车液压弹簧悬架结构的基础上，设计了适应框架车作业要求的两级蓄能器油气悬架，通过对蓄能器参数的合理匹配，实现悬架刚度的自动调节，满足自行式框架车在空载与满载工况下悬架簧载质量固有频率的基本一致。

② 提出了悬架液压系统顺应性的概念，并将悬架油缸所受惯性冲击与输出力的比作为悬架顺应性的评价指标。对比分析了在阶跃信号作用下，改进后的悬架系统在两种工况下顺应系数分别提高了 103.8% 与 55.1%，并在 MATLAB/Simulink 环境中仿真 1/4 车悬架在 C 级路面的顺应性，油气悬架受地面激励产生的惯性冲击经过悬架液压系统的缓冲与衰减后，油缸输出力更加平缓，与液压弹簧悬架相比具有更好的顺应性。

③ 通过对现场两种悬架系统在行驶过程中采集油缸压力的脉动情况来反映悬架的顺应特性，与仿真分析结果一致，充分证明了两级蓄能器结构的油气悬架在提高自行式框架车行驶过程中的抗冲击能力与改善车辆平顺性和稳定性方面效果显著。

第五节　自行式液压载重车安全监测系统

液压载重车安全监测系统主要通过传感器采集液压载重车发动机和液压系统等的关键参数，控制器实时扫描并读取各传感器数值进行分析处理，将结果在仪表、显示器上进行显示或进行报警。要实现上述目标，系统必须具有数据采集、数据分析、数据记录显示、故障报警与处理、数据通信等功能。

一、监测系统主要功能

为保证液压载重车安全高效运转，监控系统必须具备如下主要功能：在线对系统主要运行参数进行监测，通过仪表和显示器显示车辆运行的主要参数，使驾驶员及时了解整机运行状态，保证驾驶员正确操作；对信号进行分析处理，判断系统是否存在故障；当控制器监测到故障发生时，发出报警信号，并实时记录，驾驶员可以查看历史记录、故障代码等资料，还能对信息进行存储和删除；检测到威胁整机行驶或设备安全危险信号时，能自动采取停机等紧急措施保护设备和人员安全；能根据工况的不同和载荷的大小，自动选择相应的运行模式。

二、监测参数的选择

为实现监测系统的上述功能，实际中将整个监测系统分为发动机管理单元、行走系统单元和工作装置单元。发动机管理单元主要监控发动机转速、油门位置信号、机油压力、冷却液温度、燃油油量、工作时间、发电机电压信号等参数，发动机转速通过控制器控制，其参数通过液晶显示器显示，其余参数通过仪表显示；行走系统单元主要监测行走泵 AB 口压力、补油压力、液压油回油温度、液位信号、高压滤油器阻塞信号、吸油和回油过滤器阻塞信号；工作装置单元主要监测马达速度、转向角位移、悬挂角度和悬挂压力。主要监控参数如表 9-3 至表 9-5 所示。

表 9-3　柴油发动机管理模块监测参数总表

编号	信号名称/来源	类型	备注
D1	机油压力	AI	压力不足时报警,通过仪表进行显示
D2	发动机冷却液温度	AI	温度过高时报警,通过仪表进行显示
D3	燃油油量	AI	油量不足时报警,通过仪表进行显示
D4	发动机转速	AI	在显示器上显示
D5	工作时间		在显示器上显示,包括累计/本次工作时间
D6	发电机电压信号	AI	可进行充电报警,在显示器上显示

表 9-4　行走系统模块监测参数总表

编号	信号名称/来源	类型	备注
T1.L1	行驶速度传感器信号(左1)	PI	在显示器上显示
T1.L2	行驶速度传感器信号(左2)	PI	在显示器上显示
T1.L3	行驶速度传感器信号(左3)	PI	在显示器上显示
T1.L4	行驶速度传感器信号(左4)	PI	在显示器上显示
T1.R1	行驶速度传感器信号(右1)	PI	在显示器上显示
T1.R2	行驶速度传感器信号(右2)	PI	在显示器上显示
T1.R3	行驶速度传感器信号(右3)	PI	在显示器上显示
T1.R4	行驶速度传感器信号(右4)	PI	在显示器上显示

续表

编号	信号名称/来源	类型	备注
T2.A	行走泵出口压力A口	AI	在显示器上显示
T2.B	行走泵出口压力B口	AI	在显示器上显示
T2.C	行走泵补油压力	AI	压力过低报警,在显示器上显示
T3	液压油回油温度	AI	温度过高报警,在显示器上显示
T4	高压滤油器阻塞	DI	阻塞时报警,自带报警装置
T5	液压油箱液位	AI	液位过低报警,在显示器上显示
T6	吸油过滤器阻塞	DI	阻塞时报警,自带报警装置
T7	回油过滤器阻塞	DI	阻塞时报警,自带报警装置

表 9-5 工作装置模块监测参数总表

编号	信号名称/来源	类型	备注
W1.L1	悬挂缸压力(左1)	AI	在显示器上显示
W1.L2	悬挂缸压力(左2)	AI	在显示器上显示
W1.R1	悬挂缸压力(右1)	AI	在显示器上显示
W1.R2	悬挂缸压力(右2)	AI	在显示器上显示
W2	工作泵出口压力	AI	在显示器上显示
W3	LS压力	AI	在显示器上显示
W4.L1	转向角度传感器(左1)	AI	转角误差过大报警,在显示器上显示
W4.L2	转向角度传感器(左2)	AI	转角误差过大报警,在显示器上显示
W4.L3	转向角度传感器(左3)	AI	转角误差过大报警,在显示器上显示
W4.L4	转向角度传感器(左4)	AI	转角误差过大报警,在显示器上显示
W4.R1	转向角度传感器(右1)	AI	转角误差过大报警,在显示器上显示
W4.R2	转向角度传感器(右2)	AI	转角误差过大报警,在显示器上显示
W4.R3	转向角度传感器(右3)	AI	转角误差过大报警,在显示器上显示
W4.R4	转向角度传感器(右4)	AI	转角误差过大报警,在显示器上显示
W5.L1	悬挂转向角度传感器(左1)	AI	转角误差过大报警,在显示器上显示
W5.L2	悬挂转向角度传感器(左2)	AI	转角误差过大报警,在显示器上显示
W5.R1	悬挂转向角度传感器(右1)	AI	转角误差过大报警,在显示器上显示
W5.R2	悬挂转向角度传感器(右2)	AI	转角误差过大报警,在显示器上显示

三、状态监测系统硬件结构

采用微处理器控制的智能化电子监测系统,要对液压系统主要参数、发动机主要参数及车辆速度、高度、载荷、重心等影响整车运行的关键信号进行监测。

本监测系统采用一个 SPT-K-2024 主控制器、两个 SPT-K-2023 从控制器、两个 SPT-X-AT72 显示器及多个速度传感器、角度传感器、温度传感器等构成分布式监控系统。传感器主要完成对各种物理信号的检测、采集,从控制器接收到检测信号后完成信号的预处理和分析,并将处理结果发送给总线。主控制器在总线上接收数据,并对这些数据做进一步的计算

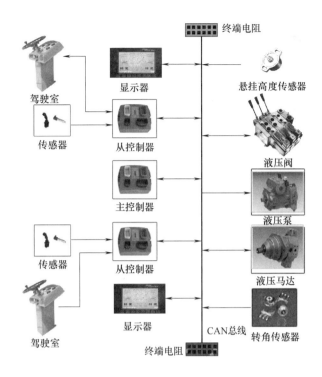

图 9-36 液压载重车状态监测与故障诊断系统原理图

处理后，发出操作指令或报警信号，确保液压载重车液压系统正常工作。显示器作为系统的在线实时显示屏，能将作业过程中的主要参数、运行状态及故障等信息以图形、汉字、曲线等方式实时显示于显示屏上。按动显示器上的功能键，可实现不同显示界面之间的切换。图 9-36 为液压载重车状态监测系统原理图。

液压载重车需要测控的测点都较为分散，如果采用集中数据采集的方式可能需要引入过多、过长的传感器信号电缆，降低其可靠性和安全性，而且电缆过长也会引入大量噪声与干扰，因此采取分散测取的方式。两个从控制器分布在车两端，就近测取传感器的信号，主控制器位于车的中部，控制器之间通过 CAN 总线进行通信。CAN 采用了 CRC 校验，有很强的容错能力；抗干扰性强；传输安全性高，并提供多种接口标准，适应性广泛；节点出错严重时，能自动关闭当前节点输出功能，而其他节点不受影响；可扩展性较好；具有一定的自诊断功能。在线状态监测系统采用 CAN 总线的通信方式，不仅可以提高数据的可靠性和传输速度，而且当某个采集单元的 CAN 通信出现故障时，可及时报警、报告故障类型及故障节点，给以后系统的监控和维护带来极大的方便。

四、状态监测系统软件的设计

液压载重车监测软件采用模块化设计，主要包括数据采集模块、数据记录显示模块、故障报警与处理模块、数据通信模块、中心控制模块等。中心控制模块负责整个系统工作的调度和控制；数据采集模块主要用来实时采集传感器参数、开关量等数据，发送给从控制器；数据记录显示模块主要用来记录各信号采集单元采集的工况参数，通过管理界面可实现对监测数据的选择、导入、导出等功能，方便用户对数据进行离线分析；故障报警与处理模块根据当前的监测数据判断工作状况，状态异常时发出报警，并可根据监测数据和用户人工输入信号进行系统的故障诊断，得出诊断结论并给出维修措施；数据通信模块主要完成控制器之间的数据通信。

1. 数据采集、存储方式

系统要完成在线状态监测工作，必须对分布在系统各部分的传感器信号进行采集，并通过现场总线送回中心控制模块处理。采集的数据一方面用于实时监测报警，另一方面还要用来存储，以方便进行故障诊断等工作。数据采集量较大，存储空间有限，数据分析工作量大，实际中通过取一段时间内数据的平均值进行分析处理和存储的方法来实现，这样既能反映系统的工作状态，满足分析处理的需要，又能尽量减少对存储空间的需要。

2. 数据通信方式

液压载重车控制系统比较复杂，监测点多并且比较分散，控制器输入和输出的信号种类和数量比较多，本系统设计采用通过三个控制器来实现监测控制功能，两个驾驶室分别用一个显示器显示车辆状态参数。控制器之间、控制器与显示器之间需要进行数据通信。该系统选用目前工程机械中比较常用的 CAN 总线来实现通信的主要功能，以保证通信的实时性、可靠性和稳定性。控制器将采集到的传感器数据及产生的一部分控制信息发送到显示器上，完成对液压载重车工作状态的监测；三个控制器将各自采集到的传感器数据根据控制需要发送到对方，以便实现完整的控制功能；通过显示器完成对控制器中相关控制参数的修改及实现控制功能。

3. 故障报警与处理

根据当前的传感器信号，采用单参数阈值报警和多参数融合报警两种方式进行当前系统状态的预报。单参数阈值报警是将单个工况参数的监测数据与其设定的正常工况阈值进行比较，根据差别程度的不同分级报警，如液压系统油温过高、液位过低等参数；多参数融合报警首先将几个关键工况参数的监测值与阈值的差值进行归一化，然后用信息融合的方法进行综合，给出系统级的状态指标，如液压系统的油温、压力、油液清洁度等参数。系统故障报警与处理流程如图 9-37 所示。

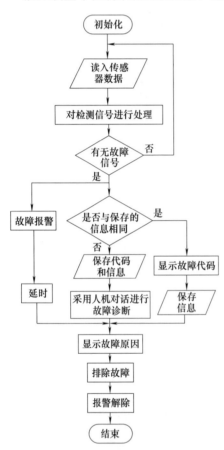

图 9-37 系统故障报警与处理流程

4. 车辆状态显示

显示模块是驾驶员与整个控制系统进行沟通的窗口，应能通过良好的人机界面和交互方式完成对机器主要参数的显示、机器运行状态的显示、故障代码的显示及参数设定和修改，以使操作人员实时掌握系统的工作状态，简化操作。图 9-38 为开发的液压载重车液晶显示器开机主界面。

显示模块将控制器发送过来的数据以图形、文字等形式进行显示。一旦控制器识别到故障，显示器将故障代码显示在显示屏上。驾驶员可通过按键对显示界面进行选择，可对信息进行存储和删除,并可查看历史数据记录,可进行参数设定和修改;可根据实际需要选择显示不同的语言、调节显示器的对比度和背景灯强度等。

五、现场试验及调试

本系统在某型轻系列 100t 液压载重车上进行了实车试验,图 9-39 为该车重心监测试验。先对各压力传感器、角度传感器进行标定,将预制水泥块加载到自行式液压载重车上,利用压力传感器测取各悬挂压力,计算出各点实际承受的重量及车辆承载重心的位置,并将其实时显示在显示器上。

调试发现悬挂角度传感器数据与实际情况不符,经检查发现传感器基座与销轴有相对位移,导致角度测量不准。调整销轴与其锁板之间的间隙,问题得到很好解决。试验表明,该重心监测系统工作稳定、可靠,精度较高,说明该重心监测系统满足工程实际要求。

为保证自行式液压载重车安全高效运转,及时了解车辆运行状态,开发出基于 CAN 总线的自行式液压载重车负载重心监测系统。根据实际使用工况,提出了三点支撑和四点支撑情况下液压载重车负载重心允许装载区域的确定方法。针对车辆对调平控制的要求,提出了调平控制的策略,将灰色系统理论引入故障模式识别。构建了由控制器、显示器、角度传感器、压力传感器等构成的分布式监控系统,实时监测承载重量及重心等参数,并重点介绍了系统硬件构成及软件的设计。现场试验表明该状态监控系统运行稳定、操作方便,为类似系统的开发提供了借鉴。

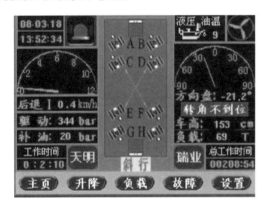

图 9-38 液压载重车开机主界面

图 9-39 100t 液压载重车负载重心监测试验

六、基于安全的液压载重车远程监测系统

1. 液压载重车的远程安全控制技术

随着道路、桥梁、隧道等施工工法与工艺的不断革新,桥梁单体不断向超长、超高、超重方向发展,单台设备已无法满足需要,协同作业使用已成必然。单机机电液系统群相互关联,具有多变量、强耦合、非线性、时变性和多态性等特点,而多机并行施工装备协同作业间又存在载荷承担与转移等共同任务目标,所以实现桥梁施工设备智能化具有至关重要的意义。

架桥机需要解决的关键问题是平衡起升。架设过程、多个液压支腿顶升的同步精度安全监控技术,起重小车和运梁车上的驮梁小车同步控制技术等在施工过程中直接影响架桥机作业效率，甚至影响到设备和工人的安全。

根据国内城市立交桥不断交施工的需求和实施方案，燕山大学与北京百善重工有限公司设计了 BZT1000 型驮运架一体机，采用双车联合作业实现了桥梁更换，在控制方面采用 CAN 总线控制，利用交叉耦合的策略控制双车同步驱动，同步驱动的误差均在 20mm 以下，同步顶升系统采用比例阀控缸形式的位置闭环控制，使多个液压缸实现同步升降。

在运梁车与桥梁施工设备协同控制的基础上，可以进一步完善监测与安全系统，远程对大量监测数据进行特征辨识与处理，对系统群进行状态监测与评估，实现在线健康评估、故障预警与寿命预测。

2. 液压载重车安全技术的智能化

液压载重车和大型桥梁施工设备在高速铁路和公路施工等领域的应用需要不断完善，多数量的多种设备协同作业组成系统群，利用人工智能实现任务的管理、动态规划与调度，实现工程机械协同作业机电液系统群的智能化。

目前，秦皇岛天业通联重工科技有限公司等企业可以根据不同类型工程设计不同类型智能化架桥成套装备，采用远程安全监控管理系统提升安全性，在司机驾驶室内设有联动台、触摸屏、监视屏；采用变频调速，无冲击运行；电气控制系统全部通过 CAN 总线进行数据交换，包含了微控制器、人机界面、荷重传感器、倾角传感器、风速仪、水平仪、压力传感器和起升变幅传感器等；电气控制设置联锁互锁；各种参数均可显示和记录；可以通过手机观察和遥控器操作；等等。

综上所述，大型高端桥梁施工设备协同作业控制技术在施工过程中越来越智能化，涵盖了结构优化、传感技术、CAN 总线技术、远程控制和遥控技术等多学科、多领域、多方向的综合性设计理论和工程技术。面对施工环境复杂、性能要求更高的情况，现代液压载重车及高端桥梁施工设备控制技术的发展方向主要有以下几个方面：

① 进一步对液压载重车等大型成套施工设备提升安全监控管理，利用大数据新技术开发和构建施工设备运行维护可视化管理模型；

② 具有环境感知功能，设备可以根据本身传感信息进行自动作业控制和决策；

③ 进一步依靠卫星定位和测量辅助功能，进行多机编队智能化远程控制；

④ 可以根据控制器内自检测软件对设备各部分进行在线测试，实现自我健康管理和诊断功能。

针对不同工程、不同施工环境，能够提供功能模块可定制组合的智能化液压载重车及大型桥梁施工装备的智能控制，极大地扩展大型工程运载施工装备的应用范围，才能满足当今工程建设的发展需求，促进行业的技术进步，保持我国大吨位运架提桥梁施工装备的世界首创和持续领先。

第十章
自行式液压载重车的节能设计

大型自行式液压载重车是一个复杂的大功率机械装置，工作时能量消耗较大。过去设计主要是考虑如何实现其功能要求，满足其性能指标，而对系统的节能问题，没有引起足够的重视，往往采取以消耗动力的方式来换取较好的工作性能，导致大量能量浪费。液压载重车的无功能耗非常大，这不仅浪费了大量能源，而且由于这些耗费的能量转化为热量，又恶化了系统工况。为了降低系统的油温，又不得不采取散热措施，再次消耗动力，增加成本，陷入恶性循环。对液压载重车进行节能控制不仅可以减少系统发热，降低燃油消耗，而且可以降低发动机和液压元件的工作强度，提高设备可靠性，从而产生可观的经济效益和社会效益。本章将从驱动系统全局功率匹配节能、液压系统负荷敏感节能及减轻液压载重车自重节能等角度探讨液压载重车节能控制。

第一节　发动机与液压系统功率匹配节能

一、液压载重车发动机功率分配

大型自行式液压载重车动力传动系统主要由发动机、弹性联轴器、液压系统等组成。液压载重车液压系统主要包括液压驱动系统、辅助工作系统（即升降调平系统和转向液压系统）。发动机功率一部分为行走液压功率流，另一部分为辅助工作液压功率流。重型液压载重车动力装置功率确定的通常做法是将液压载重车满载平地最高速度需要驱动系统的功率与辅助工作系统所需的最大功率进行叠加，即：

$$P_z = P_q + P_f \tag{10-1}$$

式中　P_z——液压载重车所需总功率，kW；

　　　P_q——驱动系统所需功率，kW；

　　　P_f——辅助工作系统所需功率，kW。

1. 行走系统功率分析

动力液压载重车行驶时的受力方程为

$$F_q = F_f + F_p + F_m = G\left(\sin\alpha + \gamma + \frac{a}{g}\right) \tag{10-2}$$

式中　F_q——液压载重车驱动力，N；

　　　F_f——液压载重车行驶摩擦阻力，N；

　　　F_p——液压载重车坡道阻力，N；

F_m——液压载重车加速阻力，N；

α——液压载重车爬坡坡度，rad；

γ——液压载重车滚动摩擦系数，N；

a——液压载重车加速度，m/s²；

g——重力加速度，9.8 m/s²。

动力液压载重车的驱动液压系统所消耗的发动机功率可表示为：

$$P_q = \frac{F_q v}{\eta} \tag{10-3}$$

式中 v——液压载重车行驶速度，m/s；

η——行走系统的总效率。

将式（10-2）代入式（10-3）有：

$$P_q = \frac{G\left(\sin\alpha + \gamma + \dfrac{a}{g}\right)v}{\eta} \tag{10-4}$$

闭式驱动系统消耗的发动机功率为各驱动马达消耗功率之和，驱动马达消耗的功率跟马达所受阻力矩 M_i 和马达旋转速度 n 有关。闭式驱动系统消耗的发动机功率可表示为：

$$P_q = \sum_{i=1}^{8} \frac{M_i v}{r} = \sum_{i=1}^{8} M_i n 2\pi \tag{10-5}$$

式中 r——车轮动力半径，m。

驱动系统消耗的功率还可以用驱动泵的输出功率表示：

$$P_q = \frac{Q_q \Delta p_q}{60} + \frac{Q_b p_b}{60} = \frac{n_q V_q \Delta p_q}{6000} + \frac{n_b V_b p_b}{6000} \tag{10-6}$$

式中 Q_q、Q_b——驱动液压泵的输出流量，补油液压泵的输出流量，L/min；

Δp_q、p_b——驱动液压泵的压差，补油液压泵的工作压力，MPa；

V_q、V_b——驱动液压泵的排量，补油液压泵的排量，mL/r；

n_q、n_b——驱动液压泵的转速，补油液压泵的转速，r/min。

2. 辅助工作系统功率分析

大型自行式液压载重车辅助工作系统主要包括转向和悬挂升降两个子系统。该车升降液压系统和转向液压系统共用若干负荷敏感恒功率泵。重型液压载重车需要实现多种转向模式，如直行、斜行、横行、摆头摆尾转向和中心回转。液压载重车采用独立转向，每个悬挂都由独立的液压缸控制其转向。重型液压载重车转向和悬挂升降系统采用负荷敏感比例多路阀控制，不仅提高了车辆转向和升降的操控性能，而且保证了系统提供的压力和流量与执行元件所需压力、流量相匹配。

对于辅助液压系统，当整车进行升降操作或转向系统进行中心回转、斜行、横行、摆头摆尾转向时，其他液压系统均不工作；发动机所发出的功率全部供行走系统使用。车辆行驶转向时，驱动系统和转向系统可能同时工作，此时消耗的功率最大。同理，辅助工作系统消耗的发动机功率也可以用工作泵的输出功率表示：

$$P_f = \frac{Q_f p_f}{60} = \frac{n_f V_f p_f}{6000} \tag{10-7}$$

式中 Q_f——工作泵的输出流量，L/min；

P_f——工作泵的工作压力，MPa；
V_f——工作泵的排量，mL/r；
n_f——工作泵的转速，r/min。

二、发动机与液压系统功率匹配基本原理

将大型自行式液压载重车的发动机-液压传动装置-负荷看作是一负荷驱动系统。从负载出发，先实现泵与负载的局部匹配，通过控制泵和马达的排量来实现泵与负载的匹配。而在泵与发动机的局部匹配中，按照泵与负载的匹配功率，确定发动机的最佳节能工作点，通过自动调节发动机油门大小，使柴油机工作在最佳节能工作点附近，从而实现发动机与液压系统的功率匹配。

发动机的输出功率为：

$$P_e = \frac{M_e n_e}{9550} \tag{10-8}$$

式中 P_e——发动机的输出功率，kW；
M_e——发动机的输出转矩，N·m；
n_e——发动机的输出转速，r/min。

由式（10-1）、式（10-5）、式（10-6）可知，液压泵的输出功率为：

$$P_p = \frac{n_q V_q \Delta p_q}{6000} + \frac{n_b V_b p_b}{6000} + \frac{n_f V_f p_f}{6000} \tag{10-9}$$

式中 P_p——液压泵总的输出功率，kW。

由于泵与发动机通过弹性联轴器直接连接，有 $n_e = n_p = n_b = n_f$。由传动关系知，P_p 与 P_e 又满足：

$$P_p = P_e \tag{10-10}$$

当发动机期望工作在某一工作点时，其输出转矩为一常值，所以，泵与发动机的功率匹配，有关系式：

$$M_p = \frac{V_q \Delta p_q + V_b p_b + V_f p_f}{2\pi} \tag{10-11}$$

式中 M_p——液压泵吸收的转矩，N·m。

液压载重车（运梁车）上变量液压泵与负载之间的合理匹配主要是通过调节并控制变量驱动泵和变量马达的排量的大小来实现合理运行匹配的。在此过程中可以认为载重运输车的负荷驱动系统包含了负载，液压传动系统以及发动机，主要是通过以下过程：

第一，发动机的最佳节能工作点可以通过负载与变量液压泵的匹配功率来确定；

第二，发动机控制系统通过自动调节油门的大小，使得柴油机工作在最佳节能工作点附近。

运梁车驱动系统各部件的组成中，系统中负载信号的检测主要由压力传感器来完成，发动机的工作状态主要由转速传感器来完成，驱动系统中液压泵与马达的控制是由控制器根据其检测的信号来实现控制。以上的过程实现原理构成电液比例功率控制系统，如图10-1所示。

该运梁车选用的发动机为康明斯KTA19-C525系列的一款柴油机。该柴油机为电喷高速四冲程水冷柴油机，该柴油机的最大扭矩为2136N·m，最大转速为2100r/min，功率为

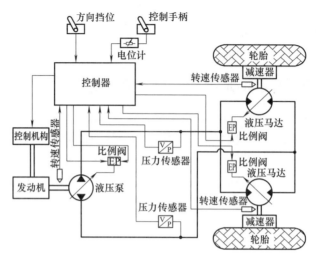

图 10-1 驱动电液比例功率匹配控制系统

392kW，最低燃油耗率为 196g/(kW·h)，机油耗率低于燃油耗率的 0.3%，可满足欧洲Ⅲ号排放标准，车用的平均使用寿命为 100 万千米。

该柴油机有如下特点：噪声低，燃油消耗小，重量以及体积较同功率其他品牌低，结构较为紧凑，维修保养较为简单，可靠性高等。不考虑功率的过载余量和传动效率，发动机在某一转速情况下，都可以得到该转速下的发动机最大输出功率。

变量泵通过分动箱与发动机连接，发动机为变量泵提供动力，二者之间的匹配有如下两种方式：

一种方式是恒功率匹配，此时的发动机输出功率不受负载的影响，其输出为定值。另一种方式是变功率匹配，此时发动机会按照负载的需求量，自动调整发动机的输出工况。

液压载重车的工作环境是在未修复路面上进行工作，高低不平，可以理解为此种情况下的负载是不断波动的。要想实现发动机的恒转速控制，就要求液压泵与发动机之间实现变功率匹配。

变功率匹配方式有如下优点：

第一，此时的发动机的工作范围介于最佳经济性与最佳动力性之间，在保证油耗较小的同时，使得运梁车同时具有较高的动力性与输出效率。

第二，发动机在此功率输出范围内输出的转速恒定，运梁车在现场颠簸路面运行，导致负载不断发生波动，然而发动机输出转速不会因此而发生变化，为载重运输车的稳定平缓运行提供了帮助。

如图 10-2 所示，发动机转速设定方法：首先需要计算并确定出发动机需要输出的功率，

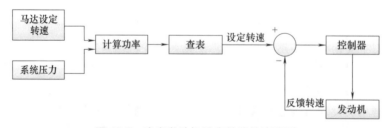

图 10-2 确定发动机设定转速的流程图

也就是外部负载所需要的功率，该值的大小由控制器通过处理压力和转速信号得到；其次根据发动机输出功率可以定位出在此功率下所对应的转速（可以通过转速与功率的函数——对应的曲线表格来确定），此转速可以作为发动机设定的目标转速。经过上述两步骤，发动机与外负载可以达到适应性匹配。

三、柴油机最佳工作点的选取

通过对柴油机的负荷特性和燃油消耗特性分析，发动机工作在某一油门位置时，对应存在一个最大功率点。在不同的油门位置下，虽然都可以工作在最大功率点，但是在有些最大功率点抗过载能力很差，容易导致发动机熄火。由发动机的万有特性知道，当等功率线与等燃油消耗率线相切时的工作点为最佳节能点。发动机在最佳节能点处工作时，完成相同的作业量，其油耗最小。为了更好地适应外负载的变化，保证系统的高效率，保证发动机的最佳匹配动力性和经济性，根据外负荷的状况控制发动机转速的变化，通过调整泵的排量及发动机油门大小使其适应外负荷的变化，使发动机在该转速下的功率得以充分发挥且燃油经济性最好。

发动机扭矩特性与目标值负荷率的关系如图 10-3 所示。在图 10-3 中，曲线 A-B-C 为发动机扭矩曲线，曲线 F-D-E-C 为外负载扭矩曲线。n_0 为发动机怠速，n_1 为液压泵的启动转速，n_2 为发动机最大扭矩时转速，n_3 为发动机额定转速。发动机在工作时，其所受的扭矩 M 为自变量，M 的大小取决于外接负载的大小。在发动机正常工作时，外接负载低于该转速位置时的最大负载。

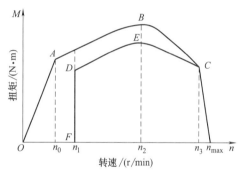

图 10-3 发动机扭矩特性与目标值负荷率曲线

根据实际工作需要，可以将发动机的工作点设置在最大功率点，也可以将工作点设置在最佳节能点。在实际需要大功率运转前提下，发动机工作功率点的设定应如图 10-3 中的 F-D-E-C 曲线，使得在每个工作点都留有一定的过载余量。当工作负荷较小时，应尽可能将发动机工作点设置在最佳节能点。这样，既满足了复合动力装置高效率、高动力性的要求，又使发动机有一定的动力储备，有利于提高加速性能，并且在遇到突发载荷而控制装置因惯性滞后调节时，可以防止发动机熄火。

TMZ100 型重型液压载重车采用卡特皮勒 C7 ACERT 柴油发动机，图 10-4 为该发动机的外特性曲线。由该特性曲线可以知道：发动机飞轮转矩的增加会引起发动机转速的下降（掉速），当发动机转速下降至最大转矩点时，发动机输出转矩开始下降，此时发动机工作不稳定，转速急剧下降直至熄火，为了防止发动机熄火和充分利用发动机功率，只有及时减小液压泵的排量，降低发动机的负荷。从图 10-4 可以看出，只有当发动机工作在（1500，1900）r/min 区段时才可兼顾发动机输出功率与转矩均较大且比油耗最小状态。

四、液压泵/液压马达与负载的匹配

对于驱动液压系统，马达通过减速器与轮胎连接，所以负载与泵的匹配实际上是马达与泵的匹配。从理论上讲，马达与泵并无特殊的匹配关系。但是，在平板运输车的液压驱动系

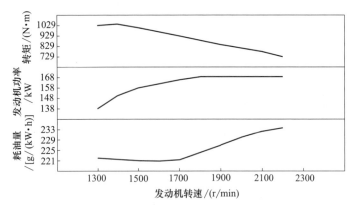

图 10-4 卡特皮勒 C7 ACERT 柴油发动机特性曲线

统中,马达与泵有排量上的匹配关系。另外,当马达排量一定时,负载的大小直接决定液压系统的工作压力。因此,马达的排量控制对液压载重车操控性能的影响很大。TMZ100 型重型液压载重车采用电比例变量马达,调节马达排量可以调节系统的工作压力以及整车的行驶速度。

对于辅助液压系统,负荷敏感系统可根据实际工作需要,调节工作泵的输出压力和流量,自动适应系统负载变化。从而,保证了辅助工作系统的泵与负载的功率匹配。

1. 液压泵与液压马达的匹配

有马达的输入流量计算公式:

$$Q_e = V_m \times n_m \div (1000\eta_{mv}) \tag{10-12}$$

式中　Q_e——马达的输入流量,L/min;

　　　n_m——马达的转速,r/min;

　　　η_{mv}——马达的容积效率;

　　　V_m——马达的排量,mL/r。

由上面的公式(10-12)可以看出,V_m 和 Q_e 决定了马达的转速情况。若 V_m 确定,则马达的转速主要就由输入流量 Q_e 确定。然而泵的输出流量与马达的输入流量 Q_e 是相等的。

因此综上所述归结为:转速可以通过泵的转速与排量来得出,泵转速恒定的情况下,仅泵的排量就可以确定马达转速。负载变化对转速的影响较小,因此一般以转速信号作为反馈,此种情况下载重车辆行驶速度较为平稳。

液压变量泵排量控制流程如图 10-5 所示。

图 10-5　泵控制原理示意图

2. 液压马达与负载的匹配

为了提高运梁车对波动负载的抵抗能力,使液压系统传动中有较高的能量及压力为执行机构所用,需要选用合适的控制算法来加入变量泵-变量马达构成的驱动控制系统当中,用以保证液压系统在相对稳定的环境下运行。

在对运梁车的设计中,由于其能够承担超大载重性的预制梁板的运输任务,针对此特性我们一般选取额定压力与标定压力都较高的变量马达。对马达排量的控制应有如下控制要求:

① 由于现场运梁车运行时的路况复杂,高低不平,负载变化范围也较大,为保证载重车的运行稳定性,需要其系统压力变化不要太大,从而可以让系统中的液压元件使用时间更长,其系统传动的效率也将增加。

② 要求马达尽量避免在低速或者超速下运行,保证马达的转速和车辆能够相对平稳地运行,使其在可靠的转速范围内。

③ 要求马达在重载低速下运行时,有较大的牵引力。轻载时有较高的车速,以提高效率;若发动机以某一不变的功率输出时,马达能够根据负载大小对转速和扭矩进行自由转换。

若想要实现上述的控制要求,需要通过系统的压力变化调节马达的排量变化;负载的变化不至于使得系统压力变化过大,使系统压力保持相对稳定状态。

马达控制原理图如图10-6所示。反馈信号主要由相对稳定的系统压力来给出,并通过与设定目标压力信号进行比较,用控制器来处理两者相减后的结果,并通过此结果来实现对马达排量的控制。

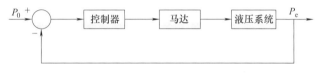

图 10-6 马达控制原理示意图

从各元件的匹配性来考虑,采用恒压控制比较理想,恒压控制的优点为:能够使得泵和马达在最佳工作点下运行,使其效率较好的工作区域进行运转,确保系统的稳定性。一方面,为了更好地增加元件的匹配性,使得泵与马达在最佳工作点下运行,从而确保系统的稳定性,提高系统的效率,另一方面为了减小马达排量对于负载的敏感性,在此采用了一种新的压力控制方法。

将液压系统在合适范围 P 内的变化设定为是稳定的。当压力超过此范围时,为保证系统压力重新回到合理范围内,需要重新调整马达的排量。此种控制叫做"区间压力控制"。

五、发动机与液压系统功率匹配的实现

通过压力传感器检测液压系统的负载信号,通过转速传感器检测发动机的工作状态,控制器根据检测到的信号分别控制发动机、变量液压泵和变量马达,构成电液比例功率匹配控制系统,原理如图10-7所示。在整车进行功率匹配时,首先应识别辅助工作系统的工作状态,将发动机调节到合适的功率点,以期满足液压系统的需要。当发动机功率不能同时满足行走系统和辅助工作系统需要时,应减小车速,保证辅助工作系统正常工作,防止发动机过载失速。

一般载重车重载时速度设定为6km/h,空载时速度设定为12km/h。首先根据不同速度要求,将发动机转速、泵排量、马达排量设定为某个合理配置。平板运输车运行时,在满足系统驱动力和速度要求的情况下,还应尽量将马达和泵配置在高效区。实时检测泵 A、B 口压差,车速和发动机转速,油门开度等参数,然后按照一定的运行控制规律选择运行模式,

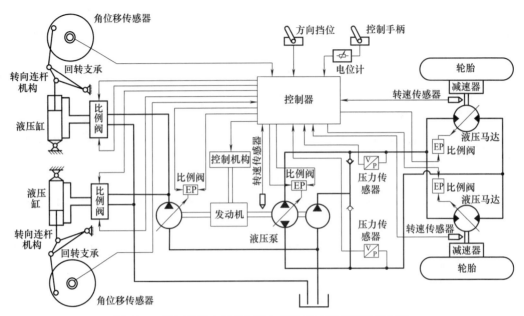

图 10-7　液压载重车液压系统与发动机功率匹配控制系统

并计算希望的调节参数，根据负载的变化实时调整发动机转速、油门开度、泵排量和马达排量，使其按照希望的运行模式和调节参数运行，运行控制规律如下：

① 若系统工作压力大于或小于某设定值时，应该增加或减小马达排量。调节时尽量使泵、马达的排量值落入高效区。

② 在低速至中速区域，选择泵依恒功率模式工作，马达排量锁定在最大排量附近。在中速至高速区域，选择马达按恒压变量方式工作，泵的排量锁定在最大排量附近。

③ 柴油发动机正常运转时，尽量将其转速控制在 1500～1900r/min 范围内，保证油耗较小并兼顾发动机输出功率与转矩。

④ 在行走过程中，转向液压系统开始工作时，就会造成发动机过载并失速，通过先减小液压马达排量再减小闭式液压泵排量，降低驱动液压系统消耗的功率，使发动机的转速恢复正常，这时发动机分出来的功率就供给辅助液压系统，保证发动机不会因为过载而熄火。

在研究驱动系统过程中，设发动机的输出功率为 $P_{ei}(n)$，液压驱动系统的功率为 P_h，可以得到如下液压驱动系统与发动机匹配的方程

$$P_{ei}(n) = P_h \tag{10-13}$$

即液压系统的功能等于发动机的最大输出功率。可以导出

$$M_p = M_{ei}(n) \tag{10-14}$$

即液压泵吸收的转矩 M_p 等于发动机在此转速的输出转矩 $M_{ei}(n)$。

运梁车有空载快速和重载低速行驶两种工作模式，根据运梁车设计的最高行驶速度，可以得到液压马达的最小排量为 $V_{m\,min}$。

控制手柄可以控制发动机的转速，手柄的位置对应发动机相应的转速。

已知发动机怠速时的转速为 n_0，设定液压泵的启动转速为 n_1。控制手柄，使发动机的转速变化为 n_k，若 $n_k < n_1$，则液压泵排量不变，运梁车不会发生运动，从而处于静止状态。

当 $n_k > n_1$ 时，控制规律及过程如下：

① 液压泵的压差 Δp_p 可以通过压力传感器检测得到。首先可以增大液压泵的排量 V_p，使得液压泵吸收的转矩 M_p 与发动机最大功率处的转矩 $M_{ei}(n)$ 相等。液压泵的压差 Δp_p 也会随着外负载的变化发生变化，液压泵排量 V_p 的调节可保证公式（10-14）的成立。

② 液压泵排量 V_p 在达到最大时仍不能满足式（10-14）。

一种情况：若外负载不发生变化时，可以适当使变量马达的排量逐渐减小，目的是使驱动泵两端的压差 Δp_p 升高，直到式（10-14）成立。由于在驱动力-速度曲线中运梁车车速最高时，马达的排量最小为 $V_{m\,min}$，因此在减小马达排量时时不能小于 $V_{m\,min}$。

另一种情况：若外负载增大时，需要增大马达的排量以增大驱动扭矩，若一直增大仍不能满足式（10-14）时，适当减小液压泵的排量。

③ 在运梁车遇到转弯情况下，转向系统开始工作，此时需求的发动机功率升高，容易造成发动机的过载并且失速。此种情况下可以考虑适当降低驱动系统的消耗功率，通过如下方式：

先减小液压马达的排量，再逐渐减小液压泵的排量，使得液压驱动系统的消耗功率降低，从而减少总的需求功率，使发动机的转速恢复正常值，使得见效的功率分流出来供给转向系统，从而保证发动机不会因为发动机的转速过载而出现熄灭现象。运梁车电液比例功率匹配控制系统程序流程图如图 10-8 所示。

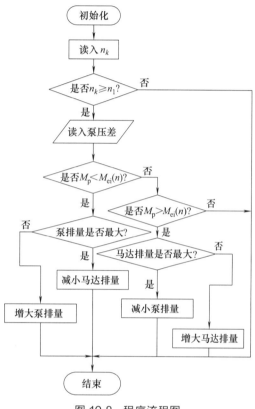

图 10-8 程序流程图

六、发动机与负载的匹配

发动机与负载的匹配性能直接影响着运梁车整车的排放性、动力性、经济性等指标。图 10-9 中所示，a 点、c 点、e 点为发动机在各个功率曲线下的最低油耗点，即在此点工作时

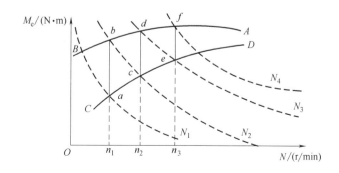

图 10-9 发动机特性曲线

发动机的经济性最好。b 点、d 点、f 点分别为发动机对应的转速 n_1、n_2、n_3 下的效率利用率最高的点,此时的动力性也最好。N_1、N_2、N_3、N_4 分别表示发动机的等功率曲线。

发动机转速的设定主要是通过其输出功率来选取,而功率的输出大小由负载的需要来确定。由上述的变量泵与发动机的匹配关系,得知此发动机选用的是变功率匹配方式,其输出的转速不发生变化,且根据负载功率需求,发动机输出功率适应性发生变化。

设 N 表示负载需求的功率,取其范围 $N_2 < N < N_3$,可以将 N_2 功率曲线下发动机的输出转速设为设定转速。

第二节　液压载重车全局功率匹配节能

液压载重车升降系统和行走系统及转向系统互相独立工作,在举升货物或卸下货物的同时,液压载重车是静止的。升降系统采用恒功率控制,这种系统不能很好地解决发动机和液压系统的匹配,也不能对发动机输出功率进行调节,因而不能很好地适应各种负载的需求。为了满足液压载重车不同负载的需求,框架车采用负载传感控制。发动机-泵和泵-负载两个环节的局部匹配并不协调,还不能实现全局功率匹配,达到高效、节能的性能指标。把液压载重车的负载、变量泵、发动机三者作为一个整体来考虑,解决三者的动态匹配问题,对于设计液压载重车新型节能控制系统,提高框架车的能源利用率具有重要意义。

一、全局功率匹配控制方案

负载、柴油机、变量泵三者的匹配关系如图 10-10 所示,方式 1 为通常的设定,分为空载、轻载、重载模式。不同的模式对应不同的功率,都可以由转速感应控制泵与发动机的局部功率匹配。

图 10-10　功率匹配关系

控制量为液压泵的排量。在泵-负载环节也可以通过控制泵的排量实现泵与负载的局部匹配,因此,这两个环节的功率匹配并不协调,不可能实现全局功率匹配。

方式 2 为全局功率匹配方案,首先利用负载传感系统中泵对负载压力和流量的自适应性,实现泵与负载的功率匹配;然后按照泵与负载的匹配功率,确定发动机的最佳节能工作点,这样保证了从负载到变量泵、从变量泵到发动机的全局功率匹配,也避免了只通过调节变量泵的排量导致整个功率匹配不协调的问题。

二、区间功率匹配控制

如图 10-11 所示,曲线 $CASB$ 是发动机在某一挡时的工作特性,AC 为特性,AB 为该挡位下的调速特性。当外负荷变化时,发动机输出转矩变化,工作点在调速特性段上波动,转速也响应变化,如 A 点、B 点和 S 点,A 点输出功率最大。另外,发动机还有一条最佳比油耗线 g_e,当发动机工作在最佳比油耗线上(如图中 S、E 点)时最节省燃油。

为保证发动机、变量泵和负载整体功率匹配,必须满足下式:

$$nT_e = np_S V_g = p_L Q_L \tag{10-15}$$

式中　n——发动机转速;

T_e——发动机最佳节能工作点的转矩;

p_S——泵的出口压力；

V_g——泵每转几何排量；

p_L——负载压力；

Q_L——负载所需流量。

计算匹配功率的负载压力 p_L 可通过压力传感器直接获得，根据电液比例多路换向阀的控制原理，知道其具有使流量和控制电流成比例的特点，按照控制电流大小可以算出流量。

当负载功率小于发动机最大功率时，目标是使发动机转速自动地向有较高运转效率的匹配点过渡。由于负载传感系统的压力和流量的自适应性，有 $p_S = p_L + \Delta p_{LS}$，因 Δp_{LS} 相对 p_S 很小，这里假设 $p_S \approx p_L$。

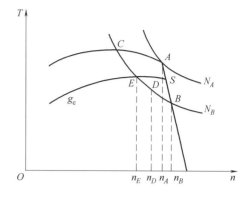

图 10-11 发动机工作特性

若负载功率为 N_B，在 $B \sim C$ 的等功率线上，效率虽不同，但额定液压动力必须相等。

$$N_B = n V_g p_S = Q_L p_L \tag{10-16}$$

即：

$$n V_g = Q_L \tag{10-17}$$

在控制中，当满足上式的条件时，使发动机按设定转速运转，图 10-11 所示为从匹配点 B 开始降低发动机的设定转速，向经济匹配点 E 过渡。即：

$$Q_L = n_B V g_B = n_E V g_E \tag{10-18}$$

若 $n_E V g_{max} < Q_L = n_B V g_B$ 时（$V g_{max}$ 为泵每转最大排量），即在经济点 E 时泵所能提供的流量不能满足作业所需的流量，因此，必须提高发动机转速以使泵输出流量等于作业所需的流量 Q_L，如调到 D 点，使 $n_D V g_{max} = Q_L$。

结果，在框架车升降作业时，匹配点不固定在一个点上，而是根据负载大小和作业速度快慢，实现不断向高效率点移动的区间功率匹配。

把框架车的负载、发动机、变量泵三者作为一个整体考虑，采用区间匹配控制方法，使发动机处于低油耗区，达到框架车升降液压系统功率匹配的目的。

三、液压系统的匹配

如图 10-12 所示系统的匹配控制原理图，电位器给定设定转速的值的大小，发动机控制

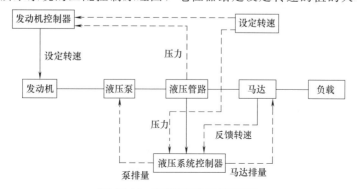

图 10-12 系统匹配控制原理图

器根据外负载自动调整发动机转速。另一个控制器控制变量泵与马达的排量，使其在合适的位置能够使得发动机的功率高效地输出给负载，完成作业的要求。

第三节　减轻液压载重车自重节能

大型自行式液压载重车行走驱动功率与动力液压载重车自重与载重量之和成正比。合理地减轻液压载重车自重是有效地降低驱动所需功率的途径之一。以往自行式液压载重车设计，对工作参数的选择，往往是"靠挡选型"、层层加码，结果是设计裕量系数被不断地放大，最终导致产品结构、尺寸逐级放大。早期设计的动力液压载重车较为笨重，如20世纪90年代进口的150t轻系列动力液压载重车自重高达90t，我国最早设计的150t轻系列动力液压载重车自重也高达70多吨。

为了实现减重节能，主要从三方面考虑：第一，应当在全面分析作业机理、条件和工况的前提下，运用优化设计、并行设计、试验设计或有限元分析等现代设计方法，精确合理地确定满足工作载荷时的最小、最优结构尺寸；第二，随着材料科学的飞速发展，大量新材料和新结构在动力液压载重车上得到应用，在完成液压载重车功能的情况下，减轻了整车的重量；第三，合理设计液压系统，如适当提高系统的工作压力，优化集成块的尺寸，采用闭式回路等，使载重车的结构更加合理，自重大为减轻。目前国内设计的150t轻系列自行式液压载重车自重仅为30多吨，大大降低了驱动功率，实现整车的节能。

一、车身结构优化和材料的轻量化

1. 液压载重车有限元分析

通过对车架主体、悬挂架、平衡臂、车桥等结构进行有限元分析，以确保每个部件的安全性，给出合理的结构尺寸。在三维软件中建立各部件的三维图，然后导入ANSYS12中进行有限元分析。

（1）网格的划分

有限元分析的基础是单元划分，所以，将研究对象划分为等效节点和单元是有限元分析的必不可少的步骤。一般来讲，网格数量增加，计算精度会有所提高，但同时计算规模也会增加，所以确定网格数量时应权衡这两个因数综合考虑。当网格数量增加到一定程度后，再继续增加网格，精度提高甚微，而计算时间却大幅度增加。所以增加网格时要注意经济性。在工程项目上，我们一般采用六面体，这里忽略了焊缝。各部件的划分情况如图10-13至图10-15所示。

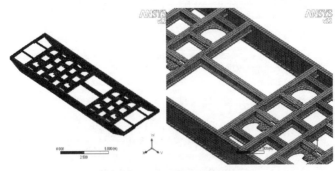

图10-13　车架网格划分

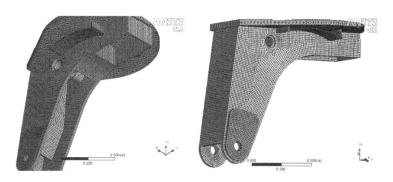

图 10-14　悬挂架网格划分

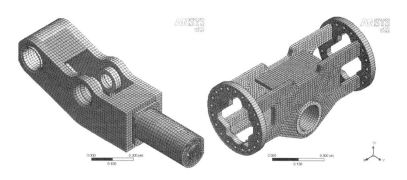

图 10-15　平衡臂和车桥的网格划分

（2）边界条件

在边界条件的加载中，分别对各个组件加载了约束。在弯曲工况中，即车辆满载在水平路面上行驶的情况，模拟车辆在平直良好路面上匀速正常行驶，此时所有车轮处于同一平面内，车架主要承受弯曲载荷，产生弯曲变形。

图 10-16 是车架的约束加载情况，其中车架的受力为重载情况，回转支承部位如同实际情况，软件中对回转支承接触面以及螺纹孔约束为无摩擦接触，无摩擦接触是一种不可以沿着接触面的法线方向运动但可以沿接触面无摩擦运动的约束形式。

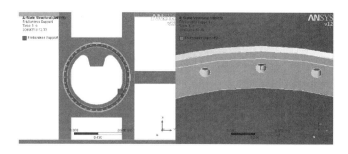

图 10-16　车架约束情况

悬挂架、平衡臂的连接轴处约束为铰接，悬挂架与回转支承连接的螺纹孔为无摩擦接触，加载重载情况下总重力的 1/10。如图 10-17。

车桥的仿真有两种工况，一种是正常行驶工况，另一种是悬挂升起工况。两种工况的约束如图 10-18 所示。

(3) 仿真结果

图 10-19 至图 10-21 分别为等效应力与变形位移的计算结果及平衡臂安全系数云图。

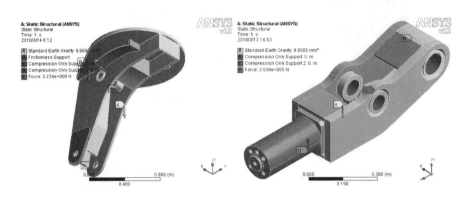

图 10-17 悬挂架、平衡臂约束情况

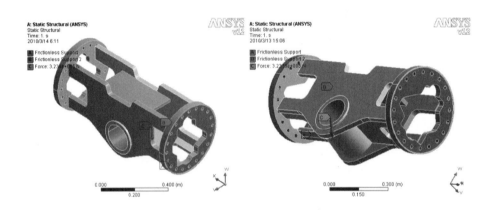

图 10-18 车桥的约束状况

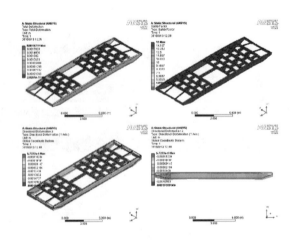

图 10-19 车架变形位移、等效应力云图

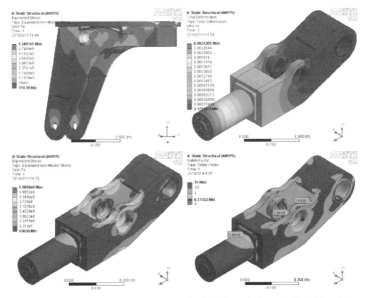

图 10-20　悬挂架等效应力及平衡臂位移、应力、安全系数云图

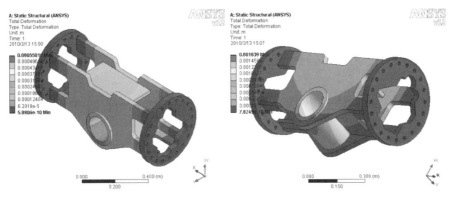

图 10-21　车桥的变形位移云图

2. 车架轻量化现场试验

为验证有限元分析结果，进行了 JHP250 车的重载试验，对车架的变形进行了测量。图 10-22、图 10-23 所示，为重载工况下车架的整体情况。图 10-22 是做中心回转实验时主

(a)　　　　　　　　　　　　　　(b)

图 10-22　重载中心回转实验

梁的截图。图 10-23（a）是测量数据的工况，此时悬挂架着地，起到支撑作用，此时测量的主梁离地高度可以排除轮胎气压的干扰。图 10-24 为各测量点的示意图。图 10-23（b）是车体起升后悬挂架、平衡臂和车桥的情况。

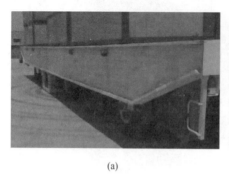 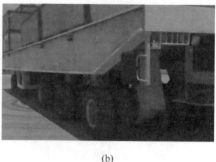

图 10-23　重载升降实验

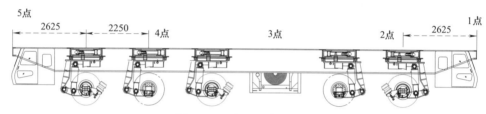

图 10-24　各测量点示意图

从表 10-1 可知，车架装载后并没有产生大的变形，装载 270t 后边大梁下凹变形量为 7mm，卸载后变形会自行消失，车架的强度及刚度完全符合车辆的装载需要，整车的自重得到控制。

表 10-1　实测数据

点位	1	2	3	4	5
空载时离地高度/m	1.590	1.587	1.582	1.592	1.591
重载时离地高度/m	1.603	1.584	1.575	1.590	1.595

二、合理设计液压系统节能

液压系统回路设计合理与否对动力液压载重车节能影响很大。为了提高液压系统效率，减小发动机所需功率，行走驱动系统采用变量泵-变量马达容积调速回路，该回路不仅结构紧凑、布置方便，并且油液温升小、传动效率高。采用容积调速避免了节流调速的节流损失，减少了系统发热。由于动力液压载重车一般采用高速方案，即马达通过减速器驱动轮胎行驶，系统工作压力、马达排量配置及减速器额定扭矩、动力半径和传动比对动力液压载重车的车速和驱动力影响很大。

液压元件和系统节能途径：精确的压力控制流量耦合变为压力耦合系统，可变压力的变量泵控制系统精确的压差控制可变压力切断功能智能控制。

合理匹配系统的元件的参数不仅能降低车辆的制造成本，还可以提高液压系统的效率，从而节约能源、降低使用成本。通过合理设计冷却回路、功率回收回路、蓄能器辅助动力源回路，也能够使系统达到节能的效果。现在可以采用轻量化元件和部件、微小型液压元件和集成元件特种装备。

1. 采用负荷敏感系统的节能设计

大型自行式液压载重车辅助工作系统采用负荷敏感泵和比例多路阀组成的负荷敏感系统。负荷敏感系统是一个具有压差反馈，在流量指令条件下实现泵对负载压力随动控制的闭环系统。负荷敏感系统是一种容积调速和节流调速相结合的调速系统，该系统能保证液压泵的流量和压力与系统所需自动匹配，具有节能作用。负荷敏感液压系统一般由变量泵、负荷敏感阀及压力补偿阀及执行机构组成，图10-25为闭芯式负荷敏感系统原理图。

变量泵通过检测和维持泵出口压力和负载压力之差，使泵的流量仅取决于系统。液压载重车的悬挂和转向系统均可采用负荷敏感技术，使液压泵根据负载的情况向系统

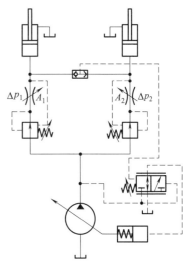

图 10-25　闭芯式负荷敏感系统

提供流量，以达到节能的目的。合理设计液压系统，选择节能液压回路的方法很多，可在相关章节里见详细介绍。

2. 基于交流液压原理的节能转向系统

如果液压载重车的转向系统设计不合理，会造成不同转向轴上轮胎转角之间的相互影响，导致轮胎的非正常磨损，增加能量消耗，有时还会导致轮胎脱落或爆胎等严重事故。整个转向杆系的受力增大，车辆的转向性能降低，影响车辆行驶安全性，所以转向机构性能的好坏是低平板液压载重车设计的一个关键。这里介绍一种与常用独立转向机构不同的基于交流液压原理的连杆转向系统。

（1）转向原理

低平板液压载重车是由拼接单元组成的，如图10-26所示，由动力鹅颈、转向梁、转向纵拉杆、转向横拉杆、转向臂（蝴蝶盘）和液压悬架等组成。这种全挂车都是通过转向缸的伸缩来实现整车的全轮转向，当转向缸伸缩时，带动整车的所有纵拉杆前移/后退一定距离，在转向纵拉杆的带动下，转向臂实现一定角度的转向，从而通过铰接在转向臂上的转向横拉

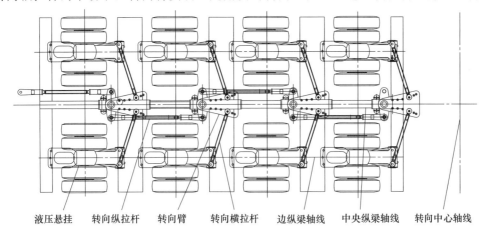

图 10-26　四轴线转向单元

杆，推动各轴车轮实现一定角度的转向。转向缸的转向动力可以来自放置于车辆上的液压泵站，也可以来自与牵引杆连接的液压缸在转向时输出的液压油，故这种液压板挂车的转向既可以实现在牵引车的牵引下"牵引"转向，也可以借助于液压泵站动力实现"强制"转向。当转向臂转角最大时，前后车轮的转角最大，此时整车的转弯半径最小。因此转向消耗的动力小，是一种节能的系统设计。所谓的"牵引"转向即是基于交流液压原理的系统设计。

（2）转向机构关系

根据交流液压的原理，转向时转盘液压缸压缩，变为动力油缸，无杆腔的油进入到前端梁油缸的无杆腔，根据车头与挂车转角的关系，确定出鹅颈转盘液压缸和前端梁油缸的伸缩量，根据几何关系求出转向臂的转角。轮子最大转角为 $45°$，假设车尾最外轴线转角为 r，车头与挂车转角为 θ，前四轴线蝴蝶盘转角为 γ，则

$$\theta = \arctan \frac{15350}{14105/\tan r + 910}$$

$$d_1 = 1196 - \sqrt{(1196 - 230 \times \sin\theta)^2 + (230 - 230 \times \cos\theta)^2}$$

$$d_2 = d_1 \times \frac{45^2}{(55^2 - 31.5^2)}$$

$$x = 2 \times 1041 \times 261$$

$$y = 2 \times 228.68 \times 261$$

$$z = 261^2 + 228.68^2 + 1040.5^2 - (1041 - d_2)^2$$

$$\gamma = \arcsin \frac{z}{\sqrt{x^2 + y^2}} - \arcsin \frac{x}{\sqrt{x^2 + y^2}}$$

(10-19)

式中　d_1——鹅颈油缸伸缩量；

　　　d_2——前端梁转向油缸伸缩量；

　　　γ——前四轴线蝴蝶盘转角。

图 10-27 表示了转向机构各构件的连接及其尺寸关系。图中把机构的转向臂简化为一个"工"字形的机构，可以看到每根轴线上的转向机构实际上是由两个四杆机构组成。当转向臂转动角度为 γ 时，设内侧车轮的转角为 α，外侧车轮转角为 β，则由四杆机构的运动规律可知，由转向机构确定的 α、β 与 γ 的关系：

$$\alpha = YYY - \arccos \frac{j_1^2 + f_1^2 - j_2^2}{2 \times j_1 \times f_1} - \arccos \frac{j_4^2 + f_1^2 - j_3^2}{2 \times j_4 \times f}$$

(10-20)

$$\beta = \arccos \frac{j_1^2 + f_2^2 - j_2^2}{2 \times j_1 \times f_2} + \arccos \frac{j_4^2 + f_2^2 - j_3^2}{2 \times j_4 \times f_2} YYY$$

(10-21)

其中：

$$j_1 = 1015.2$$

$$j_2 = \sqrt{a^2 + b^2}$$

$$j_3 = \sqrt{(1030 - c)^2 + (b + 450 - 587.8775)^2}$$

$$j_4 = 600$$

$$\phi = p_i - \arctan \frac{B}{2 \times w} - \arctan \frac{c}{b}$$

$$YYY = \psi = \pi - \arctan\frac{2 \times W}{B} - \arccos\frac{120}{j_4}$$

$$f_1 = \sqrt{j_1^2 + j_2^2 - 2 \times j_1 \times j_2 \times \cos(\phi + \gamma)}$$

$$f_2 = \sqrt{j_1^2 + j_2^2 - 2 \times j_1 \times j_2 \times \cos(\phi - \gamma)}$$

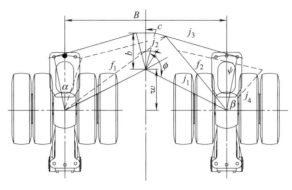

图 10-27　单轴转向关系

w—转向臂的转向中心到所控制轴线的距离；B—挂车两侧纵梁中心线间的距离；
j_4—液压悬挂上与横拉杆相铰接的臂长；ψ—液压悬挂上与横拉杆相铰接的臂与纵向的夹角；
b—转向臂纵向尺寸；c—转向臂横向尺寸

3. 建立 MATLAB 优化模型

利用 MATLAB 的优化工具箱，可以求解线性规划、非线性规划和多目标规划问题。具体而言，包括线性、非线性最小化，最大最小化，二次规划，半无限问题，线性、非线性方程（组）的求解，线性、非线性的最小二乘问题。另外，该工具箱还提供了线性、非线性最小化，方程求解，曲线拟合，二次规划等问题中大型课题的求解方法，为优化方法在工程中的实际应用提供了更方便快捷的途径。

轮距 B 和挂车的轴距是由承载能力确定的，都已经系列化，不宜作为设计变量。考虑到挂车的生产成本，同一挂车每根轴线上的 w、j_4、ψ 应该相等，否则会降低轴线零件的互换性和通用性，使成本大大增加。所以考虑到整个挂车的结构和布置，结合各参数对转向性能的影响，选取设优化计变量 b、c。

如图 10-28，对于这种多轴线挂车，在进行全轮转向车辆转向系统设计时，一般设定整车的理想转向中心为第一轴内侧车轮的理想转角和车辆转向中心线（整车转弯半径最小时，该线为整车前后对称中心线）的交点，文中采用的是以中间平台中心线为转向中心，则前四、后六轴线内外轮理论转角为：

$$\alpha_i = \arctan\frac{l_i}{15350/\tan\theta - 910} \tag{10-22}$$

$$\beta_i = \arctan\frac{l_i}{15350/\tan\theta + 910} \tag{10-23}$$

l_i 是第 i 根轴线到中心线的距离，对于第 i 根轴线来说，内外轮实际转角设为 α^j、β^j，内外侧车轮的理论转角为 α^l、β^l。因为车轮最大转角为 $45°$，所以目标函数为：

$$objfun = \sum_{\lambda=0}^{45}(|\alpha^l - \alpha^j| + |\beta^l - \beta^j|) \times weight(\lambda)$$

式中 $weight(\lambda)$——λ 取不同值时的权值,这个权值由车辆在实际行驶过程中 λ 出现的频率来确定,在这里设 $\lambda \in [0, 20]$ 的权值为 1.5,$\lambda \in [21, 35]$ 的权值为 1,$\lambda \in [36, 45]$ 的权值为 0.5。

优化的约束条件主要包括三部分:

① 保证在转向板各个转角下计算时可以开根号,也即保证转向机构成立:

$$\frac{j_1^2 + f_1^2 - j_2^2}{2 \times j_1 \times f_1} \leq 1 \quad \frac{j_4^2 + f_1^2 - j_3^2}{2 \times j_4 \times f_1} \leq 1$$

$$\frac{j_1^2 + f_2^2 - j_2^2}{2 \times j_1 \times f_2} \leq 1 \quad \frac{j_4^2 + f_2^2 - j_3^2}{2 \times j_4 \times f_2} \leq 1$$

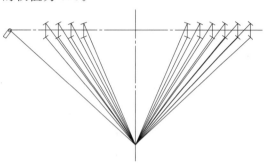

图 10-28 多轴线液压板挂车理想转向关系

② 根据车辆各机构的实际布置尺寸及转向板和拉杆的强度,需要给出设计变量的边界约束,同时为了提高优化结果的总体性能,可以在实际条件允许的情况下对该边界约束进行调整。

$$b_{min} \leq b \leq b_{max}$$
$$c_{min} \leq c \leq c_{max}$$

③ 由于本目标函数是以在转向板为不同转角时本轴线内外车轮实际转角和理论转角的差值和为优化目标,而在使用过程中,爆胎或车轮脱落现象往往是由该车轮实际转角和理论转角过大引起的。为了避免这种情况发生,在此加入最大角差约束,设其最大角差为 δ,则:

$$|\alpha^l - \alpha^j| \leq \delta$$
$$|\beta^l - \beta^j| \leq \delta$$

4. 转向机构优化程序计算实例

挂车由三部分组成,前面是一个 4 轴线的挂车拼接单元,后面是一个 3+3 轴线的挂车拼接单元,中间是一个长度为 11m 的连接车架(没有车轮)。轮距 $B = 1820$mm,最前端轴线间距离 11005mm,最后端轴线间距离 14105mm,拼接单元内轴距为 1550mm,$j_4 = 600$mm、$W = 450$mm、$\psi = \arctan(120/j_4)$,转向中心轴线位于中间车架部位。编写符合 MATLAB 优化工具箱 fmincon 的目标函数及非线性约束函数,对于前四轴线的每根轴线,只要修改距中心线的距离即可;对于后六轴线,液压缸的伸缩量是一样的,带入新的关系式,即蝴蝶盘转角改变,实际内外轮转角改变。相应优化出前四、后六轴线的 b、c 值。

离车头最近的轴线设为轴线一,以此类推得到优化结果,如表 10-2。

表 10-2 优化结果

优化结果		轴线 1	轴线 2	轴线 3	轴线 4	轴线 5	轴线 6	轴线 7	轴线 8	轴线 9	轴线 10
优化结果	b	502	442	380	317	300	356	418	473	529	576
	c	170	158	139	109	100	126	142	162	167	160

图 10-29 是第 1 轴线理论内外轮转角与实际内外轮转角及误差曲线图。

5. 现场试验

在整车安装完成后,对多轴液压板挂车转向系统进行了实车试验。首先在管路中充满油

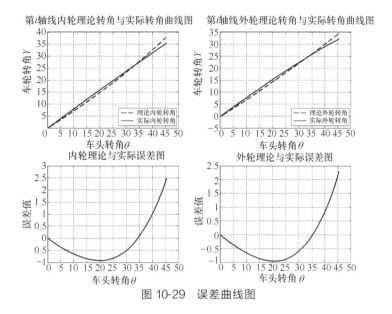

图 10-29 误差曲线图

后,调节前、后节流阀组的开关,实现强制转向,在空载时人工手动调节转向油缸方向阀,在误差允许范围内,现场观察转向系统是否完好;调节前、后节流阀组,使整车在牵引转向模式下,牵引车头带动挂车在空旷的地面上转向行驶,观察轮胎在地面的磨损情况,经大转弯半径到小转弯半径,在误差允许的范围内,都是在做纯滚动,验证了数学模型是正确的。在重载试验时,牵引转向在误差允许范围内还是纯滚动行驶,但在强制转向时,液压缸推力达不到要求,更换液压缸后,问题得到解决。

图 10-30 为组合式多轴液压板挂车现场重载试验。

图 10-30 现场调试

试验结果表明,转向系统得到极大改善,转向半径变小使挂车对路面的要求降低,并减小了轮胎的磨损,对整车的安全性有一个很好的提高并节省能量,实现了该组合式多轴液压板挂车转向操纵。整车转向运行平稳,转向精度控制较好,各项指标满足设计要求。试验结果证明优化模型是正确的、实用的。应用 MATLAB 的优化工具箱能够实现各车型设计的高效率、自动化,提高产品的开发质量、缩短开发周期,为快速反映市场需求提供技术条件。

三、液压系统的轻量化

液压系统具有高功重比、响应快、无级调速等优点,是大型高端移动装备实现大功率传动与驱动的核心。在这些装备中,液压系统占有非常大的功率和重量,轻量化后可使整机获得明显收益,是进一步减轻移动装备重量的主要解决途径之一。

液压元件与系统轻量化不仅可减轻移动装备自重、降低原动机功率,还可提高装备续航能力、机动性能和承载能力,同时还可实现节能减排。在液压驱动的各类移动装备中:泵车减重 10%,可实现油耗降低 6%~10%;机器人减重 47%,实现了从平地行走到高难度跳跃的突破；飞机重量每减轻1%，性能提高3%～5%，且能降低燃油消耗，提高载重，降低运营成本。

液压系统由液压动力单元、液压驱动单元及连接管路组成。其中，液压动力单元即液压油源系统，由原动机（内燃机、电动机等）、泵组、油箱组件、滤油器组件、控温组件及蓄能器组件等元件组合而成，用于将化石能源、电能转换成液体压力能；液压驱动单元即电液执行器系统，由控制元件（伺服阀、比例阀等）、执行元件（液压缸、液压马达等）、传感检测元件（位移传感器、力传感器等）及相应连接管路等元件组成，用于将液体压力能转换成机械能。

目前，部分发达国家已通过碳纤维、紧凑设计和增材制造等新材料新工艺手段，大力开展轻量化液压元件与系统的研究工作，部分已处于样机测试阶段，但其技术对中国封锁；我国在液压元件与系统轻量化方面也取得了一定的阶段性成果，但仍需开展进一步研究工作。

1. 液压动力单元及元件轻量化

液压动力单元轻量化渠道主要分为系统集成和元件减重。其中，液压油箱和液压集成元件在该系统中占重较大，最具轻量化潜力。

德国博世力士乐（Bosch Rexroth）在紧凑型液压动力单元方面的研究最具典型性，已研发以CytroPac为代表的紧凑型液压动力单元，如图10-31所示。CytroPac最大工作压力24MPa，最大流量35L/min。在$0.5m^3$的安装空间内，该液压动力单元集变频器、电机、泵、传感器等于一体。在输出功率保持不变的情况下，能源需求降低30%～80%。

图10-31 博世力士乐研发的紧凑型液压动力单元

国外通过紧凑布局和部分元件（集成块、液压油箱等）轻量化，已研制出紧凑型液压动力单元样机，但尚未推广应用；国内针对特定装备的液压动力单元进行了小型化设计，获得了较好的应用效果，但其集成度和轻量化程度有待进一步提高。

2. 液压油箱轻量化现状

液压油箱在液压系统中主要起到储油、散热、分离油液中气体和沉淀污物的作用。按液压油箱液面是否与大气相通，可分为开式液压油箱和闭式液压油箱。传统液压油箱一般由金属材料制造而成，其体积和重量较大，而在轻量化发展趋势下，非金属材质液压油箱已逐渐受到重视。

德国雅歌辉托斯（ARGO-HYTOS）公司研发了两款工程机械开式非金属液压油箱，如图10-32所示。图10-32（a）所示为注塑油箱，容积最大为60L；图10-32（b）所示为注塑与滚塑结合油箱，容积最大为150L。两款液压油箱温度范围为-30～100℃，短时间可达120℃。该液压油箱不仅集成了各种过滤功能，箱体上还安装了油位指示器。

加拿大Smart Reservoir研发了可用于移动装备的闭式非金属液压油箱（the Variable Volume Reservoir，VVR），如图10-33所示。该液压油箱工作温度范围为-20～107℃，可为液压泵吸油口提供0.01～0.06MPa压力，最大承受压力为2.0MPa，且可根据油液体积大小，将液压油箱进行串并联。

对闭式液压油箱的研究集中于结构改进方面，主要有增压油箱和变容油箱。文献[12]设计的接触式增压油箱，以及如图10-34和图10-35所示的隔离式增压油箱，其进出油口设置在油箱下方，油箱上部设有充气口，通过充气口充入压力气体给油箱内油液增压。采用活

(a) 注塑油箱　　　　　　　　(b) 注塑与滚塑结合油箱

图 10-32　雅歌辉托斯研发的开式非金属液压油箱

塞或弹性皮囊将油液与介质隔离，通过加压气体或弹簧等其他机械结构对皮囊或活塞施加压力，给油液增压。

文献［15］设计了如图 10-36 所示的变容油箱，其采用金属刚性外壳作为油箱主体，弹性内衬由波纹状的板材制成，内衬与外壳形成封闭容腔，弹性内衬在油的吸入和排出过程中向相反方向伸缩，实现油箱容积的改变。

图 10-33　闭式非金属液压油箱

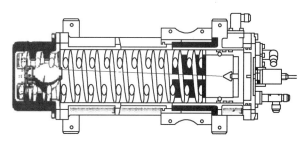

图 10-34　弹簧隔离式增压油箱

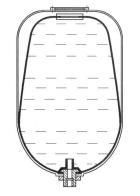

图 10-35　气囊隔离式增压油箱

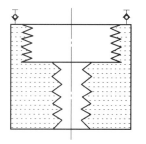

图 10-36　变容液压油箱

3. 液压驱动单元及元件轻量化

液压驱动单元轻量化渠道主要分为整体集成和液压执行元件减重。其中，液压执行元件的减重以液压缸为主。以下将从液压驱动单元整体集成和液压缸减重两方面阐述。

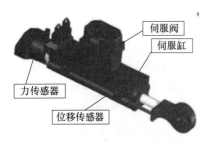

图 10-37 BigDog 关节液压驱动单元

(1) 液压缸驱动单元轻量化

美国波士顿动力公司的液压四足式机器人 BigDog 关节驱动采用的液压驱动单元，如图 10-37 所示，其将小型伺服阀、传感器、进回油管路连接块和伺服缸高度集成为一个整体单元，以满足机器人关节安装空间小、功率需求大的要求。

美国穆格（MOOG）公司研发了新型液压驱动单元，如图 10-38 所示。该液压驱动单元壳体采用增材制造，其结构更加紧凑，流道压力损失更小，尺寸和重量也得到了进一步优化。与图 10-39 所示液压驱动单元相比，该液压驱动单元新集成了控制器，可满足即插即用。目前，该液压驱动单元已应用于意大利技术研究院（IIT）的四足机器人样机。

图 10-38 穆格研发的液压驱动单元

图 10-39 汉臣碳纤维液压缸

国外通过增材制造技术，研制了结构更紧凑、集成度更高的液压驱动单元，且已应用于机器人样机；国内液压驱动单元集成原理与国外基本相同，但其壳体普遍采用减材制造，仍具有较大的优化和减重空间。

(2) 液压缸轻量化

传统液压缸采用金属减材制造，其重量的优化空间有限。碳纤维复合材料具有低密度、高强度、耐疲劳、耐腐蚀等诸多优点，已成为金属液压缸的首选代替材料。

德国汉臣（HAENCHEN）公司研制了碳纤维液压缸，如图 10-39 所示。该型液压缸最高工作压力 14MPa，采用碳纤维缠绕成型技术，在缸筒和活塞杆上局部应用碳纤维复合材料实现减重，重量可降低 25%～30%，其设计及制造技术未对外披露。

美国派克汉尼汾（Parker Hannifin）公司研发的碳纤维液压缸由碳纤维复合材料和高性能合金制成，如图 10-40 所示。该型液压缸工作压力 38MPa，定制设计的液压缸最高工作压力为 70MPa，重量最高可降低 60%。目前，派克碳纤维液压缸的产品信息仅限于其产品宣传手册，相关技术未对外披露。

国内碳纤维液压缸的研究起步较晚，目前尚无相关产品或样机，仅有相关论文和专利。2019 年，中联重科针对长臂架泵车的液压缸，通过碳纤维复合材料与金属材料复合的结构形式实现缸筒轻量化设计，通过采用轻质高强度 7075-T6 铝合金替换原有钢材料，实现活塞与导向套的轻量化设计，如图 10-41 所示。

国内外液压缸轻量化现状表明：国外应用碳纤维及相关成型技术，已研制出碳纤维液压缸样机，减重最高可达 60%，但尚未实现产业化；国内仅有相关论文和专利，尚未形成非金属液压缸一体化集成新技术；传统液压系统一般采用机械连接件（螺栓、螺钉等）、液压连接件（管路、接头体等）进行各液压元件的集成安装，浪费了大量空间并增加了附加重量；一体化集成新技术将摒弃不必要的机械及液压连接件，融合排布优化理论与多界面融合技术，实现液压系统的进一步小型化和轻量化。

图 10-40　派克碳纤维液压缸

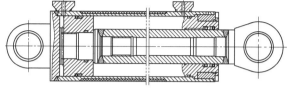

图 10-41　长臂架泵车轻量化液压缸

第四节　智能化趋势下微小型液压元件和 EHA

一、微小型液压元件的发展和应用

液压元件的高功重比和微小型化是液压工程领域的发展趋势和研究热点。传统上的微小型液压元件的设计理念是在现有结构上的按比例缩小，同时为了保证工作流量，采用高转速 3000~5000r/min，往往造价昂贵，加工制造困难，材料要求高，所以多应用在航空航天等特殊场合。浙江工业大学阮健教授提出的"二维液压元件设计理念"，利用液压元件核心运动件的两个运动自由度，颠覆了传统设计理论下只利用一个运动自由度的设计思路，所形成的二维泵阀系列产品属国际首创，具有原理先进、性能优越、抗油污染及轻质高能的特点。配合新材料新工艺的应用，可以充分满足液压阀、泵元件微小型化的需求。

液压阀方面，高速开关阀是液压数字阀的一种，其主要应用于移动液压系统、航空航天燃油控制系统、高压共轨燃油电喷系统等。微小型的高速开关阀主要有美国 Lee 公司研发的大流量微型电磁开关阀、德国博世力士乐电磁阀、贵州红林开发的 HSV 系列螺纹插装式小型高速电磁开关阀、上海豪高自主研发的 HGDV 脉冲调制开关式数字阀等，这些阀对于实现高压大流量高速启闭这一目标而言都或多或少存在一定缺憾。受限于传统高速开关阀的结构，目前在高压大流量高速开关阀的微小型化上仍存在一定的困难。

液压泵方面，传统的柱塞泵通过活塞的工作原理决定其存在着若干摩擦副，其成为制约泵性能提高的关键因素。国外如山口淳等率先在改进柱塞泵摩擦副的方面做了许多研究；国内哈工大许耀铭引入静压支承设计理论对滑靴、配流盘进行研究，曾祥荣在总结剩余压紧力和静压支承的基础上提出了摩擦副的综合设计方法。但是，摩擦副性能受比功率 PV 值的限制，而按照现有摩擦副的设计方法，"边际效应"十分明显，尽管有采用碳纤维等新材料构建泵的非关键部件，但柱塞泵功重比的提高和微小型化仍陷入瓶颈。

液压元件性能测试对验证设计理论、制造工艺十分重要。近年来随着通信技术、控制技术等的发展，液压元件性能测试呈现智能化、节能化的趋势。源自军工领域，基于测试数据的液压元件健康诊断及可靠性评估现已拓展并广泛应用于民用领域。欧美和日本等国家在液压元件性能的常规测试、计算机辅助测试等方面做了很多工作。燕山大学研究团队，在液压元件测试的网络化、智能化、虚拟化、定制化等方面开展了创新性研究，研究了节能并行模块化液压元件可靠性实验装置及评估方法、便携式有源智能液压测试装置、FAST 促动器可靠性、医用微泵微阀，并应用于工程实际。

微小型液压元件的应用前景十分广泛，目前可以通过三个方面来论证其应用的可行性。

其一，泵源系统是飞机液压系统的重要组成部分。目前国内外飞机的泵源系统主要基于多柱塞泵，但国内限于当前工业水平，泵源系统依然存在重量大、功重比不高、压力脉动大、可靠性低等问题。基于二维泵阀的泵源系统由于二维泵阀原理的先进性，可有效降低系统重量、提高功重比，同时由于二维泵阀不需要壳体回油系统，可以进一步降低系统重量、提高系统可靠性。当前飞机泵源系统主要为集中式设计，而二维泵阀所具有的微小型的特点，有利于分布式液压系统的发展，对于液压载重车可以有效减重、节能，提升系统的安全性、可靠性、维修性。

其二，微小型液压元件主要应用于航空航天航海、军事装备、机器人等领域。国外微小型液压元件技术研究较为成熟，已经初步应用于 F35 战斗机、A380 宽体客机、多型舰艇等，有效提升了产品的性能。国内方面，北京航空航天大学、南京航空航天大学等科研机构进行了集成电动静液作动器和集成直驱式机电作动器的技术攻关，取得了一定成果。国内各单位研制的样机出现发热过大、控制器故障、噪声过大、刚度过低、频响低、寿命及可靠性不高等问题。结合二维液压泵阀元件在微小型、可靠性方面的优势，可大幅提高电液作动器的寿命及可靠性，减少其体积和质量。

其三，国内外在石油领域井口安全控制系统内的液压泵主要分为两类：气源驱动增压泵和电源驱动柱塞泵。国际上在井口安全系统设计生产过程中所使用的液压泵均存在体积重量较大、功重比较低的问题。因此，结合二维泵阀的高效高功重比的特点，可在这一工程应用领域率先进行关键性的突破。

综上所述，在二维液压元件设计理念下，二维液压阀将先导级和功率级集成在单个阀芯的两个运动自由度上，减少了重量和体积；同时，由于先导级的旋转滑阀开口具有很高的压力增益，电-机械转换器只需输出微小的角位移就能引起压力急剧的变化，从而易于实现阀的快速工作和高频响应。二维活塞泵的活塞运动在两个自由度下，同时实现吸排油和配流的功能，突破摩擦副对泵性能等方面的制约，且二维活塞泵有两个工作容腔，提高了工作效能，与同排量的柱塞泵相比，二维活塞泵结构尺寸与重量更小，结合新材料新工艺的使用，真正实现液压泵的微小型化；通过结合智能化、节能化的技术应用，实现微小型液压元件的性能检测技术；结合二维泵阀微小型这一显著特点，对航空航天、石油装备领域典型的工程应用进行技术攻关，将大幅促进国内相关技术的进步。微小型液压元件的优点，使其在大型液压载重车上的应用也会在不久的将来大幅度推进。

二、EHA 的发展和应用

EHA（Electro-Hydraulic Actuator）是一种能按照电输入信号的指令，以直驱容积控制技术驱动液压缸运动，实现方向、位置、速度及力控制的集成化动力执行器。

EHA 利用伺服电机提供动力，集调节、监测及辅助元件的闭式泵控于一体，具有多种型式和性能特点。

具有智能化接口的 EHA，将传感器、检测与控制电路、保护及故障自诊断电路等融为一体，并达到调节精度、响应频率和功率输出的性能要求。

EHA 的原理图如图 10-42 所示。

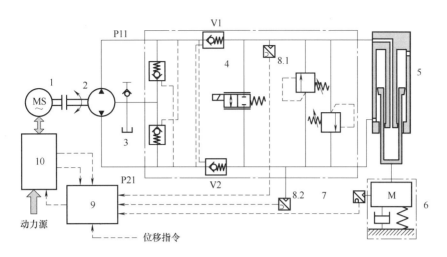

图 10-42 EHA 原理图

1—伺服电机；2—双旋向泵；3—密闭油箱；4—集成阀块；5—单出杆对称液压缸；
6—等效负载；7—位移传感器；8—压力传感器；9—可编程控制器；
10—交流伺服驱动器

1. 具有智能化接口的 EHA

网液电一体化位置、压力、速度及同步控制的智能化 EHA 目前在工业领域常用的型号，见图 10-43。常适用的典型工况：节能、高效、可靠、配套灵活、操作简单，具有位置、压力、速度及同步控制功能，通常用在折弯机械、成型机械、特殊专用机械、取代伺服主轴、物料处理、试验机、食品工业、剪切机械、冲床中。图 10-44 为 EHA 在多自由度平台、弯板、升降机和压力机中的应用。将液压和电控各自优势结合起来，拓展了电液控制的领域。

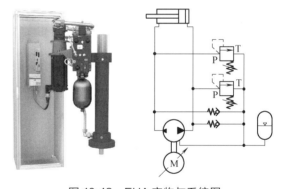

图 10-43 EHA 实物与系统图

如图 10-45 所示，EHA 具有良好控制性能：

① 环境温度　5～40℃；
② 安装位置　任何；
③ 工作力量　最大 500kN；
④ 行程长度　50mm、100mm、200mm、300mm、400mm；
⑤ 线性反馈系统（选项）　绝对型编码器；
⑥ 位置精度　0.01mm；
⑦ 压力精度　0.5%FS；
⑧ 重现精度　0.01mm；
⑨ 保护等级　IP54/IP64；
⑩ 控制　位置、压力控制；

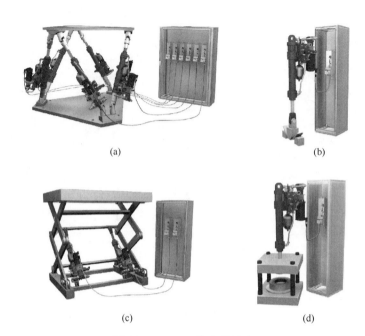

图 10-44　EHA 的应用场合

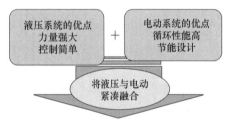

图 10-45　电液结合的优势框图

⑪ 保养期　3 年或 2 万操作小时。

采用直驱式容积控制技术，其共同特征为：采用直接驱动式容积控制技术（Direct Drive Volume Control，DDVC），以泵控方式驱动双杆对称或单杆非对称液压缸运动，具有安装控制灵活、输出力大、无溢流和节流损失、发热量低、效率高等优点。

直驱式容积控制伺服电机泵动力单元 EHA 液压主要组成部分包括固定排量双向液压泵、伺服电机、油箱/蓄能器、各类单向阀、切断阀、旁通阀和溢流阀，以及带反馈的液压缸，等等。EHA 液压双向液压泵与伺服电机一体化方案，具有各种成熟回路方案可供借鉴。EHA 采用直驱式容积控制技术，在综合性能上更胜一筹，如节能、高功率密度、噪声等方面。

2. EHA 的介绍

关于 EHA，英文名字与解释多种多样，目前还没有统一全面的解释。

力士乐公司称为 SHA——Servo hydraulic actuator，定义为闭式系统，伺服电机控制，无伺服阀。

MOOG 公司认为：EM——Electro mechanical actuation 定义为电动机械传动；EH——Electro hydraulic actuation 定义为采用伺服阀控制的系统；EHA——Electro hydrostatic actuation 定义为伺服驱动＋伺服电机，无伺服阀。

VOITH 公司：CLDP——Compact and efficient linear Drive，紧凑高效性直线驱动装置，伺服电机驱动。

Kyntronics 公司：Electro Hydraulic Actuators（EHA），伺服电机驱动。

需要说明的是，电液推杆产品是参与集成的一体化结构，利用电动机正反转驱动双向液压泵输出液压油，推动液压缸活塞杆做往复直线运动，但不是 EHA，因为通常电液推杆都是开环控制，而 EHA 是实现伺服控制。电液推杆的应用参数可以在表 10-3 得知，图 10-46 为电液推杆原理图和实物图。

表 10-3　电液推杆的应用参数

型号	输出力/N		输出速度/(mm/s)		电动机功率/kW	行程范围/mm
	推力	拉力	推速	拉速		
DYT□□1500-□/70-□	1500	1000	70	100	0.37	50～600
DYT□□3000-□/70-□	3000	2050	70	100	0.37	50～600
DYT□□4500-□/70-□	4500	3100	70	100	0.75	50～600
DYT□□7500-□/75-□	7500	5100	75	110	1.1	50～1500
DYT□□10000-□/75-□	10000	6900	75	110	1.1	50～1500
DYT□□15000-□/75-□	15000	10300	75	110	1.5	50～1500
DYT□□17500-□/75-□	17500	11800	75	110	2.2	50～2000
DYT□□25000-□/75-□	25000	17000	75	110	3	50～2000
DYT□□40000-□/60-□	40000	27000	60	85	4	50～2000
DYT□□50000-□/60-□	50000	34000	60	85	4	50～2000
DYT□□70000-□/35-□	70000	50000	35	50	5.5	50～2000
DYT□□100000-□/35-□	100000	72000	35	50	7.5	50～2000

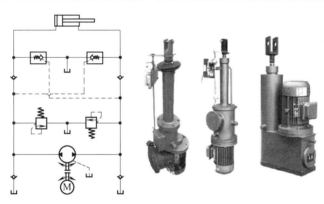

图 10-46　电液推杆原理图和实物图

EHA 技术发展新理念是动力源驱动技术的发展理念：

恒速电机驱动定量泵→恒速电机驱动变量泵→调速电机（变频器）驱动定量泵→伺服电机驱动定量泵。

EHA 发展的基本理念：

首先把电能转化为液压能，然后转化为机械能。通过调速电机驱动液压泵，其可工作在 4 象限，控制液压执行器。

实现精密运动控制方式：

为实现位置、速度和力的控制，需要考虑采用高性能伺服电机＋位移传感器＋压力传感器等措施，通过闭环控制来实现。

可构建两种不同类型的系统：独立的（闭式预加载）和非独立的（开式预加载，需要辅助泵）。泵与伺服电机直接安装，无需管路，可工作在 4 象限。可双排量设计（大/小排量）：快速运动大排量，精密控制小排量。

EHA 模块化产品：具有高功率密度、动态性、准确性及灵活的网线接口的电液伺服功能。控制模块、软件系统、传感器模块、流体元件和电作动器模块，可以选配（图 10-47）。

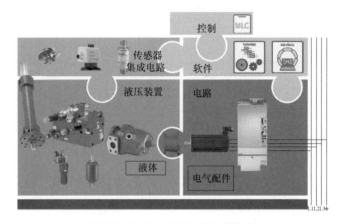

图 10-47　力士乐的 EHA 模块化

MOOG 公司用于环形轧制机的 EHA 具有极高轧制力和最小的功耗，潜力巨大（图 10-48）。

图 10-48　MOOG 公司用于环形轧制机的 EHA 现场

三、国家 500m 口径球面射电望远镜（FAST）液压促动器

作为世界最大单口径望远镜，FAST 由馈源舱、圈梁、索网、反射面板和促动器组成，网上铺设反射板组成反射面，由 2225 台液压促动器分别拉动 2225 根下拉索，拟合 500m 口径的瞬时抛物反射面形状，进行天文观测（图 10-49）。

每一台促动器的输出力、行程、速度、运动曲线等各不相同，促动器内的电脑接收总控室的指令，操控各自促动器协调一致、统一动作，实现同步变位要求。

天眼的三大主要创新之一，是其可主动调整的反射面系统，使天眼这颗观天巨眼不仅具有世界上最大的 500m 口径，更是可以根据观测需求，调整反射面面形及观测角度，首次实现了反射面的主动变化，是天眼的各项技术指标领先世界的重要原因。而反射面的主动调整，凭借的执行机构便是应用了液压技术设计的液压促动器。

天眼 500m 口径的主动反射面系统，由圈梁、反射面单元、主索网、下拉索、促动器、地锚等构成。主索网安装在格构式环形圈梁上，有 2225 个连接节点，在索网的节点上装有约 4450 个反射面单元，每个节点下方连有相应的下拉索和促动器，促动器通过连接底盘与地锚连接，形成了完整的主动反射面系统，从而实现实时控制下形成瞬时 300m 口径抛物面的功能。促动器作为独立执行设备，一端与地锚上的连接底座及销轴连接，另一端与索网下拉索下端耳板及销轴连接，其系统具体结构如图 10-50 所示。

图 10-49　FAST 射电望远镜航拍图
（非观测时间拍摄）

图 10-50　FAST 主动反射面液压促动器系统群

为实现对 FAST 主动反射面的面形调整，促动器应满足以下功能要求：

① 精确定位功能　促动器在指标要求的工作载荷下应能平稳运动，并在定位精度指标范围内精确定位。

② 自锁功能　对于机械式促动器，当断电时促动器在全行程范围内都必须具备机械自锁功能。

③ 位置反馈功能　在运行期间，促动器应具备实时的位置反馈。

④ 过载保护　当载荷达到额定工作载荷 1.5 倍时，促动器应该能够实现过载保护。

⑤ 限位功能　促动器应具有限位功能，将促动器控制在行程范围内运动。

⑥ 环境防护功能　促动器防护设计应能满足现场环境和使用寿命的要求。

⑦ 随动功能　当促动器的电气或机械部件出现故障无法正常运动时，促动器的伸缩执行部件应能随着载荷的变化运动。

为满足以上使用要求，在设计之初，FAST 工程研究人员进行了广泛的方案征集与试验验证，其中设计方案主要分为两类，一类为机械式促动器，一类为液压式促动器。机械式促动器主要包含电机、机械传动机构，电机可选方案为三相异步电机、伺服电机、步进电机，机械传动机构可选方案为滚珠丝杠、梯形丝杠、蜗轮蜗杆等。经过理论分析与可靠性试验验证发现，多发电机烧毁、控制器过流、丝杠磨损或腐蚀、蜗杆断裂或胶合等故障，故障率较高，无法满足 FAST 促动器恶劣的工作环境。在促动器方案选取过程中，既要考虑其基本运行模式（换源、跟踪、扫描、保位、随动）的实现，又要考虑促动器的可靠性、可维护性、寿命等原则，同时还要控制成本造价。在对比分析了多种方案后，最终选择了由液压缸、独立油源及电控系统组成的一体式液压促动器方案。

与机械式促动器相比，液压促动器应用于 FAST 主动反射面中，有以下明显优势：

① 定位性能好　从负载的影响看，用在闭环系统中，位置误差较小。

② 响应速度高　与机械式相比，液压促动器的响应速度较高，能高速启动、制动与反向，同时其力矩-惯量比也较大，因而其加速能力较强。

③ 调速性能好　能在很宽的范围内无级调速，操纵控制方便，可实现大范围无级调速。

④ 安全性好　运动部件少，没有齿轮、链条和电气触点等，即使超负荷也很容易通过

使用溢流阀得以控制，而机械系统则不易实现。

⑤ 适应性强　液压传动的各种元件可根据需要方便、灵活地进行布置，不像机械传动那样要求驱动与从动部件的位置必须保持固定，液压系统可通过液压软管传递动力，受位置限制较小。

⑥ 自润滑　运动部件少、磨损小且自身润滑，有利于散热和延长元件的使用寿命。一般采用矿物油为工作介质，相对运动面可自行润滑，使用寿命长。

⑦ 效率高、运行成本低　液压系统结构简单、体积小，相关的动力传输的成本就低，而且动力和阻力损耗也相对要小。简易和紧凑、系统经济节能、单位功率的重量轻、力矩-惯量比大，系统在使用过程中，能最大程度降低功率损耗。

⑧ 平稳性好、惯性小　液压系统在运行过程中易于保持平稳和安静。振动保持在最低程度。运动惯性小、反应速度快，当突然过载或停车时，不会发生大的冲击。

FAST 液压促动器采用高度集成的电液控制系统，是将油箱、阀块、阀、电机、控制系统以及其他组件集成到一起，组成集成式液压动力单元，与油缸安装在一起，通过调整电机转速，控制液压泵的流量，实现液压缸的伸缩、差动、小负载随动、有源和无源保压功能。其液压原理图如图 10-51 所示。

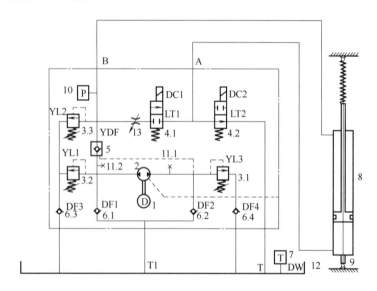

图 10-51　FAST 液压促动器液压系统原理图

1—步进电机；2—齿轮泵；3—溢流阀；4—电磁换向阀；5—液控单向阀；
6—单向阀；7—温度传感器；8—液压缸；9—位移传感器；10—压力传感器；
11—测压口；12—油箱；13—节流口

四、液压载重车的分布式电液控制系统发展趋势

1. 分布式液压控制单元的优点

液压载重车特别是模块式车队液压系统的连接要严格防止泄漏，液压泵站系统分为集中式和分布式（图 10-52）两大类，EHA 是分布式液压驱动单元的典型代表，优点突出。

① 生产率　系统简化，大大减少安装时间；功率密度——大功率输出、小空间需求；更快的、持之以恒的驱动速度。

② 可靠性 坚固，消除潜在泄漏点；在多种恶劣工况下运行良好；更长久的使用寿命。

③ 节约性 减少液压油的需求量，减少零件数目和库存量，更低的安装成本和寿命周期成本。

④ 维修性 订制产品，易与客户设备集成；无需经验、快速替换，避免了长时间停车；保养要求大幅降低。

在国内，小型动力单元最具有批量化、模块化、标准化发展基础，可替代集成化轴控单元，扩展液压分布式控制应用，EHA分布控制将改变液压配套方式及调节、诊断及维护能力。

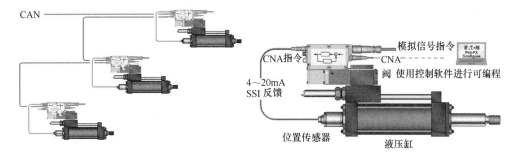

图 10-52 分布式控制

利用分布控制的 8 轴同步，用于 38m×16m 商业楼屋顶开合功能（图 10-53）。

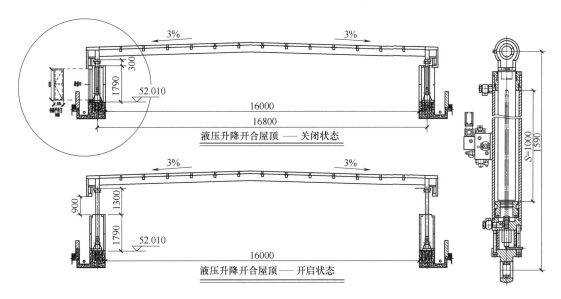

图 10-53 用于屋顶开合的促动器

2. 新型液压促动器的应用领域拓展

新型液压促动器方案采用无阀系统的液压系统，使用交流异步电机的变频调速实现变速运动。交流异步电机驱动双向定量泵，需要将拉索拉回时：无杆腔油液被压回蓄能器储存，拉索拉回。活塞杆伸出时停泵，将比例溢流阀设定到低压，活塞缸在拉索拉力和蓄能器推力的作用下伸出（原理简图如图 10-54 所示）。

系统优点：

① 本新型液压系统设计时采用"无阀"概念，即尽可能地减少液压阀的使用。这种情

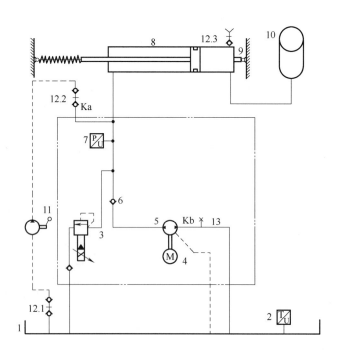

图 10-54 新型液压促动器原理简图

1—油箱；2—温度传感器；3—比例溢流阀；4—电机；5—双向齿轮泵；6—单向阀；7—压力传感器；
8—液压缸；9—位移传感器；10—蓄能器；11—手动泵；12—快速接头

况下，能够减少系统在使用过程中由于接口过多而造成的泄漏，并且能够减少由于油流经过液压阀时产生的热量，减小管道冲击，减小噪声。

② 本新型液压系统结构简单，安装与维护方便。

③ 由于液压阀的数量的减少，阀的体积、重量大幅度减小，且阀块中的孔道数目减少，液压阀块加工更加方便省时，进而阀块的生产成本大比例下降。另外，与阀块相连接的阀的数目减少，整个阀块连接体的体积减小，所以空间因素对其的影响减小，使得系统布置起来更加方便。

④ 液压缸无杆腔一端与液压蓄能器相连接，在液压缸杆需要动作时，由于蓄能器的存在，使得系统响应时间更短，反应更加灵敏。

⑤ 元件的减少，使电气布置方面更灵活，更易于控制，进而提高了电气方面的可靠性，提高了整个工作系统的可靠性。

⑥ 本装置在油箱以及液压缸缸体上设置排放气装置，有效减少系统工作过程中产生的爬行等现象。

本方案可用于集中式液压系统的分布式改造，可以在极大程度上简化系统管路、线路布置，提高系统可靠性，同时大大减少了安装时间；可满足大功率输出、小空间的需求；还有更快的、持之以恒的驱动速度；因是订制产品，易与各种大型装备和设备的液压控制系统实现集成；无需经验、快速替换，避免了长时间停车；保养要求大幅降低，可靠性强，可消除潜在泄漏点；经实践验证，在多种大型钢铁冶金设备、大型特种运载装备的恶劣工况下运行良好，使用寿命更长久；由于减少液压油的需求量，减少零件数目和库存量，大大降低了液压载重车的使用和维护成本；具有更低的安装成本和寿命周期成本。分布式智能化液压系统是今后液压载重车的发展方向。

第十一章
液压载重车电液控制系统仿真与试验

随着机电液一体化在现代设备中的应用，液压装置在一台工程机械设备中的造价通常达到 20%～30%，有的甚至超过 50%，因此在对液压系统进行设计与分析时，运用计算机仿真技术就具有重大的意义。在许多液压技术应用的场合，如果设计人员在设计阶段就考虑到液压系统的动静特性，就可以缩短液压系统或元件的设计时间，避免重复试验和加工带来的损失，并且可以提前了解系统在动静特性方面存在的问题并加以改进。计算机仿真技术不仅可以在设计中预测系统性能，减少设计时间，还可以通过仿真对所设计的系统进行整体分析和评估，从而达到优化系统、缩短设计周期和提高系统稳定性的目的。

液压载重车的行走、转向系统采用静压驱动，液压系统在总体成本中占了很大的部分，而且行驶系统的台架试验和样机的现场试验所需的人力和物力非常大，进行液压系统的仿真可以部分解决这方面的问题，是现场试验和台架试验的有效补充。

第一节 液压驱动系统仿真

一、系统负载的等效处理

在建立数学模型时，假定动力机构的负载为集中参数表示的单质量单弹簧系统，但这里所遇到的动力机构，是几个集中质量（惯量）以柔性结构相连接的多级共振性负载，由于它具有多个自由度，因而不能简单处理为单质量单弹簧系统，有必要对动力机构的实际负载进行等效转化，将实际的多级共振性负载等效为模型中的单质量单弹簧系统。

这些动力机构包括泵变量机构的控制液压缸、马达变量机构的控制液压缸以及液压马达，对这几种动力机构的实际负载进行等效转换，使之与前面建立的模型中的负载相一致，以便于仿真操作。

1. 泵变量机构的控制液压缸负载

泵变量机构控制液压缸的实际负载型式与等效负载型式如图 11-1。

研究负载的等效，实际上是研究如何用实际负载的信息在满足变形能守恒、动能守恒等其他条件下去求解等效负载的相关参数。这里将着重确定控制液压缸模型中负载的参量 m_c、B_c、K 及 F_c 的值。

（1）负载力

活塞外负载力是变量泵排量调节机构（指斜盘及其回转轴承）和吸排油腔相通部分产生

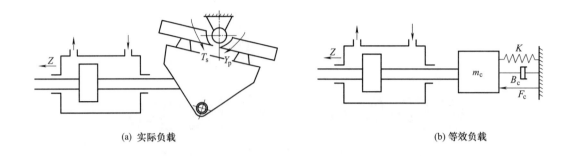

(a) 实际负载　　　　　　　　　　　　(b) 等效负载

图 11-1　泵控部分液压缸负载模型

的液压力矩折算到变量机构活塞上的变量力，也称操作力。以静平衡方程计算，得

$$F_c L \cos\gamma_p = T_s \tag{11-1}$$

式中 T_s 作为斜盘动作时的阻力矩，实际上是斜盘在高压腔工作的柱塞对转轴作用的合力矩。T_s 的瞬态值具有很大的随机性，与某一瞬间工作在高压腔的柱塞个数、各柱塞位置、斜盘倾角等诸多因素有关，不好把握。文献给出了此力矩的平均值表达式：

$$T_s = \frac{Z\Delta\varphi}{\pi} \times \frac{A_0 R P_p}{2\cos^2\gamma_p} \tag{11-2}$$

式中　Z——柱塞个数；

　　　A_0——柱塞截面面积，m^2；

　　　$\Delta\varphi$——高压腔偏置角度，rad；

　　　R——配流槽半径，m。

故

$$F_c = \frac{T_s}{L\cos\gamma_p} = \frac{Z\Delta\varphi}{\pi} \times \frac{A_0 R P_p}{2L\cos^3\gamma_p} \tag{11-3}$$

斜盘倾角 γ_p 的变化范围很小，可近似认为 $\cos\gamma_p = 1$，对上式作拉氏变换有

$$F_c(s) = \frac{ZA_0 R \Delta\varphi}{2L\pi} P_p(s) \tag{11-4}$$

（2）等效质量

图 11-1 中，斜盘转动惯量为 J_s，受到的阻力矩为 T_s，活塞质量 m_c'，斜盘转动惯量折算到活塞处的等效质量为 m_s。

由动能守恒原理可知，等效系统的动能应等于原系统的动能，有：

$$\frac{1}{2}m_c'\dot{Z}^2 + \frac{1}{2}J_s\dot{\gamma}_p^2 = \frac{1}{2}m_c'\dot{Z}^2 + \frac{1}{2}m_s\dot{Z}^2 \tag{11-5}$$

考虑到 $Z = L\gamma_p$

$$\dot{Z} = L\dot{\gamma}_p \tag{11-6}$$

将上式代入式（11-5），化简得

$$m_s = J_s/L^2 \tag{11-7}$$

所以等效模型中

$$m_c = m_c' + m_s = m_c' + J_s/L^2 \tag{11-8}$$

（3）黏性阻尼系数和弹性系数

黏性阻尼系数 B_c 和弹性系数 K，可本着简化的原则处理。假设斜盘转轴为刚性结构，于是模型中负载的弹性系数 K 就等于活塞对中弹簧的弹性系数。对于黏性阻尼系数 B_c，可采用活塞的黏性阻尼系数。

2. 马达变量机构的控制液压缸负载

马达变量机构控制液压缸负载的等效方式同泵的变量机构的控制液压缸负载等效原理相同。这里不再进行详细推导，只给出结果。

（1）负载力

$$F_t(s) = \frac{Z' A_0' R' \Delta \varphi'}{2 L_m \pi} P_m(s) \tag{11-9}$$

式中　Z'——柱塞个数；

$\Delta \varphi'$——高压腔偏置角度，rad；

A_0'——柱塞截面面积，m^2；

R'——配流槽半径，m。

（2）等效质量

$$m_t = m_t' + m_s' = m_t' + J_s'/L_m \tag{11-10}$$

其中 J_s' 为配流盘转动惯量，m_t' 为活塞质量，m_s' 为配流盘转动惯量折算到活塞处的等效质量。

（3）弹性系数和黏性阻尼系数

负载的弹性系数 k 就等于活塞对中弹簧的弹性系数，黏性阻尼系数 B_m，可采用活塞的黏性阻尼系数。

3. 液压马达负载

液压马达实际负载的等效模型如图 11-2 所示。

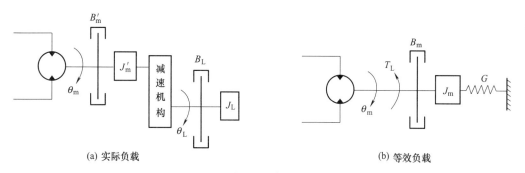

图 11-2　液压马达等效负载模型

（1）负载扭矩

前面的分析中，已经得到各种行驶工况下的负载扭矩：

$$T_L = \frac{M_k}{i_M \eta_M} = \frac{0.6 F_k r_d}{i_M \eta_M \eta_x} \tag{11-11}$$

对上式作拉氏变换得

$$T_L(s) = \frac{0.6 F_k(s) r_d}{i_M \eta_M \eta_x} \tag{11-12}$$

（2）转动惯量和黏性阻尼系数

在图 11-2 中，马达轴转动惯量为 J_m'，黏性阻尼系数为 B_m'，角速度为 ω_m，负载的转动

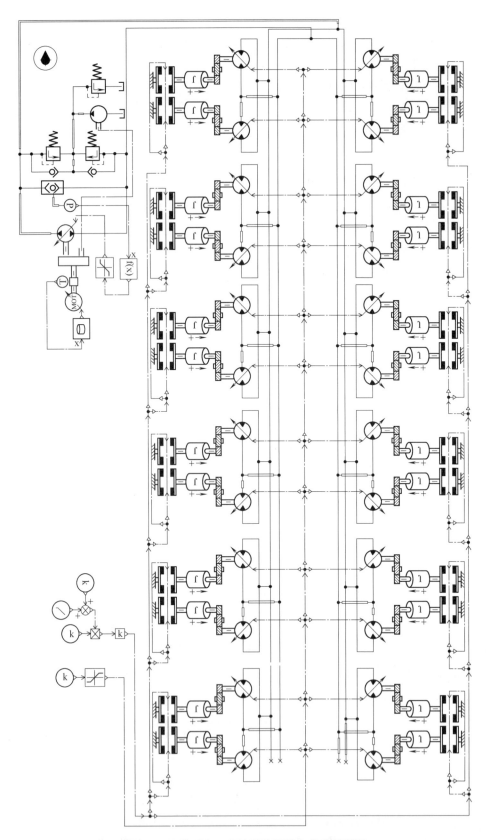

图 11-3 AMESim 环境下的运梁车仿真模型图

惯量为 J_L，黏性阻尼系数为 B_L，角速度为 ω_L。

假设减速机构中齿轮系是理想的，即齿轮是绝对刚性的，齿轮的惯量和游隙为零。根据能量守恒定律有

$$\frac{1}{2}J'_m\omega_m^2 + \frac{1}{2}J_L\omega_L^2 = \frac{1}{2}J_m\omega_m^2 \tag{11-13}$$

因

$$\omega_m = i_M \omega_L \tag{11-14}$$

于是由式（11-11）、式（11-12）化简得

$$J_m = J'_m + J_L/i_M^2 \tag{11-15}$$

这样便得到马达和负载惯量折算到马达输出轴上的等效转动惯量。同理，可以求得马达和负载折算到马达输出轴上的等效黏性阻尼系数。

$$B_m = B'_m + B_L/i_M^2 \tag{11-16}$$

扭转弹簧刚度：前面已作假设，减速机构的齿轮和齿轮轴为绝对刚性。因此，马达和负载转化至马达轴上的扭转弹簧刚度可以用马达轴的扭转弹簧刚度来代替。

二、仿真模型的建立

1. AMESim 环境下的行驶液压驱动系统建模

由于液压驱动系统采用由变量泵-变量马达组成的闭式变量液压系统，且为单泵-多马达组成的并联驱动回路，采用建立数学模型仿真的方法，其过程极其复杂。AMESim 软件的液压仿真系统十分完备，涵盖了液压系统仿真的主要方面。它建立了一大批对应真实物理部件的仿真模型，用户只要如同组装真实的液压系统一样，把相应的部件从库中取出，连接各个部件，设定参数，就可以构造用户自己的液压系统，而不必关心具体部件背后的烦琐的数学模型。同时，这些液压模型经过了大量的工程实践的检验，其可信度非常高。

根据运梁车液压驱动系统原理图，利用 AMESim 的 Mechanical、Hydraulic、Signal、Control and Observers 主要元件库建立液压驱动系统的仿真模型，如图 11-3 所示。

2. 图中模型的说明

（1）发动机

发动机模型图（图 11-4）中：FXA01 是一个循环子模型，它能够根据 ASCII 数据文件中定义的规则，输出输入的函数值。

根据发动机的外特性参数，预先建立好一个发动机的扭矩-转速关系的 ASCII 数据文件，就可以实现发动机转速随扭矩变化的模拟（输入扭矩信号、输出转速信号、输入输出信号都是无量纲的）；PMV00 是一个单位转换模型，它将一个无量纲的输入信号转换成旋转端的转速输出，可以将 FXA01 输出的无量纲信号转化为旋转信号；TT000 是一个负载传感器，通常用在旋转负载和旋转轴之间，输出负载的值；RMECHN0 是一个旋转节点子模型，它让两个或多个输出轴与一个输入轴相连。这四

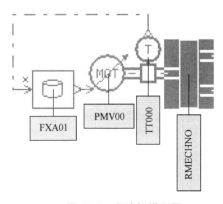

图 11-4 发动机模型图

者的组合,实现了发动机及分动箱的模拟。工程机械用发动机,除了启动和怠速以外,其转速均在高速区(高于最大扭矩点转速),在 ASCII 数据编制时,无需考虑低于最大扭矩点转速的情况,简化了模型。

(2) 液压泵

PU003C 是一个理想的变量液压泵子模型(图 11-5)。它考虑了容积损失和机械损失,出口流量由轴转速、冲击损失、泵排量和入口压力共同确定。其容积效率和机械效率可以定义为定值,也可以通过 ASCII 文件用数组定义。

图 11-5 液压泵子模型

运梁车采用多液压泵并联的方式,但几个泵的排量采用相同的控制策略和排量比参数,为简化,仿真时将所有泵的排量累加后,按一个泵来处理。

PU003C 与梭阀 SHTL1、压力传感器 PT001 以及 FX00 函数模块、SAT0 阈值模块组合在一起,模拟了带 DA 控制功能的液压泵,如图 11-6 所示。

(3) 补油、限压阀

CV000 是一个简单的单向阀子模型(图 11-7),没有考虑动力学因素,当导通时,单向阀的流量压力特性是线性的。RV00 是一个简单的溢流阀模型,没有考虑动力学因素,导通时,溢流阀的流速压力特性是线性的。OR000 是一个滤清器模型,它的特性有片状或是螺旋状两种可选,工作在用户定义的临界条件状态。PU001 是一个理想的液压泵模型,容积和机械损失认为是定值,出口流速由轴转速、泵排量和出口压力共同决定。TK000 是一个液压油箱模型,它被认为是一个压力为零的恒压源。

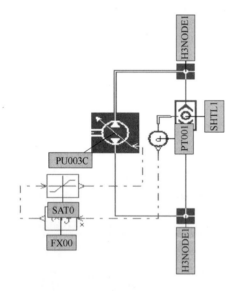

图 11-6 带 DA 控制功能的液压泵

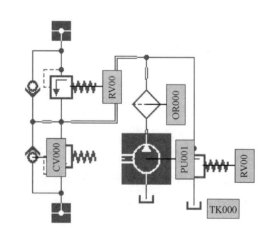

图 11-7 单向阀子模型

(4) 液压马达部分

MO003C 是一个理想的双向变量马达模型(图 11-8)。忽略流量损失和机械损失。马达转速由流经马达的液压油流量、冲击损失、马达排量和进口压力共同决定。

(5) 负载部分

负载部分比较复杂,其中,RL01 是一个简单的旋转负载动力学模型(图 11-9),其参数设定如表 11-1 所示。它考虑了转动惯量、黏性摩擦、库仑摩擦和静摩擦。RN000 是一个理想的齿轮减速器模型。它没有考虑机械效率。FR1R000 是一个旋转摩擦负载产生器,摩擦力仅为库仑摩擦力,没有考虑转动惯量。

表 11-1　RL01 的参数

标题	数值	单位
转轴速	0	r/min
惯性转矩	0.518877	kg·m·s^2
黏滞摩擦系数的影响	0.7	N·m/(r/min)
库仑摩擦力矩	0	N·m
黏滞扭矩	0	N·m

(6) 油液部分

这个模型定义了液压油的特性(图 11-10)。包括弹性模量、绝对黏度、空气饱和压力、空气含量、油温、气和蒸汽的多元系数、空气和气的绝对黏度等。其参数设定如表 11-2 所示。

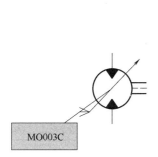

图 11-8　双向变量马达模型

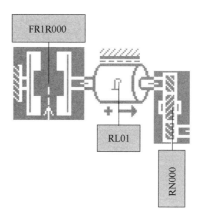

图 11-9　负载模型

图 11-10　油液模型

表 11-2　液压油特性模型的参数

标题	数值	单位
液压油的指数	0	
密度	850	kg/m^3
弹性模量	1700	MPa
绝对黏度	51	mPa·s

续表

标题	数值	单位
饱和压力	0	MPa
空气含量	0.1	%
油温	40	℃
气和蒸汽的多元系数	1.4	
空气和气的绝对黏度	0.02	mPa·s

3. 模型功能

仿真模型的建立是按照样机液压系统来进行的，但由于软件模型库的限制，有些部分无法完全按照实际样机的元件照搬。对其作了部分替换，但都遵循了不改变系统特性的原则。

在仿真模型中，可以通过修改外部载荷的输入，研究各种工况下系统工作参数的变化，及系统响应情况；可以通过批处理方法研究某一参数变化对系统的影响；对其中参数稍加修改，就可以将该模型用于类似系统的仿真。

系统输出以时间为横坐标、以目标参数为纵坐标的曲线图。这些曲线还可以通过坐标变换得出各参数之间的相互关系。

三、系统仿真分析

液压载重车液压驱动系统仿真模型建立完成以后，AMESim 软件提供了很好的人机对话环节，其中的元件参数通过对话窗设定，可以很方便地通过修改参数来实现对液压载重车作业过程的模拟。

为了能够尽可能地模拟实际情况，液压载重车液压驱动系统关键元件，如发动机、液压泵、液压马达以及减速器等的参数设定均按照计算参数，部分不可获取参数使用软件默认值。

液压载重车重载作业过程中，负载的变化主要来自液压载重车启动速度以及爬坡，虽然道路不平也会引起负载的变化，但道路不平引起的负载变化相对于爬坡引起的负载变化要小很多。液压载重车启动的瞬间会产生液压冲击，引起负载的剧烈变化，启动的速度对负载变化影响很大，同样，爬坡速度的不同也会对负载产生较大影响。另外，当某个马达出现打滑现象时，系统压力急剧下降，打滑马达转速上升可能出现超速现象。因此，对液压载重车启动、爬坡及打滑时在不同参数情况下进行计算机仿真，在仿真结果中，压力为马达入口压力，流量为液压泵出口的流量，车辆速度为由马达输出轴转速折算的车辆理论速度。

1. 爬坡速度对液压驱动系统影响

为了对爬坡速度对液压驱动系统影响进行分析，分别设定三种不同的斜坡载荷，如图 11-11 所示。

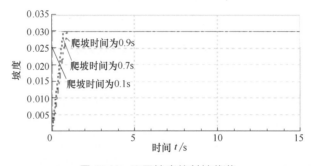

图 11-11　不同坡度的斜坡载荷

将斜坡载荷加载到系统负载中，可以得到液压驱动系统在不同斜坡载荷下的速度响应曲线和压力响应曲线，如图 11-12 和图 11-13 所示。

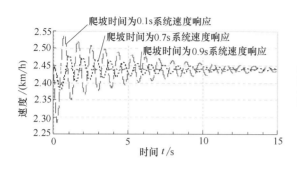

图 11-12 不同坡度的速度响应

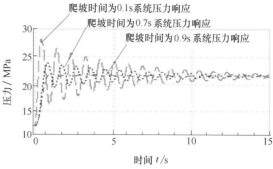

图 11-13 不同坡度的压力响应

从图 11-12 和图 11-13 中可以看出，对于 3% 的斜坡，爬坡速度越快，速度和压力波动冲击越大，达到稳定时间也就越长。对系统突加 3% 的斜坡时，液压驱动系统的速度和压力冲击是最大的，其峰值压力可以达到 28MPa，达到稳定时间也在 15s 以上。当爬坡时间为 0.9s，即爬坡速度为每秒钟 3.3% 坡度时，液压驱动系统的压力冲击非常小，而且在很短的时间内系统压力就稳定下来。

2. 启动速度对液压驱动系统影响

液压载重车启动时，最先控制的是液压泵的排量，随着液压泵的排量逐渐增加，液压载重车的速度逐渐增大，因此，液压载重车的启动速度取决于液压泵的控制特性。为了对启动速度对液压驱动系统影响进行分析，分别确定了泵启动时间为 1s、3s、5s 三种液压泵排量的控制速度，如图 11-14 所示。

将不同的液压泵控制速度加载到系统中去，分别得到液压驱动系统在不同液压泵控制速度下的压力响应曲线和速度响应曲线，如图 11-15 和图 11-16 所示。

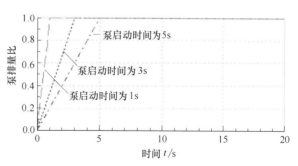

图 11-14 液压泵控制速度

从图 11-15 中可以看出，在液压载重车满载的情况下，当液压泵从零排量到最大排量在 1s 完成时，液压驱动系统的液压冲击超出 40MPa，使高压溢流阀溢流；当在 3s 完成时，液压驱动系统的液压冲击达到 31MPa，超出系统额定压力大约 19MPa；当在 5s 完成时，液压驱动系统的液压冲击超出系统额定压力大约 13MPa。因此，合理的启动速度是降低液压系统冲击的重要措施，液压载重车满载起步时，加速时间要大于 5s。同样，在控制液压马达的排量时，也要充分考虑马达排量的控制速度。从图 11-16 可以看出，液压载重车速度响应与液压泵控制速度基本吻合。

3. 个别马达打滑对液压驱动系统影响

液压载重车运行时，当某个驱动轮的附着力小于驱动力时，该马达会出现滑转，此时若系统马达提供的总驱动力不能驱动车辆前进时，车辆会停止，且液压泵提供的流量全部流向打滑的马达。这时，该马达可能出现超速，严重时可能造成马达和减速器损坏。给定其中一个马达的阻力矩比其他马达小，模拟马达情况，其负载如图 11-17 所示。系统压力响应、速度响应曲线如图 11-18 和图 11-19 所示。从图 11-19 中可以看出，当某个液压马达出现打滑，系统压力会降低。当某个马达打滑时，该马达转速急剧上升，接近 5000r/min，超出马达正常转速范围。这对马达的使用寿命极其不利。

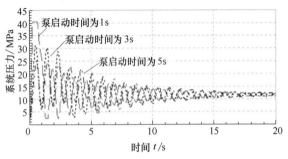

图 11-15　不同液压泵控制速度下的压力响应

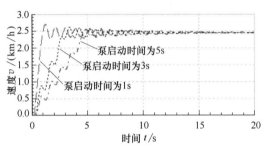

图 11-16　不同控制速度下的速度响应

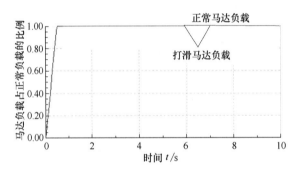

图 11-17　单个马达负载突变曲线

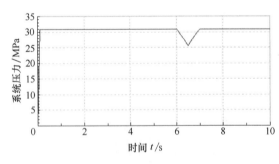

图 11-18　系统压力响应曲线

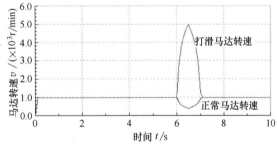

图 11-19　系统速度响应曲线

四、系统试验分析

液压载重车选用电气控制模块，具有 CAN-USB 数据接口，可以将传感器检测到的实时采样信号存储到外接 USB 存储设备。对液压载重车调试时，按照仿真设定的液压泵 5s 启动速度进行测试，控制器以 0.5s 的时间间隔实时连续记录压力传感器压力信号，并将采集到的数据存储到外接存储器，采样压力信号数据见表 11-3。

表 11-3 采样压力信号数据

采样点	采样值/MPa	采样点	采样值/MPa	采样点	采样值/MPa	采样点	采样值/MPa
1	18.27	11	15.02	21	16.77	31	17.47
2	28.24	12	17.99	22	17.33	32	17.12
3	17.08	13	21.37	23	17.49	33	17.36
4	11.39	14	17.74	24	17.11	34	17.16
5	15.63	15	15.69	25	17.37	35	17.33
6	25.44	16	17.53	26	17.10	36	17.09
7	18.39	17	19.17	27	17.40	37	17.41
8	13.93	18	16.60	28	17.09	38	17.05
9	17.42	19	18.39	29	17.37	39	17.37
10	23.36	20	17.56	30	17.13		

在液压载重车现场调试时，按照仿真的启动速度对液压载重车进行现场测试，得到液压驱动系统的压力响应曲线，如图 11-20 所示。

从图 11-20 可以看出，测试得到的系统压力高于仿真的压力，这是因为仿真得到的为马达进出口的压差，测试得到的为液压泵出口压力。对于闭式系统，液压泵进出口存在一个补油压差，且管路及驱动负载的不确定因素对系统压力也有一定影响，但仿真所得压力响应动态过程与测试曲线基本吻合，说明了计算机仿真的可行性。

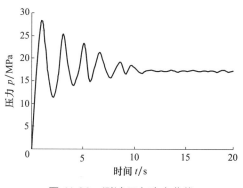

图 11-20 测试压力响应曲线

第二节 液压转向系统仿真

一、系统原理

液压载重车转向机构为双摇杆铰链四连杆机构，它驱动转向轮组实现＋100°至－100°的转向，液压载重车可以实现任意方向的转向。当转动方向盘时，系统所产生的转向脉冲给控制器提供信号，控制器控制比例换向阀的开度，从而使转向缸推动转向机构，使轮组产生相应的动作。每个转向轮组上都装有一个角位移传感器，它将轮组的转动角度反馈给控制器，由控制器将此数值与设定的数值作比较，然后由比例阀来控制转向油缸，使转向轮组产生动作。转向液压缸通过四连杆机构与转向轮组相连。图 11-21 为液压载重车电液比例控制独立转向原理图。

为了满足不同工况，液压载重车采用全轮独立转向和转角微电控制，可实现直行、斜行、横行、转向、头尾摆动、中心回转等转向模式。转向系统的基本控制思路是主控节点首先采集操控信号，识别转向模式（直行、斜行、横行、转向、头尾摆动、中心回转等），然后根据已建立的整车轮系转向运动学模型和方向盘输入的角度，解析出各轮组的期望转角，通过 CAN 总线接收最新的实际轮组转角，采用分段 PID 控制算法求解各转向缸的控制量输出，并向各 I/O 节点发送相应的控制指令，从而控制转向油缸带动转向轮组转动，这一控制过程不断循环，直至各轮组转到期望转角或工作状态发生变化。

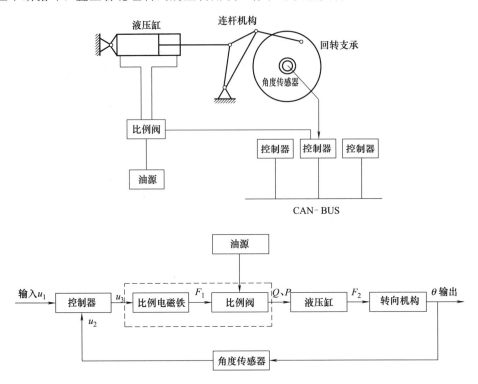

图 11-21　液压载重车电液比例控制独立转向原理图

二、系统模型的建立

液压载重车转向系统采用闭环控制，使用角度传感器把转向机构的转角反馈回来，与目标值进行比较，用所得的角度差信号进行补偿控制，实现对转向的精确控制。为了达到转向的协调动作，在控制原理上采用了一种主从式协调控制，其控制系统结构如图 11-22 所示。选取 1 号和 2 号两组转向机构作为协调控制的研究对象，其中，1 号转向作为主动，输入斜坡转角信号。2 号转向的转角输入信号是把 1 号转向实时的转角信号输入到解算单元，通过解算得到的，从而达到协调控制。

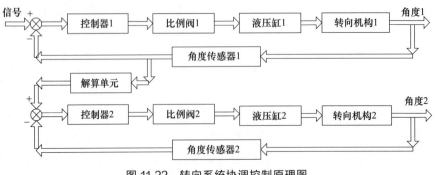

图 11-22　转向系统协调控制原理图

在液压载重车转向过程中，为保证整车的稳定性，应尽量避免出现超调现象，及微小偏差下的频繁调节引起的系统振荡。因此，采用了带死区的 PID 控制器，其控制算法为：

$$e(k) = \begin{cases} 0 & |e(k)| \leqslant |e_0| \\ e(k) & |e(k)| > |e_0| \end{cases}$$

式中，$e(k)$ 为位置跟踪偏差，e_0 是一个可以调节的参数，其值可根据实际控制对象由实验来确定。若 e_0 值太小，会使控制动作过于频繁，达不到稳定被控对象的目的；若 e_0 太大，则系统将产生较大的滞后。

1. 转向机构模型的建立

根据全液压自行式动力液压载重车转向结构的实际参数，采用 AMESim 软件机械模块库，建立了转向机构的仿真模型，如图 11-23 所示。

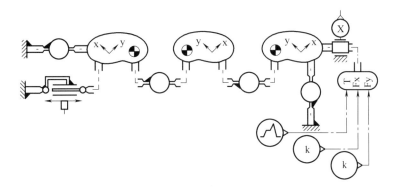

图 11-23　液压载重车独立转向机构仿真模型

2. 压力补偿阀模型的建立

闭芯式负载敏感系统中比例多路阀的压力补偿阀为二通进口压力补偿器，实际是一个定差减压阀串联于节流阀进油口之前，控制比例方向节流阀进口与负载前腔 A 或 B 之间的阀口压差。根据定差减压阀的基本原理，建立如图 11-24 所示的压力补偿阀仿真模型。

3. 负载敏感变量泵模型的建立

本负载敏感系统中所使用的变量泵包含流量控制阀、压力控制阀以及伺服变量油缸。其中流量控制阀与压力控制阀的结构一样，不同点在于其调压弹簧的预紧力和弹簧刚度不同，因此流量控制阀与压力控制阀的仿真模型为如图 11-25 所示的负载敏感阀模型。变量泵的变量原理为一伺服油缸推动变量机构，使泵的斜盘倾角改变，从而改变泵的排量。图 11-26 所示为所建变量泵伺服变量油缸的仿真模型，变量油缸不同位移对应的斜盘倾角产生的排量变

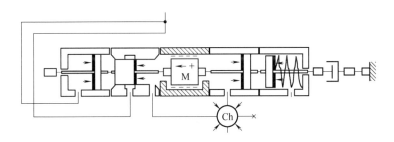

图 11-24　压力补偿阀仿真模型

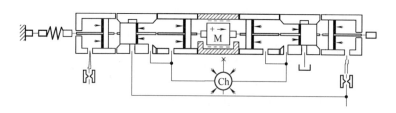

图 11-25 变量泵负载敏感阀仿真模型

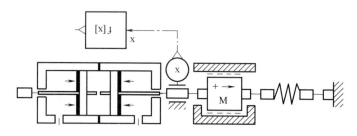

图 11-26 变量泵伺服变量油缸仿真模型

化可通过一个函数关系表达。

(1) 转向机构、液压系统、电控系统的仿真模型

图 11-27 中方框 1 是转向机构,左侧为 1 号转向机构,右侧为 2 号转向机构;2 是转向液压缸;3 是比例阀;4 是压力补偿阀;5 是泵的变量机构;6 是压力切断阀;7 是负载敏感阀。两套转向系统共用一个负载敏感变量泵。柴油发动机采用一个恒转速的电机代替,转速设定为 2000r/min。

在 MATLAB/Simulink 环境下的转向系统协调控制模型如图 11-28 所示。图中的 controller 1 和 controller 2 模块分别为 1 号和 2 号转向机构的控制器封装模块,Function 模块为 1 号转向机构转角到 2 号转向机构转角的解算单元,AMESim model 的模块为 AMESim 产生的供 Simulink 调用的 S 函数。

两套转向系统的机械结构、液压系统均相同,因此,仿真参数设置也一致。设定转向机构的负载扭矩 0~1s 为 $1.5×10^4$N·m,1~6s 为 $1.2×10^4$N·m,6s 以后为 0。液压油设置为 46#抗磨液压油。泵的效率设定为 94%,液压缸为理想液压缸,比例阀的控制电流为 40~200mA。系统其他仿真参数见表 11-4 所示。

(2) 系统模型的建立

为研究全液压自行式动力液压载重车的转向协调性,以两组转向桥的转向仿真来研究其协调性。根据实际独立转向系统的原理,建立如图 11-27 所示涵盖转向机系统仿真模型。

表 11-4 系统仿真参数

参数	名称	数值	单位
A_1	液压缸无杆腔活塞面积	0.0154	m^2
A_{me}	液压缸平均活塞面积	0.0125	m^2
V_e	油缸等效容积	0.01155	m^3
T	转向阻力矩	73000	N·m

续表

参数	名称	数值	单位
J	转动惯量	985	kg·m²
B	黏性阻尼系数	5000	N·m/(rad/s)
α	起始转向角度	70	(°)

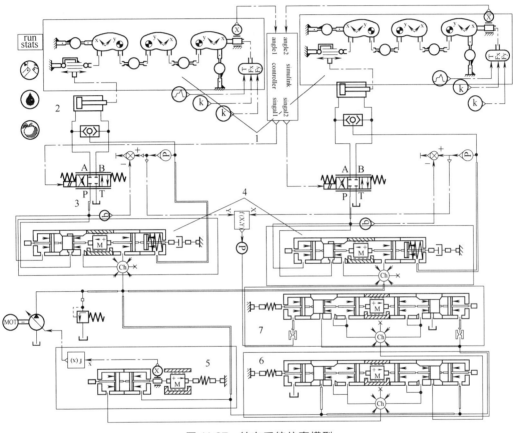

图 11-27 转向系统仿真模型

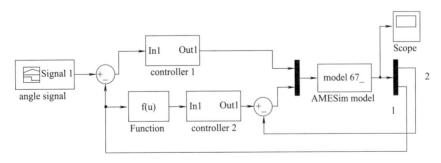

图 11-28 MATLAB/Simulink 环境下的系统模型

三、系统仿真与分析

设定好相关参数后,进行联合仿真。图 11-29 为压力仿真曲线图。图中曲线 1、2 分别为 1 号和 2 号转向液压缸的负载压力曲线，曲线 3 为负载敏感泵的输出压力曲线。从图 11-29 中可以看出，系统工作时，泵的出口压力始终比最大负载压力高出一个定值（2MPa），这是由负载敏感阀决定的。在 1s 时刻负载突变时压力也迅速下降，且不受负载变化的影响；当转向到位负载变为 0 时，泵的压力也迅速降低，最后维持系统设置的待命压力（2.5MPa）。

图 11-30 为流量仿真曲线图。曲线 1、2 分别为 1 号和 2 号转向液压缸的流量曲线，曲线 3 为两缸流量之和，曲线 4 为负载敏感泵的输出流量曲线。从图 11-30 中可见，泵的输出流量始终与所需流量自动匹配，没有多余溢流损失。开始时，泵处于最大流量状态，随着泵的启动，排量迅速减小以实现流量匹配。转向到位后，泵只输出一个供控制和泄漏的微小流量（大约 2L/min）。所以，在正常工作时，泵的输出功率等于负载消耗功率，效率得到了提高。由此可见，负载敏感系统的这种功率适应特性对于负载变化范围很大的转向液压系统来说是一种较为理想的节能方式。

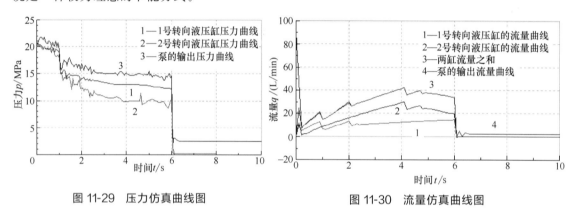

图 11-29　压力仿真曲线图　　　　　图 11-30　流量仿真曲线图

图 11-31 为转向机构转角仿真曲线图。图中，曲线 1 为 1 号转向机构的转角信号，是理想斜坡信号，曲线 2 为其仿真曲线。2 号转向机构的输入信号如图中曲线 3 所示，曲线 4 为其仿真曲线。从图中可以看出，两个转向机构动作平稳，具有良好的跟踪能力，较好地完成了转向动作。

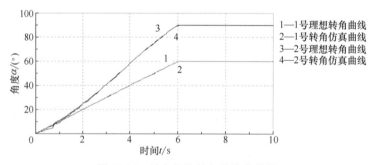

图 11-31　转向机构转角仿真曲线图

图 11-32 为转角误差仿真曲线图。其中，曲线 1 为 1 号转向机构的转角误差曲线，曲线 2 为 2 号转向机构的转角误差曲线。从图 11-32 中可以看出，在开始时，跟踪误差也较大；随着时间的延续，误差逐渐变小。在转向过程中，1 号转向机构的动态误差不大于 1°，2 号转向机构的动态误差不大于 2.5°，二者稳态误差均小于 1°。仿真结果表明，转向系统的协调性良好，完全满足系统的控制要求。

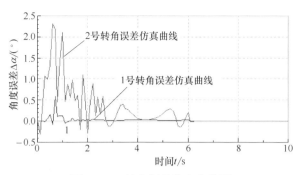

图 11-32 转角误差仿真曲线图

第三节 转向系统协调控制试验研究

一、空载试验

在整车安装完成后,对自行式全液压平板车转向系统进行了实车试验。首先人工将 8 个转向轮组的方向调整到直行模式,完成了 8 个转向绝对式编码器的标定,对方向盘增量式编码器的增益进行调节,将控制程序下载到各控制器内。先后对直行、斜行、横行、八字转向、半八字转向、头尾摆动、原地回转等转向模式进行现场试验。横行转向试验如图 11-33 所示,斜行转向试验如图 11-34 所示。试验发现,当车辆行进过程中进行八字转向、半八字转向及斜行转向时,均能较好满足要求。当车辆静止,将车辆调整到横行、头尾摆动、原地回转时,个别轮组转向偏慢,分析认为,由于转向采用负荷敏感液压系统,负载大小不会造成转向快慢不一致,而各比例阀的特性可能存在差异且液压管线和微电导线长短不一致造成各子系统增益不一致,可能影响转向快慢。调整 PID 控制参数后,问题得到很好解决。

图 11-33 横行转向试验

图 11-34 斜行转向试验

图 11-35 为空载时转向机构转角曲线图。从图 11-35 中可以看出,转向系统动作平稳,快速且无超调现象,转向到位后能较好地保持。图 11-36 为转角误差曲线图。从图 11-36 中可以看出,轻载工况下转向系统动作的协调性很好,误差控制在 2°以内,满足系统设计要求。

二、重载试验

重载试验时,在液压载重车上加装 150t 混凝土块,然后重复以上进行试验。图 11-37

所示为该车重载试验。

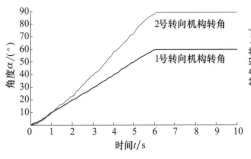

图 11-35　空载试验时转向机构转角曲线

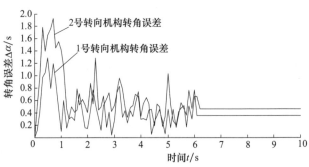

图 11-36　空载试验时转向机构转角误差曲线

图 11-37　TMZ150A 平板车现场测试

图 11-38 和图 11-39 分别为液压载重车重载时转向机构转角曲线图和转角误差曲线图。从图 11-38 中可以看出，转向系统动作平稳，快速且无超调现象，但均存在一定的滞后，转向到位后能较好地保持。从图 11-39 中可以看出，重载工况下转向系统动作的协调性很好，误差控制在 2°以内，稳态误差小于 1°，满足系统设计要求。

通过图 11-35 和图 11-38 的对比分析可知，系统在空载和重载情况下的运行性能差异较小，仅在开始时有较大的差别。此点证明了控制器有较强的适应性。

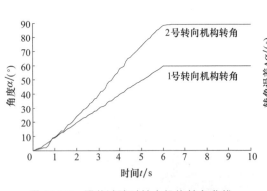

图 11-38　重载试验时转向机构转角曲线

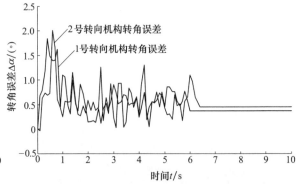

图 11-39　重载试验时转向机构转角误差曲线

三、转向系统协调控制仿真与试验分析

从图 11-40 中可以看出，系统仿真结果和试验情况下的转角变化趋势相同且控制结果大致相同，说明所建立的转向协调控制的数学模型是正确的。

图 11-35 及图 11-38 的对比分析可知，在空载工况及重载工况，系统转向动作均较为平稳，且两转向机构的动作协调性较好，满足实际工程需要。从图 11-36 和图 11-39 中可以看出，转向的动态误差控制在 2°范围以内，满足工程要求的精度。说明采用主从控制的转向控制策略是可行的。

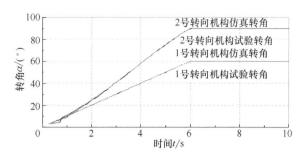

图 11-40 仿真与重载试验转向机构转角对比图

经过分析，得出影响转向系统协调动作的原因主要有以下几点：

① 各片比例多路阀的线性工作区和流量增益存在微小差异，导致流入液压缸的流量并不是严格协调控制的理想值，从而导致动作的不协调。

② 液压缸的阻力矩不尽相同，不稳定。在转向过程中，转向轮胎所受的阻力矩是时变的，阻力矩偏大的液压缸动作显然要比理想的慢。

③ 液压缸的制造和装配误差、转向机构装配误差等都将造成运动阻力矩的大小不同。

④ 液压系统本身的变阻尼和非线性的特性。

⑤ PID 在控制非线性、时变、耦合及参数不确定的复杂过程时，工作效果不是很理想。

运用 AMESim 仿真软件建立液压驱动系统的仿真模型，在设定各项仿真参数的基础上，对引起系统负载变化较大的爬坡速度和启动速度两种工况进行了仿真分析，得到两种工况时的速度响应特性和压力响应特性，为液压驱动系统提供了控制参数和依据。

在液压载重车转向控制原理的基础上，建立了液压载重车电液比例控制模型，针对液压载重车液压转向系统不能出现超调和小偏差振荡的要求，提出分段 PID 控制策略，并运用 AMESim 软件建立所需液压阀的模型，构成仿真系统进行仿真研究。

通过对液压载重车液压驱动系统和液压转向系统进行现场测试，实测所得曲线与仿真曲线基本吻合，也说明了进行计算机仿真的有效性。用负载敏感技术和主从式协调 PID 控制策略的转向系统能够较好地实现协调转向动作，且达到了节能的目的，能够满足液压载重车在不同工况下的转向要求。

第四节　相关试验的基础与类型

液压载重车所用的液压元件，在有些企业里采购回来后直接安装，一旦系统出现问题，查找起来十分不便，费时费力，特别容易延误工期。而在质量管理体现健全的主机制造厂，液压元件通常要进行出厂性能的试验，看看有关指标与供货商提供的说明书指标是否一致，可以提前剔除故障元件，保证液压系统的正常调试和使用。也有批量大的，或自主研发的特殊元件，通常还要进行可靠性试验。对于再制造企业，研制或大修后的液压元件均需进行试验，可以分为试验室内的台架试验和装在工作机上的随机试验。

一、通常试验方法

液压元件的试验可分为性能试验、可靠性试验、专题试验和出厂试验四大类。

性能试验的目的是：探求理论依据，验证某些理论和设计方法的准确性并取得符合实际情况的资料，揭示无法用理论分析获得的规律性东西；为研制新产品、提高产品可靠性和寿命创造条件；进行一般验证性的出厂试验。

可靠性试验的目的在于测定和提高液压元件的可靠性。专题试验是根据某科研项目的需要或适应某工作机的特定要求而进行的试验。出厂试验是在液压元件经鉴定批量生产后，在成品出厂前进行的必要检查和试验，以确保产品质量。

上述四方面的试验并非对每台液压元件都需进行。可以根据国家和工厂有关标准的规定，选择必要项目进行试验。某些项目须按订货合同的要求来确定，有些项目则可用抽样检查的办法来决定是否进行试验。

传统的液压元件性能试验台需要多台测控仪器分别作业，操作复杂、测试速度慢、准确性差。而采用了虚拟仪器设计后，系统需要设备总量将大大减少，各种信号测量及激励信号的发生完全由软件实现，可以远程控制，不但加快了测量进程，提高了测量准确性，而且便于调试，降低了试验成本。试验数据和结果满足测控系统精度要求，并以多种方式输出，方便进一步的理论分析；由于硬件和软件已标准化、模块化，使得程序的开发周期大大缩短，可移植性增强，维护和扩充更为方便。

台架试验技术方案现在多采用模块化设计，分为液压源模块、液压泵试验模块、液压马达试验模块、液压多路阀试验模块、液压油温控制模块、补油模块、漏油和回收模块、控制柜、强电动力柜。

同时试验台的数据采集、显示和处理也模块化。试验台的压力、流量、转矩、转速、温度（含油温和环境温度）等信号由传感器测量采集，测试台具有数显功能，便于现场对试验过程及参数变化进行观测。试验参数通过传感器数据采集、显示，工控机实现数据采集与处理，打印特性曲线、试验报告和进行数据管理等。为保护系统安全稳定运行，必须对试验设备状态进行监测与报警。

二、定制并行节能的试验系统

根据元件与系统的特殊需求，采用可定制试验系统是目前常用的节能的试验方法。传统的试验系统不能根据产品厂商或者用户需求整合资源，而是单纯地为建试验台而建，不能将多类元件并行为一个液压系统群试验系统，所有参与元件均为被测试元件，也不能节约时间并且按照旧系统定制设计系统。

（1）多类液压元件的试验构型方法研究

① 试验的构型确定。研究试验元件的种类、数量、压力、排量的确定方法，试验加载和测试系统的调控策略，揭示其物质/能量/信息流的协同设计方法，并构建参数化数学模型，进行构型优化。

② 构型的耦合机理研究。研究元件的物理失效（疲劳、磨损和老化等）机理和性能演变规律；研究时空耦合情况下多能场/多状态/多过程统一模型的建立问题，对它们相互影响的敏感因子进行研究，确定其在可靠性数据处理中的重要度。

（2）多类液压元件试验的可靠性与寿命评估

① 多类液压元件的可靠性评估。对反映液压元件可靠性的多特征量之间的耦合关系进行分析，确定各特征量之间的相互作用和其对液压元件可靠性的影响因子，对各液压元件建立基于多特征量融合的可靠性试验标准与参数评估模型。

② 多类液压元件的剩余寿命预测。针对试验中不同的截尾策略与截尾时间，进行可靠

性参数评估适用性研究,对性能参数退化轨迹模型、最优退化轨迹搜索策略、可靠性参数评估的精确度等方面进行研究。

(3) 多类液压元件并行试验能量回收利用研究

试验的节能研究。找出适合不同类型试验对象的功率回收方式,研发可定制化被试对象加载装置与测试系统,搭建自动化程度高和功率回收率高的试验装置,建立一套行之有效的可靠性加速试验方法。多机节能型液压泵可靠性试验台的设计体现了当前液压产品可靠性试验的发展方向。

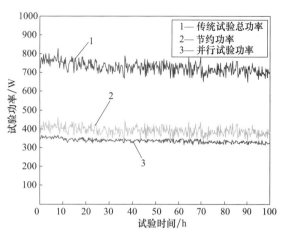

图 11-41 传统试验方法与并行试验方法节能比较

并行试验方法是指,由于液压元件功率大、寿命长的特点,传统的一件一试的可靠性试验方法耗时长、测试效率低、能耗高、试验费用高。而采用并行可靠性试验方法可以提高测试效率,节省高昂的试验台的搭建成本。节能的效果如图 11-41 所示。

第五节 可定制多类液压元件并行可靠性试验

液压元件性能与可靠性试验时间较长,在长时间试验过程中消耗大量能量。因此,如何在完成试验的同时,在试验过程中节约能量或实现能量回收,已逐渐成为液压元件试验台的研究方向和研究热点之一。目前国内液压元件与系统可靠性试验存在的问题:重主机而轻元件;可靠性、专业性差;管理混乱;试验标准低,仅进行出厂试验,以随车试验替代可靠性试验,压力、转速等条件达不到,试验时长往往不够。

一、可定制的节能液压元件试验台研究背景

20 世纪 90 年代,笔者所在的东北重型机械学院(现燕山大学)团队在国内率先完成了机械工业部科技项目:工程机械液压元件综合试验台。在大庆油田、大庆石化总厂,课题组设计了针对工程机械的多功能液压元件试验台,并为企业培训了大批液压工程技术人员。为承德钢铁公司研发针对冶金钢铁企业的采用计算机数据采集系统及模块化处理的液压元件综合试验台,为企业率先实现视情维修提供了保障。后又先后建立交流液压地震模拟试验台、与虚拟仪器相结合的多种液压试验台。

2012 年,科研团队与宁波恒力液压针对液压泵和液压马达试验的特点,并且对不同种类功率回收型液压马达/液压泵试验台新系统的功率回收效率进行分析和研究,先后设计了基于机械补偿式的并行式液压泵可靠性试验台和电功率回收液压马达试验台。其中所设计的并行式液压泵可靠性试验台系统包含一个电动机和四个被试液压泵,其中包含两个闭式液压泵和两个开式液压泵,其中一个被试液压泵作为系统动力源,利用其中一个闭式液压泵带动一个开式液压泵进行试验,利用另一个闭式液压泵带动电动机转动,从而为电动机转动提供一定动力,实现能量回收。该试验台可以一次实现多个液压泵的可靠性试验研究,同时实现能量回收。该技术通过国家鉴定,属于国际先进水平。

由单元件故障规律演化到多类液压元件（其集合为液压元件群）可靠性研究，各单个液压元件既具有独立性又相互耦合，液压元件群具有多变量、强耦合、非线性、时变性和多态性等复杂性，而现有的液压可靠性试验理论和方法在多类液压元件的组合体方面相对匮乏。

科研团队为中国天眼 FAST 的液压促动器关键液压元件可靠性进行评价，专门设计了并行节能型加速寿命试验台，在同一液压系统和单次试验中可以试验完成对两个液压泵、两个溢流阀和两个液控单向阀的可靠性试验研究，做到了能量的多次利用，增大了单次试验样本，节省了试验时间，提高试验效率的同时有效地节省了能量。

科研团队所设计的电功率回收液压马达试验台系统可以实现多种规格液压马达的相关出厂试验。在研究过程中，通过仿真技术对该试验台的系统和回收效率进行仿真研究。结合液压马达在不同转速与力矩加载下的多组试验测试，对试验中系统的功率回收效率进行研究，同时对相关系统的变量因素对回收效率的影响进行分析。

单元件并行是指在动力源功率不增加的条件下，将多个同类型被测元件同时运行。试验台具有单次试验样本多、节能、自动化程度高、数据准确等特点，节能率为 57.3%。

二、并行节能型加速寿命试验台的研制

团队发明了多种类液压元件联合检测及短时试验方法，设计了短时试验预测寿命的非参数检测方式，研制了不同种类国产液压泵、阀、马达、液压缸、蓄能器、过滤器等关键元件并行试验和检测装置。提出多样本全寿命试验数据分析程序库，获得液压元件可靠性短时试验最优化周期，建立了融合试验大数据的液压元件可靠性短时仿真评估体系，缩短试验时间 50%~80%，解决了传统可靠性试验周期长、能耗高的难题。成果用于海军舰艇、导弹控制、装甲车辆、盾构装备等特种装备液压元件的可靠性参数短时评估。

（1）并行式可靠性试验台系统设计

通过对机械和液压功率回收型液压马达试验台工作原理分析，并结合实际可靠性试验需求，设计了一种四液压泵同时进行可靠性试验的并行式可靠性试验台系统，极大地提高了试验效率，同时减少了发电机能量的输入，有效地实现能量回收（图 11-42、图 11-43）。

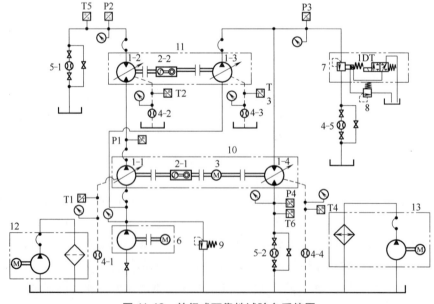

图 11-42 并行式可靠性试验台系统图

（2）系统功率回收效率研究

系统中能量存在损耗，损耗功率为系统输入功率减去系统回收功率。在系统压力为 35MPa 和 41MPa 时，分别进行试验研究，得到系统的功率实际回收效率和实际平均回收效率。35MPa 时，系统的功率平均回收效率为 66.4%；41MPa 时，系统的功率回收效率为 60.2%，系统可以有效地实现能量回收。与传统单台泵试验方法比较，并行式轴向柱塞泵节能型可靠性试验所采用的试验方案电能节约率高达 90.8%，节能效果相当显著（图 11-44 至图 11-47）。

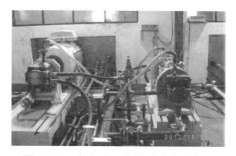

图 11-43 并行式可靠性试验台实物图

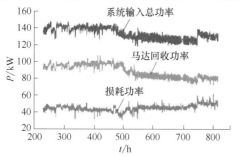

图 11-44　35 MPa 时系统输入总功率、回收功率和损耗功率

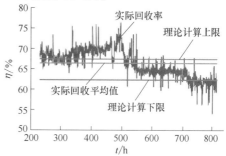

图 11-45　35 MPa 时系统功率回收率对比情况

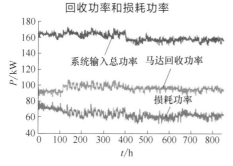

图 11-46　41 MPa 时系统输入总功率、回收功率和损耗功率

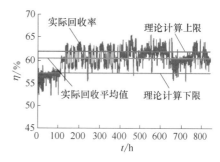

图 11-47　41 MPa 时系统功率回收率对比情况

三、FAST 液压促动器关键元件并行节能型加速寿命试验台的研制

液压促动器是紧凑型或集成型液压动力单元，是今后液压载重车这一领域大型工程机械的发展方向。

中国科学院国家天文台 500m 口径球面射电望远镜（Five-hundred-meter Aperture Spherical radio Telescope，简称 FAST）为国家重大科学工程。为保证 FAST 安装工程的顺利进行，受国家天文台的委托，笔者所在科研团队接受了 FAST 液压促动器关键核心元件可靠性试验的任务，主要包括：密封件的可靠性试验、溢流阀可靠性试验、齿轮泵可靠性试验。时间紧，按常规元件可靠性试验方法要搭建几个试验台，大大增加试验成本，并且时间也无法保障。为此团队研发了液压促动器关键液压元件的可靠性寿命评估及节能试验装置，完成并行式多功能液压可靠性试验台，能够同时对多种多台液压元件样本进行试验，节能率达60%，解决了液压产品可靠性试验高能耗、高成本的问题。同时提出新算法，用非线性回归理论研究液压泵性能参数的退化轨迹问题，大大缩短了试验时间，解决了小样本条件下的数据处理精度问题。

根据液压元件加速寿命试验台的技术要求，设计一种基于并行节能原理的加速寿命试验

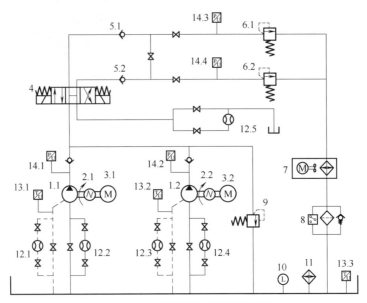

图 11-48 多类元件并行节能试验台

1—齿轮泵；2—联轴器；3—电动机；4—电磁换向阀；5—单向阀；6—溢流阀；7—冷却器；8—过滤器；
9—安全阀；10—液位液温计；11—加热器；12—流量计；13—温度传感器；14—压力传感器

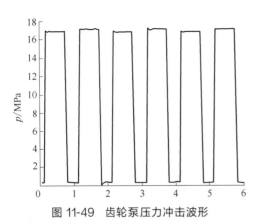

图 11-49 齿轮泵压力冲击波形

台，根据溢流阀形成不同压力等级的冲击，这些冲击在对齿轮泵、单向阀进行寿命加速试验的同时，也对溢流阀进行了不同压力等级的冲击，同时实现了对齿轮泵、单向阀和溢流阀自身的寿命试验，做到了能量的多次利用。温度、压力、流量等数据均通过传感器采集，并被记录在存储器中，实现对相关液压元件运行状态的可视化监控、故障自动判断和故障回放。见图 11-48。

采用所设计的试验台，顺利完成了对齿轮泵、溢流阀和液控单向阀的 50 万次冲击试验，得出齿轮泵的压力冲击波形（图 11-49）。本试验台的设计方法对国内其他液压核心元件加速寿命节能试验台的研制具有借鉴指导意义。

四、电功率回收式液压马达试验台功率回收效率研究

（1）电功率回收液压马达试验台系统设计

首先通过对电功率回收液压马达试验台的原理分析，计算得到了简化的电功率回收液压马达试验台系统回收效率，并对其中影响因素进行了分析。根据电功率回收液压马达试验台原理，设计了一种电功率回收式液压马达试验台系统，采用电液比例变量泵作为系统的动力

元件，电液比例变量泵的排量随着被试液压马达期望试验转速调节，同时通过发电机对被试液压马达加载力矩大小进行精确控制，将回收电能通过电气元件整合直接并入电动机供电电网（图11-50）。

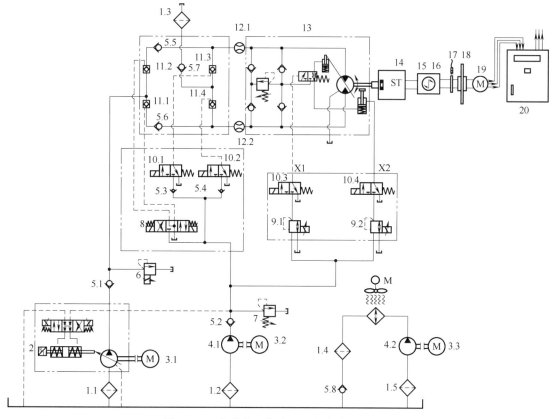

图 11-50 电功率回收液压马达试验台系统图

1—过滤器；2—变量泵；3—电机；4—定量泵；5—单向阀；6—比例溢流阀；7—溢流阀；8—三位四通电磁换向阀；9—比例减压阀；10—二位三通电磁换向阀；11—液控单向阀；12—流量计；13—变量马达；14—减速器；15—转速传感器；16—转矩传感器；17—编码器；18—联轴器；19—发电机；20—电控柜

(2) 电功率回收液压马达试验台功率回收效率仿真研究

采用仿真软件建立了系统的仿真模型，并结合液压马达在转速较大时输出扭矩较小和转速较小时输出扭矩较大的特点，分别在马达最大排量和最小排量时进行一定转速和扭矩下的仿真分析。将系统中发电机的输出功率与驱动电液比例变量泵的电机输入功率之比看作系统的功率回收效率，通过仿真得到系统在液压马达不同排量时，随着转速的增大和载荷的减小，系统功率回收效率不同且不断变化（图11-51至图11-53）。

(3) 系统功率回收效率试验分析

通过实际对所设计电功率回收液压马达试验台的生产，对液压马达在最大排量和最小排量时进行多组转速与加载试验。通过曲线拟合的方式，得到液压马达试验台系统回收效率与液压马达总效率随着转速减小、载荷增大的试验条件变化的趋势曲线。系统功率回收效率与液压马达总效率随液压马达容积效率下降和机械效率上升而先增大后减小，存在最大值，系统功率回收效率与马达总效率正相关。在试验条件下，系统功率回收效率最大值为71%，最小值为38%，可以有效地实现能量的回收。节时率：76.9%。见图11-54至图11-57。

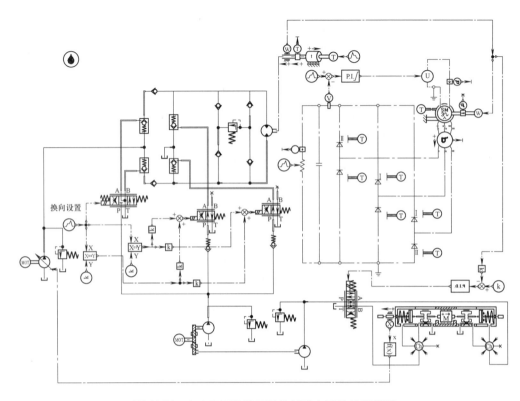

图 11-51 电功率回收液压马达试验台系统仿真模型

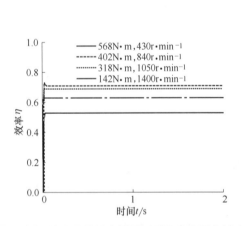

图 11-52 液压马达最大排量时系统功率回收效率

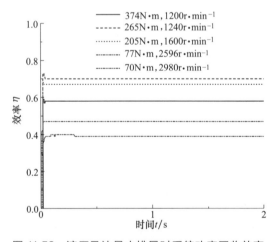

图 11-53 液压马达最小排量时系统功率回收效率

图 11-54 试验台整体

图 11-55 试验台液压马达安装处

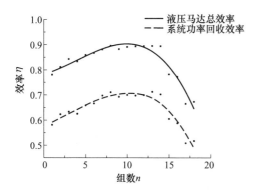

图 11-56 液压马达最大排量时总效率与系统功率回收效率

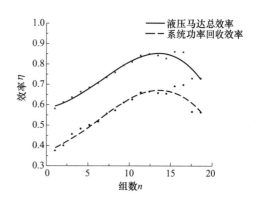

图 11-57 液压马达最小排量时总效率与系统功率回收效率

第十二章
自行式液压载重车可靠性设计

第一节 大型自行式液压载重车液压系统的可靠性研究

一、可靠性在液压载重车中的作用

产品的可靠性是工程机械产品至关重要的一个性能，一切的使用功能都是必须依赖一定的可靠性来发挥的。可以说可靠性设计是工程设计的灵魂。国外早已意识到这一点，从设计阶段就非常重视可靠性问题。经研究发现，在设计阶段多投入 1 美元就会产生 1500 美元的效益，而在可靠性设计上的投入产出比是设计方面最高的。

可靠性设计可以用流程图 12-1 说明。一个工程机械产品的最终使用可靠性是一个综合

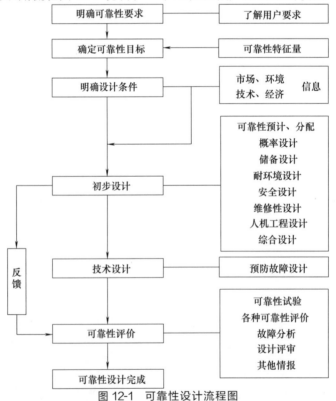

图 12-1 可靠性设计流程图

性问题，它涉及从设计、生产到使用、维修方方面面自然的、人为的问题。

在工程机械领域中可靠性更是至关重要，很多时候都是关系到国计民生的大问题。这也是为什么很多时候宁愿花费高昂的代价引进外国成套技术的原因。例如通联公司为我国苏通大桥生产 TP75 式架桥机，其液压系统核心元件都是国外产品，并且还要花费巨额资金请外国公司审核以后，用户方面才放心并表示满意。

对于市场和用户来说，液压载重车品牌的核心价值主要体现在产品质量可靠性、服务和二手设备市场上的残余价值三个方面。因此，产品质量可靠性就成为能否占领市场的关键。2004 年，在德国慕尼黑宝马国际博览会上，中国展团接待了来自全球 100 多个买主和代理商，他们普遍反映非常愿意接受中国液压载重车，但是产品的可靠性是令人头痛的事，买得便宜，用得不放心。根据目前我国产品在 1000h 可靠性试验和三包期内的统计资料，平均无故障间隔时间（MTBF）为 150～300h 不等，国际水平为 500～800h。大修期寿命，若不采用进口发动机，只有 4000～5000h，国际水平达到 8000～10000h，超过 200kW 的大型产品达到 20000h。可见，产品可靠性和大修期寿命是我国液压载重车缺乏竞争力的主要问题。

二、可靠性工程基本概念

可靠性是产品在规定的条件下和时间内，完成规定功能的能力。这里提出了可靠性三个要素，即规定的功能、规定的时间、规定的条件。

可靠性的基本数量特征包括如下 3 项：

① 可靠度 $R(t)$　指产品在规定的条件下和规定的时间内，完成规定功能的概率，它与产品的积累失效概率 $F(t)$ 之间的关系为：

$$R(t)=1-F(t) \tag{12-1}$$

在时域 $[0,\infty]$ 内，$R(t)$ 是时间 t 的减函数，称为可靠度函数，$0 \leqslant R(t) \leqslant 1$。$F(t)$ 称为不可靠度函数。

② 失效率 $\lambda(t)$　也称瞬时失效率，等于产品在时刻 t 后的一个单位时间内 $(t,t+\Delta t)$ 的失效数与在时刻 t 尚在工作的产品数之比。

③ 寿命　指液压元件达到规定功能极限状态前保持工作能力的性能，它的数值常用表征主要特征参数（一般为输出参数）超过许用极限的工作时间来估计。

自行式液压载重车属于可修复产品，可修复产品寿命指两次相邻故障间的工作时间，称为平均无故障工作时间。不可修复产品，指产品失效前平均工作时间。失效与故障为同一含义。

三、可靠性基本函数

令 T 是单元到失效的时间，它是一个随机变量。根据可靠性定义，事件 $\{T \geqslant t\}$ 的概率是单元在时刻 t 时的可靠性。换言之，它是单元在 $(0,t)$ 内不发生失效的概率。设 $R(t)$ 是可靠性函数（也叫幸存函数），则有

$$R(t)=P\{T>t\} \tag{12-2}$$

这里，P 表示概率，事件 $\{T \leqslant t\}$ 是事件 $\{T \geqslant t\}$ 的补，它的概率常常被称为累积分布函数，用 $F(t)$ 来表示，则有

$$F(t)=P\{T \leqslant t\}=1-R(t) \tag{12-3}$$

其物理意义是单元在时间间隔 $(0,t)$ 内失效的概率。另一个可靠性基本函数是概率密度函数 $f(t)$，定义为

$$f(t) = \frac{\mathrm{d}F(t)}{\mathrm{d}t} = -\frac{\mathrm{d}R(t)}{\mathrm{d}t} \qquad (12\text{-}4)$$

其物理意义是在时间间隔 $(t, t+\mathrm{d}t)$ 内的单位时间内发生失效的概率。

已知一个单元在时刻 t 是工作的,它在时间间隔 $(t, t+\mathrm{d}t)$ 内的单位时间内发生失效的概率称为单元在时刻 t 的失效率(或风险率),通常记作 $r(t)$[或 $h(t)$],有

$$r(t) = \frac{P\{t < T \leqslant t + \mathrm{d}t \mid T > t\}}{\mathrm{d}t} = \frac{f(t)}{R(t)} \qquad (12\text{-}5)$$

四、可靠性工程常用的统计分布

有许多标准统计分布可用作各种可靠性参数的模型,其中较少的一部分统计分布能满足大部分可靠性工作的需要。在每一种情况下所使用的特定统计分布取决于数据的性质。如指数分布意味着一个产品故障因随机原因引起,与其工作时间的长短无关。对数正态分布反映了疲劳模式或修复时间的状况,正态分布则代表了磨损或性能衰减。而产品中的某一薄弱部分出现故障,都会导致整个产品的故障。可靠性分析中常用的分布有:离散型分布,主要有二项分布、泊松分布等;连续型分布,主要有指数分布、正态分布、威布尔分布、对数正态分布等。这里仅对本系统进行分析用到的指数分布加以介绍。

许多元件在工作时间内可能由于"偶然"原因而失效。这段时间里,没有一种失效机理对失效起主导作用。在元件类型给定的情况下,失效率的数值将依赖于工作条件和外部环境条件(压力大小、温度高低、振动大小、电压高低、换向频率等),而且是这种条件的一个特征值。自然,在条件变化时,失效率也就随之而变。很多电子设备在早期故障期之后及耗损故障期之前,产品的故障率基本上是稳定的。

即使是一个复杂的系统,只要定期进行预防性维修,产品出故障后予以修复,则在一定时间后,产品的寿命亦可证明渐近于指数分布。实践证明,很多机电产品的寿命服从指数分布。从理论上说:假设一个产品由很多部分组成,不论这些组成部分的寿命是什么分布,只要产品的任一部分出了故障,给予修复再投入使用,则较长时间之后,产品的寿命基本上是指数分布。

这种分布是可靠性工作中最重要的一种分布,设备是在失效率比较稳定的那段时间里使用,因此指数分布比较真实地反映了这种可靠度。它描述瞬时故障率是常数的情况。从泊松分布可以推导出指数分布。当在 $(0, t)$ 期间内不发生失效时,由 $x = 0$ 得

$$\begin{cases} P(T > t) = P(x = 0) = \mathrm{e}^{-\lambda t} \\ P(T \leqslant t) = 1 - \mathrm{e}^{-\lambda t} \end{cases} \qquad (12\text{-}6)$$

这就是指数分布函数。其故障密度函数是

$$f(t) = \lambda \mathrm{e}^{-\lambda t} \qquad (12\text{-}7)$$

当 $t > 0$ 时,式(12-7)中的 λ 是瞬时故障(失效)率,可靠度函数 $R(t) = \mathrm{e}^{-\lambda t}$,平均寿命 $\theta = 1/\lambda$,对于可修复设备来说,$\mathrm{MTBF} = \theta = 1/\lambda$。

指数分布具有无记忆性的特点,也叫无后效性。这就是说,如果某产品的寿命服从指数分布,那么在它经过一段时间 t_0 的工作之后如果仍然正常,则它仍然和新的一样,在 t_0 以后的剩余寿命仍然服从原来的指数分布。即在发生前一个故障和发生下一个故障之间,没有任何联系,即发生的是无后效性事件。可表达为

$$P(\{T>t_0+t\}|\{T>t_0\})=P(T>t) \tag{12-8}$$

由条件概率公式，可以证明

$$P(\{T>t_0+t\}|\{T>t_0\})=\frac{P(\{T>t_0+t\}\cap\{T>t_0\})}{P(T>t_0)}=\frac{P(T>t_0+t)}{P(T>t_0)} \tag{12-9}$$

可得

$$P(\{T>t_0+t\}|\{T>t_0\})=\frac{e^{-\lambda(t_0+t)}}{e^{-\lambda t_0}}=e^{-\lambda t} \tag{12-10}$$

指数分布假设是一种比较保守的假设。因此，除非有充分的分析依据或工程鉴定证明应选非指数分布，一般假设产品的寿命为指数分布。

五、常用可靠性设计方法

1. 简化设计

简化设计可以提高产品的固有可靠性。设一个产品有 k 个单元串联组成，第 i 个单元的可靠度为 R_i、不可靠度为 F_i，则

$$R_S=\prod_{i=1}^{k}R_i \tag{12-11}$$

$$F_S=1-R_S=1-\prod_{i=1}^{k}(1-F_i) \tag{12-12}$$

当 F_i 都很小时

$$F_S=\sum_{i=1}^{k}F_i \tag{12-13}$$

可见，产品愈复杂，组成的单元愈多（即 k 愈大），则产品的可靠度 R_S 就愈低。可采用简化设计的方法，在保证满足性能要求的前提下，减少产品组成单元数，从而提高其可靠性。为了实现简化设计，建议采用以下原则：

① 尽可能减少产品组成部分的数量及其相互间的连接；
② 尽可能实现零、组、部件的标准化、系列化与通用化；
③ 尽可能采用经过验证的、可靠性有保证的零、组、部件；
④ 尽可能采用单元化、模块化设计。

2. 可靠性分配

可靠性分配是系统可靠性设计中的一种重要手段。它是指将工程设计规定的系统可靠度指标合理地分配给组成该系统的各个单元。确定系统各组成单元（总成、分总成、组件、零件）的可靠性定量要求，从而使整个系统可靠性指标得到保证。由此可知，可靠性分配的任务是用可靠性模型将可靠性分配到子系统或元件，条件是达到系统可靠性的特定目标，目的是确定每个子系统或元件合理的可靠度指标，作为子系统或元件设计的一个重要依据。可靠性分配的常用方法有：

① 等分配法　对系统中的全部单元分配以相等的可靠度的方法称为"等分配法"或"等同分配法"。

② 相对失效率法与相对失效概率法　相对失效率法是使系统中各单元的容许失效率正比于该单元的预计失效率值，并根据这一原则来分配系统中各单元的可靠度；相对失效概率法是根据使系统中各单元的容许失效概率正比于该单元的预计失效概率的原则来分配系统中

各单元的可靠度。

3. 可靠性预测

可靠性预测是可靠性设计的一种重要方法，由于可靠性预测较为常用，因此单独列为一节。可靠性预测是指根据设计方案对系统的可靠性进行预测，因此可以可靠性预测结果对设计方案进行评价和调整，以提高系统的固有可靠性。

元件的可靠性一般由两种方式得到。一是试验法，这种方法基于对某一产品进行大量的试验，得到产品的故障数据，如产品的故障模式、平均寿命等，通过对数据的统计分析得到产品的故障概率分布。这种方法能够较好地反映客观实际。另一种方法是理论推导法，理论推导法通过建立元件的物理工作模型和数学模型，描述在使用环境下产品的失效准则，然后根据使用环境判定元件的可靠性。

液压系统可靠度预测的基本方法主要有数学模型法、元件计数法、边值法（又称上下限法）、相似设备法、故障率预测法、性能参数法、模糊可靠性方法、Monte Carlo 模拟法等。一般情况下，液压系统可靠度预测流程如图 12-2 所示。

图 12-2　液压系统可靠度预测流程图

4. 冗余设计

冗余设计即采用多重（套）系统，其中一套发生问题则通过故障监控予以切除或隔离。冗余设计可以显著地提高系统可靠性，使之在故障的情况下仍能继续工作。一般应用于要求系统"绝对"可靠的地方，如航空航天、核电站、大型地面电站等，以确保系统的任务可靠性。缺点是实现的成本高，系统的控制模型复杂，而且其对系统可靠性的提高有一定的限度。冗余单元的引入将不可避免地引起附加费用，除增加制造成本外，使用、维修（维护）费用也将随之增加。任务可靠性的提高是以增加制造成本及使用、维修（维护）费用为代价换取的。大量的技术发展情况表明，很多技术产生在军工上，而后才转入民用，如伺服阀、液压助力器首先都是在航空上应用，而后转入民用的，相信冗余设计也将会在很多部门应用。

5. 降额设计

降额设计是系统（或设备）可靠性设计的重要组成部分。降额是指设备中的元器件在使用中所承受的应力低于其额定应力值，降额的应力可以是电、热和机械应力。

进行降额设计的目的是通过限制元器件所承受的应力，从而降低元器件的失效率，提高系统的可靠性。降额设计中认为元器件本身是可靠的，元器件在额定应力值下，一般情况下是允许工作的，但发现在额定值工作下的元器件，其失效率往往比较大。虽然元器件的设计有一定的安全余量，元器件在一开始使用时并没有发生失效（这里不考虑元器件缺陷引起的早期失效），但是，元器件在大的使用应力下，随着时间推移其性能退化速度较快，这是由元器件的材料等原因所造成，因而出现上述问题。降额设计对元器件降额使用，则可延缓和减弱其退化，提高了元器件的可靠性，从而也提高了系统的可靠性。

降额准则中，对元器件降额要求主要有三方面的内容：降额等级、降额参数和降额因子。国外的元器件降额准则，有的将降额分等级，有的则不分。即使有了降额标准，一般情况下应采用其规定的降额等级和量值，但也不应将其绝对化，特殊情况下，应允许对降额要求作合理的改变，采用合理的降额量值。对元器件本身来讲，要注意这一要求。通常对关键或重要的系统所采用的元器件，要求其降额量值要大，但也不是越大越好。从元器件的失效率来看，有一个最佳降额范围，一般应力比 $0.50\sim0.90$。此应力比 $S=$工作应力/额定应力，其值也称为降额因子，在此范围内的降额，元器件失效率下降较大，再进一步降额，元器件失效率下降甚小，故一般不采用。

6. 应力-强度干涉模型

机械强度的可靠性设计是 20 世纪 70 年代发展起来的新兴学科，它是将概率统计的基本理论应用到机械工程设计中的一种新方法，使设计结果更符合实际，更好地满足设备现代化水平日益提高的要求。

由于加工、制造等原因造成同一材料的强度不同，影响材料强度的因素如性能、尺寸、表面质量、化学成分等均为随机变量，影响应力的参数如载荷工况、应力集中、润滑状态等也是呈一定分布的随机变量。应力 s 的概率密度函数 $f(s)$ 与强度 δ 的概率密度函数 $g(\delta)$ 一般存在着如图 12-3 所示的三种关系。很明显，图 12-3（a）所示情况的可靠度为 1，在这种情况下零件的强度总是大于应力，是绝对安全的。图 12-3（c）则正好相反，其可靠度为 0，因为在任何情况下零件的强度总是小于应力。图 12-3（b）则介于两者之间。

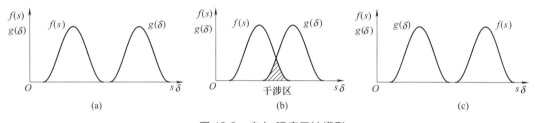

图 12-3 应力-强度干涉模型

无疑，图 12-3（c）的情况是应当避免的，但如果按照图 12-3（a）的情况来设计机械零件，势必造成所设计的产品过于庞大，代价过高。因此，需要研究的是图 12-3（b）的"干涉"情况。零件的可靠度 R 表达式为

$$R=P(\delta>s)=P(\delta-s>0) \tag{12-14}$$

其实质就是零件的应力与强度相互"干涉"时，零件的强度比应力大的概率。一般情况下，应力与强度的分布相互独立，则应力-强度模型下零件的可靠度为

$$R=P(\delta>s)=\int_{-\infty}^{+\infty}g(\delta)\left[\int_{-\infty}^{\delta}f(s)\mathrm{d}s\right]\mathrm{d}\delta=\int_{-\infty}^{+\infty}f(s)\left[\int_{s}^{+\infty}g(\delta)\mathrm{d}\delta\right]\mathrm{d}s \tag{12-15}$$

7. 其他可靠性设计方法

工作在海底、水下、污染、高温、寒冷、防爆等特殊环境下的液压系统，要进行耐环境设计，以避免由外部环境引起液压系统故障。还有一些可靠性设计方法，例如 FTA 和 FMECA 等。

第二节　液压载重车可靠性分析与研究

一、可靠性常用典型系统模型

可靠性工程开端于可靠性模型的建立，实际中应用的往往是典型的可靠性模型。以下是

典型的可靠性模型。

1. 串联系统模型

若组成系统的任一单元故障均会导致整个系统的故障，称为串联系统。串联系统是最常见的模型。串联系统可靠度的数学模型定义为：

$$R_S(t) = \prod_{i=1}^{n} R_i(t) \tag{12-16}$$

式中　$R_S(t)$——系统的可靠度；

　　　$R_i(t)$——第 i 个元件的可靠度；

　　　n——组成系统的单元数。

对于串联系统中各个单元寿命服从指数分布的情况下，即 $R_i = e^{-\lambda_i t}$ 时，有：

$$R(t) = e^{-\sum_{i=1}^{n}\lambda_i t} = e^{-\lambda_s t} \tag{12-17}$$

式中　λ_s——系统的故障率。

即各单元的寿命分布均为指数分布时，系统的寿命也为指数分布。由式（12-16）可见，系统可靠度是各单元可靠度的连乘，各单元可靠度 $R_i(t) < 1$，则单元越多，系统可靠度越小，MTBF 值也就越小。

2. 并联系统模型

组成系统的所有单元都发生故障时，系统才发生故障，称为并联系统。并联系统是最简单的冗余系统。其可靠度的数学模型定义为：

$$R_S(t) = 1 - \prod_{i=1}^{n} [1 - R_i(t)] \tag{12-18}$$

并联系统可靠度函数与并联单元数有直接的关系，尤其是当 $n=2$ 时，可靠度提高更显著，当并联单元过多时，可靠性提高速度大为减慢。

3. r/n (G)系统模型

组成系统的 n 个单元中，不故障的单元数不小于 r（r 为介于 1 和 n 之间的某个数），系统就不会故障，这样的系统称为 r/n（G）系统，它属于工作储备模型，是表决系统的一种形式。r/n(G) 系统可靠度的数学模型：

$$R_S = \sum_{i=r}^{n} C_n^r R(1-e) \tag{12-19}$$

4. 旁联系统模型（非工作储备模型）

组成系统的 n 个单元只有一个单元工作，当工作单元故障时，通过转换装置接到另一个单元继续工作，直到所有单元都故障时，系统才有故障，称为旁联系统，又称非工作储备系统。旁联系统的数学模型如下。

假设：转换装置可靠度为 1，则系统 $MTBF_S$ 等于各单元 $MTBF_i$ 之和

$$T_{BF_S} = \sum_{i=1}^{n} T_{BF_i} \tag{12-20}$$

假设：转换装置的可靠度为常数 R_D，对两个相同单元，且寿命服从指数分布时，系统可靠度 $R_S(t)$ 为

$$R_S(t) = e^{-\lambda t}(1 + R_D \lambda t) \tag{12-21}$$

旁联方式的优点是能大大提高系统的可靠度,其缺点是:
① 由于增加了故障监测及转换装置而提高了系统的复杂度;
② 要求故障监测及转换装置的可靠度非常高。

可靠性模型还有混联模型、网络系统等几种模型。根据以上几种基本模型,可以构造出系统的可靠性框图,用来表示系统各个元件之间在可靠性上的相互关系,依据可靠性模型,对系统进行可靠性分析和预测等工作。

二、液压载重车液压系统的失效模式和可靠性分析

液压载重车的失效原因因素较多,失效模式较为复杂,分析起来也较困难。但是总体归纳起来,根本上的原因不外乎工作载荷冲击的突发性失效、超过规定寿命后渐进性失效、人为因素引起的过错性失效等方面。每一方面又可以细致地进行进一步分析。

抛开 TLC100A 液压载重车系统电气控制系统、机械结构系统,专门分析其液压系统的可靠性模型和失效模式。表 12-1 为 TLC100A 液压载重车液压失效模式表,表中的排列顺序为按照元件在液压元件中大类的划分和元件维修、更换程度由易到难的顺序。

表 12-1 液压元件的失效模式及原因分析

	元件	失效模式	失效原因
Ⅰ 液压附件类	软管	油液泄漏	橡胶层氧化、老化破裂 金属网疲劳或超压破裂
	钢管	油液泄漏	薄弱处疲劳或超压破裂 接头处松动
	滤油器	油液被堵塞	滤芯堵塞且旁路失效 油黏度过大
		无滤油效果	滤油器堵塞使旁路开通 滤芯失效
Ⅱ 液压阀类	截止阀	漏油	密封件失效 阀芯与阀体间隙太大
		调节困难以致手柄失灵	阀芯卡死 阀芯与阀体磨损间隙太大
	液控单向阀	逆流时密封不良	单向阀阀口有脏物或被磨损 阀芯卡死
		液控口压力控制失灵	控制压力过低
		不能正常开启	背压大 阀芯被卡
	分流集流阀	比例分配流量作用失效	节流阀芯和阀体的配合间隙过大 节流口堵塞 阀芯弹簧失效 阀芯被卡
		悬挂执行缸速度不平稳	节流口堵塞使通油面积减小 由于振动使调节位置变化
	换向阀	不能实现换向功能	阀芯卡死或拉坏 工作温度太高,阀芯受热膨胀卡住阀体孔
		动作缓慢	油液黏度过高 泄油路堵塞

续表

	元件	失效模式	失效原因
Ⅱ 液压阀类	溢流阀	压力波动	弹簧弯曲 锥阀阀体与阀座接触不良
		调节无效	弹簧断裂 阻尼孔堵塞 阀体被卡住 回油口被堵
		泄漏	滑阀阀体与阀座配合间隙过大 锥阀阀体与阀座配合间隙过大 压力过高
		压力达到调整值时不开启	弹簧失效 滑阀阀芯卡死
Ⅲ 液压执行元件类	转向悬挂液压缸	漏油	密封件损伤 端面连接不紧
		输出无力	内外泄漏 系统压力低
		动作迟滞或爬行	缸中存有较多空气 油液黏度高 摩擦力过大 运动速度太低
		只能伸出不能收回	内泄漏使缸成为差动回路 系统油液不能换向
	变量马达	输出扭矩低于额定值	中心弹簧失效,柱塞不能回程, 缸体与配流盘之间失去密封 缸体孔与柱塞平面磨损严重 变量机构阻力过大 马达中有旋转组件损坏 部分漏油
		容积效率下降、漏油严重	密封件磨损
		排量无法变化	变量机构失效
		发热、噪声大	吸入空气 壳体内存有空气 柱塞与滑靴头连接松动 马达的转速过高
Ⅳ 液压动力元件类	变量泵	打不出油或流量不足	油液不能充分吸入泵中,如油液面过低、吸油管漏气等 启动时温度较低,油液黏度太高 中心弹簧失效,柱塞不能回程,缸体与配流盘之间失去密封 缸体孔与柱塞平面磨损或烧盘粘铜 变量机构阻力过大 泵中有零件损坏 部分漏油
		压力低	泵的转速过低 系统的溢流阀常开失效 配流盘与缸体间有杂物,或配流盘与转子接触不良

续表

元件		失效模式	失效原因
Ⅳ 液压动力元件类	变量泵	漏油严重	密封件磨损
		排量无变化	变量机构失效
		噪声大、振动与发热严重	泵与发动机止口的连接不同心,造成偏载动荷 吸入空气 泵体内存有空气 柱塞与滑靴头连接松动 补油泵补油不足 泵的转速过高

由表 12-1 可以看出,在 TLC100A 液压系统中,弹簧失效与阀芯卡死是主要的失效原因,因此在设计时应尽量选用高质量、抗污染、高可靠性的元件,并注意对安装过程中管道的清洗,使用过程中应加强对阀类元件的维护、清洗和保养,经常更换滤油器的滤芯,尽量保持油液的清洁度,可以在很大程度上防止阀芯磨损和卡死,非常有效地提高驱动变量液压马达、变量柱塞泵、转向液压缸与悬挂柱塞缸使用寿命和可靠性,降低 TLC100A 液压载重车故障率和维护成本,并有效提高设备利用率与生产效率。

液压系统是液压载重车控制系统的关键部分,液压元件是主要的零部件,因而以液压系统为可靠性工作的主线索与核心。在掌握了系统的详细资料后,根据系统工作时相互逻辑关系,建立液压系统工作过程中部分和整个液压系统的可靠性框图和可靠性模型。为简化起见,分析中作以下假设:

① 系统是两状态可靠性模型;
② 各单元的失效概率是相互独立的。

由于液压载重车液压系统的各元件之间是串联的关系,因此,整个系统的结构是串联结构。因为液压载重车包括了液压转向、液压悬挂升降与液压行走驱动三个系统,为了便于分析与表达,把整个系统分为 6 个部分。它们分别是泵源 1 部分、泵源 2 部分、回油冷却部分、转向部分、悬挂升降部分和行走驱动部分,其可靠性框图如图 12-4 所示。

其中泵源 1 是为悬挂升降与转向系统供油的开式回路主泵源,泵源 2 为风冷却器动力泵源。通过分析可以知道,在悬挂升降与行走两套系统中,泵源 1、2 部分和回油冷却部分必须同时工作才能使得各套系统正常工作。因此,分析单独每一套系统的可靠性时都需加入这三部分的影响。

根据可靠性理论,对于 n 个单元串联构成的系统,若每个单元的可靠度为 $R_i(t)$,而且各单元的寿命服从指数分布,即 $R_i(t) = e^{-\lambda_i t}$,根据式(12-16),系统的可靠度为

$$R(t) = \prod_{i=1}^{n} R_i(t) = R_1(t) R_2(t) \cdots R_i(t) \cdots R_n(t) = \prod_{i=1}^{n} e^{-\lambda_i t} = e^{-\sum_{i=1}^{n} \lambda_i t} \tag{12-22}$$

式中 λ_i ——各单元的基本失效率。

即

$$R(t) = e^{-\sum_{i=1}^{n} \lambda_i t} = e^{-\lambda_s t} \tag{12-23}$$

式中 λ_s ——系统的故障率。

图 12-4 各元件下方标出的是基本失效率($\times 10^{-6}$/h)。一般地,元件在偶然失效期内,

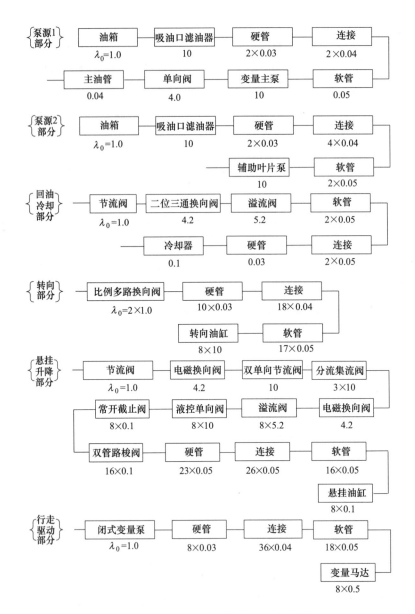

图 12-4 TLC100A 液压载重车可靠性框图

寿命服从指数分布。根据液压系统失效统计资料知道，元件合理设计、材料选择和制造技术是可靠性的决定因素，一般占 80%，而元件使用及环境因素一般占整个因素的 20%。在使用中 75% 的故障是由油液污染引起元件或系统工作失效，采用精过滤器后，一般可保证滤油后油液清洁度提高一个等级。因此可以认为，采用精过滤器后，系统的失效率为未采用精滤油器的 93.5%，即 $(0.75 \times 0.5 + 0.3) \times 0.2 + 0.8 = 0.935$，因此该值可作为系统失效率计算时的修正系数 C。另外，图 12-4 给出的是元件的基本失效率，是在标准的试验条件下得出的，在不同的工作环境下，需要对其作相应的修正，即实际失效率 $\lambda = K_F \lambda_0$，式中，K_F 是失效率修正系数，取值见表 12-2。对于活动地面设备，一般取 $K_F = 10 \sim 30$，这里取 $K_F = 10$。

表 12-2　液压元件失效率的修正系数 K_F

环境条件					
实验室设备	固定地面设备	活动地面设备	船载设备	飞机设备	导弹设备
1～2	5～20	10～30	15～40	25～100	200～1000

由式（12-23）可得液压载重车各液压系统的串联回路可靠度，其中，各系统总的失效率为

$$\lambda_i = K_F C \sum_{j=1}^{n} \lambda_j t = K_F C (\lambda_1 + \lambda_2 + \cdots + \lambda_j) t \tag{12-24}$$

式中　K_F——修正系数，取 $K_F = 10$；

　　　C——与过滤精度有关的修正系数；

　　　λ_i——i 系统的失效率，取 1、2、3；

　　　λ_j——此系统中 j 元件的失效率。

由式（12-17）可得出系统的可靠度为

$$R(t)_i = e^{-\lambda_i t} = e^{-K_F C \sum_{i=1}^{n} \lambda_j t} \tag{12-25}$$

根据系统的可靠性框图与数学模型，可以得出，液压转向系统的可靠性最低，液压驱动系统的可靠性最高，这主要是由系统中所串联的元件数目引起的。因此，提高液压系统可靠性的最佳途径就是采用可靠性简化设计的方法，减少系统的薄弱环节。元件的固有可靠度和系统油液的清洁度也是对系统可靠度具有决定性作用的因素，因此对于动力与驱动元件在这里都选用了国内外知名公司的高可靠度产品，并采取了十分完善的确保系统污染程度的方法。

三、900t 提梁机液压系统的可靠性研究

900t 轮胎式提梁机是一种专门用于铁路客运专线预制梁厂梁体的调运、移位、存放的设备，采用轮胎走行方式，机动灵活。

900t 提梁机为全液压控制，它的液压控制系统包括驱动系统、悬挂系统、支腿系统、转向系统、天车系统和卷扬系统。提梁机的液压系统的驱动系统是闭式回路系统，其余为开式回路系统，采用恒功率负荷传感泵加电液比例控制。在开式回路中，提梁机的转向系统是用比例多路阀控制，可以实现高精度的同步转向；悬挂的液压系统不但采用比例控制技术，并且使用了单向节流阀和防爆阀的控制结构，从而保护液压系统能够安全可靠地工作。液压卷扬系统是采用比例技术、PLC 和 PID 的综合控制，使液压马达能够同步工作，并且设计了 3 种卷扬制动保护，以保障卷扬系统能正常工作。

对于提梁机来说，其液压卷扬系统是整个系统中的最关键的部分，因此它的可靠性的高低直接关系到整个系统工作的可靠性，在系统设计的初级阶段我们对卷扬系统进行了建模和分析。

（1）画出系统的可靠性框图

为了分析方便，我们把整个卷扬系统分为动力部分、卷扬马达部分、减速器制动部分、补油部分和回油部分 5 个子系统。从而建立了整个系统的可靠性框图以及各个子系统的可靠性框图，如图 12-5 和图 12-6 所示。

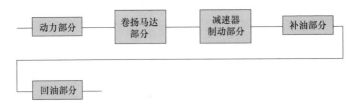

图 12-5 整个卷扬系统的可靠性框图

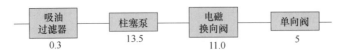

(a) 动力部分

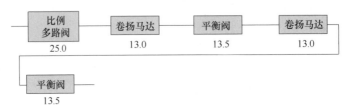

(b) 卷扬马达部分

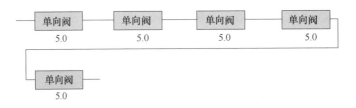

(c) 补油部分

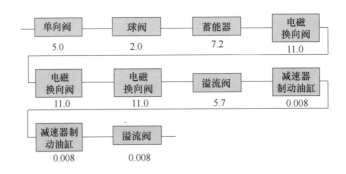

(d) 减速器制动部分

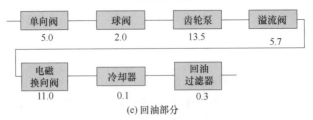

(e) 回油部分

图 12-6 各个子系统的可靠性框图

(2) 建立可靠性数学模型

由各个子系统的可靠性框图和每个单元下面的元件失效率 λ_0，根据式（12-25），我们便可以得出各个子系统以及整个系统的可靠性数学模型分别为

$$R(t) = \prod_{i=1}^{n} R_i(t) = \prod_{i=1}^{n} e^{\lambda_i t} = e^{\sum_{i=1}^{n} \lambda_i t} \tag{12-26}$$

式中 λ_i——各单元的基本失效率。

从元件失效率 λ_0 及可靠性数学模型我们可以得出，卷扬马达部分的失效率最高，可靠度最低，是影响系统可靠度的主要因素。这是由于这一部分含有失效率较高的比例多路阀和液压马达元件。通过现场调试我们也发现，系统的这一部分也是最容易出现故障的地方。

第三节　液压载重车液压悬挂可靠性测定试验

一、液压载重车液压悬挂及其可靠性测定原理介绍

液压载重车液压悬挂部件组是液压载重车使用性能得以实现的重要部件。实际安装好以后的液压载重车悬挂部件组如图 12-7 所示，它包括悬挂钢架、平衡臂、悬挂油缸、车桥以及安装好的马达、减速器和尚未安装的左右轮胎。如果和人体相比，其在整车中的作用可以比作人的两条腿部。

图 12-7　液压悬挂部件组照片

液压载重车悬挂钢架是液压载重车液压悬挂部件组中的重要零件。其零件图如图 12-8 所示，其顶部通过推力轴承连接车架平台，上部圆孔是悬挂液压缸的耳环安装孔，下部圆孔通过销轴连接平衡臂及车桥与轮胎。在整车运行之中，它负责均衡分配所有轮胎之间的载荷，使得承载均匀、运行平稳，还负责整车的升降、转向工作。因此，它的结构与承载特性备受用户方与制造商的关注，为此请燕山大学流体控制实验室完成悬挂钢架结构件的液压加载-应变、应力分析试验，以测定其刚度并与计算机仿真数值进行对比，确定液压载重车液压悬挂刚架结构及平衡臂的可靠性，确定液压缸选型的合理性与可靠性。并为今后相同类型车辆的生产提供仿真计算的可信度数据，节省不必要的重复试验经费。

测试试验是解决工程实际问题的重要手段。例如，为了解决工程设计中的强度、刚度和稳定性问题，就必须了解材料的力学性能，而材料的力学性质只有通过试验才能测定；在研究新材料和热处理新工艺时，也需要测定其力学性质，以检验它们的质量指标和工艺要求；

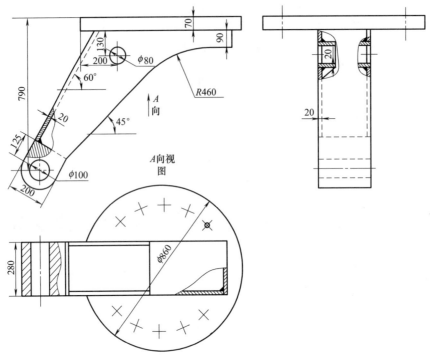

图 12-8 液压悬挂钢架零件图

在研究焊接技术时,就需要对焊接结构的强度和变形进行测试,及对热影响所引起的残余应力进行测量;在研究钢结构的强度和刚度时,就需要对它的上、下部结构进行缺陷的无损检测、模态分析和应力测试。复杂的工程实际问题,理论分析往往无法得出可靠的结论,这时实验方法常是解决这些问题的有效途径。特别是对于某些边界条件不明确,甚至连材料性质都不清楚的问题,理论分析和数值计算已无法进行,但却可以通过试验来测出其应力和变形数据,来解决这些问题。测试试验是可用来解决许多工程实际问题的基本方法。

可以进行测试试验的工程结构力学特性包括:强度、刚度、弹性、塑性、冲击韧性、疲劳强度和断裂韧性等。其相应的指标有:强度指标 σ_s、$\sigma_{0.2}$、σ_b、τ_s、$\tau_{0.3}$、τ_b,弹性常数 E、μ、G,塑性指标 δ、Ψ,冲击韧性指标 a_k,疲劳强度指标 σ_{-1},断裂韧性指标 K_{IC}、δ_c、J_{IC} 等。材料的力学性能优劣就是用这些指标的具体数值来衡量的。这些指标不仅是工程机械和结构设计中的重要数据,而且是制造的结构能否进入工程应用的基本考核依据。此次试验,测定指标为强度指标,采用电测应变法,其基本叙述原理如下。

取测试结构内的一点为对象,一般来说它的应力和其作用面不一定互相垂直,为此可以把它分解为两个分量,一是垂直于作用面的正应力,用 σ 表示,另一个是平行作用面的应力,称为剪应力 τ。如果过此点某一平面上只有正应力而无剪应力($\tau=0$),则此面上的正应力称为此点的主应力,此平面就称为主平面。如在弹性体内取一小单元,如图 12-9 所示。

如对垂直于 x 轴的平面而言,作用在此面上的正应力用 σ_x 表示,下标 x 表示这个正应力作用在垂直 x 轴的面上,指向 x 方向。σ_x 如果是正值表示应力实际指向 x 轴正方向,如果是负值表示应力实际指向 x 轴负方向。面上剪应力可以分解为平行面上坐标轴的两个分量,下标第一个字母表示作用面的法线方向,第二个字母表示应力分量的指向。如 τ_{xy} 表示作用在垂直于 x 轴的面内,指向 y 方向。

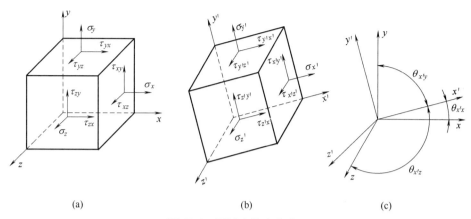

图 12-9 测试点的应力分量

如果知道该点在三个相互正交平面的应力状态，就足以知道在这一点的任何平面的应力状态。这可以通过坐标变换完成。对于图 12-9（a）所示的单元，在表面上 x、y、z 方向的应力已知，并且可表示为如下应力矩阵：

$$[\boldsymbol{\sigma}]_{xyz} = \begin{bmatrix} \sigma_x & \tau_{xy} & \tau_{xz} \\ \tau_{yx} & \sigma_y & \tau_{yz} \\ \tau_{zx} & \tau_{yz} & \sigma_z \end{bmatrix} \tag{12-27}$$

如图 12-9（b）所示的应力单元，定义在 x'、y'、z' 方向的同一点的应力状态。相应地，这个应力状态的应力矩阵由式（12-28）给出：

$$[\boldsymbol{\sigma}]_{x'y'z'} = \begin{bmatrix} \sigma_{x'} & \tau_{x'y'} & \tau_{x'z'} \\ \tau_{y'x'} & \sigma_{y'} & \tau_{y'z'} \\ \tau_{z'x'} & \tau_{y'z'} & \sigma_{z'} \end{bmatrix} \tag{12-28}$$

为了通过坐标变换确定 $[\sigma]_{x'y'z'}$，需要在 $x'y'z'$ 和 xyz 坐标系之间建立关系。这通常用方向余弦进行表示。首先，考虑 x' 轴和 xyz 坐标系之间的关系。如图 12-9（c）所示，x' 轴的方位可用角度 $\theta_{x'x}$、$\theta_{x'y}$、$\theta_{x'z}$ 表示。x' 轴的方向余弦由式（12-29）给出：

$$l_{x'} = \cos\theta_{x'x}, \quad m_{x'} = \cos\theta_{x'y}, \quad n_{x'} = \cos\theta_{x'z} \tag{12-29}$$

依此类推，y' 轴、z' 轴可分别用相应方向角 $\theta_{y'x}$、$\theta_{y'y}$、$\theta_{y'z}$ 和 $\theta_{z'x}$、$\theta_{z'y}$、$\theta_{z'z}$ 确定，对应的方向余弦为

$$\begin{cases} l_{y'} = \cos\theta_{y'x}, & m_{y'} = \cos\theta_{y'y}, & n_{y'} = \cos\theta_{y'z} \\ l_{z'} = \cos\theta_{z'x}, & m_{z'} = \cos\theta_{z'y}, & n_{z'} = \cos\theta_{z'z} \end{cases} \tag{12-30}$$

这样，变换矩阵可表示为

$$[\boldsymbol{T}]_{x'y'z'} = \begin{bmatrix} l_{x'} & m_{x'} & n_{x'} \\ l_{y'} & m_{y'} & n_{y'} \\ l_{z'} & m_{z'} & n_{z'} \end{bmatrix} \tag{12-31}$$

要将 xyz 坐标系内的给定向量 $\{\boldsymbol{V}\}_{xyz}$ 变换到 $x'y'z'$ 坐标系内的向量 $\{\boldsymbol{V}\}_{x'y'z'}$，可以使用矩阵乘法。

$$\{\boldsymbol{V}\}_{x'y'z'} = [\boldsymbol{T}] \cdot \{\boldsymbol{V}\}_{xyz} \tag{12-32}$$

应力矩阵的变换方程可由下式给出

$$[\boldsymbol{\sigma}]_{x'y'z'} = [\boldsymbol{T}] \cdot [\boldsymbol{\sigma}]_{xyz} \cdot [\boldsymbol{T}]^{\mathrm{T}} \qquad (12\text{-}33)$$

其中，$[\boldsymbol{T}]^{\mathrm{T}}$ 是变换矩阵 $[\boldsymbol{T}]$ 的转置矩阵，只需将行和列进行互换。也就是

$$[\boldsymbol{T}]_{x'y'z'}^{\mathrm{T}} = \begin{bmatrix} l_{x'} & l_{y'} & l_{z'} \\ m_{x'} & m_{y'} & m_{z'} \\ n_{x'} & n_{y'} & n_{z'} \end{bmatrix} \qquad (12\text{-}34)$$

根据剪应力互等定理，得到 $\tau_{xy} = \tau_{yx}$，$\tau_{xz} = \tau_{zx}$，$\tau_{yz} = \tau_{yx}$。因此过此点只有六个独立的应力分量，即 σ_x、σ_y、σ_z、τ_{xy}、τ_{xz}、τ_{yz}。实验证明，在弹性范围内，应力和应变成比例（胡克定律），即 $\sigma = E\varepsilon_x$，其中 E 称为材料的弹性模量，对于一般钢材，E 约等于 2.10×10^{11} Pa。

如果单独作用，它使 x 方向伸长，同时使 y 方向和 z 方向收缩。侧向收缩和纵向伸长之比对每一种材料来说是一个常数，称为泊松比，用 μ 表示，则有：

$$\frac{\varepsilon_x}{-\varepsilon_y} = \frac{\varepsilon_x}{-\varepsilon_z} = \mu \qquad (12\text{-}35)$$

由于

$$\varepsilon_x = \frac{1}{E}\sigma_x \qquad (12\text{-}36)$$

故

$$\begin{cases} \varepsilon_y = -\mu \dfrac{\sigma_x}{E} \\ \varepsilon_z = -\mu \dfrac{\sigma_x}{E} \end{cases} \qquad (12\text{-}37)$$

如果物体同时受到三个方向的正应力 σ_x、σ_y、σ_z 作用，合应变可用各应力分量单独作用产生的应变线性相加，满足叠加原理。因此有：

$$\begin{cases} \varepsilon_x = \dfrac{1}{E}[\sigma_x - \mu(\sigma_y + \sigma_z)] \\ \varepsilon_y = \dfrac{1}{E}[\sigma_y - \mu(\sigma_z + \sigma_x)] \\ \varepsilon_z = \dfrac{1}{E}[\sigma_z - \mu(\sigma_x + \sigma_y)] \end{cases} \qquad (12\text{-}38)$$

另外，试验还证明，剪应力和剪应变成比例，因此有：

$$\begin{cases} \gamma_{xy} = \dfrac{E}{2(1+\mu)}\tau_{xy} \\ \gamma_{yz} = \dfrac{E}{2(1+\mu)}\tau_{yz} \\ \gamma_{zx} = \dfrac{E}{2(1+\mu)}\tau_{zx} \end{cases} \qquad (12\text{-}39)$$

式（12-37）与式（12-38）合称为广义胡克定律。在本次试验中，通过对 TLC100A 液压载重车悬挂部件进行模拟实际工作情况的加载试验，并依据所得到的应变值带入广义胡克定律式（12-37）、式（12-38）中，求出各测试点的应力数值，最后计算出等效应力，与 ANSYS 有限元仿真软件的仿真应力值进行对比，目的是证实所设计的车体悬挂钢结构是高强度可靠的，所选悬挂柱塞缸是合理可靠的，为液压载重车出厂可靠性质量报告提供数据资

料,并为今后同类型车仿真计算结果提供可靠性预测数据。

二、试验硬件、软件系统的组成

本次液压悬挂结构测试系统总体组成及其信号流程可以用图 12-10 清楚地表示。

1. DASP 2003 的基本特点

本试验的数据采集系统使用的是东方振动和噪声技术研究所的产品 Coinv DASP 2003 专业版。DASP 2003 具有很多其他软件所不能比拟的优点。软件方面 DASP 2003 的基本特点如下:

① 新技术含量高 DASP 2003 含有 80 多项东方振动和噪声技术研究所独创的国内外领先的先进实用技术。如变时基低频结构传函、软件频率计技术、阻尼计技术、采样过程中的"三思维"技术。

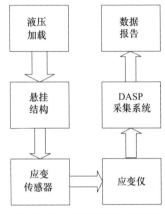

图 12-10 测试系统组成框图

② 全面的信号处理和分析功能 DASP 2003 提供了非常全面的信号处理和分析手段,包括幅域、时域、频域和其他方面的多种方法。幅域分析方面有指标统计、峰值计数、变程计数、雨流法计数、概率密度和概率分布等,这些方法可以从不同角度给出信号幅值变化的特性。时域分析方面则包含有单踪和多踪时域分析、利萨如图形分析和相关分析等。频域分析方面含有自谱分析、互谱分析、传递函数、长数据 FFT、最大熵谱、三维谱阵、倒频谱等,此外还包括小波分析、包络分析、冲击响应谱和综合分析等多种选件方法。

③ 内嵌应用模块软件 DASP 2003 提供了几个较大型的软件包,包括模态分析(含应变模态和时域模态)、响应计算、结构动力修改(含灵敏度分析、动力修改正问题和反问题)、转子动平衡、旋转机械分析、故障诊断、声学分析、信号发生器和桩击检测与地基基础测试等。

④ 模态分析技术领先 DASP 2003 的模态分析软件操作简单、生成结构方便、模态动画达到国外先进模态分析软件的水平。其采用的多种模态拟合方法基本包括了当前常用的成熟的拟合方法:复模态单自由度、复模态多自由度、复模态 GLOBAL、实模态单自由度、实模态多自由度、实模态导纳圆法等。该模态分析软件不仅包括了通常使用的位移模态分析,同时还包括了应变模态分析技术。

⑤ 科学的文件管理和友好的用户界面 DASP 2003 设计了一个比较完善和科学的文件管理系统,对于每一次不同的试验,一经参数设置后,系统即可自行进行文件管理,无需人为干预。在大容量数据波形显示时,同国内外绝大部分软件相比,DASP 2003 可以实现大容量的数据按不同速度连续平稳地滚动浏览,并且没有丝毫闪烁的情况,图形的颜色可以由使用者自由搭配,以满足不同人员的爱好和视力要求以及不同的显示效果。如果在不同测点和不同工况下多次进行数据采集,得到了几百甚至几万组的数据,但对这些数据的分析过程却是相同或类似的,这时 DASP 2003 的各种自动分析功能,即在分析过程中无需人为干预的优点明显。

⑥ 易学易用的演示教学功能 DASP 2003 内部加载有强大的信号发生器,称为 DASP 超级信号发生器,能够方便地产生各种实时模拟信号或者数字信号。此仿真信号发生器以软件代替硬件,在使用时,省去了发生器的连接调试,尤其在外出时,更省去了携带一个信号

发生器的麻烦。只需在主界面上选择演示模式就可以方便地使用它。这极大地方便了教学与科研工作。

在硬件方面，DASP 2003 的采集硬件系统非常简单。安装和运行所购买的 DASP 2003 时，需要把和软件配套的软件狗插在计算机的并行口或者 USB 口上。INV306 型盒式采集仪是与 DASP 2003 配套使用的一套硬件，它前面板上有 16（或 32）个 Q9 插座，可同时对输入的 16（或 32）路信号进行采集。后面板上有一个保险丝座和四个插座：一个交流电源插座，一个 12V 的直流电源插口，一个是用打印机和计算机连接的并行口，另外还有一个并行口，可直接连打印机。硬件系统采集仪和放大滤波器前后面板上都有文字注明插座的功用，操作起来非常简单。

2. 应变传感器

电阻应变片（简称应变片）的结构型式有很多种。它们随制造材料、工作特性、应用场合和工作条件等的不同而不同。它们的结构型式虽有不同，但基本构造则是大致相同的，主要由敏感栅、基底、引线、黏结剂和表面覆盖层等五部分组成。

① 敏感栅是应变片中把应变量转换成电阻变化量的关键部分。一般用直径为 0.003～0.01mm 的合金丝绕成栅状（丝绕式应变片）或用厚度为 3～5mm 的合金箔片经光刻腐蚀加工制成栅状（箔式应变片），其规格用栅长 L 和栅宽 B 来表示。各类应变片的栅长一般为 0.2～100mm，电阻值通常为 60～350Ω。

② 引线是用来引出敏感栅的输出电信号，而比敏感栅丝尺寸大的金属导线。为了减少引线带来的误差，通常采用低电阻率和电阻温度系数较小的材料制成，其形状有细丝和扁带两种。

③ 基底的作用是保持敏感栅的几何形状和相对位置，并保证敏感栅和被测试件之间良好的绝缘。表面覆盖层是用来保护敏感栅的。它们的材料通常是纸、有机树脂膜、黏结剂胶膜和浸胶玻璃纤维布等。

④ 黏结剂是将敏感栅固结在表面覆盖层和基底之间的黏结材料，也用作构件上粘贴应变片。对它的主要要求是黏结强度高、绝缘性能好、工作稳定，可根据试验条件和测量要求来选用各种不同的品牌。

⑤ 表面覆盖层是传感器的保护层，起到与外面的电气绝缘作用。本试验在 TLC100A 悬挂钢架上共分布 4 个测点，测点上传感器分布为根据仿真计算的应力较大值或者其附近便于测量的测点。需要的应变花传感器数量为 4 个。

应变片的灵敏度系数是指，安装在被测试件上的应变片，在其轴向受到单向应力时引起的电阻相对变化（$\Delta R/R$），与由此单向应力引起的构件表面轴向应变（ε）之比，即：

$$K=\frac{\Delta R/R}{\varepsilon} \tag{12-40}$$

它是反映应变片将应变转换成电阻变化的敏感程度的量。其大小主要取决于敏感栅材料、型式、几何尺寸和应变片的制造工艺、安装工艺、使用条件等，只能采用抽样检验的方法在专用的标定装置上调定。市售的应变片，厂家在出厂包装上注明了平均名义值和标准误差。金属应变片的 $K=2.0～4.0$，标准误差为 $\pm(1\%～3\%)$。

3. 电阻应变仪

根据测量应变的不同频率，分为静态电阻应变仪、静动态电阻应变仪、动态电阻应变仪三类。本次试验所应用的为 YD-28 动态应变仪，可测量 0～1500Hz/s 的高频动态应变。本次测量使用它来进行静态电阻应变测试,测量频率范围为 0～200Hz/s 的低频应变。每一测点对应三路信号(测量为主应力方向未知的应变花测量),共 12 路信号,一台 YD-28 型应变仪只能输入 6 路信号,因此采用 2 台这一型号的应变仪。应变仪的测量电路结构如图 12-11 所示。

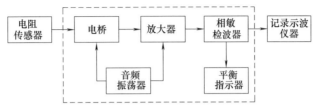

图 12-11　应变仪电路结构框图

4. 液压加载系统和加载过程

液压加载系统如图 12-12 所示。主要加载执行元件包括液压缸 2、3,模拟车轮所受地面对车轮的正压力负载作用,液压缸 1 模拟扭转作用。

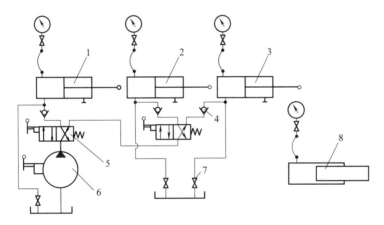

图 12-12　液压加载系统
1—扭矩模拟缸;2,3—左、右车轮模拟负载缸;4—单向阀;
5—换向阀;6—手动油泵;7—截止阀;8—柱塞缸悬挂

加载过程可以描述如下:如图 12-13 所示,把悬挂组件中的悬挂钢架结构 4、平衡臂 6 以及悬挂油缸 5 组装好,并把组装好的结构用强力螺栓紧固在试验平台 2 上,固定在平台 2 上的顶持件 3 模拟液压载重车车架,左右轮毂上安装模拟地面作用力的液压缸 4 个,其中有模拟地面正压力的液压缸 7 和模拟地面转向阻力扭矩作用的液压缸 1。这 4 个液压缸的缸体一端都与试验平台 2 相连。悬挂柱塞缸密封一定量液压油,油压通过图 12-12 中的手动油泵 6 加载,通过压力表设定所需模拟工况加载数值,通过图 12-12 中的截止阀 7 泄放以后可重新加载。

按照设计来计算各工况负载,平地载荷指模拟的是液压载重车行驶或停靠在水平路面时悬挂的承载情况。横坡 6% 载荷指模拟的是最大使用坡度下悬挂的承载情况。扭转载荷是转向时悬挂结构所承载的扭矩。为保证安全性,把所有载荷乘以 1.5 倍的系数。悬挂结构的加载过程按照依据以上工况算出的加载试验项目列表进行。试验项目列表如表 12-3 所示。

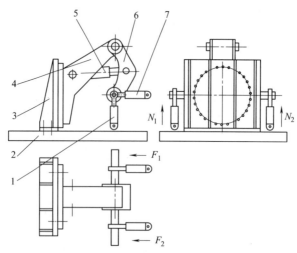

图 12-13 液压加载过程示意图

1—模拟扭转缸；2—试验平台；3—顶持件；4—悬挂钢架；5—悬挂油缸；6—平衡臂；7—模拟地面正压力缸

表 12-3 加载试验项目表

试验序号	试验模拟工况项目	F_1/t	F_2/t	N_1/t	N_2/t
1	1.5 倍平地载荷	12.8	12.8	0	0
2	1.5 倍平地、扭转载荷	12.8	12.8	1.5	0
3	1.5 倍横坡 6% 载荷	17.1	8.4	0	0
4	1.5 倍横坡 6%、扭转载荷	17.1	8.4	1.5	0

横坡相对于平地而言是恶劣工况，存在扭转作用的工况相对于车轮静止而言是恶劣工况。为了简明并突出扭转作用的应力增量，下面以第 3、4 加载试验项目数据说明试验的过程与结果。

三、悬挂钢结构应变数据的采集、处理及仿真

1. 悬挂钢结构应变数据的采集

本实验系统采用 DASP 2003 的应变花分析模块，直接通过菜单"信号分析—应变花分析"即可进入此模块。主要用 DASP 多踪时域分析自动调用微软 Office 办公软件的功能，在这个环境下能够实现的具体操作包括：

① 波形滚动 在图形显示区的上边界处有一个滚动条和若干方向按钮，可以借助其完成波形的翻页、移动和滚动。对于每页点数控制，默认以数据的每 1024 点作为一页绘制，但也可以改变每页的不同点数，通过"每页点数"中的滑动条就可以改变为 512 点、256 点、128 点或者 64 点。

② 数据压缩 通过"压缩倍数"滑动条可以设定数据的压缩倍数。滑动条下方的选择框"峰值保持"可以设定压缩过程中是否保持峰值。

③ 重叠显示 点击"重叠显示"开关，可以将所有波形放在同一个坐标轴上重叠在一起显示。重叠显示的多个波形位于同一个坐标系上，可以进行相互对比比较。

④ 波形合成 点击"波形合成"按钮，弹出"输入合成系数"对话框，可以将分析中各测点信号分别乘以一个系数之后进行相加，得到一个新的信号波形。

⑤ 图形纵向方缩　可以对波形纵向进行不同程度的方缩。

⑥ 相位差计算　可以使用 FFT 常规方法或者 INV 精确频率计方法计算各通道间的相位差。

通过液压加载，模拟实际工况，按不同试验项目名称进行加载，从压力表上读数，到要求载荷并达到稳定值以后开始数据采集。反映的是各测点的时域波形，即 4 个测点 12 路信号在总的采样时间长度 10.2s 的时间内的动态应变幅值变化，如果测点数目继续增加，则需要按键进行翻屏操作，由软件可以自动生成动态应变信息的 Excel 报表。

由于是静态加载测试，而且数据采集的初始时刻是加载完成时当波形稳定后的时刻，所以应变曲线波动非常平缓，在采样时间范围内每一点基本都可以反映此加载状态下该测点在这一次载荷作用下的真实应变数值。

采样结束后，把光标滑移到时间轴的一个固定位置，在多踪时域分析幅值图谱的窗口右端，实时显示所处时间轴上的时间位置以及该时刻每一测试点微应变幅值的实际读数（对于钢这样弹性模量比较大的材料，在弹性形变限度范围内，应变是很小的单位，因此为了应用方便，引入微应变这样一个单位 $1\ \mu\varepsilon=10^{-3}\ \varepsilon$）。

表 12-4 为试验的基本信息表。把光标时刻位置的应变值建成表格 12-5。表格第一列表示本次加载的序号，第二列表示光标所在处的时间位置，其他依次是第 1～12 通道采样点对应于光标采样时刻的应变数据。

采样结束后记录原始 Excel 表格，并以数据文件的形式对多踪示波时域图形进行整理与记录，根据加载项目的数目共形成 4 个文件。表 12-4 中表示第 3、4 项试验采集参数的基本信息，以便进行后续处理。

表 12-4　试验第 3、4 项参数的基本信息

	悬架	数据点数	6K 点（1K=1024）
试验序号	3、4	长度	6.14e+001(S)
测点号	1～12	时间区段	0.00e～10.2(S)
采样频率	100.040Hz	测试日期	2005-01-05

表 12-5　试验第 3、4 项光标指示时刻数据（$\mu\varepsilon$）

试验序号	时间	测点 1	测点 2	测点 3	测点 4	测点 5	测点 6
3	5.1180	−543.045	202.753	15.0497	271.731	130.849	428.082
		测点 7	测点 8	测点 9	测点 10	测点 11	测点 12
		51.838	−86.5361	−5.43463	280.928	35.9522	197.319
试验序号	时间	测点 1	测点 2	测点 3	测点 4	测点 5	测点 6
4	5.1180	−607.00	211.95	4.59853	304.339	147.989	470.723
		测点 7	测点 8	测点 9	测点 10	测点 11	测点 12
		52.2561	−99.077	−6.2707	303.921	35.1161	218.221

2. 悬挂钢结构应变数据的处理

通过试验加载与采样得到了原始数据，首先需要对静态应变测量的误差进行修正，随机误差中有些误差相对很小，可以略去。应用应变片和应变仪共同测出的应变值，设 ε_1 为应变仪指示的应变值，S_1 为应变仪灵敏度，ε 为应变片产生的应变值，S_0 为应变片灵敏

度，则

$$\varepsilon = \frac{\varepsilon_1 S_1}{S_0} \tag{12-41}$$

当 $S_1 = S_0$ 时，则 $\varepsilon = \varepsilon_1$，但实际上 S_0、S_1 都有误差，因此，分析应变的总误差时，可以看成是右边三个参量（S_0、S_1、ε_1）直接测量值的误差的综合。根据随机误差的传递公式：

① 设：$y = f(x_1, x_2, x_3, \cdots, x_n)$，如果随机变量 x_1、x_2、x_3、$\cdots$、x_n 的标准误差分别为 S_1、S_2、S_3、$\cdots$、S_n，则 y 的标准误差 S_y 为下式

$$S_y = \sqrt{\left(\frac{\partial f}{\partial x_1}\right)s_1^2 + \left(\frac{\partial f}{\partial x_2}\right)s_2^2 + \cdots + \left(\frac{\partial f}{\partial x_n}\right)s_n^2} \tag{12-42}$$

② 对于 $y = x_1, x_2, x_3, \cdots, x_n$ 的情况，设：$S_y/y = e_y$，$S_1/x_1 = e_1$，$S_2/x_2 = e_2$，$\cdots$，$S_n/x_n = e_n$，则可以推导出下式

$$e_y = \sqrt{e_1^2 + e_2^2 + e_3^2 + \cdots + e_n^2} \tag{12-43}$$

静态应变测量的相对误差大约在 2‰～3‰。若换算成应力，由于引入材料弹性模量和泊松比的误差，总应力误差增大到 3‰～5‰。

应变仪读数的修正计算公式及方法如下：

① 导线电阻的修正计算　公式为 $\varepsilon = \varepsilon_0(1 + r/R)$，式中的 R 是电阻片的电阻，r 是接线柱 A、B 之间所有连接导线的总电阻。在使用多股绞合导线而长度不大于 20～30m 时可以不必考虑修正计算，因为这时导线电阻只有 1～2Ω。若导线很长或很细时，应用电桥测出其电阻值后代入公式进行修正计算。本试验不需此项修正，所有屏蔽导线长度都在 20m 以内。

② 电阻片电阻值不同的修正计算　这项修正计算要根据具体仪器决定。由于各种应变仪器线路的不同而有所区别，凡要求的都给出了修正曲线或公式。本试验不需此项修正。

③ 电阻片灵敏系数不同时的修正计算　分为两种情况，一种是电阻片的 K 超出了应变仪 $\overline{K}$ 的范围，这时可将 $\overline{K}$ 调至任一数值，而对读出的应变作如下修正计算：

$$\varepsilon = \frac{\overline{K}}{K}\bar{\varepsilon} \tag{12-44}$$

再一种情况是使用预调平衡箱进行多点测量时，所使用的各个电阻片的 K 不同，这时可调节至 $\overline{K} = 2$，然后对各点的读数逐个进行修正计算：

$$\varepsilon_i = \frac{2\bar{\varepsilon}_i}{K_i} \tag{12-45}$$

本次试验采用的修正公式为式（12-44），对表 12-5 中数据进行修正处理。因为利用应变花的测量可以确定平面应力状态，通过测得测点的三个方向的应变值大小，带入广义胡克定律公式中，解出两个主应力大小（σ_1、σ_2）以及其与贴片方向的夹角（θ）三个未知量。如图 12-14 所示。

通常使用两种应变花的贴片方式，如图 12-15 所示，第一种为 45°方式（也称直角型），第二种为 60°角方式（也称等角型）。

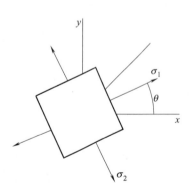

图 12-14　平面应力状态

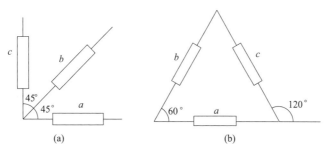

图 12-15 应变花的两种常见形式

两种贴片方式同样使用三个应变片，但是计算方法不同。对于 45°角应变花，应变与应力计算公式如下：

$$\tau_m = \frac{E}{\sqrt{2}(1+\mu)}\sqrt{(\varepsilon_a-\varepsilon_b)^2+(\varepsilon_b-\varepsilon_c)^2} \tag{12-46}$$

$$\begin{cases}\varepsilon_1 = \dfrac{(\varepsilon_a+\varepsilon_c)}{2}+\sqrt{(\varepsilon_a-\varepsilon_b)^2+[2\varepsilon_b-(\varepsilon_a+\varepsilon_c)]^2}\\ \varepsilon_2 = \dfrac{(\varepsilon_a+\varepsilon_c)}{2}+\sqrt{(\varepsilon_a-\varepsilon_b)^2+[2\varepsilon_b-(\varepsilon_a+\varepsilon_c)]^2}\end{cases} \tag{12-47}$$

$$\begin{cases}\sigma_1 = \dfrac{E}{2(1-\mu)}(\varepsilon_a+\varepsilon_c)+\dfrac{E}{\sqrt{2}(1+\mu)}\sqrt{(\varepsilon_a-\varepsilon_b)^2+(\varepsilon_b-\varepsilon_c)^2}\\ \sigma_2 = \dfrac{E}{2(1-\mu)}(\varepsilon_a+\varepsilon_c)-\dfrac{E}{\sqrt{2}(1+\mu)}\sqrt{(\varepsilon_a-\varepsilon_b)^2+(\varepsilon_b-\varepsilon_c)^2}\\ \tan2\theta = \dfrac{2\varepsilon_b-\varepsilon_a-\varepsilon_c}{\varepsilon_a-\varepsilon_c}\end{cases} \tag{12-48}$$

对于 60°角应变花，应变与应力计算公式如下：

$$\begin{cases}\varepsilon_1 = \dfrac{(\varepsilon_a+\varepsilon_b+\varepsilon_c)}{3}+\sqrt{\left(\varepsilon_a-\dfrac{\varepsilon_a+\varepsilon_b+\varepsilon_c}{3}\right)^2+\left(\dfrac{\varepsilon_b-\varepsilon_c}{\sqrt{3}}\right)^2}\\ \varepsilon_2 = \dfrac{(\varepsilon_a+\varepsilon_b+\varepsilon_c)}{3}-\sqrt{\left(\varepsilon_a-\dfrac{\varepsilon_a+\varepsilon_b+\varepsilon_c}{3}\right)^2+\left(\dfrac{\varepsilon_b-\varepsilon_c}{\sqrt{3}}\right)^2}\end{cases} \tag{12-49}$$

$$\begin{cases}\sigma_1 = \dfrac{E}{3(1-\mu)}(\varepsilon_a+\varepsilon_b+\varepsilon_c)+\dfrac{\sqrt{2}E}{3(1+\mu)}\sqrt{(\varepsilon_a-\varepsilon_b)^2+(\varepsilon_b-\varepsilon_c)^2+(\varepsilon_c-\varepsilon_a)^2}\\ \sigma_2 = \dfrac{E}{3(1-\mu)}(\varepsilon_a+\varepsilon_b+\varepsilon_c)-\dfrac{\sqrt{2}E}{3(1+\mu)}\sqrt{(\varepsilon_a-\varepsilon_b)^2+(\varepsilon_b-\varepsilon_c)^2+(\varepsilon_c-\varepsilon_a)^2}\\ \tan2\theta = \dfrac{-\sqrt{3}(\varepsilon_c-\varepsilon_b)}{2\varepsilon_b-\varepsilon_a-\varepsilon_c}\end{cases}$$

$$\tag{12-50}$$

其中 ε_a、ε_b、ε_c 对于 45°角的贴片方式，分别表示 0°、45°、90°三个方向上的应变；对于 60°角的贴片方式，分别表示 0°、60°、120°三个方向上的应变。σ_1、σ_2 表示最大和最小主应力。τ_m 表示最大剪切应力。θ 表示最大主应力方向与 ε_a 应变片方向的夹角。

本次试验使用的应变片为 45°角的贴片方式，所以将表 12-5 中的数据以及对其他 3 组数据进行修正后的应变数值带入式（12-46）至式（12-48）中，可以得到平面状态主应力σ_1、σ_2。

3. 悬挂结构应力-应变仿真与测试数据

为了确定悬挂钢架结构的载荷应力是否安全，需要选定一个与材料相适应的强度准则以便确定结构是否在安全的范围内使用，并便于与仿真结果做比较。在载荷作用下，结构上某一点存在的应力状态用应力张量σ表示，由此产生的变形用应变张量ε表示。应力张量σ与应变张量ε间存在依赖材料本身固有特性的关系称为本构关系。

弹性体本构关系是在胡克定律的基础上推广得出的，用屈服准则来判断某点是否由弹性状态进入塑性状态。对于单向应力状态，只需判断拉应力σ_x是否达到屈服应力σ_s。对于复杂应力状态，屈服条件就是由此6个应力分量组成的方程，即$f(\sigma_{ij})=c$。其中f为屈服函数，常数c为材料常数。

若以6个应力分量为坐标轴建立坐标系，则在此坐标系中$f(\sigma_{ij})=c$代表一个六维超曲面，为了描述与研究问题方便，只需以三个主应力σ_1、σ_2、σ_3为坐标轴建立坐标系。此坐标系描述的空间为主应力空间，简称应力空间。应力空间中的每一点对应一个应力张量，也代表一个应力状态。方程$f(\sigma_1,\sigma_2,\sigma_3)=c$在应力空间中代表一个曲面，此曲面称为屈服曲面。屈服曲面内的点满足不等式$f(\sigma_1,\sigma_2,\sigma_3)<c$时，代表弹性状态。屈服曲面及其以外的点满足$f(\sigma_1,\sigma_2,\sigma_3)\geqslant c$时，代表塑性状态。因此，屈服曲面是弹、塑性状态的分界面。

在本次试验中，采用Mises屈服条件作为屈服准则。Mises屈服条件是经过Maxwell、Huber、Hencky等人的研究后，于1913年由Von Mises提出的屈服条件：当物体内一点的应力偏张量的第二不变量达到某一数值时，此点开始屈服。Mises屈服条件还可以写成三个主应力的形式，即

$$(\sigma_1-\sigma_2)^2+(\sigma_1-\sigma_3)^2+(\sigma_2-\sigma_3)^2=6K \tag{12-51}$$

对于单向应力拉伸应力状态，材料开始屈服时的应力状态是

$$\sigma_1=\sigma_s,\sigma_2=\sigma_3=0 \tag{12-52}$$

将式（12-51）代入式（12-52），得

$$K=\frac{\sigma_s^2}{3} \tag{12-53}$$

将式（12-53）代入式（12-51），得到用三个主应力表示的屈服条件为

$$(\sigma_1-\sigma_2)^2+(\sigma_1-\sigma_3)^2+(\sigma_2-\sigma_3)^2=2\sigma_s^2 \tag{12-54}$$

也就是

$$\sqrt{\frac{(\sigma_1-\sigma_2)^2}{2}+\frac{(\sigma_2-\sigma_3)^2}{2}+\frac{(\sigma_3-\sigma_1)^2}{2}}=\sigma_s \tag{12-55}$$

应用Mises屈服条件有以下优势：
① Mises屈服条件考虑了三个主应力对屈服的影响；
② 不论主应力大小顺序是否已知，Mises屈服条件表达式都较简单；
③ Mises屈服曲面是光滑的曲面，通过试验验证Mises屈服条件比常用的Tresca屈服

条件更接近试验结果。

依据方程式（12-55），对各测试点列写出用 Mises 等效应力公式，如下：

$$[\sigma_C]_i = \sqrt{\frac{(\sigma_1-\sigma_2)^2}{2}+\frac{(\sigma_2-\sigma_3)^2}{2}+\frac{(\sigma_3-\sigma_1)^2}{2}} \quad (i=A-D) \tag{12-56}$$

应用实体建模的流行软件 Pro/E 建立实体模型，导入 ANSYS 软件的工作空间中，并应用 ANSYS 有限元仿真软件，对悬挂钢架结构使用 10 节点四面体单元 SOLID92，采用 Smart 方式划分网格，在孔的周围网格细密，远离孔的地方网格稀疏。设定单元总数为 10046，材料为 Q275 碳素结构钢，弹性模量 210GPa，泊松比 0.3，密度 $7.85\times10^3\mathrm{kg/m^3}$。

如图 12-16 所示，图 12-16（a）为悬挂结构实体模型图，用字母依次标示了各测试点的位置。图 12-16（b）为计算机有限元仿真所需的网格剖分图。图 12-17 为有限元软件 ANSYS 得出的应力仿真图，用 MATLAB 软件计算试验等效应力并用 ANSYS 进行有限元仿真分析，可以得出各测点 Mises 应力数据，如表 12-6 所示，以下角标的方式标示加载项目。其中绝对误差 E_1 与相对误差 E_2 的计算公式为式（12-57），绝对误差是仿真应力与试验测得应力之差，相对误差为绝对误差除以测得应力。

$$\begin{cases} E_1 = \sigma_C - \sigma_F \\ E_2 = (\sigma_C - \sigma_F)/\sigma_C \end{cases} \tag{12-57}$$

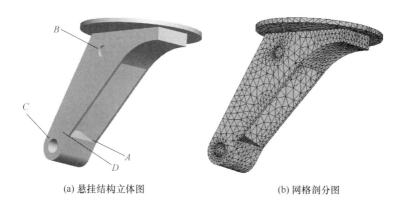

(a) 悬挂结构立体图　　(b) 网格剖分图

图 12-16　悬挂结构简图与网格剖分图

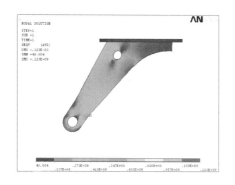

图 12-17　悬挂结构应力仿真图

表 12-6 试验第 3、4 项应力与仿真应力

测试点	测得等效应力 σ_C/Pa	ANSYS 仿真应力 σ_F/Pa	仿真与测试误差 绝对误差 E_1/Pa	仿真与测试误差 相对误差 E_2
A_3	1.2569e+008	1.19053e+008	6.636e+006	+5.28%
B_3	8.9786e+007	8.2765e+007	7.021e+006	+7.82%
C_3	2.0321e+007	1.8911e+007	1.410e+006	−6.94%
D_3	1.1551e+008	1.091e+008	6.422e+006	+5.56%
A_4	1.4084e+008	1.3390e+008	6.940e+006	+4.93%
B_4	9.8813e+007	1.0738e+008	−8.567e+006	−8.67%
C_4	2.2815e+007	2.5026e+007	−2.211e+006	−9.70%
D_4	1.2558e+008	1.1710e+008	8.480e+006	+6.75%

通过试验发现，当泄放液压油以后，屏幕多踪示波信号幅值马上回零，说明对于液压悬挂所加载荷完全在弹性承载范围以内，没有产生塑性变形与残余应力。每一次加载稳定后都对悬挂缸的压力表进行读数，发现最大压力表读数为 18MPa，为额定载荷的 57%，可知油缸的选型偏于安全。

通过试验和仿真对比分析发现，试验应力数据与仿真应力数据基本吻合。测试和仿真相对比的误差来源应从测试和仿真两方面来分析，相对于实际的应力情况它们都是存在误差的。测试的误差主要来自于应变传感器的测试精度，仿真误差主要来自于数值方法误差，要比较二者所得结果，还存在测试选点误差。作用有扭转的工况比相对应的工况测点的应力值有所增加（如 A_4 比 A_3 的数值大 1.515×10^7Pa）。从总结果而言，试验与仿真的相对误差不是非常大，也就是说明仿真具有较高的可信度。所有数据相对于材料的屈服点和抗拉极限（$\sigma_s = 265\sim 275$MPa，$\sigma_b = 490\sim 630$MPa）而言，是偏于安全的。

第四节 液压载重车电液悬挂系统的模糊可靠性分析

液压载重车作为重要运载工具，电液悬挂系统是其关键部分。在静载荷、动载荷、摩擦、温度、振动、污染等因素作用下，将有可能发生故障。如今电气与液压控制愈来愈紧密结合，因此将电气控制部分可靠性纳入悬挂系统可靠性中来做电液控制整体研究。电液悬挂系统较高的可靠性是保证平板车整机正常工作的关键因素。但系统从正常转变为故障要经过若干"亦此亦彼"的过渡状态，而这些过渡状态发生的概率通常难以用精确的可靠度值来描述。运用模糊理论解决系统处于完全失效和完全正常状态之间的过渡模糊状态的可靠性问题是较为科学合理的方法。

一、液压载重车电液悬挂系统原理

液压载重车电液悬挂系统工作时常出现的故障有：调平达不到要求、整车升降各点不同步、车身重载下降时振动较大、重载时车身倾斜等。液压载重车悬挂系统为保证在不平整路面行驶的稳定性，安装液压缸减振平衡系统，其原理类似于油气弹簧悬挂。对各个液压缸进行连通，能根据路面情况自动调整液压缸的伸缩量，保证各轮胎接地比压相同，避免某一轮胎超载，如图 12-18 所示。悬挂液压系统如图 12-19 所示，当平板车行驶在不平的路面或爬

坡时，悬挂缸根据负载的变化自动调整伸缩量，保证每个悬挂缸的承载为均衡的。悬挂缸负荷敏感多路阀和负荷敏感变量泵控制完成液压载重车的调平及升降、落件等基本功能。图 12-19 中的阀 7 即多路阀悬挂片组是一个液压子系统（见图 12-20），其中进口压力补偿阀与出口压力补偿阀对整车升降工况的平稳性和同步性起着至关重要的作用。角度传感器通过悬挂机构的角度测量来间接测量油缸位移，即车体升降位移高度（见图 12-21），其反馈参数是一个极为重要的控制参数输入。悬挂系统工作时，电气控制部分是启动、调整和监控的信号来源（如图 12-22）。

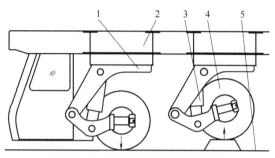

图 12-18 液压载重车悬挂结构图

1—悬挂；2—车架；3—液压缸；4—轮胎；5—地面

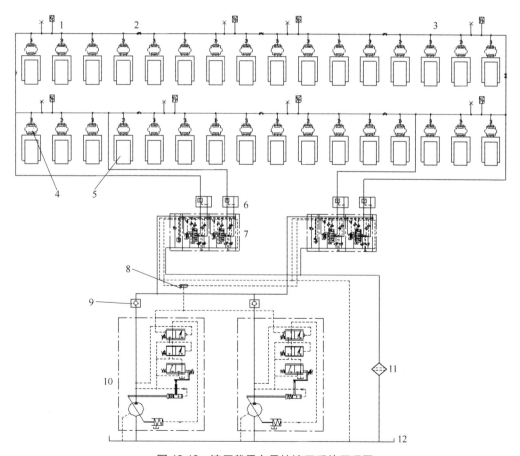

图 12-19 液压载重车悬挂液压系统原理图

1—压力传感器；2—球阀；3—测压接头；4—防爆阀；5—柱塞缸；6—液控单向阀；7—悬挂控制阀；
8—梭阀；9—单向阀；10—变量泵；11—回油滤油器；12—油箱

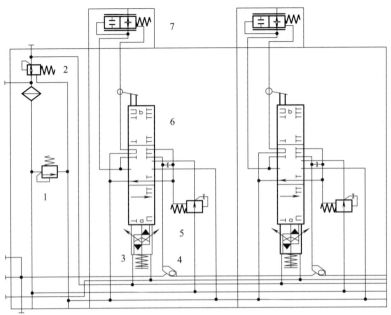

图 12-20 悬挂控制电液比例多路阀

1—溢流阀；2—减压阀；3—比例电磁铁；4—梭阀；5—进口压力补偿阀；6—主阀；7—出口压力补偿阀

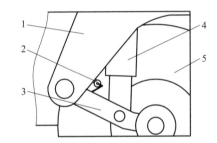

图 12-21 悬挂转角传感器安装结构示意图

1—悬挂架；2—角度传感器；3—平衡臂；4—悬挂缸；5—轮胎

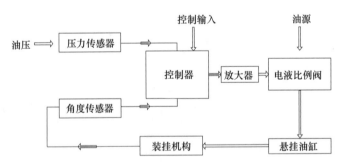

图 12-22 液压载重车悬挂电控系统原理图

二、模糊可靠性模型的建立

系统是由某些彼此相互协调工作的零部件、子系统组成，以完成某一特定功能的综合体。系统的可靠性不仅与组成该系统各单元的可靠性有关，也与组成该系统各单元间的组合方式有关。系统及其单元之间的可靠性逻辑关系和数量关系是通过系统可靠性模型来反映的，可靠性功能逻辑框图就是此模型之一（见图 12-23）。

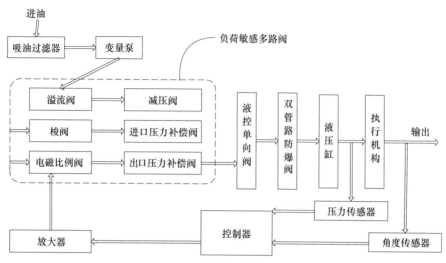

图 12-23 液压载重车悬挂电液系统可靠性功能逻辑框图

三、系统模糊可靠度计算模型

1. 扎德（L·A·Zadeh）法

$$\underset{\sim}{A} = \frac{\mu_{\underset{\sim}{A}}(x_1)}{x_1} + \frac{\mu_{\underset{\sim}{A}}(x_2)}{x_2} + \cdots + \frac{\mu_{\underset{\sim}{A}}(x_n)}{x_n} \tag{12-58}$$

式中 $\mu_{\underset{\sim}{A}}(x_i)/x_i$ 并不表示分数，而是表示论域中的元素 u_i 与其隶属函数 $\mu_{\underset{\sim}{A}}(x_i)$ 之间的对应关系，符号"＋"也不表示求和，而是表示模糊集合在论域 U 上的整体。

液压载重车悬挂电液系统由 15 个单元组成，包括：吸油过滤器 A_1、变量泵 A_2、溢流阀 A_3、减压阀 A_4、梭阀 A_5、进口压力补偿阀 A_6、电磁比例阀 A_7、出口压力补偿阀 A_8、液控单向阀 A_9、双管路防爆阀 A_{10}、液压缸 A_{11}、角度传感器 A_{12}、压力传感器 A_{13}、控制器 A_{14}、放大器 A_{15}。当每个单元都正常工作时系统才能正常工作，其中任意单元失效，则功能失效。因此该系统为串联失效系统，其模糊可靠度为：

$$\underset{\sim}{R}_T(t) = \prod_{i=1}^{n} \underset{\sim}{R}_i(t) \quad i = 1, 2, \cdots, n \tag{12-59}$$

式中 $\underset{\sim}{R}_i$——第 i 个元件模糊可靠度；

i——元件个数。

2. 系统元件模糊可靠性的表示

根据现场工况试验以及相关技术参考资料，系统所运用液压元件和电气元件的模糊可靠度符合正态分布，有个别近似正态分布。所以运用正态分布能较为精确地描述其模糊数，如图 12-24 所示。

设定论域 U 是实数域，用 $\widetilde{R}$ 表示电液系统"大概进入正常工作状态"的模糊数。由于可靠

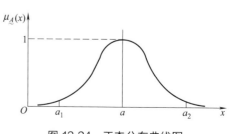

图 12-24 正态分布曲线图

度要在一定范围内才有意义,对正态分布选取置信区间。则:

$$\widetilde{R} = (a_1, a, a_2) \tag{12-60}$$

式中　a——模糊数 $\widetilde{R}$ 的均值;
　　a_1——正态分布置信下限;
　　a_2——正态分布置信上限。

其中 a 可由元件模糊失效率计算得出,计算公式为:

$$a = 1 - \sum_{i=1}^{n} P(s_i) \int_0^1 R_\tau(s_i) \mathrm{d}\tau \tag{12-61}$$

式中　$P(s_i)$——第 n 个元件第 i 个性能指标值时元件的可靠度;
　　$R_\tau(s_i)$——第 n 个元件第 i 个性能指标值对应阈值 τ 时元件的可靠度。

而 a_1 正态分布置信下限、a_2 正态分布置信上限可由正态分布区间估计

$$P\left\{ z_{a_1} < \frac{\overline{X} - a}{\sigma/\sqrt{n}} < z_{a_2} \right\} = 1 - \alpha \tag{12-62}$$

式中　$\overline{X}$——a 的无偏估计;
　　z_{a_1}、z_{a_2}——标准正态分布 α 分位点取值(查表取得);
　　$1-\alpha$——置信水平;
　　σ——由不同元件参数取值;
　　n——样本数量值。

由此推出置信区间:$\left(\overline{X} - \frac{\sigma}{\sqrt{n}} z_{a_1}, \overline{X} + \frac{\sigma}{\sqrt{n}} z_{a_2} \right)$,即

$$\begin{cases} a_1 = \overline{X} - \dfrac{\sigma}{\sqrt{n}} z_{a_1} \\ a_2 = \overline{X} + \dfrac{\sigma}{\sqrt{n}} z_{a_2} \end{cases} \tag{12-63}$$

$\widetilde{P}$ 的均值 a 对应隶属度为 1,当模糊变量 $x \in (-\infty, a_1) \cup (a_2, +\infty)$,可认定隶属度为 0,当 $x \in [a_1, a_2]$ 时,隶属度为 $\mu_{\widetilde{A}} \in [0, 1]$。

隶属函数表示为:

$$\mu_A(x) = \begin{cases} 0 & x \leqslant a_1 \\ 1 - \exp\left[-\left(\dfrac{x-a}{\sigma} \right)^2 \right] & a_1 \leqslant x < a \\ \exp\left[-\left(\dfrac{x-a}{\sigma} \right)^2 \right] & a \leqslant x \leqslant a_2 \\ 0 & x \geqslant a_2 \end{cases} \tag{12-64}$$

四、系统模糊可靠度计算

液压载重车电液悬挂系统按照每年十个月、每天两班八小时的维护和维修工作记录,以每一个工作周为周期,定期对压力、油温、其他信号采集分析,得出所需的实验样本。运用由电气、液压元件生产商提供与现场大量实验相结合方法,根据参考文献及产品样本得出该电液系统中各个电气、液压元件的可靠度均值 a,并将 a 代入式(12-70)~式(12-72),经

过推导计算得出置信上下限 a_1、a_2 估计值。如表 12-7 所示。

表 12-7　液压元件的可靠度置信度上下限的估计值

元件	a_1	a	a_2
吸油过滤器 A_1	0.99625	0.99823	0.99951
变量泵 A_2	0.98069	0.98506	0.98972
溢流阀 A_3	0.98001	0.98963	0.99753
减压阀 A_4	0.98736	0.98878	0.99777
梭阀 A_5	0.99869	0.99908	0.99957
进口压力补偿阀 A_6	0.97254	0.98088	0.98879
电磁比例 A_7	0.98123	0.98935	0.99098
出口压力补偿阀 A_8	0.97641	0.98332	0.98569
液控单向阀 A_9	0.98906	0.98910	0.98921
双管路防爆阀 A_{10}	0.97758	0.98321	0.98762
液压缸 A_{11}	0.99964	0.99973	0.99979
角度传感器 A_{12}	0.98130	0.99593	0.99612
压力传感器 A_{13}	0.99601	0.99631	0.99719
控制器 A_{14}	0.99590	0.99762	0.99826
放大器 A_{15}	0.98521	0.99720	0.99854

由上述条件可得到第 K 个元件的可靠度是一个模糊数，其表示为：

$$\widetilde{R}_K = (a_{1k}, a_k, a_{2k}) \tag{12-65}$$

当有两个元件时，模糊可靠度表示为：

$$\widetilde{R}_1 \times \widetilde{R}_2 = (a_{11}, a_1, a_{21}) \times (a_{12}, a_2, a_{22}) = (a_{11}a_{12}, a_1 a_2, a_{21}a_{22}) \tag{12-66}$$

以此类推：15 个元件所组成的串联系统模糊可靠度为 15 个模糊数的连乘。则导出液压载重车悬挂电液系统模糊可靠性模糊数计算公式：

$$\widetilde{R}_T = \left(\prod_{k=1}^{15} a_{1k}, \prod_{k=1}^{15} a_k, \prod_{k=1}^{15} a_{2k}\right) \tag{12-67}$$

将表 12-7 数值代入，可计算得出：

$$\widetilde{R}_T = (0.81541, 0.88037, 0.91932)$$

由上述计算结果可以得到：液压载重车电液悬挂系统工作的可靠度大约为 0.88037，此时的可能度发生的概率最大，隶属度为 1。而系统工作的可靠度在 0.81541～0.91932 之间，也就是说，系统在此区间某一可靠度取值，在工作时出现的可能性接近正态分布，这更贴近实际工况和实验结果。

第十三章
自行式液压载重车故障诊断与信息化

为了追求载重车更高的效率，实现生产过程自动化，载重车的机器设备结构日益庞杂，设备规模越来越大，系统也越来越复杂，复杂的控制系统导致系统的故障点或故障环节越来越多。同时由于其主要工作在恶劣的条件下，引发故障的因素和出现故障的机会也比较多，而这些系统出现故障，会导致巨大的经济损失及严重的安全后果。

第一节　故障诊断概述

自行式液压载重车在工作中之所以发生故障，主要原因在于设计、制造、运输、安装、调试、使用和维护维修等诸方面存在人为故障隐患，也即所谓原始故障；其次便是在正常使用条件下自然磨损、老化、变质引起的故障，也即所谓自然故障。

一、原始故障

1. 设计原因

由于技术、工艺和经验等方面原因，所设计的液压气动系统并非尽善尽美，选择的液压气动元件也不一定最合适，为某个关键元件配套的基本回路中可能存在设计缺陷等问题都会出现。所以在分析故障原因时，首先考虑在设计上是否存在问题。从设计上找出先天性故障原因，从而去纠正设计上的失误或不足，是避免故障发生的第一步工作。

液压气动系统、回路、元件的设计，管路的连接、走向与布局等方面，在一些机械设备的液压系统中可能存在不合理设计之处。倘若能对使用中的液压系统，在设计方面之不足有所发现，并对其进行技术改造，这无疑对机器性能的提高、减少故障率和更好地发挥机器作用具有重大意义。

2. 制造原因

这里制造是指整套设备制造和元件制造，经常会有在整体设计上没有问题，可是设备在安装调试中总会有意想不到的故障出现。在对某 900t 高速铁路提梁机进行调试时，一个顶升系统无压力，检查整个回路，没有连接错误，设计也是合理的，经过认真查找，对子系统中管路和元件逐一检查，最后发现其中一个单向阀没有装弹簧，虽然最后厂家调换了元件，但是影响了工期，为企业带来经济损失。

设备经装配、调试出厂后，一般来说，综合的技术性能应当合格。但在设备维修时，需要更换一些新的液压元件。若元件制造质量低劣，新元件取代旧元件之后，反而造成系统故障。因此对元件的制造问题也应认真对待，不容忽视。

3. 使用原因

液压气动系统使用维护不当，不仅使设备故障频率增加，而且会降低设备的使用寿命。比如，使用设备时超载、超速，环境恶劣，违章操作，维护保养不及时，等等，都可能加速液压系统性能的变坏，更有甚者，由于操作工的误操作，引发的已经不是一般故障，而是事故了。某消防部门的65m高空作业车，在演习过程中，因为驾驶员的误操作，将伸缩臂在小俯角情况下快速伸出，引起整车的倾覆事故，造成人员伤亡和财产损失。

二、自然故障

1. 工作介质污染引起的故障

据统计，液压系统中75%以上的故障是因为油液污染造成的，20%的液压载重车的事故是由液压系统的油污染造成的。因此，控制污染是提高液压设备可靠性的重要保证。液压油液中的污染物，导致液压元件的磨损、运动副的卡紧和阻尼孔的堵塞等，其中尤以污染磨损失效最为常见。同时油液污染还会腐蚀和磨损控制阀的阀口，从而引起液压元件的内部泄漏。控制污染要靠过滤器来实现，而更重要的是控制污染物侵入液压系统。

在污染的液压油中，金属颗粒约占75%，尘埃约占15%，其他杂质如氧化物、纤维等约占10%。液压油的污染主要是由外部原因和内部原因造成的。外部原因是指固体杂质、水分、其他油类以及空气等进入系统；内部原因是指除了原有新油液带来的污染物外，还有在使用过程中相对运动的零件的磨损和液压油物理化学性能的变化。由于杂质侵入液压油的方式不同，液压油的污染可分为潜在污染、侵入污染、再生污染三类。受污染的液压油可能堵塞滤油器、油线管道、润滑油槽或者沉积在摩擦部件表面影响散热。所以带有精密部件的润滑系统对所用油品就有颗粒污染的指标要求，超过指标就应换油。液压油污染的后果是：液压油污染导致液压元件性能劣化；使液压系统工作性能下降，动作失调；液压油劣化变质。

2. 液压油泄漏故障

液压系统的泄漏有两种形式：内泄和外泄。外泄漏发生在元件外部结合面和管接头，以及直线和旋转运动界面，一般易觉察，泄漏之处留有痕迹，污染环境；内泄漏发生在元件内部运动副间隙，如泵的配流盘和液压缸活塞密封处等，过量的内泄漏引起泵的容积效率降低、液压缸活塞杆爬行和丧失位置保持能力等。内外泄漏导致系统压力不稳定，对整个系统危害很大。

泄漏是液压系统失效和出现故障的标志，必须在早期阶段正确诊断并采取相应的维修措施。泄漏的主要因素是高压工作环境下各种密封件的损坏或老化、敏感元件受振动引起的松动以及软管加工或安装不良等。液压设备运行到其寿命的中、后期时，由于各种液压元件的磨损，造成系统的内外泄漏，导致系统压力不稳定。泄漏还污染环境，引起能量损失，使系统增益下降。

3. 磨损引起的故障

磨损是机械产品常见的一种现象，是导致机械故障的普遍和主要的形式，在液压系统中因磨损引发的故障大约占20%。正常情况下，在一定的使用期限内，磨损量逐渐积累，但并不影响液压元件的正常功能。但是当磨损量积累到一定值时，对泵来说，泵性能下降到一定程度就认为该泵失效了。对阀类元件及液压缸来说，磨损使零件配合间隙过大，使高压腔与低压腔互通串油，引起系统供压不足，致使系统低速运动时出现爬行现象。同时还可能引发系统振动、噪声，且使系统非线性增加，并使磨损速度大大加快。

液压元件，特别是作为液压动力元件和执行元件的液压泵和马达，由于存在着许多重载、交变而又高速滑动的摩擦副，易产生摩擦副表面金属的疲劳剥落，是疲劳磨损的典型例子。

4. 疲劳、老化与断裂故障

液压元件长时间工作产生疲劳、老化或断裂，引起系统失效。在液压元件的压力腔内，某些受拉、受压、受弯矩作用的杆件和板件，由于受到交变应力作用，使材料由于疲劳而导致强度下降，首先使在应力高出疲劳强度的部位产生裂纹，裂纹的进一步扩展，将引起断裂。如轴向柱塞泵缸体疲劳断裂、柱塞颈部的疲劳断裂、电磁换向阀复位弹簧的疲劳断裂、电液伺服阀中弹簧管破裂的疲劳失效等现象。在高压、交变载荷工作条件下，液压密封材料易发生疲劳、老化破坏而产生泄漏。

5. 腐蚀引起的故障

腐蚀失效是由环境介质与液压元件表面间产生的化学反应引起，并在其表面形成氧化膜或其他化学反应产物，液压元件表面上的氧化膜、硫化物，在高压、交变载荷作用下剥落（如电解质腐蚀、有机酸腐蚀等），使液压元件的表面变得粗糙，导致液压元件失效。而由腐蚀产生的剥落物混入液压油液中污染了油液，并起磨粒磨损作用。

6. 液压冲击

在液压系统的工作过程中，由于运动部件急速换向，或关闭液压油路时，液流和运动部件的惯性作用，使系统产生很大的瞬时压力峰值，这种现象叫液压冲击。例如，当换向阀移动到中间位置时，其回油口与液压缸回油腔突然被切断，回油不能从油腔中继续排出，同时由于运动部件和液流具有惯性作用，回油腔中的油液受到压缩，压力突然升高，另一端油腔压力下降，形成局部真空，造成了液压冲击。还有阀门突然打开或关闭、液压元件反应滞后、运动部件突然起停等，都可能产生液压冲击。

液压冲击常伴有巨大的振动和噪声，形成的静压力虽比破坏压力小，但其瞬时压力峰值会比正常的工作压力大几倍，足以造成密封件、导管和其他液压元件的损坏，而且液压元件形成的高压往往可使某些液压元件（如阀、压力继电器等）误动作，由此引起设备损坏或其他重大事故。

7. 人为因素

未遵守制造、修理和使用技术要求，造成零件质量低劣、材料不合格、元件精度不够，操作人员不遵守操作规程、使用维护不当，所有的这些都可能是液压系统出现故障的因素。

三、故障诊断的意义

1. 故障诊断的任务与过程

故障诊断系统的性能主要包括：①及时性（诊断速度）；②敏感性和鲁棒性；③误报率、漏报率、错报率和确诊率；④全面性（针对所有类型故障）。

故障诊断的任务是：①监视系统的状态，判断其是否正常；②预测和诊断设备的故障；③指导设备的维修，从而消除故障。具体诊断过程包括三个方面的主要内容：

(1) 故障检测

故障检测是指确定系统是否发生了故障的过程。采用各种检测、监视、分析和判别方法，对系统是否出现故障作出正确的判断，当系统发生故障时应及时发现并报警。

系统中的故障导致系统参数发生变化，如故障使输出变量、状态变量、残差变量、模型参数、物理参数等其中之一或多个发生变化。在标称情况下，认为这些变量在某一不确定性下满足一已知模式，而当系统任一部件故障发生时，这些变量偏离其标称状态。当系统发生故障时，系统中的这些量表现出与正常状态不同的特性，这种差异就包含丰富的故障信息。

故障检测及故障的特征提取就是不断监测系统可测量变量的变化，并用一定的信息处理技术获取反映系统故障的特征描述的过程。获取这些特征量的方法有：①直接观察和测量；②参数估计与状态估计（或滤波与重构）；③对测量值进行某种信息处理。目前研究的目标是检测的及时性、准确性和可靠性，最小误报率、漏报率、错报率，最大确诊率。

(2) 故障诊断

当检测到故障发生时，分离出发生故障的部位，判别故障的种类，估计出故障的严重程度及发生的时间，指出故障发生和发展的趋势及其后果，进行维修决策。

故障分离与估计是根据检测的故障特征确定系统是否出现故障以及故障的部位、程度的过程。故障的评价和决策是指根据故障的类别、严重程度，决定是否采取修复、补救、隔离或改变控制律等措施，以防止故障的影响和传播，预防灾难事故的发生。根据故障分离与估计的结果，对故障的危害及严重程度作出评价，进而作出是否停止任务进程及是否需要维修更换的决策。

(3) 故障修复

实施故障诊断中提出的控制故障继续发展和消除故障的对策措施，最终使设备复原到正常状态。设备的维修方式的发展经历了三个阶段，即早期的事后维修方式，发展到定期预防维修方式，现在正向视情维修（状态检修）方式发展。定期维修制度可以预防事故发生，但可能出现维修不足、维修过剩或盲目维修的弊病，视情维修是一种更科学、更合理的维修方式。但要能做到视情维修，有赖于完善的故障检测与诊断技术。

容错控制系统的故障修复是指根据故障诊断结论，或是改变控制律，或是控制重构，或是系统重构，使整个系统在故障发生情况下，保持稳定并改善系统性能。故障修复是自主系统和智能系统的重要环节。容错控制系统的故障修复把故障检测和故障诊断与自动控制紧密联系起来，使故障诊断具有深远意义和广阔应用前景。

2. 故障诊断与状态监测的关系

对现代设备的状态监测与故障诊断也具有普遍意义，设备的状态监测和故障诊断就是对设备进行"望、闻、问、切"的过程。

设备状态监测和故障诊断技术是一门了解和掌握设备在使用过程中的状态，确定其整体或局部是否正常，早期发现故障及其原因，并预报故障发展趋势的技术。它通过获取设备过去和现在运行过程中的状态量，判明设备质量优劣、可用程度、是否安全、有关异常和故障的原因及预测对将来的影响等，从而找出必要的对策。状态监测和故障诊断以设备所组成的群体以及相应的功能过程为研究对象，包括三个层次的任务：

① 设备运行的状态监测；
② 设备状态异常时的故障诊断；
③ 设备故障的早期诊断与早期预报。

故障诊断系统的任务是故障检测和故障分离，前者是确定发生了故障，后者是确定故障的位置。状态监测是对状态异常的判别，是故障诊断的起点和基础。状态监测是了解和掌握设备的运行状态，包括采用各种检测、测量、监视、分析和判别方法，结合系统的历史和现状，考虑环境因素，对设备运行状态进行评估，判断其是否处于正常或非正常状态，并对状态进行显示和记录，对异常状态作出报警，以便运行人员及时加以处理，并为设备的故障分析、性能评估、合理使用和安全工作提供信息和准备数据。故障诊断是根据状态监测所获得的信息，结合已知的结构特性和参数以及环境条件，结合该设备的运行历史，对设备可能要发生的或已经发生的故障进行预报和分析、判断，确定故障的性质、类别、程度、原因、部位，指出故障发生和发展的趋势及其后果，尽可能提出控制故障继续发展和消除故障的调整、维修、治理的对策措施，并加以实施，最终使设备恢复到原正常状态。

故障诊断和状态监测最主要的不同之处就在于故障诊断是将诊断的精度放在第一位的，其实时性是第二位的。而状态监测对实时性的要求是第一位的，一般用来诊断较为简单和直观的设备异常状态。作为状态监测，就是当设备处于运行状态下，对其代表性的状态参数经常性地或定期地监测和分析，以便弄清设备所处的工作状态。状态监测包括采用各种测量、分析和判断方法，结合设备的历史状况和运行条件，为设备的性能评价、合理使用、安全运行及故障诊断打下基础。而故障诊断的目的则是进一步确定故障的性质、程度、类别、部位、原因，乃至说明故障发展趋势及影响等，为预报、控制、调整、维修提供依据。总而言之，状态监测及故障诊断是在基本不拆卸情况下，通过掌握设备过去和现在的运行状态，判明设备运行状态的优劣、是否安全、有无异常以及预测设备将来的可能状态，从而确定必要对策的技术。

3. 故障诊断与可靠性的关系

开展可靠性活动的目的就在于使产品在使用中无故障或少故障，其中心任务是围绕产品故障而进行的，FMECA（故障模式影响与致命性分析）和 FTA（故障树分析）是其采取的主要手段。而维修性是产品维修的难易程度，是产品设计所赋予的一种固有属性，它通常定义为"产品在规定的条件下和规定的时间内，按规定的程序和方法进行维修时，保持或恢复到其规定状态的能力"。从液压气动设备完好性及寿命周期费用的观点出发，仅提高可靠性不是最有效的方法，必须综合考虑可靠性和维修性才能获得最佳的效果。

产品的可靠性设计工作与产品的故障诊断不仅具有共同的目标（消灭或减少故障、保证产品的可靠性），而且具有很好的工作延续性。可靠性设计工作保证产品的固有可靠性达到规定的用户要求，而故障诊断则为产品满足使用可靠性的要求作出保证。它们均围绕产品可能发生的故障进行展开。

可靠性和维修性是以故障为中心的，两者离不开故障，因为有故障，才有可靠性和维修性。FMECA 和 FTA 是可靠性研究故障的工具，故障诊断是保证维修性的手段。而可靠性为故障诊断提供诊断基础。总之，可靠性与故障诊断都是围绕故障展开工作的，FMECA 和 FTA 是在设计过程就充分分析系统可能发生的故障，采取设计措施消除或降低危害度大的故障模式或故障事件对系统的影响，而故障诊断则是在系统发生故障之后诊断出发生故障的原因、故障模式。它们的最终目标是一致的，均是为了使产品的可靠性得到保证。

4. 故障诊断的主要方法

故障诊断技术发展至今，已经提出了大量的方法。故障诊断方法可以划分为基于信号处理的方法、基于解析模型的方法和基于知识的方法。因此，现有的故障诊断各种方法的分类，如图13-1所示。

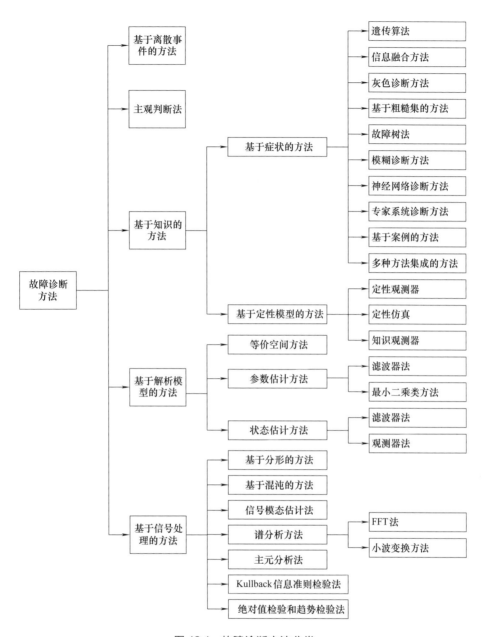

图 13-1 故障诊断方法分类

对设备进行状态监测与故障诊断总的原则是：当可以建立比较准确的被控过程的数学模型时，基于解析模型的方法是首选的方法；当可以得到被控过程的输入输出信号，但很难建立被控对象的解析数学模型时，可采用基于信号处理的方法；当很难建立被控对象的定量数学模型时，可以采用基于知识的方法。

现在的故障诊断已经包括：①故障检测或预测；②故障分离（诊断）；③故障处理。故障诊断方法的发展趋势是与容错控制、冗余控制和解析余度管理等可靠性系统设计相结合，成为主动维修策略、监视控制、容错控制、自治控制、可信性系统等设计中的一个关键，所以目前系统故障诊断方法是要将各种智能诊断方法结合起来，弥补各自的缺陷，取长补短。

第二节　故障诊断模型和任务分解策略

大型载重车是涉及机、电、液等多领域的复杂系统，为完成自动化和网络化环境下的多模式作业，系统设备和功能应能实现分布控制和管理，这决定了故障监测与诊断系统应该具有可靠性与可维护性、可扩展性、实时性、兼容性和并行性等特点。

一、载重车故障诊断系统的要求及特点

载重车故障诊断系统采用基于CAN总线的网络控制体系结构，对系统的可靠性有一定程度的提高，例如：由于各控制任务在功能上是分散的，彼此之间形成松散的耦合关系，适合于分布式人工智能的解决方案，故障节点的自动退出和切换能够实现系统重构。各节点单元之间的分布式并行处理，使系统具有较高的效率，能够较好地满足系统实时性故障诊断的要求。各子系统之间便于信息共享和交换，有助于通过协作诊断实现多种故障诊断模式和诊断策略，解决单一专家系统所不能解决的某些复杂问题。

1. 可靠性与可维护性

在某一单元失效的情况下，仍然保持系统的完整性，系统能够通过重构维持运行。软件设计采用程序分段与模块化设计，具有对异常事件的处理过程，系统故障采用硬件自诊断和故障部件的自动隔离、自动恢复与热插拔技术，使系统便于维护更新。

2. 系统兼容性

系统兼容性是分布式监测诊断系统能否顺利生存发展的关键。在兼容性设计方面，应采用当前占主导地位且具有长久生命周期的工业计算机系统和测控功能模板，采用流行的标准化的网络通信协议和网络体系结构，采用统一标准化的数据信息编码格式和数据结构。

3. 开放性和可扩展性

系统在较长的生命周期内能容易实现升级、扩充，以保证系统的先进性和完善性，系统具有标准的信息处理接口。载重车作为运动体和实现动态作业任务功能的机电系统，必须具有实时响应外部事件的能力，确保对设备运行过程进行连续监测，为设备工况监测和故障诊断提供准确、实时信息源。实时性不仅指诊断过程的实时性，还包括信息获取和处理的实时性。

4. 诊断的并行性

诊断的并行性表现在监测与诊断的并行性及诊断与诊断的并行性。监测系统接收并存储诊断对象的信息，并对诊断对象的运行状态做出判断，一旦出现偏离正常状态的信息，则启动诊断过程，进行异常状态的诊断处理。在此诊断过程中仍旧伴随着监测过程，并向诊断系统实时提供监测信息，两者处于并行状态。由于在诊断的过程中，有许多不同的子系统诊断同时存在，这种诊断也表现在节点之间的诊断并行及节点与总线管理之间的并行性。

二、基于分布式的层次诊断模型

目前设备诊断监测系统的结构主要有集中式的结构、主从式的结构和分散式的结构及基于网络的分布式结构。集中式的结构由一台主机完成从信号采集处理到数据分析和故障诊断的全过程，系统便于控制，但处理负担重、实时性差，并存在危险集中的可能性。主从式在集中式的基础上前进了一步，将主机的任务中的数据采集处理等下放到从机，主机只完成诊

断处理工作，主从间可以通过通信实现信息交流；这种结构易于实现多机协作和容错模式，但系统的扩展性和开放性仍然有一定的局限性。分散式的结构是由多个主、辅机构成的系统，每台子机可以单独实现监测诊断功能，但是彼此之间相互独立，因此无法实现信息共享和相互协作，每个子机实际上是一个个信息孤岛，不利于大型复杂设备的诊断管理。基于网络的分布式结构，可以达到资源共享、协调工作、功能分散和管理集中的目的，网络上的各节点均能够完成分布式处理，具有子诊断功能，网络扩展灵活，便于和生产现场控制系统、生产管理信息系统联网，使现场设备状态监测与故障诊断、生产过程形成有机整体，实现全局最优运行。因此，适应大型载重车的诊断体系结构。

由于在载重车这个具有分布式特点的多子系统中，还存在着功能分层和结构分层的特点，因此，为了实现集成化、智能化和自动化的诊断过程，提出基于层次分类法的思想，以系统的结构性为基础，对复杂问题实现由上而下进行功能分解，直到最小系统或设备。层次化的分类过程也是协作诊断过程，其目的是将复杂的问题通过分解成较简单的问题求解，从而提高系统的诊断能力。

如图 13-2 所示，采用层次分解的诊断模型，将整个系统的诊断问题分解为不同层次、不同规模的子诊断问题，并由此建立层次诊断模型，然后针对各子诊断问题特点，选择相应的诊断方法或者再次实现分解，逐层深入，直到完成诊断任务。层次诊断模型通过逐步细化缩小故障范围，从而减小诊断过程中的搜索量，提高诊断效率和可靠性。

图 13-2　基于层次分解的诊断模型

层次分类之间和层中各个子类之间都不是孤立的，而是相互协作的关系。基于分布式的层次分类模型不仅具有功能上的层次性，而且具有结构上的分布性，适合于以分布式问题求解为目的的分布式人工智能技术的应用和实现。

三、故障诊断的任务分解策略

基于分布式层次诊断模型的任务分解策略实际上是诊断求解过程，可以分为诊断问题分解、子任务分配、子任务求解和局部解综合 4 个阶段，如图 13-3 所示。子任务分配由分解的子层形成不同层次和不同性质的任务，子任务求解根据不同诊断方法完成模型求解或信息

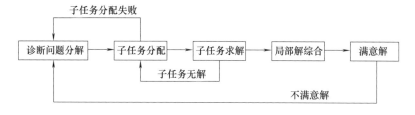

图 13-3　分布式诊断问题的求解过程

的分析处理，子任务求解中包含有自己的子专家系统库、子诊断模型和诊断处理方法。最底层完成数据采集和信号变换及处理、通信等功能。

有效的分解方法取决于各节点的求解能力和子任务的满意程度，并直接影响到诊断的效率和正确性。对于具体的工程应用来说，由于诊断问题的分解和子任务分配的紧密联系，因此可以将诊断问题分解和子任务分配合称为诊断任务规划。在解的综合阶段，由于各节点的知识和求解方法的不同，需要进行综合处理，得到统一的全局解。子任务的分解可以采取不同的策略实现，主要有如下几种：

① 基于设备工作状态的分解策略是利用设备动态运行过程中的各方面知识，划分监测和诊断任务，例如启动和停止过程、空载和负载过程等。

② 基于设备故障诊断过程的分解策略是根据诊断对象的故障类型进行逐层分解，上层故障由下层故障引起，下层故障为上层故障的特例，这种分析方法思路清晰，概念较具体，可以容易定位故障。将故障进行功能划分，形成状态监测、状态预测、状态识别、特征提取、报警处理、应急决策，根据这个过程实现任务的分解。基于不同诊断方法的分解策略结合了不同的诊断方法，如模糊数学、神经网络、模式识别、概率论和数理统计等。同时诊断中的知识表示也有不同的形式，如来自专家领域的知识、来自故障实例的知识、过程知识和推理得到的知识等，它们和诊断方法结合形成诊断过程的子系统。

③ 基于设备功能的分解策略是依据系统的功能由高级到低级的分解方法，高层次的功能是由若干低层次的功能复合实现的。例如对于工程车，可以分为行走系统、转向系统、调平系统、动力源、微电控制系统、总线系统等。

④ 基于设备结构的分解策略是把整机系统分解为下一层次的子结构，每一子结构又可分为更下一层次的子结构，直到最底层次。例如转向系统，是由转向机构和电液比例控制系统所组成，而转向机构又包含连杆机构、转向设备和角位移传感器等，而比例控制包含比例阀和液压缸等。比例阀的驱动信号又是由放大板产生，而放大板的信号又是由总线节点控制的。这是因为任何设备都是由不同的子系统有机组合来实现的，因此最终可以将复杂设备分解为系统级、子系统级、部件级和元件级等多个层次，分别实现相应层次各子系统的功能。

同时，也可结合上述四种分解策略，构成混合式的分解策略，如可以在上层按照子系统分解，接着按照故障诊断过程进行分解，形成混合式的故障诊断分解策略。

第三节　载重车电液控制系统故障分析及建模

载重车电液控制系统包括驱动电液控制系统、转向电液控制系统和悬挂支腿电液控制系统。电液控制系统故障主要是液压元件及附件或系统丧失其原来的功能后所引起的系统问题。

一、液压元件失效模式及失效机理

国标规定，失效模式是指元器件或产品失效的表现形式，失效机理是失效的实质原因，是引起失效的物理、化学变化等内在原因。液压元件的失效模式一般有泄漏、噪声、机械损坏、压力波动、流量不足等表现形式，即使同一种表现形式，其机理也不相同，这也表现了液压系统故障的多发性和复杂性。现场总线及微电控制系统的故障可分为总线故障、节点设备故障及软件故障，在工程实际中，这些故障一般出现在初期的调试检测阶段，当进入正常工作状态后，这些故障发生的概率很小。失效机理在不同的液压元件和不同的系统中表现为不同的失效模式，表 13-1 为运梁车电液控制系统各元件的失效模式和失效机理。

表 13-1　元件的失效模式及机理分析

元件	失效模式	失效原因
液压泵	不出油或流量不足	油液不能充分吸入泵中,吸油管漏气等
		启动时温度较低,油液黏度太高
		中心弹簧失效,缸体与配流盘之间失去密封
		缸体孔与柱塞平面磨损或烧盘粘铜
		泵中有零件损坏
		回路其他部分漏油
	压力低	泵的转速过低
		系统的溢流阀失效
		配流盘与缸体有杂物或配流盘与转子接触不良
	漏油严重	密封件磨损
	噪声大	泵与电机连接不同心
		吸入空气
		泵体内存有空气
		柱塞与滑靴头连接松动
		回油管高于油箱液面
		泵的转速过高
		泵的润滑不好
溢流阀	压力波动	弹簧弯曲
		锥阀阀体与阀座接触不良
	调节无效	锥阀阻尼孔堵塞
		阀体被卡住
		回油口被堵
		弹簧断裂
	泄漏	滑阀阀体与阀座配合间隙过大
		锥阀阀体与阀座配合间隙过大
		压力过高
	压力到达调定值时不开启	弹簧失效
		滑阀阀芯卡死
多路阀	滑阀不换向	电磁铁损坏或力量不够
		先导阀损坏
		对中弹簧失效
		阀芯卡死
	动作缓慢	泄油路堵塞
		油液黏度过高

续表

元件	失效模式	失效原因
液压缸	漏油	密封件损坏
		端面连接不紧
	输出无力	内外泄漏
		系统压力低
	动作迟滞	缸中存在较多空气
		油液黏度高
	只能伸出不能收回	内泄漏使缸成为差动回路
		系统油液不能换向
	爬行	缸内或油内有空气
		摩擦力过大
		系统压力太低
液压马达	转速低	斜盘变量机构失效
		缸体孔与柱塞平面磨损或烧盘粘铜
		泵中有零件损坏
		回路其他部分漏油
	输出扭矩不足	系统的溢流阀失效
		配流盘与缸体有杂物或配流盘与转子接触不良
	漏油严重	密封件磨损
	噪声大	柱塞与滑靴头连接松动
		马达转速过高
		马达润滑不好
		马达与执行机构连接不同心
滤油器	油液被堵塞	滤芯堵塞
		油液黏度过大
	无滤油效果	滤芯失效
单向节流阀	不能正常开启	控制压力低
		单向阀阀芯被卡住
	调速失灵	单向阀阀芯磨损或不能闭合
		节流阀失效

　　载重车的故障具有其特殊性和具体性，表现为同一故障往往由不同的子系统和子部件同时引起，而另一方面，同一个子系统在不同的情况下表现出不同的故障特性。这种故障的分散性和不确定性，给基于元件级的故障分析带来了困难。为了提高故障诊断的效率，可以在子系统的基础上，从整体角度出发，建立故障模型进行分析。

二、基于故障树的建模

　　故障树分析（FTA）是故障诊断技术的一种有效方法，它是针对某个特定的不希望发生的事件作为顶事件，从系统整体按照树状的分解方式到局部细化分析，从而找出系统的故障失效部件之间的逻辑关系，故障树分析法是由因到果的演绎分析方法。故障树分析法通过分析系统的薄弱环节和完成系统的最优化来实现对设备故障的预测和诊断，是一种安全性和可靠性分析技术，对系统故障预测、预防、分析和控制效果很好。

在建造故障树时，失效效应、失效模式和失效机理这些基本概念对于决定事件间的正确关系是很重要的。失效效应指的是为什么某一失效是重要的，也就是说它对系统有什么影响；而失效机理则是考虑某个失效模式是如何发生的，以及它发生的可能性是多大。这样，失效机理产生了失效模式，而失效模式又对系统运行产生一定影响。系统失效模式构成了各种类型的系统失效。用故障树的术语来说，这些失效类型就是系统分析人员所考虑的"顶事件"。分析人员将选出这些顶事件之一来研究其发生的直接原因。这些直接原因将是所选择

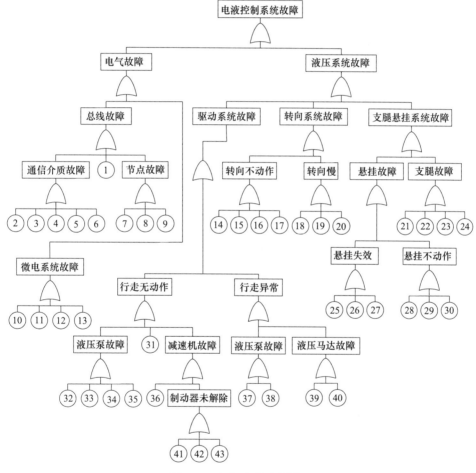

图 13-4 运梁车故障树模型

1—供电故障；2—CAN 与地短路；3—CAN 断路；4—网络端结断开；5—CAN 与电源短接；6—CAN-H 与 CAN-L 短接；7—硬件故障；8—干扰；9—逻辑电路故障；10—控制电路故障；11—供电故障；12—软件故障；13—硬件 I/O 故障；14—转向缸卡死；15—转向控制阀故障；16—Ls 无反馈；17—开式泵故障；18—转向缸内泄；19—Ls 反馈压损大；20—转角传感器故障；21—支腿多路阀故障；22—支腿缸卡死；23—支腿压力保护阀失效；24—Ls 无反馈；25—液控单向阀失效；26—管路泄漏；27—悬挂缸泄漏；28—悬挂控制阀故障；29—Ls 无反馈；30—开式泵故障；31—管路泄漏；32—辅助泵故障；33—泵变量机构故障；34—溢流阀故障；35—密封失效；36—机械故障；37—压力切断阀故障；38—泵变量控制阀故障；39—马达变量控制阀故障；40—马达排量控制机构故障；41—控制阀故障；42—压力设定阀故障；43—转向助力泵故障

事件的直接失效机理，并将造成某些子系统的失效。这些失效是子系统设计者的失效模式，并将组成故障树的第二级。按照这种"直接原因"的方式一步一步向前推进，一直到部件失效，这些部件就是由故障树分解极限所定义的基本原因。

故障树由定性分析和定量分析过程组成，定性分析主要是描述出系统所有可能的故障模式，进行单元排列，寻找故障树的全部最小割集。本章主要给出所研究系统的故障知识的故障树模型，对于定量分析在本章中不作为重点内容研究。故障树的建造中，有以下的原则：故障状态和故障事件要有确切的定义。在明确故障的基础上，确定最不希望发生的事件作为故障树的顶层事件，以系统提出的假设条件为依据，合理地确定边界条件及故障树的建树范围。按照功能模块给出了运梁车电液控制系统的故障树模型，如图13-4所示。

第四节 载重车电液系统故障定位策略研究

故障的诊断包括两个方面的内容：一为发现系统的故障存在，这有时候可能很简单，如液压系统压力不足、振动与噪声异常、执行机构运动速度不正常等；二为故障的定位，这是故障诊断的一个核心问题。不管是简单的系统还是复杂的系统，如何在最短的时间内将故障定位到具体的部件上，以便准确地完成诊断和修复工作，不致使系统处于诊断—修理—诊断的反复过程，是故障诊断的重要课题。这里，结合液压机液压系统工程实际，研究液压机液压系统的故障定位的搜索算法。

故障树分析法是工程中常用的故障分析方法，它在可靠性分析及故障诊断领域有着公认的贡献。但在利用故障树自顶事件向下搜索底事件或最小割集时，并不明确应该沿哪条路径进行搜索，对于故障起因的搜索策略及检测顺序缺乏足够的考虑，便采用遍历或随机搜索的方法，在很多情况下会误入歧途，往往导致诊断效率低。如何优化搜索策略，提高诊断效率一直是人们研究和探讨的课题。

一、最优定位策略的求解算法

一般而言，对于基于故障树分析的液压系统的故障最优搜索方法如图13-5所示。

图13-5 基于故障树分析的故障最优搜索方法流程图

首先考虑如图13-6所示的或门故障树模型。T 为故障树的顶事件；x_1，x_2，$\cdots$，x_n 为导致顶事件发生的底事件或最小割集；M_1，M_2，$\cdots$，M_N 为中间事件。

设定 S_1，S_2，$\cdots$，S_n 为相应的搜索代价，即完成对某一故障起因实施搜索所花费的时间、财力的度量；P_1，P_2，$\cdots$，P_n 为系统发生失效情况下，各底事件或最小割集的故障概率；I_1，I_2，$\cdots$，I_n 为各底事件或最小割集对顶事件发生的影响程度。

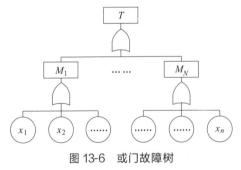

图13-6 或门故障树

如果各底事件或最小割集的故障发生概率相等，且不考虑搜索代价等因素，那么按故障树的理论，采用的是顺序（遍历）搜索，即先搜索 x_1，然后搜索 x_2，……，依次搜索。但在实际问题中，上述的假设往往是不能成立的，如在图 13-6 诊断顶事件 T 故障时，各底事件的搜索代价不同，有检测难易之分。此外，由于系统的结构与组成不尽相同，所以各底事件的故障概率也不可能完全一致，因此，要综合考虑搜索代价、故障概率等因素，求解一个最佳的搜索序列。

二、规范化搜索决策矩阵

假设液压机液压系统发生故障后有 n 个搜索方案可实施故障寻因，有 m 个影响搜索方案的属性需要考虑，这些属性包括搜索成本 S、故障概率 P、影响程度 I 等。用 $\boldsymbol{X}(=X_1,X_2,\cdots,X_n)$ 表示可供选择的方案的集，用 $\boldsymbol{Y}_i(=Y_{i1},Y_{i2},\cdots,Y_{im})$ 表示第 i 个方案的属性值的集，其中 Y_{ij} 是第 i 个方案的第 j 个属性的值。如用目标函数表示属性，则属性 Y_{ij} 为

$$Y_{ij}=f_j(X_i) \quad i=1,2,\cdots,n; \quad j=1,2,\cdots,m \tag{13-1}$$

各搜索方案的属性值可用搜索决策矩阵 $\boldsymbol{A}$ 表示

$$\boldsymbol{A}=\begin{bmatrix} Y_{11} & Y_{12} & \cdots & Y_{1j} & \cdots & Y_{1m} \\ Y_{21} & Y_{22} & \cdots & Y_{2j} & \cdots & Y_{2m} \\ \vdots & \vdots & & \vdots & & \vdots \\ Y_{i1} & Y_{i2} & \cdots & Y_{ij} & \cdots & Y_{im} \\ \vdots & \vdots & & \vdots & & \vdots \\ Y_{n1} & Y_{n2} & \cdots & Y_{nj} & \cdots & Y_{nm} \end{bmatrix} \tag{13-2}$$

根据搜索决策矩阵 $\boldsymbol{A}$ 马上进行不同性能指标的比较是不可能的，因为其物理维度不同。因此，按归一化理论把属性规范化，即把各属性值都统一变换到（0，1）范围内，成为规范化矩阵 $\boldsymbol{B}$，其矩阵元素 B_{ij} 为

$$B_{ij}=\frac{Y_{ij}}{\sqrt{\sum_{i=1}^n Y_{ij}^2}} \quad i=1,2,\cdots,n; \quad j=1,2,\cdots,m \tag{13-3}$$

三、模糊决策矩阵

利用权的最小平方法构造模糊决策矩阵，权的最小平方法 WLSM（Weighted Least-Square Method）最早是由 A. T. W. Chu 等学者于 1979 年正式提出，1988 年由华中理工大学陈珽教授加以引用而介绍到我国，用该方法确定属性的权值，避开了"一致性检验"，概念清楚而易于理解。这种方法是把各属性的重要性作成对比较，若把第 i 个属性相对第 j 个属性的重要性的估计值记作 C_{ij}，并认为近似地是属性 i 的权和属性 j 的权的比值 W_i/W_j，那么 m 个属性成对比较的结果用矩阵 $\boldsymbol{C}$ 表示，即

$$\boldsymbol{C}=\begin{bmatrix} C_{11} & C_{12} & \cdots & C_{1m} \\ C_{21} & C_{22} & \cdots & C_{2m} \\ \vdots & \vdots & & \vdots \\ C_{m1} & C_{m2} & \cdots & C_{mm} \end{bmatrix} \approx \begin{bmatrix} W_1/W_1 & W_1/W_2 & \cdots & W_1/W_m \\ W_2/W_1 & W_2/W_2 & \cdots & W_2/W_m \\ \vdots & \vdots & & \vdots \\ W_m/W_1 & W_m/W_2 & \cdots & W_m/W_m \end{bmatrix} \tag{13-4}$$

其中，$W_i > 0$，$i = 1, 2, \cdots, m$；$W_j > 0$，$j = 1, 2, \cdots, m$。

若决策人对 C_{ij} 的估计一致，即判断矩阵 $\boldsymbol{C}$ 满足一致性条件，则有

$$C_{ij} = \frac{C_{ik}}{C_{jk}} \quad i, j, k = 1, 2, \cdots, m \tag{13-5}$$

等同于

$$\begin{cases} C_{ij} = C_{ik} C_{kj} \\ C_{ji} = \dfrac{1}{C_{ij}} \end{cases} \tag{13-6}$$

则矩阵 $\boldsymbol{C}$ 为一致性判断矩阵，否则称 $\boldsymbol{C}$ 为非一致性判断矩阵。

矩阵 $\boldsymbol{C}$ 满足一致性条件时，恒有

$$\begin{cases} W_i = C_{ij} W_j \\ \sum\limits_{i=1}^{m} W_i = 1 \end{cases} \quad i, j = 1, 2, \cdots, m \tag{13-7}$$

则根据式 (13-7)，可求得权 $\{W_1, W_2, \cdots, W_m\}$ 的精确解

$$\boldsymbol{W} = \left[1 \bigg/ \sum_{i=1}^{m} C_{i1}, 1 \bigg/ \sum_{i=1}^{m} C_{i2}, \cdots, 1 \bigg/ \sum_{i=1}^{m} C_{im} \right]^{\mathrm{T}} \tag{13-8}$$

判断矩阵的获得一般都是由专家给定。因此判断矩阵的一致性必然要受到专家知识结构、判断水平和个人偏好等主观因素的影响，再加之判断事物本身的模糊性和不确定性，实际应用中的判断矩阵往往很难满足一致性条件。因而，式 (13-5) 在通常情况下是不成立的，即如果决策人对 C_{ij} 的估计不一致，则有

$$C_{ij} \approx \frac{W_i}{W_j} \quad \text{或} \quad C_{ij} \neq \frac{W_i}{W_j} \tag{13-9}$$

为此，引入偏差 ε_{ij}，即令

$$\varepsilon_{ij} = W_i - C_{ij} W_j \quad i, j = 1, 2, \cdots, m \tag{13-10}$$

虽然各 ε_{ij} 的值并不等于 0，但可以通过选择一组权 $\{W_1, W_2, \cdots, W_m\}$ 使误差平方和为最小，即取性能指标为

$$\min J_1 = \sum_{i=1}^{n} \sum_{j=1}^{m} \varepsilon_{ij}^2 = \sum_{i=1}^{n} \sum_{j=1}^{m} (W_i - C_{ij} W_j)^2 \tag{13-11}$$

式 (13-11) 中的权 $\{W_1, W_2, \cdots, W_m\}$ 受式 (13-7) 的规范化约束条件约束，故构造拉格朗日函数 $L(\boldsymbol{W}, \lambda)$

$$L(\boldsymbol{W}, \lambda) = \sum_{i=1}^{m} \sum_{j=1}^{m} (W_i - C_{ij} W_j)^2 + 2\lambda \left(\sum_{i=1}^{m} W_i - 1 \right) \tag{13-12}$$

令 $\dfrac{\partial L}{\partial W_l} = 0$，则有

$$\sum_{i=1}^{m} (C_{il} W_l - W_i) C_{il} - \sum_{j=1}^{m} (C_{lj} W_j - W_l) + \lambda = 0 \quad l = 1, 2, \cdots, m \tag{13-13}$$

式 (13-7) 和式 (13-13) 构成了 $m + 1$ 个非齐次线性方程组，有 $m + 1$ 个未知数 λ，$W_1, W_2, \cdots, W_m$，可求得一组唯一解。式 (13-13) 也可以写成矩阵形式

$$\boldsymbol{KW} + \lambda \boldsymbol{e} = 0 \tag{13-14}$$

其中

$$e = [1, 1, \cdots, 1]^T \tag{13-15}$$

$$W = [W_1, W_2, \cdots, W_m]^T \tag{13-16}$$

$$K = \begin{bmatrix} \sum_{i=1}^{m} C_{i1}^2 + m - 2 & -(C_{12} + C_{21}) & \cdots & -(C_{1m} + C_{m1}) \\ -(C_{21} + C_{12}) & \sum_{i=1}^{m} C_{i2}^2 + m - 2 & \cdots & -(C_{2m} + C_{m2}) \\ \vdots & \vdots & & \vdots \\ -(C_{m1} + C_{1m}) & -(C_{m2} + C_{2m}) & \cdots & \sum_{i=1}^{m} C_{im}^2 + m - 2 \end{bmatrix} \tag{13-17}$$

将式（13-7）写成向量形式，有

$$e^T W = 1 \tag{13-18}$$

联立式（13-14）和式（13-18），得矩阵计算式

$$W = \frac{K^{-1} e^T}{e^T K^{-1} e} \tag{13-19}$$

即可求得加权的规范搜索决策矩阵 X，其中的元素 X_{ij} 为

$$X_{ij} = W_j B_{ij} \quad i=1,2,\cdots,n; \ j=1,2,\cdots,m \tag{13-20}$$

四、求解算法

1. 理想解和负理想解的求解

采用由 Hwang 和 Yoon 提出的逼近于理想解的排序方法 TOPSIS（Technique for Order Preference by Similarity to Ideal Solution）。该方法首先确定一个理想解和一个负理想解（或称反理想解），然后找出与理想解距离最近且与负理想解距离最远方案，作为最优方案。TOPSIS 法中的距离是指（加权）欧式距离（Euclidean Distance）。理想解是设想的最好解 X^+，它的各个属性值都达到各候选方案中最好的值；负理想解是设想的最差解 X^-，它的各个属性值都达到各候选方案中最差的值。现有的 n 个方案中，一般并没有这种理想解和负理想解，但通过设定理想解和负理想解，将每个实际的解与理想解和负理想解进行比较，如果其中有一个解最靠近理想解，同时又最远离负理想解，则该解是 n 个方案中最好的解，用这种方法可对所有的方案进行排队。理想解 X^+ 和负理想解 X^- 分别被定义为

$$\begin{cases} X^+ = \{(\max_i X_{ij} | j \in J), (\min_i X_{ij} | j \in J') | i=1,2,\cdots,n\} = \{X_1^+, X_2^+, \cdots, X_m^+\} \\ X^- = \{(\min_i X_{ij} | j \in J), (\max_i X_{ij} | j \in J') | i=1,2,\cdots,n\} = \{X_1^-, X_2^-, \cdots, X_m^-\} \end{cases} \tag{13-21}$$

式中 J——效益型属性集；

J'——成本型属性集。

每个解到理想解的距离 D_i^+ 为

$$D_i^+ = \sqrt{\sum_{j=1}^{m} (X_{ij} - X_j^+)^2} \quad i=1,2,\cdots,n \tag{13-22}$$

每个解到负理想解的距离 D_i^- 为

$$D_i^- = \sqrt{\sum_{j=1}^{m}(X_{ij}-X_j^-)^2} \quad i=1,2,\cdots,n \tag{13-23}$$

2. 相对贴近度的求解

一般来说，要找到一个距离理想解最近而又距离负理想解最远的方案是比较困难的。为此，引入相对贴近度的概念来权衡两种距离的大小，判断解的优劣。定义解到理想解的相对贴近度 E_i^+ 为

$$E_i^+ = \frac{D_i^-}{D_i^- + D_i^+} \quad 0 \leqslant E_i^+ \leqslant 1; \, i=1,2,\cdots,n \tag{13-24}$$

E_i^+ 的值越接近 1（或越大），则相应的方案应排在前面。因此，按 E_i^+ 由大到小的顺序排列，排在前面的搜索方案应优先搜索、检测。

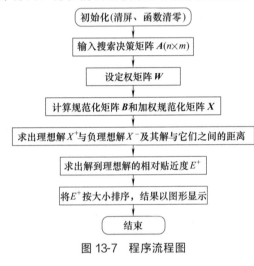

图 13-7 程序流程图

五、程序实现

上述方法计算量较大，尤其是当底事件数 n 和属性数目 m 较多的情况下，计算烦琐，不利于实际中运用。因此，基于 MATLAB 编制了计算加权矩阵和搜索求解程序，程序流程如图 13-7 所示，使得该方法可以方便、高效地被运用。

MATLAB 具有强大的矩阵运算能力，很适合解决含有矩阵运算的复杂计算问题。在 MATLAB 中，不需对矩阵的维数和类型进行说明，MATLAB 会根据用户所输入的内容自动进行配置，而且 MATLAB 提供了对复数数据的处理。用"[E,i]=dsort(E)"命令便可对结果 E_i^+ 进行降序排序。同时，利用 MAT-LAB 的图形功能，用"plot(E)"和"bar(E)"命令可以将结果 E_i^+ 以图形的形式直观地描述出来。

六、故障定位实例

针对载重车悬挂油缸无动作现象，得到如图 13-8 所示的故障树。其中，1, 2, …代表故障原因和编号，暂且考虑影响决定搜索策略的属性有搜索成本 S 和故障概率 P，根据实际情况、专家经验和有关数据，其排序如表 13-2 所示，表中故障概率排序号为 1 者（第 x_7 号故障原因）出现概率最大，搜索成本排序号为 1 者，其搜索成本最低，依此类推。

其中，基础事件的名称和模糊数参数见表 13-2，顶事件和中间事件的名称见表 13-3。

表 13-2 基础事件的名称和模糊数参数

基本事件代号	故障原因	搜索成本 S	故障概率 P
1	活塞密封不良	2	9
2	油缸内泄严重	1	10
3	硬管破裂	4	8
4	软管破裂	4	7

续表

基本事件代号	故障原因	搜索成本 S	故障概率 P
5	液控单向阀故障	3	4
6	节流口磨损	3	3
7	阀芯损坏	5	1
8	弹簧失效	6	5
9	防爆阀的限制流速过低	5	2
10	进入多路阀的压力不足	6	6

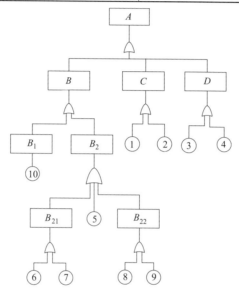

图 13-8 载重车悬挂油缸故障树

表 13-3 顶事件和中间事件的名称

事件代号	事件名称	事件代号	事件名称
A	悬挂油缸无动作	B_1	进入多路阀的压力不足
B	油缸压力不足	B_2	控制阀故障
C	油缸泄漏	B_{21}	单向节流阀故障
D	管路破裂	B_{22}	防爆阀故障

根据表 13-2 所建立的搜索决策矩阵 A 为

$$A = \begin{bmatrix} 2 & 1 & \cdots & 6 \\ 9 & 10 & \cdots & 6 \end{bmatrix}^T \tag{13-25}$$

按式（13-25）对矩阵进行规范化，得矩阵 B

$$B = \begin{bmatrix} 0.1503 & 0.0752 & \cdots & 0.4510 \\ 0.4587 & 0.5096 & \cdots & 0.3058 \end{bmatrix}^T \tag{13-26}$$

结合液压系统的特点，根据故障诊断的实际，系统对搜索成本、故障概率属性的权进行成对比较以后，得到判断矩阵 C

$$C = \begin{bmatrix} 1 & \dfrac{1}{2} \\ 2 & 1 \end{bmatrix} \tag{13-27}$$

根据式（13-27）可求得加权向量 W

$$W = \begin{bmatrix} \dfrac{1}{3} & \dfrac{2}{3} \end{bmatrix}^T \tag{13-28}$$

从而得到加权的规范化搜索决策矩阵 X

$$X = \begin{bmatrix} 0.0501 & 0.0251 & \cdots & 0.1503 \\ 0.3058 & 0.3398 & \cdots & 0.2039 \end{bmatrix}^T \tag{13-29}$$

理想解为

$$X^+ = \{0.0251, 0.0340\} \tag{13-30}$$

负理想解为

$$X^- = \{0.1503, 0.3398\} \tag{13-31}$$

每个解到理想解的距离

$$D_i^+ = \{0.2730, 0.3058, \cdots, 0.2111\} \quad i = 1, 2, \cdots, 10 \tag{13-32}$$

每个解到负理想解的距离是

$$D_i^- = \{0.1058, 0.1253, \cdots, 0.1359\} \quad i = 1, 2, \cdots, 10 \tag{13-33}$$

每个解对理想解的相对贴近度 E_i^+ 为

$$\begin{aligned} E_i^+ = \{&0.2794, 0.2906, 0.2529, 0.3433, 0.7538, \\ &0.6567, 0.7471, 0.4789, 0.7206, 0.3917\} \quad i = 1, 2, \cdots, 10 \end{aligned} \tag{13-34}$$

按 E_i^+ 由大到小的顺序确定搜索方案，排在前面的方案应优先搜索、检测和诊断。根据上述计算可得到搜索方案的排序为：5，7，9，6，8，10，4，2，1，3。其结果如图 13-9 所示。

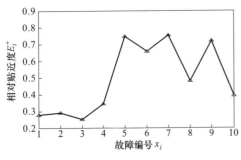

图 13-9 计算结果显示图形

在序贯诊断中，每次搜索故障后，如果成功，则诊断结束；如果失败，每次检测后需要对以前的决策矩阵进行修正，故障概率应成为条件故障概率，搜索代价也应作相应的修正，以便将历次检测的结果与该次搜索方案的确定结合在一起考虑，求得新的诊断搜索解，一直到诊断成功为止。

按上述搜索序列进行检查，发现液控单向阀故障（故障编号为 5）导致悬挂油缸无动作。液控单向阀故障主要原因是阀芯锥面与阀座结合配合不好，造成内泄漏，达不到保压的作用，导致液控单向阀不能正常工作。通过安装调试检验证明这一判断基本正确。在此系统中，液压缸活塞及液压管接头均采用软密封，可视为零泄漏，而在国内外专业生产中均无零泄漏的液控单向阀，故液控单向阀的泄漏可视为系统保压失效的主要原因。因此，在液控单向阀的阀座与阀芯之间采用 O 形密封圈密封，可保证液控单向阀零泄漏。此种液控单向阀是通过采用对标准液控单向阀进行改制的方法来实现的，其阀芯部分设计有 O 形密封圈的密封槽，用于安装 O 形密封圈；其阀座设计成锥面，锥度较阀芯大 0.50 左右，且对锥面加工质量要求不高。阀关闭时，O 形密封圈受压力油挤压作用，填充了阀座与阀芯之间的间隙，有效防止液控单向阀的泄漏，从而达到系统保压的目的，即可解决上述故障。

第五节 载重车远程故障监测与诊断系统

根据高铁运架设备故障诊断的特殊要求，设计了其远程智能故障诊断系统的总体结构。整个系统主要分为三个部分：设备监控层、现场监控（局部诊断）和远程诊断服务中心。

设备监控层位于运输设备上，负责运输车日常状态检测、智能控制、故障诊断及处理等任务。

局部诊断中心，主要用于对载重车的运行状态进行实时监测，读取故障信息、进行故障诊断，组织维护、维修活动，并对设备故障、维修等信息进行有效管理，以及向远程服务中心请求技术支持。

远程诊断服务中心分系统设在设备提供商公司内部，主要向各用户提供信息咨询、故障专家会诊、设备维护与维修、人员培训等服务，其功能相当于远程诊断维护中心。远程智能故障诊断系统的工作流程如图 13-10 所示。

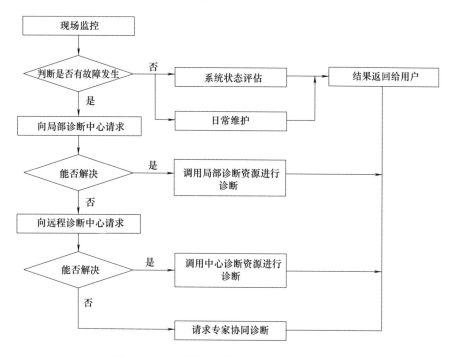

图 13-10 远程智能故障诊断系统工作流程图

在总体结构研究的基础上，下面开始分析远程智能故障诊断系统的逻辑结构。总体结构将整个系统分为三个层次，与此相对应，本部分也从设备监控层、局部诊断中心（工作现场）和远程诊断中心来分析逻辑结构。

一、设备监控层的逻辑结构

设备监控层利用检测前端提供的被测点的特征数据完成设备运行过程的实时监测监控，并和相应控制器一起完成设备调度和优化，其逻辑结构如图 13-11 所示。

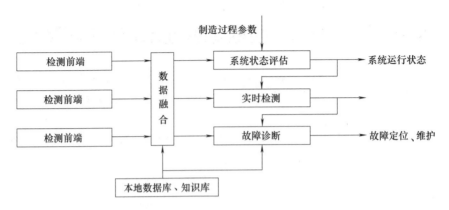

图 13-11　设备监控层的逻辑结构图

二、局部诊断中心的逻辑结构

局部诊断中心的基本任务是依据设备分系统所提供的设备状态参数以及故障现象的多媒体信息进行设备的故障诊断，做出相应的维修决策并返回给设备总控制室，指导设备维护人员的维修，并做好维护的准备工作，具体的逻辑结构如图 13-12 所示。

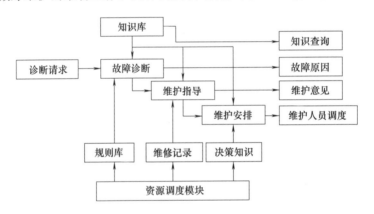

图 13-12　局部诊断中心的逻辑结构图

三、远程诊断中心的逻辑结构

图 13-13 是液压载重车远程诊断中心的逻辑结构图，可分为如下几部分：①设备维护支持子系统；②远程诊断支持子系统；③知识库管理模块；④交互式诊断模块；⑤远程培训、技术支持子系统；⑥系统资源调度模块。

四、远程监控系统智能前端设计与实现

1. 系统的总体组成

特种车辆远程监控系统主要由车内分布的多个带有 CAN 总线通信功能的控制器、车载智能前端和远程监控中心三部分组成。车载智能前端以 ARM7 微控制器 LPC2119 为核心，带有 CAN 总线接口、GPS 接收模块、GPRS 通信模块和电源等；远程监控中心为一台连接到 Internet 的具有固定 IP 地址的计算机。系统总体组成框图如图 13-14 所示。

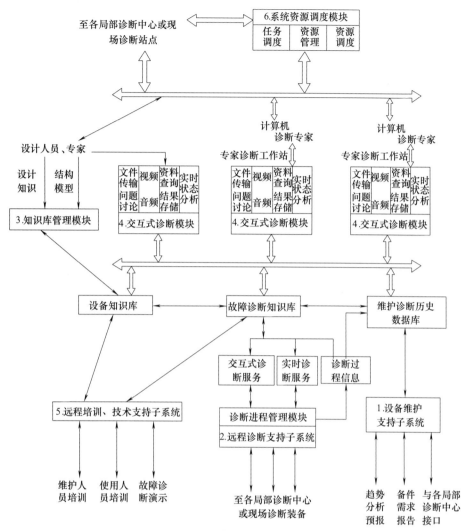

图 13-13 远程诊断中心的逻辑结构图

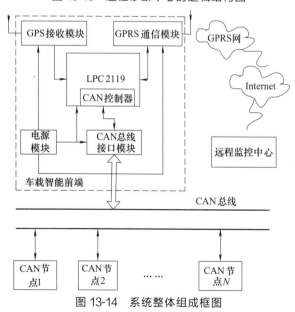

图 13-14 系统整体组成框图

(1) 监控中心

监控中心接收由车载前端 GPRS 模块上传的车辆数据报文，并将其转换成位置、速度以及各种运行状态信息。这些信息保存为实时数据和历史数据，存放在数据库中，并通过网络提供 Web 服务，供查看使用。根据这些数据可以进一步显示出车辆轨迹、监测车辆状态、诊断车辆机械故障、对检测到的不良状态给予报警提示，提供完善的车辆运行服务。监控中心除接收车载终端的上传数据外，还具有下发调度命令和远程修改控制参数等功能。

(2) 车载智能前端

车载智能前端设计是特种车辆远程监控系统中关键的一环，也是本系统中的重要组成部分，是对车辆实施监控的载体。车载智能前端主要有两大功能：一是通过 CAN 模块和 GPS 定位模块接收车辆信息，并通过 GPRS 模块传送到监控中心；二是对接收到的监控中心指令进行分析、处理，并执行相应的操作，如是否设置 CAN 总线的波特率、是否要求上传数据、节点是否允许启动等。

2. 车载智能前端硬件设计

根据功能要求，车载智能前端硬件主要包括微控制器 LPC2119 及其外围部件、GPS 定位模块接口、CAN 总线接口电路、GPRS 通信模块接口、电源模块。

(1) 微控制器电路

微控制器是车载前端的核心部件，这里选用了 PHILIPS 公司的 LPC2119 芯片。它内嵌 256 K 字节的高速 Flash 存储器和 16 K 字节的静态 RAM，完全可以满足系统的存储需求，不需要外扩内存。

LPC2119 内部集成了 2 个 CAN 控制器，只要加 CAN 总线收发器就可以构成 CAN 节点，从而大大简化了硬件电路。LPC2119 的 CAN 功能主要特性有：单个总线上的数据传输速率高达 11Mbps，32 位寄存器和 RAM 访问，兼容 CAN2.0B、ISO 11898—1 规范，全局验收滤波器可以识别所有的 11 位和 29 位标识符，验收滤波器为选择的标准标识符提供 FullCAN-style 自动接收。

另外，LPC2119 还支持 JTAG 实时仿真和跟踪，并具有 128 位宽度的存储器接口和独特的加速结构，它能使 32 位代码在高达 60MHz 的操作频率下运行。

(2) GPS 模块接口

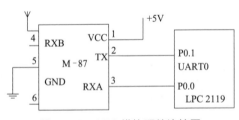

图 13-15 GPS 模块硬件连接图

本设计用的 GPS 模块为 TTL 电平接口，支持 4800～15200bps 串行通信波特率。GPS 模块与核心控制单片机的串口通信硬件电路如图 13-15 所示。

(3) CAN 总线接口

CAN 总线接口模块由 LPC2119 内部 CAN 控制器、CAN 总线收发器 PCA82C250、高速光耦 TLP113 和 5V 电源隔离模块 B0505S-1W 以及外围电路等组成。CAN 总线接口电路如图 13-16 所示。

LPC2119 的 CAN 控制器收发引脚通过高速光耦 TLP113 与 CAN 收发器 PCA82C250 的对应引脚相连。PCA82C250 的 CAN-H 和 CAN-L 引脚之间应串联 120Ω 的电阻，以消除电路中信号的反射等干扰。CAN-H 和 CAN-L 与地之间还应并联两个 30pF 的小电容，这样可以消除总线上的高频干扰和电磁辐射。

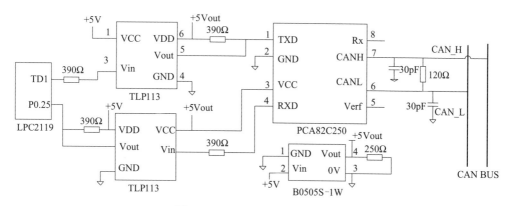

图 13-16　CAN 接口模块电路图

（4）GPRS 通信模块接口

GPRS 通信模块采用了 MD-609G，它提供标准 RS 232/485 数据接口。LPC2119 通过串口 1 连接 GPRS 模块，然后通过 GPRS 网接入 Internet 网络。GPRS 模块接口硬件设计如图 13-17 所示。

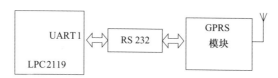

图 13-17　GPRS 模块硬件连接图

3. 车载智能前端软件设计

对于一般的 32 位 ARM 应用系统，在运行主程序前必须初始化运行环境，即为 ARM 芯片编写启动代码。该启动代码包括异常向量表、栈初始化、存储系统初始化和目标板初始化等，一般用汇编语言编写。对于该设计来说，关键的是编写实现各功能模块的程序。

功能模块主要由 GPS 数据采集与处理模块、GPRS 通信模块和 CAN 通信模块三部分组成，主程序通过调用各模块实现系统功能。主程序流程图如图 13-18 所示。

（1）GPS 模块软件设计

车载智能前端通过 GPS 模块接收 GPS 卫星信号，经信号处理后获得车辆位置、速度和时间等信息。本监控系统选用 HOLUX 公司的 M-87 模块，该模块遵循 NMEA0183 协议，通过串行通信接口发送定位信息。

串行通信参数的设置为：波特率=4800b/s，数据位=8 位，停止位=1 位，无奇偶校验。通过串行通信接口发出 7 种格式的数据报文。本前端中，只需要周期性地读取一种 ＄GPRMC 类型的数据，即可得到需要的经纬度、速度和时间信息，其余信息均可忽略。

GPS 模块上电启动后就会不断地通过串行通信接口发送 NMEA 0183 格式的 GPS 导航定位信息。CPU 接收数据报文后将所需字段的信息从缓存字节流中取出来，并与 CAN 信息重新组帧，然后再经由 GPRS 模块发送出去。GPS 模块流程图如图 13-19 所示。

（2）CAN 通信模块软件设计

智能前端的 CAN 模块主要完成与 CAN 总线上其他节点间的通信。CAN 模块的关键是编写 CAN 驱动程序。该模块只需通过调用驱动程序提供的接口来实现数据的接收、发送和动态设置波特率等功能。驱动程序包括四部分内容：CAN 控制器的初始化、发送数据、接

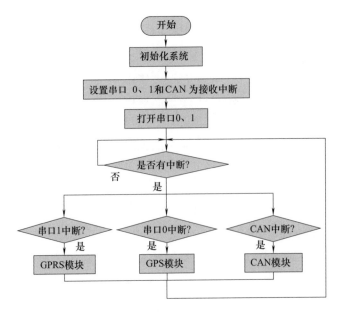

图 13-18 车载前端主程序流程图

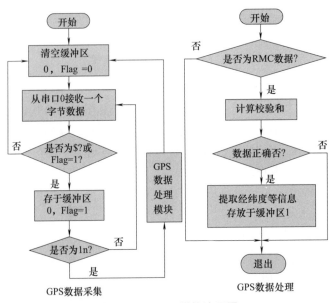

图 13-19 GPS 模块流程图

收数据和总线异常处理。

① CAN 初始化程序　CAN 初始化程序主要用来实现 CAN 工作时的参数设置，其初始化主要内容包括：硬件使能 CAN、设置 CAN 报警界限、设置总线波特率、设置中断工作方式、设置 CAN 验收滤波器的工作方式、设置 CAN 控制器的工作模式等。

② CAN 发送数据程序　对 CAN 模块初始化成功后，就可以用它来传送报文。节点向总线发送报文的过程是：LPC2119 将待发送的数据按 CAN 格式组成一帧报文，写入 CAN 模块发送缓冲区，然后启动发送命令，将报文发送到总线上并返回是否发送成功。

③ CAN 接收数据程序　本设计中，采用中断的方式进行 CAN 总线上的数据接收。当

LPC2119 的 CAN 控制器出现内部中断时,先识别中断寄存器的 RI 位,判断是否为接收中断,然后读取接收缓冲区的内容。

④ 总线异常处理　CAN 控制器根据 CAN2.0 规范来对 CAN 总线上发生的错误进行处理。CAN 初始化、数据接收和发送程序流程图如图 13-20 所示。

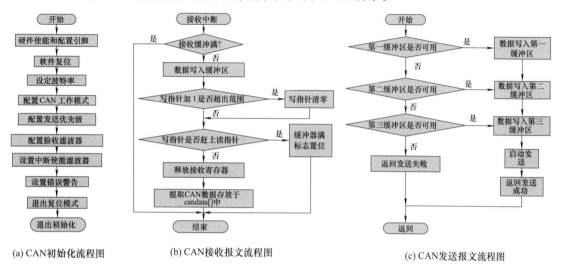

图 13-20　CAN 模块流程图

(3) GPRS 模块软件设计

GPRS 模块主要完成接收、分析监控中心的命令,以及向监控中心发送车辆的位置和实时状态信息等功能。GPRS 模块接收监控中心命令通过简单的串口通信程序即可实现。发送部分由 GPRS_send() 函数实现,此函数用于车载智能前端,把 CAN 数据和 GPS 数据通过串口发送到 GPRS 发射模块。所以该模块的关键是编写分析控制中心下发的命令程序块。GPRS 模块流程图如图 13-21 所示。

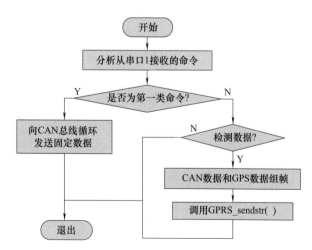

图 13-21　GPRS 模块流程图

结合 ARM 数据处理技术、GPS 全球卫星定位技术和 GPRS 通信技术以及 CAN 总线技术,设计实现了特种车辆远程监控系统的智能前端。对该系统进行试验测试表明,在 CAN 总线波特率不大于 250Kbps 时,其运行状态良好,工作稳定,实现了设计目标。

第六节 载重车新一代信息技术的应用

一、信息物理系统 CPS 的应用

CPS 是 Cyber-Physical Systems 的英文缩写,Cyber 这一前缀统指与计算机技术、信息技术及互联网技术等相关的事物。诺伯特·维纳在 1948 年提出的"控制论"(Cybernetics)是 CPS 技术的前身,有人将 Cyber-Physical Systems 翻译成赛博物理系统,《中国制造 2025》将其称为信息物理系统。从 2006 年美国国家科学基金会(NSF)首次提出了信息物理融合系统(Cyber-Physical Systems,CPS)的概念后,美国各界开始高度重视 CPS 的研究和应用推广,并将 CPS 列为美国争夺全球新一轮产业革命制高点的关键技术。在 2013 年德国颁布的《工业 4.0 实施建议》中,也将 CPS 列为工业 4.0 的核心技术,同时在标准体系制定、实施技术研发、验证测试床平台开发等方面做出了全面部署。我国在《中国制造 2025》中提出了"基于信息物理系统(CPS)的智能装备、智能工厂等智能制造正在引领制造方式变革",并将 CPS 定位为支撑两化深度融合的一套综合技术体系。CPS 是一个抽象而具体的概念,其核心内容是计算(Computation)、通信(Communication)、控制(Control)通过信息系统的融合。当前大数据、云计算、工业互联网等新一代信息技术飞速发展,并积极向液压载重车制造业渗透。同时传统制造业也面临着由数字化、网络化向智能化转型的迫切需求,企业希望打破目前工业现场的信息孤岛,实现海量生产运行状态监测数据的汇聚,通过使用边缘到云端的数据集成与建模分析一体化平台,为设备状态监测与故障诊断提供支撑。

液压载重车制造业对信息化的迫切需求与信息技术向制造领域加速渗透的趋势相互交织融合,由此引发了液压载重车及配套产品新一轮的工业革命,促进了 CPS 和工业互联网平台的诞生和发展。其中工业互联网平台是 CPS 技术体系中的支撑技术,能够打破工业领域信息孤岛,实现设备资源泛在连接、信息资源弹性供给、数据资源高效配置,为工业制造业从数字化、网络化向智能化转型提供可靠支撑。CPS 还具有明显的层级特征,大到装备总成、小到零件单元,都能构成独立 CPS 系统。CPS 构建过程可以从一个零件、一台设备、一个环节等局部小系统不断向大系统、巨系统演进,先从单元级到系统级,再到巨系统级逐步完善。因此,CPS 通常可以划分单元级、系统级以及巨系统级三个层次,各层次之间既有区别又有关联。

大型载重车制造业可以利用数据流在闭环体系中不断延伸和扩展,逐步形成相互作用的复杂系统网络,并突破地域、组织、机构的界限,将人才资源、专业技术、经验知识等资源和要素整合起来,为设备状态监测、故障诊断与预测性维护等应用场景提供价值服务,提高液压载重车及相关配套产品的高度系统性、安全性和可靠性。

二、液压载重车的数字化、网络化和智能化

1. 数字化、网络化、智能化相关概念

液压载重车领域也与智能化的发展密切相关。随着数字化和网络化的发展,深度学习方

法极大地推动了人工智能的发展。

智能化是新一轮工业革命的核心技术,是《中国制造 2025》的制高点、突破口和主攻方向。通过政府引导、整合资源,实现长期制约制造业发展的关键共性技术突破。我国智能制造发展规划(2016—2020 年)提出:①加快智能制造装备发展;②加强关键共性技术创新;③建设智能制造标准体系;④构筑工业互联网基础;⑤加大智能制造试点示范推广力度;⑥推动重点领域智能转型;⑦促进中小企业智能化改造;⑧培育智能制造生态体系;⑨推进区域智能制造协同发展;⑩打造智能制造人才队伍。

人工智能最广泛的定义:通过使用逻辑、条件规则、决策树和机器学习等技术,让计算机模仿人类智能。

机器学习的定义:运用统计学、概率论等多门学科的交叉知识,使机器能够模拟或实现人类的学习行为,以获取新的知识或技能,并不断改进。

深度学习的定义:通过运用多层神经网络和大量数据,让机器训练自己执行任务。深度神经网络具有强大的特征提取能力以及寻优能力,AI 的实现不再需要模仿或追寻人类智能的模式。

AI2.0:基于重大变化的信息新环境和发展新目标的新一代人工智能。大数据驱动的深度学习、强化学习、非监督学习将机器学习推向新的高度。AI2.0 将不但以更接近人类智能的形态存在,而且以提高人类智力活动能力为主要目标,将紧密融入我们的生活。

智能化的新需求:物联网与大数据的发展掀起了产品智能化的新浪潮,智慧城市、智能制造、智能穿戴设备、智能家居、自动驾驶等技术竞相发展。

全球领先的工程机械制造商纷纷布局装备智能化战略,如卡特彼勒的"智能机器时代"战略。

2. 液压载重车的智能化

液压载重车智能化是未来行业竞争热点,使用虚拟现实技术进行设备研发与设计,整合、开发和利用大数据、智能传感器、智能分析、远程控制、自动驾驶等变革性新技术。

主要特点:载荷、环境、工作对象多样,具有不确定性。存在问题:自动化程度不足、作业效率低、安全隐患大。通过数据挖掘与机器学习,释放海量数据中的信息与知识,实现液压载重车的智能化设计、制造与施工作业。

行业需求:提升施工效率,提高作业质量,减轻作业强度,强化操控安全,增强工况适应能力与可靠性,保障设备健康,故障快速诊断,快速响应工程设计需求,提高资源利用率,减少能耗。

可以通过机器视觉、模式识别、深度学习、感知智能等智能手段,在设备上加传感器,采集的数据利用大数据、云计算、工业互联和物联网,实现提高装备本体智能化、提高操控作业智能化。完成施工参数自主学习、施工路径自主规划导航、环境-机器交互智能反演、故障工况智能预警预测、施工过程自主管理。

液压载重车和相关配套产品面临环境不确定、载荷复杂、作业对象多变的复杂工况,而工程施工质量要求高、工程速度要求快、安全节能标准高,给液压载重车装备智能化与施工作业智能化带来极大挑战;合理有效地利用装备设计制造、操控作业、健康维护、故障诊断等海量复杂工程数据,必须结合大数据处理技术与人工智能技术,包括大数据存储管理云计算、大数据分析处理的机器学习以及大数据决策知识工程。

打破传统液压载重车工作模式，突破运载施工装备效率和寿命瓶颈，采用智能液压元件，实现液压载重车装备长距离、智能化、无人值守、安全快速运载施工。图 13-22 所示为智能液压元件与信息化关系。

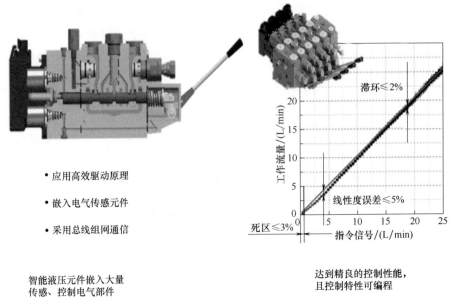

图 13-22　智能液压元件与信息化关系

新的载重车将采用多源信息智能获取、非结构大数据挖掘、工作环境智能感知、多传感智能布置、寿命智能预测、振动特性智能感知等技术，实现新的故障诊断知识的发掘，真正实现智能故障诊断和处理，实现液压载重车及相关工程装备的安全性、可靠性保障，刚度与阻尼自适应调节，整机多系统智能抗振。

信息化算法与工程数据的关系见图 13-23。

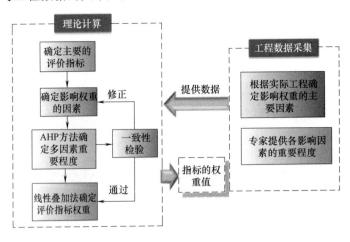

图 13-23　信息化算法与工程数据的关系

3. 主要技术研究进展

施工状态感知与动态性能实时调控机理，多传感信息融合的操作状态感知与性能评价方法，施工参数工况自适应动态调控机理。

地质环境与装备运载运行参数映射规律，施工运行参数数据挖掘与云计算机理，基于人工智能的运载模式自学习理论。

运载工况识别与多目标决策优化控制，液压载重车多系统协调智能化控制方法，高精度传感技术与关键元件的融合，实现了运载施工状态检测。

参 考 文 献

[1] 赵静一，陈卓如，王益群，等. 可靠性工程在液压领域的应用. 重庆工业高等专科学校学报，1999，14（3-4）：139-141.

[2] 赵静一，孔祥东，马保海，等. 液压系统可靠性研究的现状与发展. 机械设计与制造，1999（1）：8-9.

[3] 赵静一，王益群，马保海，等. 液压机液压系统的可靠度预计软件开发. 液压气动与密封，2001（5）：9-12.

[4] 王智勇，赵静一，王永昌，等. The Digital Simulation and Practice of Hydraulic Steering System for Trolley 900 Ton. In: Proceedings of the Sixth International Conference on Fluid Power Transmission and Control（ICFP 2005），Hangzhou, China, 2005: 150-152（ISTP：BCT61、ISIP：000231143900043）.

[5] 王智勇，赵静一，张齐生. 负荷传感技术在重型平板车液压控制系统上的应用. 中国工程机械学报，2005，3（4）：435-438.

[6] 姚成玉，赵静一. 两栖车液压系统及其故障诊断搜索策略研究. 兵工学报，2005，25（4）：604-607.

[7] 赵静一，张齐生，刘雅俊，等. TP75节段拼装式架桥机液压系统设计实践. 机床与液压，2006（9）：161-163.

[8] 刘雅俊. 工程运输车TLC100A的设计及可靠性实践. 秦皇岛：燕山大学，2006.

[9] 赵静一，刘雅俊，王智勇. 基于CAN总线的全液压驱动载重运输车协同控制系统设计. 液压与气动，2006（7）：53-55.

[10] 王智勇. 900吨运梁车新型电液控制系统研究与工程实践. 秦皇岛：燕山大学，2007.

[11] 马玉良. TLK21型高空作业车电液控制系统研究. 秦皇岛：燕山大学，2007.

[12] 赵静一，孙炳玉. Introduction of Load-sensing Hydraulic Technology. 第五届国际流体传动与控制学术会议（ISFP'2007）.

[13] 赵静一，李鹏飞. Construction Machinery Running Attention System. 第五届国际流体传动与控制学术会议（ISFP'2007）.

[14] 赵静一，王智勇. Development of Electro-hydraulic Proportional Power Match System for Transporting Girder Vehicle's Driving. 第五届国际流体传动与控制学术会议（ISFP'2007）.

[15] 李侃，赵静一. Hydraulic Driving System for Special Heavy Vehicles and Its Fault Tree Analysis. 第五届国际流体传动与控制学术会议（ISFP'2007）.

[16] 李侃，赵静一. Design of New Hydraulic Suspension System for Special Heavy Vehicles. 第五届国际流体传动与控制学术会议（ISFP'2007）.

[17] 郭锐，赵静一. 大型自行走平板运输车悬挂及其电液控制系统优化设计. 2007年东北三省机械学科博士生学术论坛.

[18] 赵静一，郭锐. 重型平板运输车悬挂电液控制系统开发与研制. 2007机械工程全国博士生学术论坛，2007：349-355.

[19] 赵静一，郭锐. Research on the Developing of Electro-hydraulic Control System for Independent Steering in Transporting Girder Vehicle. Proceeding of the 2007 International Conference on Advances in Construction Machinery and Vehicle Engineering.

[20] 赵静一，孙炳玉. 900t提梁机液压行走系统原理分析及其功率匹配. 液压与气动，2007（12）：39-41.

[21] 赵静一，李侃. 100吨平板车独立转向系统建模与仿真. 2007机械工程全国博士生学术论坛，2007：329-336.

[22] 赵静一，刘雅俊. 分流集流阀在1000kN液压载重运输车中的应用. 机床与液压，2007，35（4）：155-156.

[23] 孙由啸，赵静一. 关于9000kN提梁机液压系统的几点改进. 机床与液压，2007，35（8）：254-255.

[24] 李宣，赵静一. 9000kN轮胎式提梁机液压系统现场调试中的故障分析与故障排除. 机床与液压，2007，35（8）：243-244.

[25] 赵静一，王智勇，覃艳明，等. TLC900型运梁车电液转向控制系统的仿真与试验分析. 中国机械工程，2007，43（9）：65-68.（EI收录）

[26] 赵静一，王智勇. TLC900型运梁车液压驱动系统与发动机功率匹配研究. 中国机械工程，2007，18（7）：878-881.（EI收录）

[27] 王智勇，赵静一. 客运专线桥梁铺架设备TLC900型运梁车的研制. 中国铁道科学，2007，28（1）：139-144.

（EI 收录）．

[28] 李侃．自行式全液压平板车电液控制系统关键技术研究．秦皇岛：燕山大学，2008．

[29] 李宣．900t 轮胎式提梁机电液系统、故障诊断及优化设计．秦皇岛：燕山大学，2008．

[30] 孙由啸．900t 轮胎式提梁机卷扬控制系统的设计和可靠性实践．秦皇岛：燕山大学，2008．

[31] 梁浩鑫．TMZ150T 平板运输车电液控制系统设计及可靠性研究．秦皇岛：燕山大学，2008．

[32] 刘雅俊，赵静一．基于并联原理补偿液压系统可靠性的工程实践．机床与液压，2008，36（10）：184-186．

[33] 刘雅俊，赵静一．悬挂液压系统中新型管路防爆阀的可靠性设计．机床与液压，2008，36（11）：184-185．

[34] 梁浩新，赵静一．关于 100t 重型平板运输车悬挂液压系统的改进．液压与气动，2008（10）：43-45．

[35] 马哲，赵静一．高速铁路运架提设备远程智能故障诊断技术研究．液压与气动，2008（10）：9-12．

[36] 李鹏程，陈辉．两机同步联动 900t 轮胎式搬运机研制．工程机械，2008（10）：7-13．

[37] 李侃，赵静一．全液压自行走平板车电液调平系统研制．仪器仪表学报，2008，29（8z1）：275-279．

[38] 赵静一，李侃．基于 CAN 总线的全液压自行式平板车转向协同控制．仪器仪表学报，2008，29（8）：468-471．（EI 收录）

[39] 赵静一，郭锐．Developing of Independent Suspension Electro-hydraulic Control System of Heavy Platform Vehicle．东北大学学报／国际会议．（EI 收录）

[40] 赵静一，李侃．重型平板车发展现状与趋势．东北大学学报，2008，29（S2）：258-261．

[41] 赵静一，孙炳玉．TLMEL900 型提梁机新型液压控制系统研究．液压与气动，2009（12）：27-30．

[42] 李侃，赵静一．重型平板车液压系统与发动机功率匹配研究．中国机械工程，2009，20（6）：745-749．

[43] 孙炳玉．900 吨双导梁轮胎式提梁机关键技术研究及工程实践．秦皇岛：燕山大学，2009．

[44] 杨成刚，赵静一，戴琨，等．桥梁检测车底盘液压缸刚性支承结构研究．液压与气动，2009（7）：72-74．

[45] 赵静一，安东亮，孙炳玉，等．基于 ADAMS 和 ANSYS 的桥梁检测车臂架结构的研究．中国工程机械学报，2009，7（2）：219-222．

[46] 曾辉，赵静一，李建松．自行走全液压载重车转向系统仿真与试验研究．燕山大学学报，2009（2）：103-107．

[47] 杨成刚，王华军，赵静一．自行走重型平板运输车悬挂液压系统的改进．冶金设备，2009（4）：50-52．

[48] 沈伟．基于可靠性的连采机快速搬运车设计．秦皇岛：燕山大学，2009．

[49] 宋建军．框架车液压系统设计及其节能技术研究．秦皇岛：燕山大学，2009．

[50] 张璐．高空作业车电液控制系统研究．秦皇岛：燕山大学，2009．

[51] 郭锐．大型铰接式抱罐车关键技术研究及工程实践．秦皇岛：燕山大学，2010．

[52] 李建松．新型无人桥梁检测车电液控制系统设计研究．秦皇岛：燕山大学，2010．

[53] 安四元．TMZ150A2 自行式全液压载重车转向系统设计与仿真．秦皇岛：燕山大学，2010．

[54] 安东亮．高空作业车液压系统及臂架结构关键技术研究．秦皇岛：燕山大学，2010．

[55] 耿冠杰．煤矿设备搬运车电液及关键技术实践．秦皇岛：燕山大学，2010．

[56] 张弛．基于 CAN 总线的煤矿设备搬运车电液控制系统的设计．秦皇岛：燕山大学，2010．

[57] 王昕煜．JHP270 型自行式液压载重车电液驱动系统设计．秦皇岛：燕山大学，2010．

[58] 赵静一，曹文熬，王彪，等．80？t 抱罐车干油润滑系统分析与设计．润滑与密封，2010（10）：115-117．

[59] 赵静一，王彪，曹文熬．抱罐车支腿结构的改进设计．中国工程机械学报，2010，8（4）：415-421．

[60] 赵静一，安东亮，程斐，等．JHP26 型高空作业车液压控制系统研究．机床与液压，2010，38（13）：99-102．

[61] 李建松，赵静一，王昕煜，等．自行式桥梁检测车行走驱动系统特性分析．机床与液压，38（10）：25-27．

[62] 赵静一，程斐，周生保，等．自行式框架车液压控制系统的研究．中国工程机械学报，2010，8（1）：51-55．

[63] 陈逢雷，赵静一，耿冠杰，等．分体运输平台液压驱动系统分析及其功率匹配．中国工程机械学报，2010（1）：77-80，90．

[64] 赵静一，耿冠杰，陈逢雷，等．80T 连采设备快速搬运车的故障诊断及系统优化．液压与气动，2010（2）：49-52．

[65] 赵静一，安四元，孙炳玉，等．基于 Matlab 与 Ansys 的 150t 重载车转向机构的优化设计．液压与气动，2010（2）：1-3．

[66] 赵静一．基于电液控制系统的大型抱罐车发展现状与趋势．液压气动与密封，2010（8）：15-18．

[67] 郭锐，赵静一．大型钢厂钢渣运输专用设备 SPC90 的研制开发．流体传动与控制，2010（4）：31-34．

[68] 郭锐, 赵静一. 重型运输车柴油发动机电控系统研究与展望. 流体传动与控制, 2010 (4): 1-4.

[69] ZHAO J Y, HUANG G W, CHENG F, et al. Design and Optimization of the Steering System of Transport Vehicle for Large-scale Wind Turbine Blade. 2011 International Conference on Fluid Power and Mechatronics. 17-20 August 2011 Beijing, China, 2011: 1-5. (EI: 20114514502482).

[70] GUO R, ZHAO J Y. Research of Electro-hydraulic Control System Design and Energy Saving Characteristic in the New Drawbead Test Bed. 2011 International Conference on Fluid Power and Mechatronics. 17-20 August 2011 Beijing, China, 2011: 301-305. (EI: 20114514502538).

[71] CHEN F L, ZHAO J Y. Design and Development of Advanced Full Hydraulic Separate Transportation Platform for Successive Mining Equipment. 2011 International Conference on Fluid Power and Mechatronics. 17-0 August 2011 Beijing, China, 2011: 609-612. (EI: 20114514502593).

[72] HUANG Z Z, ZHAO J Y. Study of Electro-hydraulic Feed System of Hydraulic Roof Bolter Based on Fuzzy Reliability Theory. 2011 International Conference on Fluid Power and Mechatronics. 17-20 August 2011 Beijing, China, 2011: 675-678. (EI: 20114514502604).

[73] ZENG H, ZHAO J Y, XU L J. Design and Simulation of a Pulsating Hydraulic Foundation Isolation System. 2011 International Conference on Fluid Power and Mechatronics. 17-20 August 2011 Beijing, China, 2011: 675-678. (EI: 20114514502605).

[74] ZHAO J Y. Fault Diagnosis of TTW30 Excavator/Loader Hydraulic Driving System. 2011 International Conference on Advances in Construction Machinery and Vehicle Engineering. Shanghai, China, 2011: 11. 5-11. 7.

[75] CHENG F, ZHAO J Y, GUO R, et al. The Application and Study of Speed Sensitive Control Technology in Closed Hydraulic Driving System. 2011 International Conference on Fluid Power and Mechatronics. Binjing, China, 2011: 618-622. (EI: 20114514502595).

[76] 赵静一, 苗增, 程斐, 等. 高空作业车支反力计算及作业半径规划. 机床与液压, 2011, 39 (16): 2-3, 7.

[77] 赵静一, 曹文熬. 快锻液压机新型电液比例控制系统研究. 机床与液压, 2011 (3).

[78] 周生保, 苗增, 赵静一, 等. 新型半挂车液压悬挂机构分析. 液压与气动, 2011 (4): 18-21.

[79] 王彪, 赵静一, 曹文熬. 三相交流液压系统设计与仿真研究. 液压气动与密封, 2011, 2: 59-61.

[80] 李鹏飞, 赵静一, 禹娜娜. 工程机械运行维护系统中的安全设计. 机床与液压, 2011, 39 (7): 134-137.

[81] HUI Z, ZHAO J Y, WANG K. Design and Theoretical Studies of Pulsatile Hydraulic Vertical Isolation Device. 1st International Workshop on Hydraulic Equipment and Support Systems for Mining, IWHEM 2012. Huludao, China, 2012: 508-511. (EI: 20130215879852).

[82] ZHAO J Y, CHEN F L, GUO R. Following Straightly Control Strategy and Testing for Split Platform in Roadway. 1st International Workshop on Hydraulic Equipment and Support Systems for Mining, IWHEM 2012. Huludao, China, 2012: 34-38 (EI: 20130215879755).

[83] ZHAO J Y, ZHANG C H, GUO R, et al. The Optimization Design of Brake System in Mine Dump Truck. 16th International Conference on Fluid Dynamic and Mechanical and Electrical Control Engineering, FDMECE 2012. Chongqing, China, 2012: 328-331. (EI: 20130115849360).

[84] GUO R, ZHAO J Y, WANG Y C, et al. Structural Design and Simulation Optimization of New Type Telescoping Heavy Hydraulic Trailer Steering System. 16th International Conference on Fluid Dynamic and Mechanical and Electrical Control Engineering, FDMECE 2012. Chongqing, China, 2012: 47-50. (EI: 20130115849301).

[85] GUO R, ZHAO J Y, HAN D C, et al. Study on the Safety Design of Main Arm Mechanism in Slag Pot Carrier. 16th International Conference on Fluid Dynamic and Mechanical and Electrical Control Engineering, FDMECE 2012. Chongqing, China, 2012: 380-383. (EI: 20130115849371).

[86] 赵静一, 张建福, 程斐, 等. 基于 ADAMS 自行框架车转向机构的优化设计. 液压与气动, 2012 (3): 17-20.

[87] 赵静一, 陈鹏飞, 郭锐. 自行式液压货车非对称转向系统设计. 机械工程学报, 2012, 48 (10): 160-166. (EI: 20130115849360).

[88] 勘立军, 徐丽杰, 赵静一, 等. 基于 SPMT 技术的桥梁驮运架一体机. 施工技术, 2013, 42 (增刊): 450-453.

[89] 赵静一. 自行式液压载重车现状与发展. 建设机械技术与管理, 2013 (08): 73-74.

[90] 张文文, 王志亮, 王昕煜, 等. 摊铺机液压系统的节能分析. 中国工程机械学报, 2013, 05: 398-404.

[91] 耿冠杰,张文文,黄萍,等. SP120摊铺机液压调平系统故障分析. 中国公路,2013,01:116-117.

[92] 王智勇,赵静一,郭锐,等. 基于Pro/E的TTW30挖装机工作机构的优化设计. 机床与液压,2013,11:97-101.

[93] 郭锐,张明星,赵静一. 基于灰色理论的全液压自行式平板车液压系统故障树研究. 液压与气动,2013,04:60-63.

[94] 赵静一,姚成玉. 我国液压可靠性技术概述. 液压与气动,2013,10:1-7.

[95] 张春辉,赵静一,秦靖,等. 基于余压控制的液压制动系统性能研究. 农业机械学报,2015(2).

[96] 程斐,赵静一,刘平国. 多轴线重型液压载重车悬架液压系统的改进设计. 液压与气动,2014,01:111-113.

[97] 黄子斋,赵静一,蒋顺东,等. 岩土液压钻进系统实时性能模糊分析方法. 液压与气动,2014,03:67-70,75.

[98] 张春辉,赵静一,布丹,等. 基于AMESim的负载敏感充液系统研究. 液压与气动,2014,11:6-9.

[99] 郭锐,赵静一. 新型铰接转向机构参数优化设计. 图学学报,2014,01:63-67.

[100] 周爱斌,康绍鹏,赵静一,等. 自行式液压载重车转向升降液压系统的改进. 液压与气动,2014,04:121-123,128.

[101] 郭锐,唱荣蕾,赵静一,等. 液压制动系统蓄能器充液特性研究. 农业机械学报,2014,07:7-12,18.

[102] 张春辉,赵静一,田兴,等. 基于模糊控制的半主动油气悬挂系统在铰接式自卸车中的应用. 中国机械工程,2014,18:2550-2555.

[103] 程斐,赵静一,郑龙伟. 大型工程车辆行走闭式液压驱动系统油温分析. 机床与液压,2014,17:18-20.

[104] 王巍,董伊康,赵静一. 基于功率键合图的跳汰机交流液压系统建模与仿真. 佳木斯大学学报(自然科学版),2014,05:734-737.

[105] 赵静一,程斐,郭锐,等. 自行式载重车悬架升降电液同步驱动控制研究. 中国机械工程,2014,07:972-978.

[106] 赵静一,杨宇静,纪弘祥. 巷道轮式液压动车组独立转向控制策略与轨迹分析. 机床与液压,2014,23:9-13.

[107] 程斐,赵静一,王志峰. 自行式载重车行走闭式液压驱动系统防打滑控制技术. 中国工程机械学报,2014(02):136-139.

[108] 周爱斌,康绍鹏,赵静一,等. 自行式液压载重车转向升降液压系统的改进. 液压与气动,2014,(04):121-123,128.

[109] 赵静一,杨宇静,康绍鹏,等. 自行式液压平板车四点支撑"面追逐式"调平策略的研究与应用. 机床与液压,2015,43(15):57-60.

[110] 王昕煜. 新型落梁调整平台的设计与系统仿真. 建筑机械,2015(5):76-79.

[111] 王昕煜,赵静一,徐丽杰. 桥梁同步顶升模糊解耦控制策略研究. 中国工程机械学报,2015,13(4).

[112] 张春辉,赵静一,荣晓瑜,等. 基于分段控制多级缸举升系统研究. 中国机械工程,2015,26(3):319-323.

[113] 张春辉,赵静一,秦靖,等. 基于余压控制的液压制动系统性能研究. 农业机械学报,2015,46(2):335-342.

[114] GUO R,ZHAO J Y,LI W. Research on Driving System Modeling and Power Matching for Large Wheel-type Transporter Used in Iron and Steel Mills. International Journal of Computer Applications in Technology,2015,52(2):62-68.

[115] GUO R,ZHANG Z M,ZHAO J Y,et al. Performance Analysis of a Constant Temperature Hydraulic Tank Cooling System Based on Semiconductor Refrigeration Technology. 2015年国际流体动力与机电一体化会议,2015年10月5-7日,哈尔滨,163-170.(EI:20161302149199).

[116] 赵静一. C919大飞机中机身快速运输车介绍. 建设机械技术与管理,2015(11):40-42.

[117] 赵静一,杨宇静,康绍鹏,等. 自行式液压平板车四点支撑"面追逐式"调平策略的研究与应用. 液压与机床,2015,43(15):57-60.

[118] 赵静一,张春辉,田兴,等. 矿用自卸车转向机构优化设计. 机床与液压,2015(1):74-77.

[119] 赵士明,赵静一,杨成刚,等. 混凝土搅拌运输车液压系统节能技术与应用研究. 机床与液压,2016(2):64-66.

[120] GUO R,NING C,ZHAO J Y,et al. Research on the Control of Steering of the Separated Overloaded Vehicles under Complex Mine Environment. Journal of Mechanical Engineering,2016,52(6):116-123.(EI:20161902366393).

[121] 康绍鹏,赵静一,杨少康,等. 全液压钻机给进液压系统的负载特性. 液压与气动,2016,11:1-9.

[122] 赵士明,赵静一,李喜林,等. 混合动力液压挖掘机动臂能量回收方案设计与仿真研究. 中国工程机械学报,

2016, 14 (05): 445-448.

[123] 赵静一,康绍鹏,程斐,等. 自行式载重车自适应悬架组群系统顺应性. 中国机械工程,2016,27 (22): 3103-3110.

[124] 王昕煜,赵静一,王昭,等. 驮运架一体机三维微调液压系统群设计与研究. 燕山大学学报,2016,40 (05): 390-398.

[125] 杨海军,吴平,郭锐,等. 钢铁冶金生产物流中无轨运输车辆应用研究. 冶金设备,2016,05: 53-61.

[126] 赵静一,刘登科,郭锐,等. 两车并行驮运桥梁防侧翻控制的研究. 起重运输机械,2016,10: 86-90.

[127] 赵静一,杨璐,戎少峰,等. 并行驮桥车液压顶升系统可靠性分析. 液压与气动,2016 (04): 8-13.

[128] 赵静一,曹晓擎,刘仕元,等. 牙轮钻机蓄能器充液系统的研究. 液压与气动,2016 (06): 57-60.

[129] 赵静一,刘登科,郭锐,等. 两车并行驮运桥梁防侧翻控制的研究. 起重运输机械,2016 (10): 86-90.

[130] GUO R, SHI Y, ZHAO J Y, et al. The Adaptive Anti-rollover Control Research of Thousand Tons Transporting Bridge Vehicle. High Technology Letter, 2016.

[131] 郭锐,张铁建,赵静一. 巷道分体式重载运输车转向协调与跟随试验研究. 机械设计与制造,2016 (07): 89-92.

[132] 郭锐,宁超,赵静一,等. 矿井复杂环境下的分体式重型运输车转向控制研究. 机械工程学报,2016,52 (6): 116-123.

[133] 王昕煜,赵静一,王昭,等. 驮运架一体机三维微调液压系统群设计与研究. 燕山大学学报,2016 (05): 390-398.

[134] 赵静一,刘登科,郭锐,等. 两车并行驮运桥梁防侧翻控制的研究. 起重运输机械,2016 (10): 86-90.

[135] 赵静一,康绍鹏,程斐,等. 自行式载重车自适应悬架组群系统顺应性研究. 中国机械工程,2016,27 (22): 3103-3110.

[136] 康绍鹏,赵静一,杨少康,等. 全液压钻机给进液压系统的负载特性 [J]. 液压与气动,2016 (11): 1-9.

[137] 王昕煜. 桥梁驮运架一体机双车联合作业协调控制研究. 秦皇岛:燕山大学,2016.

[138] 赵静一,康绍鹏,范亮贞. 大型精密装备快速运输车减振装置. 机械工程学报,2017,53 (1): 93-100. (EI: 20170603325666)

[139] 刘培勇,王金祥,王大江,等. TP1700型双幅变跨整孔混凝土预制箱梁运输车. 工程机械,2017 (3): 1-4.

[140] 赵静一,康绍鹏,范亮贞. 大型精密装备快速运输车减振装置. 机械工程学报,2017,5301: 93-100.

[141] GUO R, SHI Y, ZHAO J Y, et al. The Adaptive Anti-rollovercontrol Research of Thousand Tons Transporting Bridge Vehicle [J]. High Technology Letter, 2017, 23 (02): 203-211.

[142] 刘文,常艳娜,赵静一,等. 一个三维混沌系统的错位跟踪同步. 内蒙古农业大学学报:自然科学版,2017,3801: 70-74.

[143] 何东博. 2×300t运梁车液压驱动同步控制系统研究与工程实践. 秦皇岛:燕山大学,2017.

[144] ZHAO J Y, CAI W, SUN H, et al. Principle and Application in FAST of Parallel Reliability Test Bench. 11th International Fluid Power Conference, 2018, 443-447.

[145] GUO R, ZHANG R B, ZHAO J Y, et al. Reliability Evaluation of Bladder Accumulator with No Failure Data [J]. High Technology Letters, 2018, 24 (03): 322-329.

[146] 赵静一,张志华,冯扶民,等. 大型高端桥梁施工装备协同作业控制技术的发展. 工程机械,2019,50 (12): 73-79.

[147] 覃艳明,赵静一,王向南,等. 刚性悬挂四轮车辆力学解算与均载性分析. 中国机械工程,2020,31 (4): 384-389.

[148] 覃艳明,赵静一,仝少帅,等. 八自由度机械臂位置运动学模型解析解. 农业机械学报,2019,50 (01): 407-412.

[149] 杨成刚. 液压系统智能有源测试理论及方法研究. 秦皇岛:燕山大学,2019.

[150] 刘赛起. 80t分体式支架运输车液压防滑系统研究. 秦皇岛:燕山大学,2019.

[151] 于航. 1100t铁路架桥机主要组成结构的设计与改进. 秦皇岛:燕山大学,2019.

[152] 王少晨. 8T后装式垃圾压缩车优化设计. 秦皇岛:燕山大学,2019.

[153] 杨尚尚. 大型精密装备运输车中车身协调控制研究. 秦皇岛:燕山大学,2019.

[154] 冯轩. 120t AGV框架车轨迹跟踪控制研究. 秦皇岛：燕山大学，2019.

[155] 赵伟哲. 150T连采设备搬运车转向系统研究及工程实践. 秦皇岛：燕山大学，2019.

[156] 冯扶民，王爱国，杜以军，等. 1000吨轮胎式提梁机液压驱动系统同步性研究. 液压气动与密封，2019，12：70-73.

[157] 王留根，赵静一，王建军，等. 大型液压系统在负载冲击下的稳定性. 液压与气动，2020，1：27-31.

[158] Guo R, Zhao Z Q, Zhou J S, et al. Reliability Evaluation of Piston Pump Based on Comprehensive Evaluation Index. Journal of Testing and Evaluation 49，2020.

[159] Guo R, Li Y T, Shi Y, et al. Research on Identification Method of Wear Degradation of External Gear Pump Based on Flow Field Analysis. Sensors，2020，4058.

[160] Guo R, Li Y T, Zhao L J, et al. Remaining Useful Life Prediction Based on the Bayesian regularized radial basis function neural network for an External Gear Pump. IEEE Access，2020，8（1）：107498-107509.

[161] Guo R, Zhao Z Q, Wang T, et al. Degradation State Recognition of Piston Pump Based on ICEEMDAN and XG-Boost. Applied Sciences，2020，10（8）：6593.

[162] Guo R, Zhao Z, Sun H, et al. Research on State Recognition and Failure Prediction of Axial Piston Pump Based on Performance Degradation Data. Processes，2020，8（5），1-19.

[163] Wang J, Zhao J, Li W, et al. Research and Improvement of the Hydraulic Suspension System for a Heavy Hydraulic Transport Vehicle. Applied Sciences，2020，10（15）：5220.

[164] Wang J, Zhao J. Research on Cooperative Control of the Hydraulic System of Multiple Intelligent Vehicles Combined Transportation. Journal of advanced transportation，2020，2020（2）：1-13.

[165] Yang C G, Zhao J Y, Sun H, et al. Theory and Application of the Internal Leakage Detection of Open-Circuit Hydraulic Systems Based on Active Hydraulic Test Technology. Journal of Testing and Evaluation，2020，48（2）.

[166] 王建军，赵静一，李文雷，等. 联合运输中驱动液压系统群可靠性分析与计算. 机床与液压，2020，48（24）：13-20.

[167] 卢子帅，赵静一，郭锐，等. 再制造盾构机刀盘液压驱动系统的可靠性分析. 机床与液压，2020，48（24）：21-26.

[168] 曲宏，韩勇涛，赵静一，等. 120tAGV框架运输车转向系统循迹控制. 冶金设备，2020（01）：81-86.

[169] 郭锐，赵之谦，贾鑫龙，等. 基于ANFIS的外啮合齿轮泵寿命预测研究. 仪器仪表学报，2020，41（01）：223-232.

[170] 汪锋维. 偏载工况下多车联合作业的协调控制研究. 秦皇岛：燕山大学，2020.

[171] 张梦哲. 中置轴轿运列车车架性能分析及轻量化结构设计. 秦皇岛：燕山大学，2020.

[172] 贾鑫龙. 16000t海上浮托安装平台液压系统同步控制方法研究. 秦皇岛：燕山大学，2020.

[173] 闫振洋. 大型钢结构塔架流固耦合分析. 秦皇岛：燕山大学，2020.

[174] 杜冲冲. 液力变矩器性能试验及系统仿真研究. 秦皇岛：燕山大学，2020.

[175] 石玉龙. 5T转运车双车转向同步性研究. 秦皇岛：燕山大学，2020.

[176] 张亚卿. 中置轴轿运车车架结构疲劳寿命分析及优化. 秦皇岛：燕山大学，2020.

[177] 张立轩. 侧风环境下厢式运输车气动特性和操作稳定性研究. 秦皇岛：燕山大学，2020.

[178] 刘航. FAST液压促动器群系统可靠性研究. 秦皇岛：燕山大学，2020.

[179] 张启星. 中置轴列车行驶稳定性分析与防侧翻研究. 秦皇岛：燕山大学，2020.

[180] 赵利江. 外啮合齿轮泵磨损加速寿命试验研究. 秦皇岛：燕山大学，2020.

[181] 刘鹤. 盾构绿色供应链中再制造刀盘液压驱动系统研究. 秦皇岛：燕山大学，2020.

[182] 王留根. FAST新型液压促动器的研制及性能分析. 秦皇岛：燕山大学，2020.

[183] 李海龙. 土压平衡盾构液压系统再制造及工程实践. 秦皇岛：燕山大学，2020.

[184] 李虎呈. 基于流场分析的外啮合齿轮泵磨损退化状态识别方法研究. 秦皇岛：燕山大学，2020.

[185] 任文斌. 液压平板车联合作业同步顶升系统与控制研究. 秦皇岛：燕山大学，2020.